本书获暨南大学“211 工程”三期重点建设项目“华侨华人与中外关系”项目资助，并为教育部哲学社会科学研究后期资助项目（项目批准号：07JHQ0041）

教育部人文社会科学重点研究基地
Key Research Institute of Humanities and Social Sciences at Universities
暨南大学华侨华人研究院
Academy of Overseas Chinese Studies in Jinan University

·世界华侨华人研究文库·

战后马来西亚族群关系

华人与马来人关系研究

廖小健 著

暨南大学出版社
JINAN UNIVERSITY PRESS
中国·广州

图书在版编目（CIP）数据

战后马来西亚族群关系：华人与马来人关系研究/廖小健著．—广州：暨南大学出版社，2012.9
（世界华侨华人研究文库）
ISBN 978－7－5668－0245－3

Ⅰ.①战…　Ⅱ.①廖…　Ⅲ.①华人—民族关系—研究—马来西亚 ②马来人—民族关系—研究—马来西亚　Ⅳ.①D733.862

中国版本图书馆 CIP 数据核字(2012)第 140274 号

出版发行：暨南大学出版社

出 版 人：徐义雄
责任编辑：黄圣英　陈绪泉　郑晓玲
责任校对：黄　颖

地　址：中国广州暨南大学
电　话：总编室（8620）85221601
营销部（8620）85225284　85228291　85228292（邮购）
传　真：（8620）85221583（办公室）　85223774（营销部）
邮　编：510630
网　址：http：//www.jnupress.com　http：//press.jnu.edu.cn

排　版：广州市天河星辰文化发展部照排中心
印　刷：佛山市浩文彩色印刷有限公司

开　本：787mm×1092mm　1/16
印　张：17
字　数：338 千
版　次：2012 年 9 月第 1 版
印　次：2012 年 9 月第 1 次

定　价：39.80 元

总 序

在20世纪，华侨华人问题曾经四次引起学术界关注。第一次是20世纪初关于南非华工的问题；第二次是“一战”后欧洲华工问题；第三次是五六十年代东南亚国家出现的“排华”问题；第四次则是80年代中国经济崛起与海外华侨华人关系的问题。每次华侨华人研究成为研究热点时，都有大量高水平研究著作问世，不胜枚举。

进入21世纪以来，随着全球化进程的加速和中国国际化水平的提升，海外华侨华人与中国的发展日益密切，华侨华人研究掀起了新一轮高潮。华侨华人研究机构由过去只有暨南大学、厦门大学、北京大学、华侨大学等少数几家壮大至目前遍布全国的近百所科研院校，研究领域从往昔以华侨史研究为主，拓展至华人政治、华人经济、华商管理、华文教育、华人文学、华文传媒、华人安全、华人宗教、侨乡研究等涉侨各个方面，研究方法也逐渐呈现出多学科交叉的趋势，融入政治学、历史学、社会学、民族学、教育学、新闻与传播学、经济学、管理学、法学等学科方法与视角。与此同时，政府、社会也愈益关注华侨华人研究。国务院侨办近年来不断加大研究经费投入，并先后在上海、武汉、杭州、广州等地设立侨务理论研究基地，凝聚了一大批海内外专家学者，形成了华侨华人研究与政府决策咨询相结合的科学发展机制。而以社会力量与学者智慧相结合的华商研究机构也先后在复旦大学、清华大学等地成立，闯出了一条理论研究与社会实践相结合的华侨华人研究新路径。

作为一所百年侨校，暨南大学在中国华侨华人研究中具有特殊的地位。暨南大学创立于1906年，是中国第一所华侨高等学府。华侨华人研究是学校重要的学术传统和特色。早在1927年，暨南大学便成立了南洋文化事业部，网罗人才，开展东南亚及华侨华人的研究，出版《南洋研究》等刊物。1981年，经教育部批准，暨南大学在全国率先成立华侨华人研究的专门学术机构——华侨研究所，由著名学者朱杰勤教授担任所长。1984年在国内招收首批华侨史方向博士研究生。1996年后华侨华人研究被纳入国家“211工程”1—3期重点学科建设行列，2000年获批教育部人文社会科学重点研究基地（华侨华人研究）。暨南大学于2006年成立了华侨华人研究院，并聘请全国政协常委、国务院侨务办公室原副主任刘泽彭出任院长和基地主任。2011年，学校再次整合提升华侨华人研究力量，将华侨华人研究院与国际关系学系（东南亚研究所）合并成立国际关系学院/华侨华人研究院，继续聘请刘泽彭同志出任华侨华人研究院院长和基地主任，由华侨华人与国际问题研究知名专家曹云华教授出任国际关系学院院长兼华侨华人研究院执行院长。同时，学校还加大科研经费投入，努力打造“华侨华人研究优势学科创新平台”。研究院在加强自身科研能力的基础上，采取以研究项目、开放性课题为中心，学者带项目、课题进院的工作体制，致力于多学科和国际视野下的前沿研究，立足于为国家的改革开放和现代化建设服务，为社会服务，为政府决策咨询服务，努力将之建设成为世界一流的学术研究机构和人才培养基地。

值华侨华人研究在中华大地百花齐放、百家争鸣之际，为进一步彰显暨南大学科研特色，整合校内外相关研究力量，发掘华侨华人研究新资源，推动华侨华人研究学科的发展，学校推出“世界华侨华人研究文库”。本套丛书的著作多为本校优势学科的前沿研究成果，作者中既有资深教授、学科带头人，也有学界新秀。他们的研究成果从多学科视野探索了国内外华侨华人研究的一些新问题、新趋势，具有较高的学术价值和现实意义。

本套丛书的出版得到学校领导的大力关心与支持。学校从“211工程”经费中拨专款予以资助。国际关系学院/华侨华人研究院领导与部分教师也付出了艰辛的劳动，他们在策划、选题、组稿、编辑、校对等环节投入大量精力。同时，暨南大学出版社对丛书出版也给予高度重视，组织了最优秀的编辑团队全程跟进，并推荐丛书申报国家级优秀图书。在此，我们对所有为本丛书出版付出宝贵心血与汗水的同仁致以最衷心的感谢！

最后，我们期盼本丛书的出版能在华侨华人研究领域激起一点小浪花，引来国内外同行更加深入、广泛的研究，为学界贡献更多高水平的成果！

《世界华侨华人研究文库》编委会

2012年3月

目　录

绪 论

一、选题缘起

1997 年金融危机爆发后，马来西亚和印度尼西亚同为重灾国，两国都出现经济严重衰退、政局异常动荡的局面。然而，1998 年印度尼西亚发生了令人发指的“5 月排华暴乱”，一直与华人就各种课题争论不休甚至剑拔弩张的马来西亚马来人，却没有趁火打劫攻击华人。这是为什么？接着，1999 年马来西亚大选，又出现了令笔者颇为困惑的现象。当时，由于马来人分裂，以马来人政党巫统为首的国民阵线面临严峻挑战，按照一般推理，受到不公平对待的华人选民，会站在反对党一边，以发泄不满和教训国民阵线。然而，选举结果却显示，华人选民依然像 1995 年大选那样，一边倒地支持执政的国民阵线，面对严峻考验的国民阵线，依然成功组建强势政府。不但如此，笔者后来还发现，虽然马来西亚马华两大族群经常就各种族群课题争论不休，但两族却极少发生群体暴力冲突。所有这些，使笔者对马来西亚族群关系所呈现的多样性产生了浓厚的兴趣，不经意间已十余年。

马来西亚是一个实行议会选举的以马来人、华人和印度人三大族群为主的多元族群国家，以马来人为主的当地族群占人口比重最大，占总人口的 65% 以上，华人次之，占 25% 左右，第三大族群是印度人，占 7% ~8%。一方面，该国的族群差异和族群矛盾随处可见，族群纷争课题几乎无日无之，连绵不断，族群关系经常呈现异常紧张的态势；但另一方面，除了 1969 年发生“5·13”族群暴力冲突事件外，又极少出现族群暴力冲突，并以政治稳定和经济持续发展著称，建国 50 年一直由巫统为首的政党联盟执政，年均经济增长超过 6%，被国际社会推崇为“族群和谐”的典范，2001 年还获得世界少数民族联盟颁发的首届国际少数民族和谐奖[①]。韩国 In-Won Hwang 教授对马来西亚族群关系给予很高的评价，他认为马来西亚是可能发生族群冲突的国家之一，却极少发生族群暴力冲突，自1957年独立以来一直享有政治上的稳定和相对的族群和谐，是世界上成功处理族群关系的极少数国家之一，成为后殖民时代独立国家中的特殊案例。[②] 既激烈抗争又相对稳定，这相互矛盾的两种现象是如何联结在一起的？在大多数多元族群国家族群之间的暴力冲突、宗教冲突愈演愈烈的态势中，马来西亚激烈的族群矛盾却没有导致频繁的族群暴力冲突和社会动乱，也没有发生过如印度尼西亚、泰国、菲律宾、缅甸等邻国的政权交替或军事政变。这个国家是如何在各种族群矛盾和冲突交织的情况下，协调和整合各种利益，保持社会稳定的？有关这些问题的深入研究，目前还不多。

能否降低或化解各种矛盾与冲突，让社会稳定、有序地持续发展，是每个国家面临的重要问题，直接关系到国家的前途和发展方向，对战后马来西亚族群关系进行研究，解读马来西亚整合族群矛盾保持社会稳定的历程与经验，具有明显的现实意义和学术价值。另外，构建和谐社会、维持社会稳定是我国社会发展面临的首要任务，也是我国社会科学研究的重大前沿课题。如何构建和谐社会？采取什么措施才更有效果？是否有可借鉴的经验与教训？通过比较视野总结国外如马来西亚等发展中国家缓和社会矛盾、维持社会稳定的经验与教训，应有一定的借鉴意义。另外，马来西亚是中国境外华人占人口比例仅次于新加坡的国家，马来西亚华人也是世界上最完整地保留华族传统特色的群体之一；中马政府关系密切，两国民间交流频繁。本书对华人问题研究和中外关系研究，也有一定的学术价值。

二、研究回顾

本书主要研究马来西亚华人与马来人两大族群的关系。马来西亚的华人与马

---

① 《少数民族和谐奖　大马又获一荣誉》，（马来西亚）南洋网，http：//www. nanyang. com，2001年3月21日。对马来西亚族群相对和谐给予肯定的论著还可以参见陈伟之编著：《台商在东南亚投资的种族暨经贸关系：以马来西亚调查为例》，台北：文笙书局股份有限公司1999年版，第119页；何国忠：《马来西亚华人：身份认同、文化与族群政治》，吉隆坡：华社资料研究中心2002年版，第1页；朱陆民：《从制度视角看马来西亚华人的参政空间》，《世界民族》2005年第2期；Robert W. Hefner. Introduction：Multiculturalism and Citizenship in Malaysia，Singapore，and Indonesia. In Robert W. Hefner. *The Politics of Multiculturalism：Pluralism and Citizenship in Malaysia，Singapore，and Indonesia.* Honolulu：University of Hawaii Press，2001. p. 31，etc.

② In-Won Hwang. *Personalized Politics：The Malaysian State under Mahathir.* Singapore：Institute of Southeast Asian Studies，2003. p. 3，p. 4，p. 13.

来人占全国人口的85%以上，两大族群之间的关系在马来西亚政治和经济的发展中一直占据重要地位，几乎所有研究马来西亚问题、研究马来西亚华人问题，以及研究马来人问题的论著，都直接或间接地讨论到华人与马来人两大族群的关系，相关成果不少，包括各种专题论著、综合性论著、政论著作以及各种专题论文、区域性论著、论文集等等。如 K. J. Ratnam. *Communalism and the Political Process in Malaya*（《马来亚社群主义与政治发展》，Singapore，1965）；李亦园：《一个移殖的市镇：马来亚华人市镇生活的调查研究》（台北，1970）；Gordon P. Means. *Malaysian Politics*（《马来西亚政治》，London，1976）；R. K. Vasil. *Ethnic Politics in Malaysia*（《马来西亚的族群政治》，India，1980）；马哈迪医生：《马来人的困境》（吉隆坡，1981）；杨建成：《马来西亚华人的困境：西马来西亚华巫政治关系之探讨（1957—1978）》（台北，1982）；Tham Seong Chee. *Malays and Modernization：A Sociological Interpretation*（《马来人与现代化：一种社会学的诠释》，Singapore，1983）；Leon Comber. 13 *May* 1969：*A Historical Survey of Sino-Malay Relations*（《1969年“5·13”：华马关系的历史考察》，Malaysia，1983）；Raymond Lee，ed. *Ethnicity and Ethnic Relations in Malaysia*（《马来西亚的族群与族群关系》，U. S. A，1986）；Heng Pek Koon. *Chinese Politics in Malaysia*（《马来西亚华人政治》，Singapore，1988）；刘文荣：《马来西亚华人经济地位之演变》（台北，1988）；Susan E. Ackerman and Raymond L. M. Lee. *Heaven in Transition：Non-Muslim Religious Innovation and Ethnic Identity in Malaysia*（《信仰转型：马来西亚非穆斯林宗教改革与族群认同》，U. S. A.，1988）；崔贵强：《新马华人国家认同的转向（1945—1959）》（厦门，1989）；James V. Jesudason. *Ethnicity and the Economy：The State，Chinese Business，and Multinationals in Malaysia*（《族群与经济：马来西亚的国有企业、华人企业和跨国公司》，Singapore，1989）；林远辉、张应龙：《新加坡马来西亚华侨史》（广州，1991）；何启良：《政治动员与官僚参与——大马华人政治论述》（吉隆坡，1995）；丘光耀：《第三条道路：马来西亚华人政治选择批判》（雪兰莪，1997）；林水檺、何启良、何国忠、赖观福编：《马来西亚华人史新编》（吉隆坡，1998）；Joel S. Kahn ed. *Southeast Asian Identities：Culture and the Politics of Representation in Indonesia，Malaysia，Singapore and Thailand*（《东南亚认同：印度尼西亚、马来西亚、新加坡和泰国的文化与政治认同》，Singapore，1998）；郑良树：《马来西亚华文教育发展史》（共分4册，吉隆坡，1998—2003）；Devanesan Nesiah，*Discrimination with Reason? The Policy of Reservations in the United States*（《歧视的理由？美国、印度、马来西亚的保留地政策》，India，2000）；林廷辉、宋婉莹：《马来西亚华人新村五十年》（吉隆坡，2000）；陈晓律等：《马来西亚：多元文化中的民主与权威》（成都，2000）；林若雩：《马哈迪主政下的

马来西亚：国家与社会关系（1981—2001）》（台北，2001）；何国忠：《马来西亚华人：身份认同、文化与族群政治》（吉隆坡，2002）；In – Won Hwang. *Personalized Politics: The Malaysian State under Mahathir*（《特色政治：马哈蒂尔时期的马来西亚》，新加坡，2003）；Lee Kam Hing and Tan Chee-Beng，eds. *The Chinese in Malaysia*（《马来西亚华人》，马来西亚，2000）；Ding Choo Ming & Ooi Kee，eds. *Colloquium on Chinese Studies of the Malay World: A Comparative Approach*（《华人关于马来世界的研究：比较的视角》，马来西亚，2003）；Edmund Terence Gomez，ed. *The State of Malaysia: Ethnicity, Equity and Reform*（《马来西亚政府：族群、平等与改革》，纽约，2004）；Edmund Terence Gomez，eds. *Politics in Malaysia: The Malay Dimension*（《马来西亚政治：马来人的困境》，纽约，2007）；林勇：《马来西亚华人与马来人经济地位变化比较研究（1957—2005）》（厦门，2008），等等。专题论文如陈祖排：《大马种族关系概况》（马来西亚，1983）；岸胁诚：《独立初期马来西亚的经济开发与国民统一》（厦门，2005）；曹云华：《试论马来西亚的“新经济政策”——从华人与原住民关系的角度进行分析》（南宁，1998）；范若兰：《马来西亚伊斯兰教复兴运动试析》（广州，1998）；陈衍德、任娜：《马来西亚华人与马来人族际关系演变新探》（广州，2002）；李一平：《试论马来西亚华人与马来人的民族关系》（北京，2003），等等。涉及马来西亚两大族群关系的区域性综合论著和学术会议论文集，如巴素著、郭湘章译的《东南亚之华侨》（台北，1974）；温广益主编：《二战后东南亚华侨华人史》（广州，2000）；庄国土等：《二战以后东南亚华族社会地位的变化》（厦门，2003）；林水檺、傅孙中编：《东南亚文化冲突与整合：国际学术研讨会论文集》（马来西亚，1999），等等。有关论著分别从各个角度研究各个时期的马华两族关系，如“5·13”事件起因和影响、新经济政策、“小开放政策”，以及华人与马来人的政治、经济和文化关系等各种问题。

（一）独立前的马华两族关系

关于第二次世界大战前的马华两族关系，研究不多，涉及较多的是早期华人矿工与当地马来人的关系。如温斯泰德著、姚梓良译的两本《马来亚史》，是研究马来西亚问题的最早论著之一，该书简略介绍了19世纪马来亚华人矿工械斗和当地马来头人之间的一些关系。①

对“二战”期间及战后初年的马华族群关系，学者给予了比较多的关注。一般认为战前两族关系还是比较友善的，日军占领期间军政当局的挑拨离间以及战后初年的族群仇杀，对两族关系发展造成非常负面的影响。日本岸胁诚教授认为，日本军政对华人压制，对马来人和印度人怀柔的种族政策加深了种族集团之间的隔阂，以致各个种族集团都最优先地考虑各自的利害关系，这对独立前后的种族关系造成很大的影响。② 马来西亚谢爱萍认为，战中和战后初年的族群仇杀“是马来西亚种族事件与伤痕的开端”③。

马来西亚两族的诸多矛盾，不少源于“二战”结束到1957年马来亚独立这段时期，几乎所有研究马来西亚历史和马来西亚政治的论著，都详细论述了这段历史及其对独立后马来西亚的影响。较早的论著有巴素著、郭湘章译的《东南亚之华侨》等。《东南亚之华侨》第五篇专门研究马来亚与新加坡的华侨历史，对战后初年的两族仇杀事件、马来亚共产党与殖民政府的斗争，战后制宪进程中的两族争论课题，以及马华两族政治联盟关系，作了比较详尽的探讨。作者认为，族群关系面临的问题是势均力敌的各大民族的利益如何求得协调的问题。他当时就担心，两大民族集团接受“马来人保持政治优势，华人保持经济优势”的安排，究竟可维持多久？④ 结果不幸被他言中，独立后12年，马来西亚就发生了“5·13”事件。

新加坡崔贵强撰写的《新马华人国家认同的转向（1945—1959）》，是了解1945—1959年华人与马来人关系的重要著作之一。该书详尽地分析了马来亚建国前夕，马华两族围绕“公民权问题”、“语文问题”、“马来人特权问题”的激烈的争论。作者认为，当时的各种课题和纷争，加剧了马来亚的民族矛盾和民族裂痕，使新兴的马来亚蒙上一层阴影。⑤

---

① 理查德·温斯泰德著，姚梓良译：《马来亚史》，北京：商务印书馆1958年版；理查德·温斯泰德著，姚梓良译：《马来亚史》（上、下册），北京：商务印书馆1974年版。作者理查德·温斯泰德，英国人，在马来亚居住32年，曾任英国驻柔佛总顾问和新加坡莱佛士学院院长，回国后在伦敦大学讲授马来语，并被选为英国皇家亚洲学会会长。他还著有马来亚各邦的专史，如《柔佛史》、《吉打史》、《霹雳史》、《雪兰莪史》和《森美兰史》等，以及其他有关马来历史和语言的书籍、辞典等多种，当时被推崇为研究马来历史和语言的权威。《马来亚史》相关内容于1935年在《皇家亚洲学会马来亚分会学报》发表，后出版专著，二十多年后，作者加以修订补充再版。

② 岸胁诚著，张开枚、许红梅译：《独立初期马来西亚的经济开发与国民统一》，《南洋资料译丛》2005年第1期。

③ 谢爱萍：《社会变迁与华人文化》，（马来西亚）《资料与研究》1996年第21期。

④ 巴素著，郭湘章译：《东南亚之华侨》（上册），台北：国立编译馆1974年版，第579、591页。作者曾在新马殖民政府任职，该书原著1951年出版，1965年出修订本，引文版本为郭湘章翻译的修订本第四版。

⑤ 崔贵强：《新马华人国家认同的转向（1945—1959）》，厦门：厦门大学出版社1989年版，第407页。

中国暨南大学林远辉教授、张应龙博士撰写的《新加坡马来西亚华侨史》，对独立前的马来西亚华侨的移民、政治、经济、教育、文学以及华侨与中国关系、华侨参与抗日斗争、华侨参与马来亚独立运动等作了详尽的阐述与分析。关于战后这段时期对两族关系的影响，作者认为，在英国操纵下制定的宪法，确立了马来亚是马来人的马来亚的原则，这一原则成为华侨社会难以摆脱的“紧箍咒”。战后初期华侨社会所处的不平等政治地位的问题，不但没有得到解决，反而以宪法的形式固定下来，这不仅不利于建设团结进步的新国家，而且在这样一个多民族国家中，在这样一个政治、经济发展不平衡的社会中种下了不稳定的根源。[①]

（二）“5·13”事件的导因与影响

1969 年发生的“5·13”族群暴力冲突事件，是马来西亚族群关系发展史中的重要事件，也是学术界研究的重点问题，其中，特别集中探讨事件的起因，以及事件对马来西亚、对族群关系的影响。

导致“5·13”事件的原因，有人认为主要是经济原因，也有人认为主要是政治原因，还有人认为是政治、经济、社会等多种因素的影响。至于“5·13”事件结果，一般都认为是建立了马来人的绝对政治优势，以及推行新经济政策。[②]

有关“5·13”事件，中国台北和马来西亚分别出版了两本著作，一本是马来西亚前首相马哈蒂尔撰写的《马来人的困境》，另一本是台北杨建成博士撰写的《马来西亚华人的困境：西马来西亚华巫政治关系之探讨（1957—1978）》。

马来西亚前首相马哈蒂尔撰写的《马来人的困境》，对于了解马来人对族群关系的看法非常重要。该书写于 1969 年“5·13”事件后，原版是以英文于 1971 年出版，后来翻译为马来文、中文，再版多次。作者认为真正的种族和谐从未出现过，种族不和谐是“5·13”事件爆发的主要原因。他认为，如果解除马来人目前所享有的保护，将使马来人受到“适者生存”的原始法则所支配，马来人将从他们自己的土地上被驱逐出去，“这就是马来人的困境”。他指出，法律上的平等是不够的。要达到平等，就是要在社会、经济和政治上被接受进入

---

① 林远辉、张应龙：《新加坡马来西亚华侨史》，广州：广东高等教育出版社 1991 年版，第 476、477 页。

② 参见谢诗坚：《马来西亚华人政治思潮演变》，槟城：友达企业有限公司 1984 年版，第 160 ~ 164 页；Leon Comber. 13 *May* 1969：*A Historical Survey of Sino-Malay Relations*，Kuala Lumpur：Heinemann Asia，1983. p. 114；Dr. Syed Husin Ali，李雅芬译：《马来西亚的发展与生活素质》，（马来西亚）《资料与研究》1997 年第 27 期；许德发：《历史幽灵与马来西亚的记忆政治——试论 1969 年“五一三事件”的各种阐释》，（马来西亚）《人文杂志》2002 年第 15 期，等等。

各阶层社会，其程度是要多多少少反映出各种族所构成的人口比例。[①] 他的这一主张，在新经济政策的重组社会目标与策略中，得到很大的体现。

杨建成博士的《马来西亚华人的困境：西马来西亚华巫政治关系之探讨，(1957—1978)》，于1982年出版。该书详细分析导致“5·13”事件的各种因素，包括政治、经济、文化、国际形势、诸多族群课题、马来人朝野政党及巫统内部的激烈斗争，特别是独立之后几届大选，马华两族政治力量的较量与消长等情况。作者认为，独立以来两族关系一直比较紧张，导致“5·13”事件的主要因素是政治因素，事件是马来人教训华人的政治事件。因为在国会民主制度中，华人的政治力量已经可以通过合法途径威胁到马来人的政治特殊地位。华巫印联盟的政党联盟形式，已经无法确保马来人的政治特权。所以，马来人极端分子不惜以暴力行为来否定现存宪制，要求建立另一种新的且能确保马来人政治特殊地位的制度。作者认为，“5·13”事件的后果是，马来西亚从“基本上是马来人的国家”转变为“马来人的国家”。[②]

这一转变对马华两族关系的影响是非常巨大的。马来西亚谢爱萍撰文指出，20世纪70年代以后，华人在政治、经济、文化与教育各方面都面对了前所未有的压抑与限制，华社通过华团、华基政党与政府展开争取协商华人权益的拉锯战；在这整个过程中，华人与马来人的族群关系充满了猜疑、忌妒与害怕。至80年代前半期，华马之间的关系已绷得很紧，华社普遍都有不满的情绪。[③]

（三）马华两族经济与新经济政策

马华两族经济状况，特别是新经济政策，是学术界讨论最多的论题之一。学术界一致认为，马来西亚政府推行新经济政策的原因是马华两族经济发展不平衡，目的是扶持马来人的工商业发展，培养马来人中产阶级。对新经济政策的影响，看法则比较多，负面和正面的评价都不少。一般来说，早期的研究成果对新经济政策的评价比较负面，20世纪90年代以来的研究成果，对新经济政策的正面的评价逐渐增多。

---

① 马哈迪医生著，叶钟铃译：《马来人的困境》，吉隆坡：皇冠出版社1981年版，第2、3、38页。1969年“5·13”事件后，马哈蒂尔因为公开批评巫统主席暨政府首相东姑·拉赫曼的族群政策而被巫统开除，后重新召回巫统，并于1981—2003年出任马来西亚首相。《马来人的困境》以及马哈蒂尔其他政论性著作，如《马来西亚总理马哈蒂尔演讲集》（1999年），《亚洲新契机》（2001），*The Way Forward*（1998）等，对研究马来西亚族群关系，特别是了解马来人对族群关系、马来人对华人的看法，都是不可多得的参考文献。

② 杨建成：《马来西亚华人的困境：西马来西亚华巫政治关系之探讨（1957—1978）》，台北：文史哲出版社1982年版，第237、241页。

③ 前引，谢爱萍：《社会变迁与华人文化》。

日本岸胁诚撰写的论文《独立初期马来西亚的经济开发与国民统一》，分析了1957年马来亚独立后至1969年的马华两族关系，以及新经济政策出台的历史背景。作者认为，拉赫曼执政时期的开发政策没有破坏英国殖民地时代形成的经济结构，导致族群经济差异，遭到马来人新兴精英阶层猛烈的批评。而以拉扎克为首的政府提出的新经济政策，则以清除殖民时代遗留下来的体制为目标，对以往由华人和印度人掌握的工商业部门进行干预，以便让马来人参与到该部门。马来人的这些行动，事实上是与独立合同相违背的，但马来人却认为，先违背独立合同的是华人。因为华人大众参政、要求多元文化主义的行为侵害了马来人拥有主导权的政治及文化领域。①

James V. Jesudason（詹姆士·V. 杰索达颂）在所撰写的 *Ethnicity and the Economy*：*The State*，*Chinese Business*，*and Multinationals in Malaysia*（《族群与经济：马来西亚的国有企业、华人企业和跨国公司》）中认为，国家精英在经济发展中起着主要作用，马来西亚经济发展的基本动力以及宏观经济政策，均来自很强的族群情感和族群政治动员的模式，尽管采用的经济计划对统治者而言会带来明显的政治回报，但也可能要付出很高的国家经济代价。②

中国台湾逢甲大学刘文荣撰写的《马来西亚华人经济地位之演变》，详细分析了独立前后马来西亚华人经济的发展变化，两族经济的差异，以及新经济政策和教育政策对华人经济的影响等问题。作者认为，华巫的经济失衡，在很大程度上是受到源自殖民时期的经济政策所导致的。而独立后至1970年前，这种开放性的二元化经济形态并未改变，使政府对马来人的援助未能产生满意的预期状态，于是引起了权力占优势的马来人普遍性不满。关于新经济政策的影响，他特别指出，马来人在城市发展局引导下大量涌入都市，受影响最大的当属华人社会的中下层民众，因为原来属于他们的工作机会被剥夺，这些华人在新的教育政策下，很难获得受高等教育的机会，又无足够财力出国深造，限于语言及专业知识，他们很难被政府部门所录用，他们对自己的前途没有什么信心和希望。③

对新经济政策给予肯定的论著，主要强调新经济政策在纠正马华两族经济发展不平衡方面的作用。陈晓律等著的《马来西亚：多元文化中的民主与权威》认为，从比较客观的角度分析，新经济政策大体上还是有利于马来西亚社会的长远利益的。如果经济落后的马来人感觉依靠合法的手段无法改变自己的经济现状，便有可能诉诸极端的方式，为了避免这种状况，利用政权的强制力量来达到

---

① 前引，岸胁诚著，张开枚、许红梅译：《独立初期马来西亚的经济开发与国民统一》。

② James V. Jesudason. *Ethnicity and the Economy*：*The State*，*Chinese Business*，*and Multinationals in Malaysia*. Singapore，New York：Oxford University Press，1989. Preface，p. 1.

③ 刘文荣：《马来西亚华人经济地位之演变》，台北：世华经济出版社1988年版，第145、146、198页。

社会财富的更平等分配，以期获取政治稳定和经济更长远发展还是一种现实的政策。即便带上了某种种族的色彩，但考虑它援助的对象是这个社会的贫穷人口，应该也在情理之中。不过，该书也认为，政府的倾斜政策不能超越了“正常”的界限。①

不少论著注意到中产阶级对协调族群关系的积极影响。波士顿大学教授Robert W. Hefner（罗伯特·W. 赫夫内尔）在其主编的*The Politics of Multiculturalism：Pluralism and Citizenship in Malaysia，Singapore，and Indonesia*（《多元文化的政治：马来西亚、新加坡和印度尼西亚的多元主义和公民身份》）中指出，新经济政策增加了马来人中产阶级人数，改善了马来西亚马来人与华人经济不平衡的情况，同一时期，马来西亚的邻国印度尼西亚原住民和华人的经济不平衡的情况却日益恶化。② 马来西亚的Francis Loh Kok Wah（Francis 罗国华）也表示，新经济政策导致马来人工商界和中产阶级的出现，帮助缓解了马来西亚族群间的紧张关系。③华中师范大学教授韦红认为，马来人中产阶级有利于促进族群和谐，“由于他们的经济地位与华人接近，心理的不平衡逐渐消除，所以对华人也更加宽容”④。

（四）20世纪90年代的“小开放政策”

20世纪90年代初，马来西亚政府提出的“2020年宏愿”，以及对华人实施比较宽松的政策，被称为“小开放政策”，并得到学术界的普遍认可。

一些新马学者认为“小开放政策”为华人发展提供了更大的空间，并促进了族群关系和谐。新加坡国立大学高级讲师何启良指出，1991年2月首相马哈蒂尔医生提出“2020年宏愿”的概念后，全国上下无不响应。华人社会对“2020宏愿”亦前呼后应，他们如此着迷，主要是因为“2020宏愿”里包含了不分种族的“马来西亚族”和以经济为前提的目标。他们认为，这是国民阵线开放和政策宽大的又一表示。于是“开放”一词不胫而走。国民阵线政府的“国家发展政策”和“2020年宏愿”的提出，影响深远，对华人政治来说，两者的配合基本上扭转了华社对国民阵线政府政策对华人不利的印象，在政治策略上可以说

---

① 陈晓律等：《马来西亚：多元文化中的民主与权威》，成都：四川人民出版社2000年版，第295、296页。

② Robert W. Hefner. *The Politics of Multiculturalism：Pluralism and Citizenship in Malaysia，Singapore，and Indonesia*. Honolulu：University of Hawaii Press，2001. p. 30.

③ Francis Loh Kok Wah. Where has Ethnic Politics Gone：the Case of the Bn-Non-Malay Politicians and Political Parties. In Robert W. Hefner. *The Politics of Multiculturalism：Pluralism and Citizenship in Malaysia，Singapore，and Indonesia*. p. 183.

④ 韦红：《东南亚五国民族问题研究》，北京：民族出版社2003年版，第143页。

获得了空前的成功。①

马来亚大学教授何国忠指出，当“2020年宏愿”提出以后，国内出现了“小开放”的局面。在同声一气“成为先进国”的口号中，文化问题变成第二线的问题。在20世纪90年代，我们已经听不到刺激性的“国家文化”四个字了。也许马哈蒂尔无心插柳，但发展经济所出现的解去政治化，的确成功地消解了族群之间的对峙。马来领袖在1990年代初期即不断在演讲词中穿插一些简单的华语，或者出现向华人社会说“我们都是一家人”的言谈，显示了国家首脑意识到多元文化的事实，并尝试将这种多元特征化为有力的资源。从他们的言论来看，新一代的马来领袖不只想成为马来人的领袖，也想真正成为其他族群认可和敬重的首脑。华人对这种倾向当然大为赞许。② Francis Loh Kok Wah（Francis 罗国华）也指出，90年代的“文化开放政策”有利于缓解族群紧张。③

中国学者何西湖在《马来西亚华人政策的演变和发展》一文中认为，1991—2001年是马来西亚华人政策的第三阶段，即“国家发展政策阶段”，华人政策转向强调发挥华人在国家发展中的作用，肯定和落实华人作为马来西亚人的政治权利，带有歧视倾向的政策逐渐退出，华人整体被看作是马来西亚共荣社会的组成部分，其处境和与马来人的关系逐渐改善。④

但也有一些不同的观点，如日本学者原不二夫撰写的论文《马来西亚华人眼中的“马来西亚民族”》指出，因新经济政策下推行的马来人优先政策或多或少有过疏远感的华人社会当初都很欢迎这个“设想”，马来西亚华人公会等执政党势力对“设想”表示支持和期待，在野党势力等常常对建立“马来西亚民族”的设想表示怀疑，因为马来人在政治、文化上的优越地位没有发生很大的变化。因此可以说围绕这个设想，华人社会显然正在产生裂缝。⑤ 马来西亚的一些政论

① 林水檺、何启良、何国忠、赖观福编：《马来西亚华人史新编》（第二册），吉隆坡：马来西亚中华大会堂总会1998年版，第108、109页。新马华人出版的两本华人史，都是本书的重要参考文献。另外一本华人史，是林水檺、骆静山合编的，由马来西亚留台校友会联合总会1984年出版的《马来西亚华人史》。两本著作的体例、编者、作者都差不多，《马来西亚华人史新编》的内容更丰富，结构更完整，篇幅更大。《马来西亚华人史新编》分别论述了华人历史、政治、教育、文化、经济、社团和宗教等方面的发展变化，其中大量内容涉及两族关系，特别是华人与马来人主导的政府的关系，是了解一百多年以来华人与马来人关系的较为系统全面的重要著作，由于参与撰稿的作者均亲身经历数十年来马来西亚华人社会的发展变迁，资料特别翔实，非常有参考价值。

② 前引，何国忠：《马来西亚华人：身份认同、文化与族群政治》，第235页。

③ Francis Loh Kok Wah. Where has Ethnic Politics Gone：the Case of the Bn – Non – Malay Politicians and Political Parties. In Ibid. ,Robert W. Hefner. *The Politics of Multiculturalism*：*Pluralism and Citizenship in Malaysia*, *Singapore*, *and Indonesia*. p. 185.

④ 何西湖：《马来西亚华人政策的演变和发展》，《广西民族学院学报》2004年第4期。

⑤ 原不二夫著，刘晓民译：《马来西亚华人眼中的“马来西亚民族”》，《南洋资料译丛》2001年第2期。

著作，对“小开放政策”进行了猛烈的抨击，丘光耀在《第三条道路：马来西亚华人政治选择批判》中指出，“小开放政策”只是满足华人的“假需求”，而没有满足华人要求政治、经济、文化、教育领域平等权益“真需求”。“马来西亚国族”至今为止沦为一句空话。[①]

（五）马华两族政治关系

一般都认为，华人在政治上始终处于附属地位，“5·13”事件后进一步边缘化。R. K. Vasil（R. K. 瓦西里）撰写的 *Ethnic Politics in Malaysia*（《马来西亚族群政治》）是研究马华两族政治关系的重要著作，作者从马来西亚族群政党政治的角度，探讨战后马来西亚的族群关系与政治发展，认为独立后一直是马来人掌握了政治主导权，“5·13”事件的结果，更是联盟终结和走向马来人的统治。[②]马来亚大学教授 Raymond Lee（雷蒙德勒）在其主编的 *Ethnicity and Ethnic Relations in Malaysia*（《马来西亚的族群与族群关系》）中概括了20世纪80年代的马来西亚族群关系的特点：族群区分无处不在，马来人与华人等非马来人的关系，是处支配地位的族群与从属地位族群的关系，马来人不时表露出一种优越感。他还认为，“5·13”事件后马来人和非马来人的政治冲突已从权力之争向身份地位之争转变，虽然权力分配的矛盾依然存在，但地位结构的冲突越来越明显。[③] 族群政治联盟关系是马华两族政治关系的重要一环。马来西亚的 Heng Pek Koon（王碧君）对此作了比较系统的研究。她于 1988 年出版的 *Chinese Politics in Malaysia*（《马来西亚的华人政治》），对马华公会的发展及其与巫统结盟的历史作了深入的研究。作者认为马华和巫统在独立进程中的结盟，是基于相互协调、彼此尊重对方利益的结果。1969 年事件及马来人的政治优势，使协商政治陷入困境，华人失去了在这个国家政治起中心作用的希望。[④] 虽然如此，但她仍然充分肯定族群政治联盟对社会稳定的作用，2000 年，在 她与 Lee Karo Hing 合撰的 “The Chinese in the Malaysian Political System”（《马来西亚政治体制中的华人》）一文中认为，所有的华人政党，包括执政的和在野的都很清楚，在马来人控制的政治体制中，没有马来人联盟，他们是无法获得成功。族群政党联盟制度是马来西亚政治的基础，任何改变都会极大地提升族群紧张气氛并威胁到国家的稳定。

---

① 丘光耀：《第三条道路：马来西亚华人政治选择批判》，雪兰莪：地球村网络有限公司 1997 年版，第 22 ~24 页。

② R. K. Vasil. *Ethnic Politics in Malaysia*. New Delhi：Radiant Publishers，1980. p. 187.

③ Raymond Lee ed. *Ethnicity and Ethnic Relations in Malaysia*. Detroit，Mich. USA，Center for Southeast Asian Studies，Northern Illinois University，1986. p. 30.

④ Heng Pek Koon. *Chinese Politics in Malaysia*. Singapore：Oxford University Press，1988. p. 3.

华人在马来西亚政治里的合作，是维持政治稳定和族群和谐所必需的。[①]

新加坡国立大学高级讲师何启良撰写的《九十年代后期动荡中的马来西亚华人社会》，对华人主要阶层与马来人的政治关系，作了深入的分析。他认为，20世纪90年代以来国民阵线政府采取较开放政策，在“我们都是一家人”的呼唤下，华人选择了以经济为主和协商为策略的政治路线。但是，因为政治策略和方向的差异，马来西亚华人政治态度或对政府的态度可分为统协、反对和游离三种情况。在朝的政党如马华公会和民政党，基本上是扮演着统协的角色，即帮助政府去说服华裔公民认同执政者统治地位及其政策的正当性。华人反对党（民主行动党）则起到反对的作用，给大马华社提供了不满国民阵线政府一条普遍诉求的管道。游离于两者之间的华团和选民中，代表华人社团的马来西亚中华大会堂总会，逐渐走向妥协和被动的道路，它的领导层是绝对支持国民阵线政府的。部分华裔知识分子和专业人士则比较激进和果断。[②]

（六）马华两族与文化教育

独立后，马华两族的矛盾和争论，很多是围绕华文教育和国家文化政策而展开的，几乎无日无之，文教关系在马华两族关系中一直占据非常重要的地位，因此，一直是学术界研究的重点论题之一。

出生于马来西亚的香港中文大学教授郑良树撰写的《马来西亚华文教育发展史》，是研究马来西亚华文教育的重要著作，也是了解马华两族在教育领域的矛盾、斗争与整合的重要著作。该书共分四册，从1998年开始出版，到2003年全部出版，共120多万字。其中第三、四分册深入分析了战后马来西亚华文教育发展的历史、政府的华文教育政策、华文学校面临的各种挑战以及华教课题、华教运动及其影响等。作者认为，国家独立之后，华文教育不但难以分享到国家自决、民族自主的丰美蛋糕，反而由于一系列的教育政策对华教进行不同级数的统合，面对一波又一波的震荡和压力，华教的山径越走越崎岖，华社为了自卫作出了一系列反应，并因此和政府发生了各种矛盾和摩擦。[③]

中国台湾古鸿廷对马来西亚在教育领域实施马来人优先政策及其对族群关系的影响作了分析。他认为，长期主政之马来族群，或因无知自负而迷信其文化与

① Heng Pek Koon and Lee Karo Hing. The Chinese in the Malaysian Political System. In Lee Kam Hing and Tan Chee-Beng eds. *The Chinese in Malaysia*. Slangor Darul Ehsan：Oxford University Press，2000. pp. 15 – 16，p. 23.

② 何启良：《九十年代后期动荡中的马来西亚华人社会》，（马来西亚）《人文杂志》2000年创刊号。

③ 郑良树：《马来西亚华文教育发展史》（第四分册），吉隆坡：马来西亚华校教师会总会2003年版，第4页。

宗教之优越，而亟欲同化其他族群，或因华族之文化认同与其政治意识的成长，在历史发展上具有密切关联，而忧心华文教育的存在与发展对塑造马来亚为一国家的建国过程造成障碍。巫、华两族群对文化传承及母语教育与政治效忠间不同的解读，在马来亚独立之后曾引发多次族群冲突。每临国会大选，华文教育的存废与发展，常成为政治斗争的热门话题。在建立马来亚为以马来文化为主流与接受马来亚为多元文化、多元族群国家的两端中挣扎，为维护马来土著特权，在经济上固然采用许多有利于土著的措施，在教育上除以国家财政支持巫语教育外，在高等教育上采取族群入学学额分配制度，限制华族子弟在公立大专院校就读的机会。此种对华族子弟进入高等学府的“固打制”除迫使不少学子负笈海外就读外，亦与其强调马来文化优越的主张产生矛盾，尤有进者，在依族群立场而排挤其他族群时，会使其他族群对国家建构产生疏离感，有碍于建立一个族群融和的社会。①

何国忠撰写的《马来西亚华人：身份认同、文化与族群政治》，详细分析了独立以来华人文化发展面对挑战以及文化政治化等问题。作者认为，作为一个族群，马来西亚华人有许多忧患，华人的身份意识和文化命运在族群政治的纷攘中引发了许多让人触目惊心的课题。该书认为由土著特权及其所衍生的华人自救悲情，以及族群之间缺乏沟通对话，都导致了族群隔阂，要消除隔阂，必须加强族群间的交流。②

新加坡学者王赓武也认为，华人学者，包括马来西亚、印度尼西亚和菲律宾等马来世界的华人学者，以及中国大陆和港台学者对马来世界的研究很不够。他指出，如果今天促进马来世界的华人和马来人两族相互理解的努力不成功的话，想进一步改善两族的关系将是困难的。因此，他呼吁学者多研究马来世界，以增进华人对马来人的了解。③

对政府文教政策给予肯定的也不少，一些中国学者认为，从总体上说，联盟党政府尚没有绝对地排斥华人文化教育，没有强制执行文化禁令。华语虽非官方语言，但《宪法》第 152 条赋予了华语可以在私立学校（引者按：其实不止私立学校）当作母语来教学，华文报刊、华人名字、店铺等都可以采用华文，其他的一切华人文化生活也受到尊重，这较之于东南亚其他有华人的国家要宽容得多，与印尼相比更是如此。由于这种文化上较宽容的态度，使文化的实际多元化

---

① 古鸿廷：《教育与认同：马来西亚华文中学教育之研究（1945—2000）》，厦门：厦门大学出版社 2003 年版，第 3、4 页。

② 前引，何国忠：《马来西亚华人：身份认同、文化与族群政治》，第 1、162 页。

③ Wang Gung Wu. Chinese Political Culture and Scholarship about the Malay World. In Ibid. ,Ding Choo Ming & Ooi Kee Beng eds. *The Chinese in Malaysia*. pp. 22 – 23.

成为合法现象，也就使各个民族融入整个国家的经济政治生活成为可能，客观上有利于各族人民对国家的认同。①

（七）两族关系的综合评估

关于马华两族关系的总体评价，也是意见不一，有否定，也有肯定的，或一分为二，既肯定又否定。一般来说，早期的成果比较悲观，否定的多，后期的成果，倾向肯定的则多一些，但都认为两族关系面临很多问题与挑战。

马来西亚陈祖排撰写的《大马种族关系概况》认为，战前各族之间没有严重的利害冲突，大马种族间偶然有些摩擦或冲突，但大体上种族关系堪称和谐，种族仇视并不常见。战后两族在政治和经济地位不平衡，各自对政治权利、经济权利的要求，以及两族在居住、宗教、语文等存在的差异，一些旧课题被利用，加深了种族间的偏见、不安及恐惧，使种族关系紧张和恶化。他认为，马来西亚种族冲突潜力很大，为了不使整个社会制度崩溃，双方仍然保持适度的合作及妥协。②

厦门大学陈衍德教授等撰写的《马来西亚华人与马来人族际关系演变新探》认为，新经济政策的推行使马华两族经济差距有所缩小，但马来人的政治和文化特权依旧，族际矛盾有增无减，马华两族关系的特点是政治上既合作又竞争，经济上既互补又此消彼长，文化上既对立又相互渗透。③

新加坡国立大学 John R. Clammer（约翰·R. 克兰默）在撰写的 *Ethnic Processes in Urban Malaka*（《马六甲的族群关系》）里，通过马六甲族群关系的个案分析，揭示马来西亚华人与马来人关系的特征是：接触多，私交少。认为两族在工作中的友谊通常不会延伸到工作地点之外。因此，他认为，马来西亚要实现真正的族群和谐还是非常困难的。④

韩国 In – Won Hwang 教授撰写的 *Personalized Politics: the Malaysian State under Mahathir*（《特色政治：马哈蒂尔时期的马来西亚》），则对马来西亚族群关系给予了较高的评价。作者认为，族群冲突是不受时间和空间限制的，属于一种最广泛和最长久的现象，马来西亚是可能发生族群冲突的国家之一，却极少出现族群暴力冲突，1957 年独立以来一直享有政治上的稳定和相对的族群协调，是世界上成功处理族群关系的极少数国家之一，成为后殖民时代独立国家中的特殊案

---

① 前引，陈晓律等：《马来西亚：多元文化中的民主与权威》，第 298 页。

② 陈祖排：《大马种族关系概况》，见骆静山编：《马来西亚华人问题论丛》，玻璃市：玻璃市州广东公会奖助学金委员会 1983 年版，第 73、76、78 页。陈祖排博士是马来西亚华人政党马华公会的前总秘书和马来西亚前任部长。

③ 陈衍德、任娜：《马来西亚华人与马来人族际关系演变新探》，《暨南学报》2002 年第 1 期。

④ John R. Clammer. Ethnic Processes in Urban Malaka. In Ibid. ,Raymond Lee, eds. *Ethnicity and Ethnic Relations in Malaysia*. pp. 61 – 62.

例。他从巫统政治精英的研究切入，认为马来西亚能够享有政治上的稳定和相对的族群协调，与巫统精英经常适应环境改变政治管理方式，保持政治稳定有关。[①]

由新马华人学者撰写、在马来西亚当地出版的《马来西亚华人史新编》认为，在“5·13”事件前，两族基本能和睦相处，之后的新经济政策、国家文化政策以及大学学额分配制、合作社风波与华小高职事件等，对华社造成巨大的冲击，引起了华人社会的激烈反应。随着20世纪80年代末及90年代初政府采取较开放政策，华人在各个领域的发展空间有所增加，华人也主要选择与政府协商合作的策略，两族关系有所好转。[②]

对于两族关系的发展，利亮时在《马国五一三事件会否重演?》一文中认为，类似“5·13”事件的种族冲突事件近期不会重演。主要理由是：①人口上的优势，已经使巫族立于主导的地位，巫族经济地位也得到提升，种族矛盾已经有所缓和；②巫族精英乐见政局稳定，动乱只会摧毁他们三十多年来努力的成果；③非马来人也乐意接受稳定与和谐，因为新经济政策虽然对他们造成一些负面的影响，但他们在各领域仍取得不俗的成就，而且他们没有掌握政治、军事的权力，没有破坏族群间的和谐与信任，不然将换来引火自焚的恶果。[③]

（八）相关研究评析

综上所述，直接或间接地探讨马来西亚华人与马来人关系的研究成果相当丰富，有关研究对马来西亚华人与马来人关系的各种矛盾表现，不同的发展阶段，造成矛盾的各种原因，这些矛盾对马来西亚社会发展的消极影响，以及两大族群关系的未来发展，特别是马来西亚政府的华人政策及其行政偏差，以及华人遭受的不平等待遇，华人对政府政策的激烈反应和不断抗争，两族之间的主要论争课题，“5·13”事件的原因、过程和影响，两族经济差异与新经济政策的内容及影响，等等问题，都作了详尽的分析与研究，并且取得了非常可观的成就，为本论题的进一步探讨提供了很好的基础。

但目前有关马华两大族群关系的研究，还有不少可以继续深入研究的空间，主要表现为如下几点：

（1）现有研究侧重于否定和批判，主要揭示各种族群矛盾，以及导致族群矛盾的诸多原因和复杂背景。一些学者已关注到马华两大族群和平共处，以及马

① In – Won Hwang. *Personalized Politics*: *the Malaysian State under Mahathir*. Singapore: Institute of Southeast Asian Studies, 2003. p. 3, p. 4, p. 13.

② 前引，林水檺、何启良、何国忠、赖观福编：《马来西亚华人史新编》（第一册），导言。

③ 利亮时：《马国五一三事件会否重演?》（新加坡）联合早报网站，http://www.zaobao.com/，2006年11月28日。

来西亚社会相对稳定的现状，但很少有成果深入系统地探讨马来西亚较少发生重大族群暴力事件、族群关系相对和谐、社会相对稳定的原因和背景，以至没有，也无法解释，为什么在各种矛盾交织和冲突的情况下，马来西亚仍然可以保持社会相对稳定，族群相对和谐这一矛盾现象？

（2）主要关注华人问题。由于侧重关注社会矛盾和族群矛盾，很多成果着重探讨受到不平等待遇的华人公民的情况，对马来西亚最大族群——马来人的研究比较少，连马来西亚当地华人学者也承认对马来人社会缺乏了解①，以致我们不太清楚马来人的处境如何，他们有什么诉求，如果这些诉求得不到实现或得不到部分实现的话，会对马来西亚产生什么影响。

（3）有些问题已注意到，但还缺乏比较深入的研究。如“二战”期间马华两族关系是如何激化的，马来西亚族群论争课题为什么比其他国家的更频密，政府的马来人政策的发展变化及其影响，政府的华人政策的特点与发展变化及其影响，马来西亚族群关系与社会发展互动联系的客观判断。

（4）目前的研究成果，把马来西亚的族群关系与其他多元族群国家的族群关系进行比较研究的，或把马来西亚的族群关系与马来西亚社会发展联系起来进行研究的，还比较少。缺少比较研究和宏观研究，在一定程度上会影响人们对马来西亚族群关系与社会发展互动联系的客观判断。

（5）理论研究比较单薄。现有大多数研究成果，主要采用历史学的研究方法，主要是通过文献资料分析，展现马华两族关系发展的历史事实和现实情况及其因果关系，理论思辨略显单薄，应用理论进行深入分析的不多，从理论上对马来西亚的族群情况加以解读或进行判断或总结规律的也不多。

三、主要内容与研究特点

（一）研究目的

族群关系的内容非常广泛，有政治关系、经济关系、文化关系、婚姻关系、同学关系、朋友关系等。本书并不打算面面俱到地研究马来西亚马华两大族群之间的所有关系，根据已有研究的成就与不足，本书将着重探讨马来西亚的华人与马来人两大族群关系的发展变化及矛盾与症结，特别是研究第二次世界大战后，两族关系演变与马来西亚社会稳定发展的互动联系，目的是探讨马来西亚在各种族群矛盾交织和不断摩擦冲突的情况下，整合族群矛盾与平衡各种族群利益，避

① 前引，林水檺、何启良、何国忠、赖观福编：《马来西亚华人史新编》（第二册），第325页。

免族群间暴力冲突，保持社会稳定发展的深层原因。

（二）研究框架

本书由绪论、正文和结语三部分组成。

绪论：主要介绍选题依据、研究现状、研究内容、研究方法、创新与特点等。

正文分五章，分别是：

第一章：马华两族关系发展变化。主要是探讨马华两族关系的历史发展与矛盾表现，包括第二次世界大战前、战中、战后，以及马来西亚独立后四个历史时期两族关系的发展演变与矛盾冲突，分析“5·13”事件等影响较大的冲突事件等。本章结论：自独立以来马来西亚族群矛盾与冲突连绵不断，其持久与频繁，超过了不少多元族群国家。

第二章：两族关系的问题与症结。主要分析马华两族在宗教、文教、居住地域和经济生活的差异，“马来人特权”和“族群政治”对马华两族关系的影响。目的是探讨马来西亚族群矛盾冲突比其他国家更持久、更频繁的特殊原因。本章结论：除了多元族群国家普遍存在的族群隔阂和经济差异等原因外，马来西亚族群关系还受该国族群公民法定地位的不平等，以及特殊的族群政治动员所影响。

第三章：马来社会发展与族群关系。马来西亚当地族群极少对华人施以暴力，这是该国族群关系的重要特点。本章主要从马来人政治地位、政府的马来人政策以及马来社会的经济和文化发展等方面，探讨马来人与华人和平共处的有关原因。本章结论：马来人经济和教育的发展，有助于缩小族群差距，缓和族群矛盾，族群博弈主要由政府出面，暂时没有诉诸暴力的必要。

第四章：华人社会发展与族群关系。马来人特权地位，使华人社会发展受到各种限制，并引起华人的持续抗争，但很多时候，华人对本国经济发展和政治稳定给予了有力的支持。本章分析华人受到的各种不公平待遇，同时也分析政府华人政策的务实与灵活等特点，以及华人经济和文教发展对华人的影响。本章结论：华人的多种公民权益确实受到侵蚀，但比起其他多元族群国家，该国华人仍拥有较大的发展空间，华人对政府政策和对自己的境遇，暂时还能承受。

第五章：影响、比较与展望。本章主要探讨：族群关系相对和谐对马来西亚的社会发展，特别是对政治稳定、经济发展和马中关系的影响；通过比较研究马来西亚族群关系与印度尼西亚族群关系的异同，对马来西亚族群矛盾“非暴力”冲突的原因作更进一步的探讨；进入21世纪以来的马来西亚族群政策的延续与变化；近期马华两族关系展望等问题。本章结论：族群关系相对和谐对政治稳定与经济发展起着积极的作用，马来西亚族群矛盾的“非暴力”有其特殊的原因；

族群政策的主要原则暂时将继续延续，近期马华两族关系变化不大。

结语：在上述研究的基础上，本书对马来西亚的族群关系进行总结和反思，认为马来西亚主要族群得以长期和平共处的原因在于马华两族生存发展的基本需求得到不同程度的满足，族群利益达到一定的平衡。本书进而从理论上总结缓和族群矛盾，乃至社会矛盾，避免族群暴力乃至社会暴力的一些内在规律。

（三）主要观点

通过对马来西亚缓和族群矛盾促进社会稳定发展的系统研究，本书认为，由于资源的稀缺和获取资源能力的差异，资源分配很难达到完全的公正与公平，因此，各族群各阶层的差别、矛盾与冲突几乎是不可避免的，但如果能采取比较符合社会发展需求的策略，积极寻求一个各族群各阶层能够接受的利益平衡点，就有可能避免族群暴力和社会暴力，在一定程度上减轻族群矛盾与族群冲突的破坏力，从而促进社会和谐或相对和谐，促进社会比较有序稳定地持续发展。

本书还认为，多元族群国家的族群关系是非常复杂而且具有许多的不确定性，族群之间并不是完全的二元对立，也不是完全的二元同一，更多的情况下是对立之中孕育同一，合作之间包含分歧，对立分歧与同一合作的程度因各种因素的影响而随时发生转化，可能出现对立多同一少，也可能出现同一多对立少，族群关系也随之起伏不定，时张时弛，并影响着社会发展的运行状态。因此，多元族群国家处理族群问题，务必非常谨慎。

（四）重点难点

（1）马来人对马华两族关系的态度。特别是一般马来人对马华两族的态度，这是研究马华两族关系的重点，但目前有关研究不多，即使是马来西亚华人，对马来人的研究也非常缺乏，同时，相关资料比较零碎，难以收集，因此要系统阐述有相当的难度。

（2）族群关系与社会稳定发展的积极互动。这是马来西亚族群矛盾“非暴力”的价值所在，也是我们选择这一命题的现实依据。社会稳定包括政治稳定和经济发展等主要内容，对课题组成员的知识构成和学术视野，都提出了较高的要求。

（3）理论解读与价值判断。马来西亚族群矛盾特别尖锐，但为何没有导致频繁的暴力冲突与社会动乱？如何结合理论从社会整合与稳定的视角，分析马来西亚的族群矛盾、族群政策、族群社会发展的现状与影响等问题，进行令人信服的系统论述与总结，并作出一些新的解读与判断，这有相当大的难度。

（五）研究方法

（1）主要采用马来西亚当地资料。为了最大限度地保证论据资料的可靠新颖，在充分参考国内外最新研究成果的基础上，本论题主要采用马来西亚当地资料进行研究，包括政要言论、资料汇编、调查访谈、官方统计等第一手资料，以及当地华人、马来人撰写的学术论著和最新的报刊资料、网络资料等。

（2）采用多学科的理论和方法。本论题在学科上属于历史学，但由于研究内容涉及政治、经济等领域，实际上是一个跨学科的论题。因此，本课题除了采用历史学的研究方法外，还借用了政治学、民族社会学、经济学等相关学科的一些研究方法和理论进行研究。另外，还进行了社会调查，通过问卷调查了解马来西亚本地人对族群关系与生存条件的感受；不仅进行定性分析，还进行定量分析，依据40多个数据表格等大量统计数据，探讨族群政策与族群发展对人们实际生活与心理感受的影响程度。

（3）采用宏观研究与比较研究的方法。针对目前相关研究成果缺乏宏观联系和比较研究的局限，本书采用微观研究与宏观研究、个案研究与比较研究相结合的研究方法，尽可能将族群关系与该国的政治、经济、中马关系发展结合起来研究，把马来西亚族群问题与其他国家的族群问题，特别是与马来西亚的邻国——印度尼西亚的族群问题进行比较研究，希望能比较准确地判断族群关系对社会发展的影响，比较客观地把握马来西亚族群关系的特殊性。

（六）研究特点

（1）目前涉及马来西亚族群关系的研究成果，侧重探讨族群矛盾以及导致族群矛盾的诸多原因和复杂背景，很少有成果研究马来西亚缓和族群矛盾促进社会稳定发展等问题，以至没有，也无法解释，为什么在各种族群矛盾交织和摩擦、冲突的情况下，马来西亚仍能维持社会相对稳定、族群相对和谐这一矛盾现象。研究社科问题，除了认识世界、了解问题，对解决问题进行经验总结也非常重要。本书不仅深入研究战后马来西亚族群冲突的表现和族群矛盾的症结，还特别着重研究马来西亚缓和族群矛盾、避免族群暴力、族群关系相对和谐与社会发展积极互动等问题，探讨马来西亚在各种族群矛盾交织和不断摩擦冲突的情况下，化解族群矛盾、保持社会稳定发展的深层原因，在一定程度上补充了目前有关马来西亚社会矛盾“非暴力”和社会稳定发展等问题研究的某些不足。

（2）由于侧重探讨族群矛盾及其原因，目前相关研究成果主要探讨华人公民受到的不平等待遇，对马来西亚的最大族群——马来人的研究比较少，连马来西亚当地华人学者也承认对马来人社会缺乏了解。事实上，世界各国的族群暴力冲突，在很多情况下表现为人数多的族群对人数少的族群施予暴力，表现为贫穷族群对富裕族群的袭击，马来西亚马华两族得以和平共处，马来人作为最大的而且是相对贫穷的族群，起了重要的作用。本书尝试从马来人的角度，由相对贫困的群体切入，了解两大族群矛盾冲突的非暴力性和社会相对稳定的深层原因，研究的角度与过去明显不同。

（3）本书试图采用跨学科的理论，对马来西亚族群关系作出新的解读。本书除了采用历史学的研究方法进行研究外，还采用了跨学科理论与方法，如政治学、心理学、经济学的一些理论与方法进行研究。例如政治学的政党性质、政治基础、安全化等理论，社会学的社会运行模式，法律平等与实际平等，社会分层与社会流动、社会心理、社会设置、整合平衡等理论，尝试从跨学科的角度，对马来西亚族群关系及其对社会发展的影响重新进行解读和判断。和主要强调马华两族矛盾冲突，较少关注族群关系与社会稳定之间联系的以往相关研究不同，本书得出的结论是：族群差别、矛盾与冲突虽然不可避免，但在一定条件下，族群暴力和社会暴力是可以避免和防范的。马来西亚各族群地位有所不同，马华两族关系有时确实比较紧张，但由于族群利益的整合，大体上能保证两族人民生存发展的基本需求，两族得以和平共处，并有力地促进社会稳定有序地发展。

（4）以马来西亚的具体案例丰富“构建和谐社会”、“维持社会稳定”的相关理论。构建和谐社会是社会发展的重要任务，也是社科研究的重大前沿课题。“利益平衡点”、“公平底线”、“心理接受程度”等理论都是构建和谐社会的非常重要的相关理论。本书关于马来西亚在各种族群矛盾和冲突的情况下，协调族群矛盾，减少族群暴力冲突，保持族群相对和谐与社会稳定发展的系统论述；本书有关马华两族人民生存发展需求得到基本满足与族群社会心理承受力的分析论述；本书通过分析总结马来西亚缓和族群矛盾促进社会稳定的平衡关系，探讨马来西亚缓和族群矛盾，乃至缓和社会矛盾的某些规律，总结华人与当地族群关系发展变化的一些基本规律，等等。在某种程度上，是以实际案例丰富了上述“构建和谐社会”和“维持社会稳定”等理论，具有明显的理论价值。

（5）马华两大族群占马来西亚人口的85%以上，他们之间的关系对马来西亚社会发展一直产生着重大的影响，不少研究马来西亚问题的论著，几乎都会讨论到两族关系，对1969年“5·13”事件前后的两族矛盾和族群关系的研究特别深入。但对1969年“5·13”事件以来40多年族群关系的研究，则主要是论文，或散见于各种专著中的部分内容，至今还没有一本较为系统全面的研究专著。本书在一定程度上弥补了该论题缺乏系统研究的不足。

四、有关概念与说明

（一）华侨与华人

根据我国国籍法和华侨华人研究领域达成的共识，海外中国移民及其后裔，加入当地国籍的称为华人，未加入当地国籍的称为华侨。“二战”前马来亚没有统一的公民权和国籍，当地的中国移民基本是华侨。“二战”后，马来亚政府推出统一的公民权，部分取得马来亚公民权的为华人，其余的仍然是华侨。1957年马来亚独立后，由于条件比较宽松，绝大部分华侨成为马来亚公民，马来亚华侨社会也转化为华人社会。由于华人在国外还有“中国人”的含义，马来西亚本地华人学者，大多数将带有中国血统的华裔，无论是独立前还是独立后，都称之为华人或华裔，国外以及马来西亚当地的相关文献资料也是如此。为了保持引文原貌，本书引用资料时按原文引用。另外，为了论述的方便，并配合马来西亚当地资料行文的习惯，本书一般称独立前马来亚的中国移民及其后裔为华侨，独立后的为华人。

（二）马来亚与马来西亚

马来西亚全称马来西亚联邦，由马来半岛的马来亚和婆罗洲的沙巴、沙捞越所组成。马来半岛称西马，婆罗洲的沙巴、沙捞越称东马。历史上，马来亚和新加坡同为英国殖民地，1948 年新加坡分离出去，马来亚组建马来亚联合邦，并于 1955 年获得自治，1957 年正式独立。1963 年，马来亚与新加坡及北婆罗洲的沙巴、沙捞越组建马来西亚联邦，1965 年新加坡退出，遂形成现在的国家格局。本书研究的重点是西马来西亚，也就是前马来亚，因为西马是马来西亚的政治和经济中心，马来人主要居住西马。研究内容涉及 1963 年前的历史时，一般称马来亚，如涉及整个马来西亚情况的，则称马来西亚。

（三）马来人和土著

马来人（Malay）和土著（Bumiputra）在马来西亚是不同的概念，前者专指马来人，后者则指以马来人为主的包括西马、东马在内的所有原住民。土著和非土著，是 20 世纪 70 年代初推行新经济政策后非常流行的一组对应名词。由于习惯，且土著中马来人占多数，不少论著，以及马来西亚当地的资料，经常是两词混用。本书主要研究西马的马来人与华人的关系，书中提及的“土著”，除了一些涉及全国统计的资料外，大多数情况下指的是马来人。同样地，由于华人占马来西亚非马来人和非土著的大多数，本书的非马来人和非土著，主要是指华人。

（四）民族、种族与族群

民族、种族与族群的英语分别为 nation（民族）、race（种族）和 ethnic groups（族群）。长期以来，学术界以及相关的论著和媒体大多数称一国内部的族群为民族或种族。由于民族通常表示政治实体，种族侧重于人种来源，而族群则更强调带有其他非政治性差异，如语言、宗教和文化习俗等的群体[①]，近年一般改称一国内部的不同种族为族群，本书也按此称马来西亚的华人与马来人的关系为族群关系。但引用的资料不少是历史资料，当时还是习惯采用“种族”与“民族”等名词，为了保持引文原貌，本书引用资料时依然按原文引用，所以有些中文资料，继续会出现“民族”、“种族”，以及“民族关系”、“种族关系”、“种族情绪”等字眼。

（五）社会

什么是社会？学术界目前有争论，出现社会实体派、社会唯名派等，马克思主义经典作家曾对社会作过多方面的论述，他们的基本观点包括两个方面：第一，社会不是单个个人的堆积或简单相加，它是人们的联系或关系，是人们相互交往的产物，是全部社会关系的总和；第二，人们的交往首先是在生产、分配、交换、消费中发生的经济交往，因此，人们之间的最基本的、决定其他一切的关系是生产关系。生产关系是社会的基础和本质，它是不以人们的意志为转移的客观物质关系。据此我国社会学研究者归纳出“社会”的特点包括：由人群组成的；以人与人的交往为纽带；是有文化、有组织的系统；以人们的物质生产活动为基础；具有心理的、精神的联系；社会系统是一个具有主动性、创造性和改造能力的活的机体等。[②] 本书不准备对“社会”这一概念与定义进行深入的学理性探讨，本书的“社会”主要借用上述的有关定义，即社会是特定人群组成和交往，以物质生产活动为基础，有文化、有精神联系、有组织的系统。据此本书提出马来社会、华人社会的概念，并特别注意探讨族群社会经济和马来西亚社会经济的发展，探讨决定族群社会经济发展的政治与文教等因素，以及族群社会经济发展对族群心理和族群关系影响等问题。

---

① 马戎编著：《民族社会学：社会学的族群关系研究》，北京：北京大学出版社 2004 年版，第 37 页。

② 引自郑杭生等主编：《社会学概论新修》，北京：中国人民大学出版社 2003 年版，第 68、69 页。

（六）暴力与非暴力

暴力，主要是指武力等强制的力量。[①] 族群之间的暴力冲突，一般涉及族群之间的群体械斗、凶杀、人员伤亡等流血事件。非暴力，则是非武力，也指参与社会政治变革、拒绝使用暴力的理念，如早期印度圣雄甘地为争取印度独立领导的非暴力不合作运动等。本书的“非暴力”，主要取非武力的含义，特指族群之间矛盾冲突的非群体武力对抗的现状，即矛盾冲突极少引发的族群之间的群体械斗、凶杀、人员伤亡等流血事件。

（七）冲突与整合

社会冲突是人与人或群体与群体之间为了某种目标或价值观念而互相斗争的方式与过程。冲突的种类多种多样。从冲突的规模上划分，有个人之间的冲突和集团之间的冲突；从冲突的性质上划分，有经济冲突、政治冲突、思想冲突、文化冲突、宗教冲突、种族冲突、民族冲突以及阶级冲突与非阶级冲突；从冲突的方式或程度上划分，有诉讼、辩论、口角、决斗、械斗、战争等。[②] 也就是说，冲突有激烈的暴力冲突，也有非暴力的一般摩擦。

社会整合是指社会利益的协调与调整。社会整合的对象很多、很复杂，从微观上看，有人际互动；从宏观上看，有社会子系统间的耦合，等等。但社会整合的基本对象只有一个，即社会利益。除了利益这一最基本整合对象之外，还有一些由此而衍生的整合对象，主要有情感、组织、规范和功能。相应地，也就有了情感整合、组织整合、规范整合和功能整合。[③] 协调与调整各种社会利益，减轻社会冲突对社会发展的破坏，是社会整合的主要目的。

（八）社会运行类型

中国学者将社会运行和发展分为三种类型，分别称为良性运行和协调发展，中性运行和模糊发展，以及恶性运行和畸形发展。所谓社会的良性运行和协调发展，是指特定社会的经济、政治和思想文化三大系统之间以及各系统内不同部分、不同层次之间的相互促进，而社会障碍、失调等因素被控制在最小的限度和最小的范围之内，是社会运行和发展的理想模式。所谓社会的中性运行和模糊发展，是指社会运行有障碍，发展不甚平衡，包含较多、较明显的不协调因素，但

---

① 中国社会科学院语言研究所词典编辑室编：《现代汉语词典》，北京：商务印书馆 1979 年版，第 42 页。

② 前引，郑杭生等主编：《社会学概论新修》，第 180 页。

③ 前引，郑杭生等主编：《社会学概论新修》，第 53、54 页。

它们还未危害、破坏社会的常态运行。因此，社会的中性运行也可称作有障碍的常态运行。所谓社会的恶性运行和畸形发展，是指社会运行发生严重障碍、离轨、失控。[①] 一般来说，社会运行的状态往往与社会冲突的程度，以及社会整合的效果有着密切联系。在多元族群国家，社会运行的状态，也很大程度取决于族群冲突的程度、族群利益整合和族群关系的发展。社会整合取得成效，可不同程度地减轻社会冲突的破坏力，维持社会常态有序运行。

① 前引，郑杭生等主编：《社会学概论新修》，第6、7页。

第一章　马华两族关系的发展变化

马来西亚全称马来西亚联邦，位于亚洲大陆中南半岛南端，地处亚、澳两大陆与太平洋、印度洋的交汇处，国土面积32.97万平方公里，由原马来半岛的马来亚和婆罗洲的沙巴、沙捞越组成。马来半岛又称西马，婆罗洲的沙巴、沙捞越称东马。历史上，马来亚分别被葡萄牙人、荷兰人所侵占，19世纪起成为英国殖民地，由互不相属的9个马来土邦和海峡殖民地组成，9个马来土邦分别是雪兰莪、霹雳、彭亨、森美兰、柔佛、吉兰丹、吉打、丁加奴和玻璃市，海峡殖民地则包括马六甲、槟榔屿和新加坡等三地。1948年新加坡分离出去，1957年马来亚赢得独立。1963年，马来亚与新加坡及北婆罗洲的沙巴、沙捞越组建成马来西亚联邦，1965年新加坡退出，遂形成现在的国家格局。

马来西亚的原始居民为尼格列陀人（Negrito）、沙盖人（SaKai）等以狩猎为生的土著，马来人在公元前3000年和公元前1000年先后分两批，自亚洲大陆迁移而来，并逐渐成为当地的主要居民。① 马来人按移入当地的先后又称为原始马来人或混血马来人、新马来人，后者据称在公元12世纪才开始大量移入。② 16世纪以后，由于殖民者开发马来亚需要大量的劳动力，以中国人和印度人为主的移民源源不断地进入马来半岛，马来亚人口迅速增加，逐步发展成为以马来人、华人和印度人三大族群为主的多元族群国家。

中马两国早有贸易往来，长期往返通商中，一些中国人偶尔留在马来群岛的通商口岸生活，并逐渐移入内地定居。据史料记载，14世纪便有中国人在淡马锡（今新加坡）居住，16、17世纪已有中国人在马来半岛和婆罗洲等地务农。当时马来半岛人烟稀少，各地的马来土邦头人均需要增加本辖区人口，以增加各种税收和建立一支强大的部队，早期华侨移民，特别是华侨锡工颇受欢迎。③

中国人移民南来，最早是到马六甲、槟榔屿等地，19世纪初英国殖民者占

---

① 前引，理查德·温斯泰德著，姚梓良译：《马来亚史》，第1页；J. M. Gullick. *Indigenous Political Systems of Western Malaya*. London，Atlantic Highlands，N. J.：Athlone Press，1988. p. 7；廖文辉：《谈华族史在国史的定位——历史教学的一点省思》，（马来西亚）《人文杂志》2000年创刊号。这些原始居民又称小黑人、塞孟人和沙盖人，当地华人据此认为马来人不是当地的土著。

② 前引，廖文辉：《谈华族史在国史的定位——历史教学的一点省思》。

③ Ibid.，J. M. Gullick. *Indigenous Political Systems of Western Malaya*. p. 113，p. 127.

领新加坡，招徕华侨发展自由港，赴新华侨急剧增加，从1821年的1 159人增到1849年的27 988人，分别占当地人口的24.5%和47.4%。[①] 19世纪中叶，马来半岛发现丰富的锡藏后，中国移民更是源源不断大批南来涌入各产锡州，到1881年，马来半岛的华侨已多达17.4万人。[②] 20世纪初，马来亚兴起橡胶种植后，中国人再陆续进入柔佛等橡胶种植大州，并慢慢扩散移居到马来亚各地，1911年新马华侨增加到91.6万。[③]

虽然，第二次世界大战前的马来亚华侨视马来半岛为临时居留地，流动性很大，但总的来说，入境多于出境，加上土生华侨增多，华侨人数与日俱增，所占人口比例也一直很高。到1921年和1931年，马来半岛（不包括新加坡）共有华侨85.65万和128.5万，分别占总人口的29.4%和33.9%，1941年日本南侵进入新马后，华侨流动基本停止。“二战”后，特别是马来亚独立后，大多数华侨加入当地国籍，流动更少，华人人数主要通过自然繁衍增加，华人从1947年的188.5万，增加到1957年的233.38万，1980年的441.46万。不过，由于华人的出生率较低等原因，华人在全国人口的比重却逐渐下降，从1947年的38.4%，下降到1957年的37.16%，1980年的32.11%。据2000年马来西亚人口普查的统计，2000年马来西亚全国人口2 327万人，其中拥有马来西亚国籍为2 189万或占总人口的94.1%。在马来西亚本国人口中，占人口比例最大的是以马来人为主的当地土著族群，占总人口的65.1%或约1 425万，土著族群中除了马来人外，还有西马的尼格列多族、先努伊族，东马的伊班族、雅克族和卡达山族等30多个族群；华族是该国的第二大族群，占总人口的26.0%，当年约569万人；第三大族群是印度族，占总人口的7.7%，约168万人，其余的是欧亚等地的外来族群（如表1-1所示）。尽管华人占人口比重逐年下降，但始终是马来西亚的第二大族群，华人与最大族群马来人之间的关系，对马来西亚社会发展的重要影响，不言而喻。

① 林水檺、骆静山编：《马来西亚华人史》，吉隆坡：马来西亚留台校友会联合总会1984年版，第36页。

② 陈里特：《中国海外移民史》，上海：中华书局1946年版，第26页。

③ 前引，林远辉、张应龙：《新加坡马来西亚华侨史》，第350页。

表 1-1　马来西亚族群人口统计（1921—2000 年）

单位：万人

年份	总人口	马来人	比例（%）	华人	比例（%）	印度人	比例（%）	其他	比例（%）
1921	290.7	156.9	54.0	85.6	29.4	43.9	15.1	4.3	1.5
1931	378.8	186.4	49.2	128.5	33.9	57.1	15.1	6.8	1.8
1947	490.9	242.8	49.5	188.5	38.4	53.1	10.8	6.5	1.3
1957	627.88	312.55	49.78	233.38	37.17	69.62	11.00	12.33	1.96
1970	1 081.15	601.39	55.63	371.91	34.40	98.85	9.14	9	0.83
1980	1 374.52	805.95	58.64	441.46	32.12	117.67	8.56	9.44	0.68
1991	1 716.88	1 073.6	62.53	502.28	29.26	141	8.21	—	—
2000	2 162	1 425	65.91	569	26.32	168	7.77	—	—

资料来源：①1921—1947 年数据，见 1957 年马来亚联合邦户口普查资料，转自前引，巴素著，郭湘章译：《东南亚之华侨》（上册），第 373 页。

②1957—1980 年资料，见 1970/1980 Population and Housing Census of Malaysia，转自前引，林水檺、骆静山编：《马来西亚华人史》，第 453 页。

③1991 年数据，见马来西亚统计局数据，转自 Phang Hooi Eng. The Economic Role of the Chinese in Malaysia. Table 4.1，转自 Ibid.，Lee Kam Hing and Tan Chee-Beng，eds. *The Chinese in Malaysia*. p. 96.

④2000 年数据，见 Population and Housing Census 2000，转自马来西亚统计局网站，http：//www.statistics.gov.my/，2004 年 11 月 15 日。

⑤1921—1957 年数据仅为西马（不包括新加坡）的数据，1970—2000 年数据包括东西马数据，1970—2000 年的马来人的数据包括所有土著。

⑥战后马来亚（马来西亚）于 1947 年、1957 年、1970 年、1980 年、1991 年和 2000 年进行过全国人口普查，上述数据均是历次人口普查统计。

第一节　战前两族关系

第二次世界大战前，英属马来亚分为三个殖民统治体系：①海峡殖民地：由新加坡、马六甲和槟榔屿组成，是英国皇家殖民地，由英国殖民大臣指定的英国人总督在行政和立法两个委员会的协助下进行管理；②马来联邦：由霹雳、彭亨、雪兰莪和森美兰等四个马来土邦于 1896 年组成，又称“四州府”，各邦设驻扎官和土邦会议，协助马来土邦苏丹进行管理，联邦设总驻扎官和联邦参议会，各级驻扎官均由英国人出任；③马来属邦：由柔佛、吉打、丁加奴、吉兰丹和玻璃市等五个马来土邦自1909年后逐步形成，殖民政府向各属邦派出英国人顾问，协助马来人苏丹进行管理。[①]

马来亚华侨社会的移民流动性质，以及马来亚殖民政府的分而治之政策的影响，使华人与马来人两大族群长期隔离，双方接触不多，矛盾和冲突也比较少；“二战”爆发，日军占领马来亚后，两族在经济和军事方面的接触日益增多，各种族群矛盾才逐渐激化。

一、战前马来社会

资料显示，在殖民者侵入前，马来半岛人烟稀少，18世纪前的全部人口估计不到25万，人们沿着海岸和河边建立村落，过着渔耕并重的生活。[②] 英国殖民者侵入马来半岛后，为了取得马来封建贵族合作，巩固殖民统治，曾与马来各个土邦苏丹签订协定，承认马来人是当地的主人，承诺维护马来人在政治、经济和文化等各方面的特权，英国政府只对各土邦实施间接统治。[③]

政治上：殖民政府于1874年建立驻扎官制度，规定除了宗教和风俗，土邦苏丹在所有问题上，包括税收和行政，都要接受英国驻扎官的意见。[④] 土邦、联邦的各级会议成员、各级政府公务员和警察主要由马来人出任，各马来土邦苏丹宫廷和苏丹统治制度得以继续保留，马来苏丹通过大臣、地区头人、头人（村长）继续统治各自的臣民——马来农民。[⑤]

文教上：最早的马来人教育，只有一些农民或乡村自设的宗教学校，由宗教教师教导孩子们诵读《古兰经》，学习简单的阿拉伯文。19世纪80年代以后，开始设立世俗学校，教导学生学习简单的马来语文、算术、地理和自然，程度大约为小学四年级，到1922年，这类马来语学校共有600所，得到殖民政府拨款资助，目的是培养新一代识字的农民，以掌握一些新的农耕法，提高农业生产。为了解决马来语学校的师资，马来亚殖民政府设立了培养马来小学师资的师训学院，同时大力发展英语学校，并先后设立江沙马来学院、新加坡莱佛士学院等英

---

① Anthony S. K. Shome. *Malay Political Leadership*. London：Routledge Curzon，2002. p. 40. 吉打、丁加奴、吉兰丹和玻璃市等四个土邦曾属暹罗（泰国），按1909年《英暹条约》转归属英国，丁加奴现已改称登嘉楼，本书仍沿旧称。

② 前引，林水檺、骆静山编：《马来西亚华人史》，第236页。

③ Wan Hashim. *Peasants under Peripheral Capitalism*. Bangi：Universiti Kebangsaan Malaysia，1988. p. 73.

④ Ibid. ,Wan Hashim. *Peasants under Peripheral Capitalism*. p. 69.

⑤ Ibid. ,J. M. Gullick. *Indigenous Political Systems of Western Malaya*. pp. 21 – 22.

文学院。[①] 一般马来人子弟到马来小学念书，毕业后继续沿袭父辈的农渔职业；马来贵族的子女则接受英文教育，毕业后到特别为马来人设立的马来行政服务（Malay Administrative Service）系统工作。[②]

经济上：除了进入殖民行政系统任职外，马来人主要从事传统的稻耕农业，并得到殖民政府的保护。因为英国人不喜欢干扰马来人的农业社会，担心传统社会的改变会引起马来人的忧虑和不安，进而形成难以控制的局面。[③] 为了维持马来人的农耕传统，殖民政府从1913年起逐步在各个马来土邦实施马来人保留地政策，限制和禁止其他族群，特别是华侨购买土地从事农业经济。[④] 这种政策虽然在一定程度上保证了马来人在农业经济的传统地位，但也将马来农民局限于封闭的农村，以种稻为生，与外界基本隔绝，没能及时参与马来亚其他经济活动，这成为马来人经济落后的根源，并对“二战”后马来人和华人的关系产生了巨大的影响。战前，也有一些马来人采锡、种橡胶、销售农产品，但所占的经济比重微乎其微。

二、战前华侨社会

马来亚华侨社会在20世纪三四十年代逐渐形成，人口数量不断增加，且日趋稳定。首先是土生华侨越来越多，从1921年的258 189人增加到1931年的533 205人，占新马华侨总数的比例从22%升到31.2%。[⑤] 其次是男女比例的逐渐拉平，男女比例从1911年的1 000：250提高到1931年的1 000：513[⑥]，华侨已可以在当地建立比较稳定的家庭生活。不过，当时马华社会的侨民性质仍非常明显，人口流动仍比较大，1931—1941年每年出入境的中国移民数量均超过10万，1937年入境多达40万，出境也有22万。[⑦]

---

① 张永新：《马来民族主义的摇篮——丹绒马林苏丹依德里斯师训学院》，（马来西亚）《资料与研究》1995年第14期。

② 祝家丰：《马来特权的制定与其影响》，（马来西亚）《人文杂志》2001年第8期。

③ 邱继金著，林道湿译：《大马的种族冲突——一个历史的透视》，见前引，骆静山编：《马来西亚华人问题论丛》，第81页。

④ Ibid, Wan Hashim. *Peasants under Peripheral Capitalism*. p. 73. 对于战前英属马来亚的马来人土地保留制度，不少研究认为它保护了马来人对土地的垄断。但笔者认为，该政策仅仅是殖民者分而治之、转移矛盾、为殖民者大肆侵吞马来亚土地而对当地土邦的一个交代。事实上，外国人要获得土地依然非常容易，成千上万英亩的土地用作锡矿和种植园。马来西亚前首相马哈蒂尔也认为实施这项法令的结果，是将马来人推向较少价值的土地。见前引，马哈迪医生著，叶钟铃译：《马来人的困境》，第40页。

⑤ 前引，巴素著，郭湘章译：《东南亚之华侨》（上册），第395、396页。

⑥ 前引，林水檺、何启良、何国忠、赖观福编：《马来西亚华人史新编》（第一册），第57、58页。

⑦ 前引，巴素著，郭湘章译：《东南亚之华侨》（上册），第410、411页。

与马来人居住农村，自然是当地土邦苏丹的臣民不同，华侨主要居住城市，特别是聚居新加坡、马六甲、槟榔屿和吉隆坡等经济发达的城市，居住农村的华侨很少。除了少数海峡殖民地的土生华人拥有英国国籍，绝大多数华侨被视为外国人。殖民政府早期通过华侨甲必丹（头人）治理华侨，后来则在华侨聚居的主要城市，如新加坡、马六甲、槟榔屿、吉隆坡等地设立华民护卫司，在参与各级立法会议参事会议的华侨侨领协助下管理华侨事务。马来土邦的少数华侨，直到“二战”前都一直由类似甲必丹的侨领治理。①

经济上，与马来人绝大部分在农村从事种稻不同，主要聚居城市的华侨，充当商人、公司职员、店员、小贩、佣工、三轮车夫，以及矿工和橡胶园工人等。当时大多数华侨把马来亚作为打工赚钱的临时居留点，把中国作为自己的最终归宿，不断汇款回国，养家糊口和投资置产。

“二战”前，华侨子弟接受的也是典型的侨民教育。马来亚华侨教育自19世纪初逐渐发展，到1937年已有学校1 180所，学生9万多人，教员4 000多，且增设中学部和女校。② 虽然大多数华侨学校接受政府管理和津贴，但其授课语文是中文，教师、教材均来自中国，语文、历史和地理课本的内容也主要是关于中国的内容。

三、战前两族关系

早期，某些华侨矿场主因锡矿的利益，卷入马来土邦统治者之间的权力纠纷与斗争，吉兰丹的布赖华侨村落，就曾因此而被在权力斗争中占上风的马来统治者报复。③ 但大多数的情况，马来头人只管收取锡的出口税，没兴趣管华侨社会的内部事务④，后来在殖民政府的分而治之的政策影响下，马华两族基本是在两个世界中各自发展，由于行政和经济上的接触不多，族群之间的矛盾和冲突都非常有限。

客居心理很强的华侨，关心中国多于马来亚。20世纪初，他们积极参与中国同盟会和保皇党的论战，声援辛亥革命；之后，致力建立华校和声援中国抗日；1937年中日战争爆发后，马来亚更是成为南洋华侨抗日救亡的领导中心。战前，只有极少数的海峡侨生富商对马华两族的区分表示忧虑，他们抨击殖民政

---

① 前引，巴素著，郭湘章译：《东南亚之华侨》（上册），第503页。

② 前引，郑良树：《马来西亚华文教育发展史》（第三分册），第286～288页。

③ 前引，谢爱萍：《社会变迁与华人文化》。

④ Ibid. ,J. M. Gullick. *Indigenous Political Systems of Western Malaya*. p. 24.

府的亲马政策，要求和马来人一样，拥有平等的公民权和参政权。[①] 1932 年，时任海峡殖民地立法议员的马六甲富商陈祯禄，向当时的海峡殖民地总督提交了一份备忘录，认为殖民政府的极端亲马政策，如只分发土地给马来人，雇用马来人从事行政工作，各级委员会的会员以马来人为主等，将会导致马华两族的明显裂痕和各族不和的危险，要求公平对待两族人民。[②]

相比之下，享受亲马政策的马来人，反应略大一点。殖民政府分而治之的亲马政策，不仅弱化了马来人的反殖情绪，还使广大马来人，尤其是上层精英和知识分子，一直认为自己是马来亚理所当然的主人，应该拥有比其他族群更多的特权，并把本族经济的落后归咎于其他移民，这种思想不仅对当时，甚至对马来西亚后来族群关系的发展，都产生了非常巨大的影响。新加坡是华侨集中聚居的城市，马来人占少数，且经济比华侨落后，一些马来人还受雇为华侨的司机、佣工或工人，因此特别能感受经济和社会落后的压力。照马来西亚华人的形容，20 世纪 20 年代起，马来人争取权利之呼声，特别是在海峡殖民地立法议会和联邦议会里，日益高涨。[③] 1926 年，新加坡马来人议员伊乌诺斯发起成立了新加坡马来人协会，要求殖民政府和立法会议关注马来人权利和社会福利。[④] 1931 年全马（包括新加坡）人口普查显示，马来人占总数的 44.7%，华侨和印度人合起来却占 53.2%，在马来联邦，马来人更是只占人口总数的 34.7%，比华印人所占的 63.7% 比重小得多。[⑤] 马来人发现在自己的国家里，自己有可能给非马来人淹没，这在马来人中引起震惊，他们强烈地要求维护自己作为土地儿子的权利，要求限制华侨等移民，并主张享有各种权利。[⑥] 到 1937 年，马来半岛各地都成立了以抵制外来移民影响、保护马来人政治和经济特权为目标的马来人协会，并先后召开了两次泛马代表大会。

尽管马来民族运动已从新加坡扩展到全马，但在战前仍处于起步阶段，马来人当时甚至还没有产生一个有号召力的领袖，他们寄希望于将来的子孙后代能完成保护本族利益的任务。1938 年东姑·伊斯迈在雪兰莪马来人协会的就职典礼上说，我们缺乏领袖以领导我们拯救民族，今天建立协会的目的之一，就是要培养将来的领导人，协会将派马来人到埃及和欧洲深造，当他们完成学业回马来

---

① Symbols of Separatism. Ethnicity and Status Politics in Contemporary Malaysia. In Ibid. ,Raymond Lee ed. , *Ethnicity and Ethnic Relations in Malaysia*. p. 32.

② 《陈祯禄爵士呈海峡殖民地总督金文泰爵士“备忘录”》，转自前引，杨建成：《马来西亚华人的困境：西马来西亚华巫政治关系之探讨（1957—1978）》（附录二），第 396 ~ 414 页。

③ 前引，邱继金著，林道湿译：《大马的种族冲突一个历史的透视》。

④ Radin Soenarno. Malaya Nationalism 1896 - 1941. *JSEAH*. Vol. 1. No. 1. March 1960. p. 11.

⑤ Ibid. ,Leon Comber. 13 *May* 1969：*A Historical Survey of Sino-Malay Relations*. p. 17.

⑥ Ibid. ,Leon Comber. 13 *May* 1969：*A Historical Survey of Sino-Malay Relations*. p. XVI.

亚，他们将是我们孩子和孙子的领导人，然后我们才会从外族的压迫和压榨下解放出来。[1]

而且，各种族共同屈服于英殖民地政府权力之下，主要关注与殖民政府的关系，彼此接触不频繁；各族之间没有严重的利害冲突，特别是较少经济冲突；各族之政治趋向及宗旨不同，即关注当地与关注中国政治的不同。[2] 种种因素，都有效地避免了两族的正面冲突。

因此，在第二次世界大战爆发之前，虽然种族间偶然有些摩擦或冲突，但大体上种族关系堪称和谐，种族仇视并不常见。[3] 马华两族只有少数上层精英和知识分子，具有一定的族群意识和关注本族的权益。他们大多数是英国人主持的各级立法会议和行政会议的成员，他们关注族群关系的方式，还停留在向殖民政府诉求的低级阶段。广大马来人和华人的族群意识普遍不高，对族群矛盾没有太大的感触，两族很少发生直接的冲突。直到“二战”爆发，日军入侵，把马华两族推向相互对抗的风口浪尖，才终于激化了两族矛盾。

第二节　日据时期两族矛盾激化

1942 年 2 月 15 日日军攻陷新加坡后，对新马施行了长达 3 年多的军事占领。期间，马来亚人民不仅遭受深重的灾难，日本军政府对马华两族的分而治之，以及蓄意的挑拨离间，极大地激化了马华两族的矛盾，使马华两族矛盾从模糊转向明朗和对抗。

一、日本军政的族群政策

马来亚全境沦陷后，日军将新加坡改名昭南，列为特别市，将马六甲、槟榔屿（改为彼南岛）和九个马来土邦并为一个省，与印度尼西亚的苏门答腊一起由日军的 25 军统治，1943 年 4 月再将马来半岛各地和印度尼西亚的苏门答腊分开，25 军继续统治苏门答腊，马来亚则由 29 军统治。为了获得暹罗（今泰国）的支持，日本军政府于 1943 年 10 月将马来亚北部吉打等四个马来土邦割给暹

① Ibid. ,Radin Soenarno. Malaya Nationalism 1896 – 1941. p. 25.

② 前引，陈祖排：《大马种族关系概况》，第 73 页。

③ 前引，陈祖排：《大马种族关系概况》，第 73 页。

罗，仅派驻联络员监督。[①]

（一）华侨政策

对马来亚华侨，日本军政府主要实施残酷镇压和疯狂压榨的政策。

新加坡陷落没几天，日军便对当地华侨开始“大检证”，从2月18日到3月10日，分几个阶段集中新加坡男女老幼于数区，逐一检查搜索抗日分子和共产党员。被搜出者立即押上军车，大部分被拉到荒野或海边处死。全马多个城镇也进行了类似的检证迫害。遭杀害的华侨估计在10万以上。[②] 之后，日本军政府废弃了原来的华民护卫司，建立严密的保甲制直接统治华侨，将各城镇各地区分为若干区，区下再分保和甲，逐级设区长、保长和甲长，分别治理辖内约3千户、3百户或30户居民，并协助警察维持治安。同时，给居民派发安居证，让其随时备查，稍被怀疑即加以逮捕，严刑拷打，甚至迫害至死。[③]

经济上最臭名昭著的是勒索“奉纳金”。大检证的同时，日军指责华侨抗日，要求奉纳5 000万元予皇军以表示忠诚。为此，被召集的侨领专门成立昭南华侨协会，按各州财产估算分配数额。虽一再榨取，但因战争对经济的打击，不少华侨已为之倾家荡产，最后也只是筹得2 900万，剩下的由华侨担保让日本正金银行贷款补足。[④] 除此之外，华侨还不时被勒索提供各种捐献或费用。日军入侵后不久，大大小小的日本公司也随之而到，设立名目繁多的各种组织和会社，直接接收原属英国人或著名华侨的产业，廉价强买华侨店铺，规定官价，垄断原来华侨对橡胶、锡等主要产品的收购与流通，华侨经济更是一蹶不振。

（二）马来人政策

对马来人，日本军政府继续实施英殖民政府的亲马政策，侧重怀柔与拉拢。

日军清楚地认识到马来社会的封建性，以及马来穆斯林对苏丹贵族和宗教领袖的敬畏和服从。因此，保留了像英殖民政府那样的苏丹宫廷和苏丹统治制度。马来苏丹仍像过去那样通过各地区头人统治底层的农村马来农民；日军从1943年起在各马来土邦建立土邦协商委员会，由苏丹及各级马来头人组成；日本军政府在宗教方面也给予苏丹很大的自主权，承认苏丹宗教领袖的地位，允许马来人

---

① Cheah Boon Kheng. The Social Impact of the Japanese Occupation of Malaya 1942 – 1945. In Alfred W. Mccoy, ed. *Southeast Asia under Japanese Occupation*. United States: Yale University, 1980. p. 99.

② 前引，林水檺、何启良、何国忠、赖观福编：《马来西亚华人史新编》（第一册），第94页。

③ 前引，林水檺、何启良、何国忠、赖观福编：《马来西亚华人史新编》（第一册），第102、103页。

④ Ibid. , Cheah Boon Kheng. The Social Impact of the Japanese Occupation of Malaya 1942 – 1945. pp. 97 – 98.

开展各种宗教活动，1944 年还支持在马来亚召开了一个隆重的伊斯兰教代表会议。①

同样地，日军也雇用马来人担任政府各级行政官员和军警人员。清除英国人、欧洲人后出现的大量空缺职位，使马来人出任政府官员和军警人员的人数比战前多得多，这在华侨最多的原海峡殖民地表现得尤为明显。为了培养马来人行政人才，日军还专门在新加坡建立训练学校，经过培训的马来人，毕业后均委以高职。除了正规警察外，马来土邦的各个乡村都按日军要求遍设自卫团，凡 17 岁以上的村民均征为成员，执行守夜自卫任务。②

经济方面，日军希望马来亚能自给自足，特别是提高粮食产量，改变战前 40% 粮食进口的局面，以便能以战养战。因此，鼓励马来农民继续生产稻米，为了提高产量，日本军政府还引进新的耕种技术，提供种子和肥料，派出农业技术员进行指导。

此外，日本军政府以亚洲民族解放者自居，极力挑拨马华两族的关系，宣扬“亚洲是亚洲人的”、“马来亚是马来人的”等观念，并向马来人承诺，要结束华侨在政治和经济上对马来人的侵害。③ 同时鼓励马来人开展泛马运动，把印尼和新马地区连成一个政治单位，由印尼地区同文同种的马来人来统治华侨。在日本人的分化政策下，马来人把华人视为威胁，认为马来人必须掌握新马政治实权，否则华人很可能会主宰这个地区。④

（三）不同政策的原因

日本军政府对马华两族采取完全不同的统治政策的原因。对华侨来说，日本的华侨政策，是对华政策的延续。1937 年中日战争爆发后，日军便视海外中国人——华侨为敌民，马来亚作为南洋华侨抗日筹赈运动领导中心的地位，以及新马华侨抗击日军入侵的英勇行为，更使日军对华侨恨之入骨，一再策划对付华侨。1942 年 2 月 14 日，日本政府正式采纳陆军参谋本部拟定的“华侨对策纲要”，要求控制华侨以使其“对帝国国防必需物资的生产和取得方面作出贡献”，并特别强调对华侨“施加政治压力”及“控制华侨的社会势力”。⑤ 这些政策的具体实施便是日本军政府对华侨的残酷镇压和疯狂掠夺。

---

① Yoji Akashi. The Japanese Occupation of Malaya 1942 – 1945. In Ibid. , Alfred W. Mccoy , ed. *Southeast Asia under Japanese Occupation*. p. 80.

② Ibid. , Cheah Boon Kheng. The Social Impact of the Japanese Occupation of Malaya 1942 – 1945. pp. 100 – 103.

③ Ibid. , R. K. Vasil. *Ethnic Politics in Malaysia*. p. 16.

④ 前引，杨建成：《马来西亚华人的困境：西马来西亚华巫政治关系之探讨（1957—1978）》，第 356 页。

⑤ 前引，林水檺、何启良、何国忠、赖观福编：《马来西亚华人史新编》（第一册），第 91、92 页。

对马来人来说，日军力量有限，在大力镇压华侨的同时，必须获得马来人对军政统治的支持，如果马来人也和华侨那样积极抗日，日军将无法应付。同时，国土狭小、物资紧张的日本，在亚洲全面铺开战事后，在国际贸易和运输基本停顿的情况下，需要实行以战养战策略，在占领区发展生产，以供应军需。于是以种稻为主的马来人，成为日军在当地推动农业生产的主要依靠力量。另外，战前马来人基本没有抗日活动，日军入侵马来亚主要是攻占军事要塞和战略城市，和居住农村的马来人较少正面冲突。

不过，应该指出的是，虽然日军对马来人较之华侨更注重怀柔和拉拢，但日据下的马来人，并不像某些史书所说的那样安居乐业，不受侵犯。事实上，日据下苏丹所得的津贴和实质的行政权远比战前少。[①] 马来农民则被迫为日军服劳役和提供粮食，日本巡逻队随时到马来土邦巡逻，马来人和华侨一样，如被报告曾支持抗日游击队，也会被施以酷刑，甚至公开鞭打以儆众人。[②] 因此，马来人也对日军不满，一些马来人还参加马来亚人民抗日军和盟军 136 部队组织的皇家马来军，武装抗日。当然，相对于华侨而言，马来人在日据下的处境好一些，他们对日军的反抗也小一些。

二、马华两族矛盾激化

日本军政府的统治，对马华两族关系产生了巨大的影响，两族矛盾日益激化。

首先，马华两族从互相隔离转为直接对抗，成为镇压与被镇压、反抗与被反抗的两大族群。

日军入侵和对华侨的残酷镇压和疯狂掠夺，激起了广大华侨的愤恨和反抗。早在 1942 年初，以华侨为主的马来亚共产党（以下简称“马共”）便在雪兰莪州成立了马抗第一独立队，之后再陆续成立另外七支独立队，分别在雪兰莪、森美兰、柔佛、霹雳、彭亨和吉打等地抗击日军，后来统称马来亚人民抗日军（以下简称“马抗”），到 1945 年日本投降前夕，合计共有 67 个中队，9 900 多人[③]，其中绝大部分是华侨。华侨的抗日武装还有国民党领导的华侨抗日军，约 500 人。[④] 此外，华侨还组织了抗日同盟会、抗日自卫队、抗日别动队、锄奸会等地

① Ibid. ,Cheah Boon Kheng. The Social Impact of the Japanese Occupation of Malaya 1942 – 1945. p. 100.

② Laurence K. L. Siam. *Chinese Society in Rural Malaysia*. Kuala Lumpur：Oxford University Press, 1983. p. 62.

③ 新马侨友会编：《马来亚人民抗日军》，香港：见证出版公司 1992 年版，第 1 页。

④ 巴素著，张奕善译：《近代马来亚华人》，台北：台湾商务印书馆 1972 年版，第 82 页。

下抗日组织。自始至终，华侨都是新马抗日的中坚力量。

反之，日军的亲马政策却使部分马来人走上与日军合作的道路。日军招收马来人进入各级行政机构和警察部队后，广大华侨便直接或间接地处于马来官员和警察的监视之下，日军对城镇华侨的镇压或对抗日根据地的围剿，都得到马来人警察和军事力量的协助。结果，华侨与日军在政治上的摩擦，大部分转变为华侨与马来人的摩擦，华侨武装力量和日本军政府的军事冲突，也转化为华侨游击队和马来人警察的冲突。

据新马侨友会的资料，在日本法西斯占领马来亚的 3 年 8 个月期间，马抗与日军进行 300 多次战斗，共击毙日伪军 5 500 多人①，而根据日本方面的记录，则日军伤亡人数 600 多人，当地警察伤亡为 2 000 人②，这些死伤的伪军和警察基本都是马来人。在日本投降到英军重新建立军政统治期间，马抗在各地建立人民委员会维持秩序，同时制服马来人伪警察局，惩治敌特、叛徒和歹徒，没收敌产，被镇压处决的马奸有 2 542 人，也以马来人为多。③

其次，马华两族的经济接触增多，经济利益冲突日益尖锐。

战前马华两族较少矛盾的一个主要原因，是两族各在自己的经济领域发展，互不干涉。马来人一直在农村种稻，在保留地政策的保护下，马来人长期垄断农村的可耕地，甚至非可耕地。华侨则很难获得永久土地耕种，从事农业的华侨一直比较少，即使受 20 世纪 30 年代大失业和大批中国妇女移入的影响，到 1940 年，从事农业种植的华侨也仅为 15 万人④，还不到当时华侨人口的 10% 和全马人口的5% ,对马来人的农业垄断影响不大。

然而，日军占领却使马来人经济受到华侨的严重挑战。由于战争造成的经济萧条以及日军对华侨的残酷迫害和掠夺压榨，都市城镇的华侨或因失业而生计无着，或因逃避日军的残酷迫害，或因城市严重缺粮、物价飙升等，纷纷逃到偏远的农村和森林边缘，开荒种地以维持生计，从城镇向农村迁移一度非常盛行。此外，战争使马来亚要以生存的外贸渠道被打断，粮食消费大量靠进口的马来亚霎时陷入严重饥荒。为了稳定人心，达到以战养战的目的，日本军政府也鼓励开荒种粮，非但不禁止华侨在森林边缘的各马来土邦土地或丢荒的马来人保留地上开荒耕种，而且还以“勤劳奉仕”的名目强迫华侨开荒垦殖，移民种稻米和其他食物，对华侨申请土地的审批也比战前宽松。

---

① 前引，新马侨友会编：《马来亚人民抗日军》，第 1 页。

② 前引，林水檺、何启良、何国忠、赖观福编：《马来西亚华人史新编》（第一册），第 118 页。

③ Karl Von Vorys. *Democracy without Consensus*：*Communalism and Political Stability in Malaysia*. Princeton, N. J.：Princeton University Press, 1975. p. 63.

④ 前引，林水檺、何启良、何国忠、赖观福编：《马来西亚华人史新编》（第二册），第 349 页。

其中，1943 年发起的“勤劳奉仕”运动，由槟榔屿扩展到马来亚其他州，据 1944 年 2 月 2 日的日本《朝日新闻》报道，日军曾计划在全马 6 个州建立 19 个移殖区，第一期开拓面积为 55 万亩。据统计，1943 年 10 月到 1945 年 8 月日军投降止，日本军政府推行的垦殖计划和完成情况分别为：①柔佛的亚依淡和兴楼计划开垦 30 万亩地，完成 1.2 万亩；②森美兰马口等 7 地，完成开垦 2.1 万多亩，移殖了 4 000 多户居民；③霹雳共 3 个计划，开垦了 6 000 亩，移殖了约 4 百户人家；④槟城共开垦 12 处 6 000 亩，约迁入 5 000 人；⑤在新加坡巴西班让新开垦地上，建立了平民新村。一些华侨还获得一些土地分配，如新加坡一陈姓商人向日本军政府土地矿务局申请，获准分配拉央地区 2 000 亩土地种植烟叶与粮食；不少华侨则通过直接向马来村长申请而取得土地；分配给华侨从事种植业的土地约有二三十万亩，其中包括马来人保留地。[①] 至于华侨自行开荒种植的土地则更多了。

由是，1940 年以来，华侨垦殖者急剧增加，据不完全统计，战后初年单单是没有土地权而到处开荒种植的耕种者便达四五十万人之多，相当于 1947 年马来亚人口总数 490 万的 1/10，华侨总数 188.5 万的 1/4 弱和 242.8 万马来人的 1/5 强。[②] 这对马来农民来说，无疑是一个严重的威胁，他们认为华侨垦殖者侵犯了他们对农村土地和农业经营的垄断权，侵犯了他们固有的经济利益，对华侨耕种者垦民的不满因而日益增强，并扩展为对整个华族的强烈不满。[③] 战争结束初期遍及全马的两族仇杀事件，大部分都是马来农民对华侨村庄发起的袭击，经济利益冲突无疑是主要的原因。

再次，马来人对华侨的猜忌和仇视与日俱增，族群对抗情绪急剧膨胀。

日本对马来亚的统治，使马来半岛有史以来第一次出现了一个以新加坡为中心的统一政权，分散隔离的各个马来土邦连成整体，战前在少数马来贵族和知识分子中萌发的反移民主张得以迅速传播，并在两族接触冲突日增的战时形势下广为接受。而战时日军将吉打、丁加奴、吉兰丹和玻璃市等马来人占绝对多数的北方四邦割给暹罗的举措，一度使马来人人数相对减少，在总人口中的比例从 1931 年的 49.2% 降到 34%，而华侨则从 39% 上升到 47%[④]，退居次要族群的现实进一步增强了马来人的危机感。在这种情况下，日军对华侨和马来人两大族群厚此

---

① 前引，林水檺、何启良、何国忠、赖观福编：《马来西亚华人史新编》（第一册），第 99、100 页。

② 前引，林水檺、何启良、何国忠、赖观福编：《马来西亚华人史新编》（第二册），第 349 页；巴素著，郭湘章译：《东南亚之华侨》（上册），第 373、571 页。这些垦殖者又称为垦民、散民、垦殖民和山芭居民等多种名称。

③ Ibid. ,Yoji Akashi. The Japanese Occupation of Malaya 1942 – 1945. In Alfred W. Mccoy, ed. *Southeast Asia under Japanese Occupation*. pp. 73 – 74.

④ Ibid. ,Cheah Boon Kheng. The Social Impact of the Japanese Occupation of Malaya 1942 – 1945. p. 114.

薄彼的统治和有意的调拨离间，以及两族在军政和经济上的冲突，自然促成马华两族日益增长的猜忌和敌意，马来人指责华侨是祸根，想征服这个国家；华侨则抨击马来人同情和帮助敌人，想消灭华侨。战争结束初期，以华侨为主的马抗对多个地区加以控制和惩治马奸，各种谣言更是满天飞，称马抗要夺取政权和征服这个国家；称解放马来亚的军队不是英军而是中国国民政府的军队；称马来亚将划归属中国；华人将接管政权，等等。[①]

战争导致的混乱也催化了两族矛盾。日据时一些华侨歹徒团伙凭借武力，乱向农民征粮、征款、勒索财物，甚至公开抢劫；个别歹徒头目还强奸妇女，强抢民女为妻，如有抗拒则惨遭杀害。如活动在金马士以北一带以李铭和封国柱为首的一帮歹徒，曾洗劫了一个上千人口的马来农村，并将马来村长的女儿强奸后加以杀害。[②] 虽然受华侨歹徒骚扰侵害的有马来人，也有华侨，但在族群情绪不断膨胀之际，他们对马来人所犯下的罪行往往算到整个华族头上。愤怒的马来人由此喊出了"马来人万岁"、"打倒中国人"的口号。[③]

结果，战前甚少矛盾和冲突的马华两族出现了明显的仇视和对抗，除了间接直接的军事冲突外，还发生了一系列仇杀事件，日本人的煽动以及直接参与攻击华侨，使仇杀事件更为残酷血腥。两族的仇杀在日本人投降前就出现，例如在森美兰州马口，一些马来警察与华侨发生冲突后，向日军诬告马口华侨皆为马共，致使2 000多名华侨无辜遭日军杀害[④]；1945年2月，在柔佛的巴株巴辖，马来人和华侨，互相袭击对方村庄，各有伤亡和财物焚毁。

日本投降后，秩序混乱。战争结束初期，以华侨为主的马抗对多个地区加以控制和惩治马奸，各种谣言更是满天飞，称马抗要夺取政权和征服这个国家；称解放马来亚的军队不是英军而是中国国民政府的军队；称马来亚将划归属中国；华人将接管政权，等等。马华两族的仇杀事件更多了，伤亡从数十到数百不等。大大小小的马华两族仇杀事件，从北吉打蔓延到南柔佛，一直到1946年中才逐渐平息。为了平息族群仇杀，战后重返的马来亚殖民当局甚至需要出动军事部队

---

① Ibid. ,Yoji Akashi. The Japanese Occupation of Malaya 1942 – 1945. In Alfred W. Mccoy, ed. *Southeast Asia under Japanese Occupation*. p. 81；前引，巴素著，张奕善译：《近代马来亚华人》，第83页；前引，林水檺、何启良、何国忠、赖观福编：《马来西亚华人史新编》（第一册），第34、35页，等等。

② 前引，新马侨友会编：《马来亚人民抗日军》，第60页。

③ 前引，新马侨友会编：《马来亚人民抗日军》，第121页。

④ 前引，林水檺、何启良、何国忠、赖观福编：《马来西亚华人史新编》（第一册），第103页。

和坦克车，族群仇杀规模之大，方式之激烈可见一斑。[①]

由此可见，1941—1945年日据时期，是马华两族关系和马来西亚社会发展的重要转折点。日本军政府的统治政策，打破了马华两族政治与经济相互隔离的状况，大大地增强了马华两族在政治上的对立与经济上的竞争，使马华两族原来朦胧模糊的族群矛盾明朗化和对抗化，族群对抗的意识从少数马来上层扩展到普通的马来村民，马华两族关系开始日趋紧张。从此，涉及两大族群权益的任何事情，均有可能一触即发地激起马来人强烈的族群意识和族群情绪。

第三节　战后两族关系发展

日据期间马华两族族群矛盾激化和战后初期两族的连串仇杀事件，为战后重返马来亚的英国殖民者实施分而治之、挑拨马华两族矛盾、加强马来亚殖民统治提供了条件。马华两族矛盾在英国政府推行的各种计划中全面爆发。

一、从马来亚联邦到马来亚联合邦

（一）战后初年英国的马来亚政策

虽然，由于分而治之等政策，战前英国在马来亚的殖民统治，基本没有受到威胁，但马来人与殖民者的矛盾还是逐渐加深。尽管殖民政府保证马来统治者的各种权力和收入，但统治者依然觉得自己失去了对劳动力的控制，土地也被殖民者剥夺，而且，要面对西方宗教和医药等的冲击，他们认为自己处于不利地位，认为殖民政府的政策是让苏丹在经济上自生自灭。因此，到20世纪30年代，马来人统治者开始产生反殖情绪，英国殖民者也感受到了这种情绪。[②] 同时，一些殖民官员并不满足于仅仅是对马来土邦的间接统治，为了牢牢控制马来亚这个远东地区的重要基地，殖民官员在战前就曾讨论过将马来亚变为直接统治殖民地的问题。不过，由于没有借口推翻英国政府早年与各土邦苏丹签订的协定，即承认各邦苏丹统治权的协定，有关讨论终因苏丹们的激烈反对而没有变成现实，殖民

① 前引，林水檺、何启良、何国忠、赖观福编：《马来西亚华人史新编》（第一册）第103页；前引，巴素著，张奕善译：《近代马来亚华人》，第85、88页；Ibid.，Yoji Akashi. The Japanese Occupation of Malaya 1942－1945. In Alfred W. Mccoy，ed. *Southeast Asia under Japanese Occupation*. p. 82；Ibid.，Karl Von Vorys. *Democracy without Consensus：Communalism and Political Stability in Malaysia*. p. 64. etc.

② Ibid.，Anthony S. K. Shome. *Malay Political Leadership*. p. 42.

政府反而在各土邦苏丹的压力下，实施分权制，下放多种权力给马来属邦，甚至马来联邦的各个苏丹。①“二战”前夕，各邦统治者的权力日益增加，各马来土邦苏丹还进一步要求在公共服务系统中雇用更多的马来人，以巩固自己的地位和处理各种公务。殖民政府则开始计划对马来土邦进行宪政改革②，以削弱马来苏丹的权力。“二战”爆发为英国政府加强对马统治提供了契机，特别是马来亚沦陷，土邦苏丹被迫接受日军顾问代替战前的英国驻扎官或顾问后，英国政府认为可以借口“苏丹通敌”，将马来联邦和马来属邦从间接殖民统治转为直接殖民统治，并在1943年起制定了相应的政策与机制。③

1945年9月英军重返马来亚后不久，英国政府派出专使麦克迈克尔奔赴马来亚，代表英国政府与各土邦苏丹重新签约，强迫他们把本邦全部统辖权让给英皇。④ 随后，英国政府于1946年1月22日正式公布战时酝酿的《马来亚联邦计划》，并决定于1946年4月1日正式成立马来亚联邦。

《马来亚联邦计划》最主要的内容，是将战前间接统治的保护国马来亚，变为直接统治的英国殖民地，即将新加坡分出，成为单独的皇家殖民地，而马来亚其余11个地区则合并组建中央集权的、以英国总督为首的马来亚联邦，战前各邦苏丹享有的一切统治权移交英政府。⑤

在战后世界各地迅速掀起的民族解放运动浪潮中，英国政府如此加强对马来亚的殖民统治，绝对是逆历史潮流而动。英国为维护殖民统治，分而治之依然是主要的策略。所以，《马来亚联邦计划》还包括平等公民权的内容：即出生当地，或在1942年2月15日前15年期间在此居住10年以上的非马来人，均可以获得公民权，一切公民地位平等。⑥ 平等公民权的规定，无疑是进步而公正的，但考虑到当时英国和马来亚的殖民与被殖民的关系，该规定也可以达到两个客观效果：一是展示民主和平等原则，以应对当时占主流的民族独立、民主平等的世界政治思潮，弱化英国战后加强对马殖民统治的负面影响；二是充分利用战后初年马来亚当地主要族群矛盾激化的有利条件，挑拨离间，即在宣布废除马来苏丹政治统治权和马来人特权的同时，公布华人等非马来人平等公民权的原则，故意

---

① Barbara Watson Andaya and Leonard Y. Andaya. *A History of Malaysia*. London：The Macmillan Press LTD.，1982. pp. 242 – 245.

② Ibid.，Anthony S. K. Shome. *Malay Political Leadership*. pp. 42 – 43.

③ C. M. Turnbull. British Planning for Post-War Malaya. *JSEAS*. Vol. 5. No. 2. Sept. 1974. pp. 241 – 243.

④ 前引，巴素著，郭湘章译：《东南亚之华侨》（上册），第547页。

⑤ Ibid.，Barbara Watson Andaya and Leonard Y. Andaya. *A History of Malaysia*. p. 254. etc. 有关战后初年到马来亚独立期间的马来亚宪政改革，有关马来西亚历史、政治和华人的各种文字的论著，无论是早期的还是新版的，都有详尽的资料和研究。

⑥ Ibid.，Barbara Watson Andaya and Leonard Y. Andaya. *A History of Malaysia*. p. 254.

造成为了施惠华人而剥夺马来人特权的错觉，直接引起马来人对华人等非马来人的不满和恐慌，从而转移马来人对英国加强殖民统治的不满。

（二）马来人反应

果然，《马来亚联邦计划》内容一经披露，便引起了马来人的极端不满，他们奔走相告群起抗议，认为“种族绝灭的危机”业已来临，如果不及时奋起的话，马来人将沦为“博物馆的陈列品”。因为在不分种族一律平等的地位上建立马来亚社会，此社会一定为华人所主宰，马来人将受华人所统治。[①] 他们认为，非马来人被广泛地授予公民权，与马来人享有同样的政治与经济权力，使马来人无法跟非马来人竞争，这无疑是判定马来人“特殊地位”的结束，使他们陷于困境。[②] 同时，马来苏丹和宫廷贵族，以及不少马来人，也强烈反对剥夺苏丹的统治权。1946 年 3 月 1 日，短期内在马来亚各地重建或成立的马来人协会的领袖们聚集吉隆坡，宣布苏丹被迫签订的放弃统治权的协定无效，并决定建立马来人协会统一机构（以下简称“巫统”），领导马来人抗衡《马来亚联邦计划》。1946 年 4 月 1 日，巫统发动全体苏丹和马来人抵制马来亚联邦的成立。后来，不合作运动甚至扩大到拒交地税、马来警察辞职和暴力袭击英国人，马来亚成了这样一个地区：“没有一个欧洲人在没有武装保护的情况下能够旅行和睡觉，没有一个工厂的机器能够避免被破坏。”[③]

《马来亚联邦计划》对马来人战前利益的严重侵犯，终于激起马来人潜在民族意识的觉醒，战前对政治冷漠，且基本不反对英国殖民统治的马来人，第一次被广泛地动员起来，为本族政治利益，有组织、有声势地站在反对《马来亚联邦计划》的最前线，并建立了代表本族群利益的全国性政党——巫统。

面对马来人掀起的第一次民族运动高潮，殖民政府继续实施分而治之政策，即通过出卖非马来人的平等公民权利，来换取马来人政治上的部分妥协，以维持英国人首脑独掌大权的马来亚殖民地性质。经过英国人代表、马来苏丹和巫统领导人的多次协商，1948 年 2 月成立的“马来亚联合邦”取代了原计划的“马来亚联邦”：新马继续分离，马来亚其他地方仍然组成一个中央集权的统一国家。不同的是总督改为高级专员，各邦苏丹继续拥有统治权。马来人特权得到承认，非马来人获得公民权则须符合 15 年居住期以及语言、忠诚等严苛条件，且取消

---

① 前引，杨建成：《马来西亚华人的困境：西马来西亚华巫政治关系之探讨（1957—1978）》，第 95 页。

② 前引，崔贵强：《新马华人国家认同的转向（1945—1959）》，第 156 页。

③ Ishak Bin Tadin. Datu Onn and Malay Nationalism 1946 – 1951. *JSEAH*. Vol. 1. No. 1. March 1960. pp. 58 – 65.

了取得公民权的出生地原则。[1]

（三）华人反应

华人开始对《马来亚联邦计划》以及其中的公民权规定，反应比较冷漠。新加坡崔贵强认为，主要原因是战前新马推行的是自由放任的经济政策，任何华人（不论是中国移民或英籍公民）在法律范围内，都可以从事任何经济活动。那时候，华人可以居留或流动，没有受到什么限制。因此在潜意识里，一般华人依然以中国籍公民自居，落叶归根的观念根深蒂固。战后初期，尽管政局已起了变化，但大多数华人并没有及时改变观念。虽然有些讨论，但“非马来人（对《马来亚联邦计划》）的反应，无论就其强度与普通支持的程度而言，绝不能与马来社区的相比”。直到《马来亚联合邦新宪制建议书》于1946年12月下旬拟定，再度确认马来人特殊地位后，华人社会才为之哗然，掀起了轩然巨波，认为建议书充满了狭隘的种族主义色彩，“抗议之声不绝于耳”[2]，并开始进行强烈的抵制。各地华人商会纷纷召集会议，检讨建议书条文，向各级机构提交备忘录，要求继续实施平等公民权，并与其他族群政治团体组建泛马联合行动委员会，集会抗议，上书请愿，华人商会还在1947年10月发动罢市抗议，华人集中居住的槟城则掀起了分离运动，要与马来人居多的马来亚土邦分离。但均无济于事，马来亚联合邦依然按计划于1948年2月建立。

1948年2月马来亚联合邦的建立，从马来人的观点来看，新的宪制奠定了马来人今后在马来亚享有的特殊地位，这是巫统奋斗的光荣成就。对于华人而言，这是英殖民主义者分而治之阴谋的延续，旨在将华人与马来人分成两个敌对阵营，而由英国人来控制其均衡，并使华人今后在马来亚的社会地位低落。[3] 当时，就是最受人尊敬的马来人领袖也无法抑制马来人对非马来人的敌视态度。[4]马华社会领袖，特别是巫统主席拿督翁和泛马联合行动委员会主席陈祯禄，在报章上辩论与互相攻讦，论争涉及各族的前途，民族色彩浓厚，两族社会的情势，已处在紧张阶段。那个时候，谣言很多，愤怒、恐怖与忧虑的情绪笼罩着整个国家。[5] 显然，殖民当局挑拨离间的多重手法，已挑起了马来亚两大族群彼此之间

---

① Kuala Lumpur Government. *The Federation of Malaya Agreement* 1948. Kuala Lumpur Government, 1952. pp. 10－11，pp. 40－42，转自 Ibid. ,R. K. Vasil. *Ethnic Politics in Malaysia*. pp. 21－25.

② 前引，崔贵强：《新马华人国家认同的转向（1945—1959）》，第156、157、159页。

③ 马华公会五十周年党庆纪念特刊编委会编：《为国为民——马华公会五十周年党庆纪念特刊》，吉隆坡：马来西亚马华公会1999年版，第69页。

④ 前引，马哈迪医生著，叶钟铃译：《马来人的困境》，第5页。

⑤ 郭仁德：《一位高瞻远瞩的伟人——陈祯禄》，见陈春德、傅孙中主编：《马来西亚华人创业传》，吉隆坡：马来西亚中华大会堂总会1998年版，第164页。

的极度不满和恐慌，马华两大族群战后初年的地方性仇杀，逐渐发展到政治领域的全面交锋，族群矛盾进一步激化。

二、“紧急状态”及其影响

尽管马来亚联合邦按殖民政府与马来人拟定的宪法于1948年2月正式成立，但殖民当局面临的形势依然十分严峻。

战前几乎没有受到威胁的英国殖民统治，首次面临马来亚人民的全面挑战，挑战的方式从投书请愿、示威游行发展到辞职抵制、罢工罢市，甚至暴力袭击，参加者上至苏丹和富商，下至农民工人的各民族人士。马来亚联合邦取代马来亚联邦，是巫统成立后赢得的第一次巨大胜利，巫统由此赢得了广大马来人的信赖和倾力支持，“巫统就是马来人，马来人就是巫统”①。信心倍增的巫统，在马来亚联合邦成立后不久，开始考虑自治问题，巫统主席拿督翁提出了任命马来人副专员和扩大马来人参政权的主张。② 另外，马来亚政治空前活跃，除了巫统，其他政治团体还有马来亚共产党、马来亚国民党、马来亚民族党、马来亚民主同盟、泛马职工总会、新民主青年同盟、马来亚印度人国大党，以及各级各种规模的工会、妇女和青年组织，纷纷提出民主自治的要求，且不时举行游行、示威、罢工。

面对新的形势，如何维持对马来亚的殖民统治？殖民当局的策略是继续利用族群课题，打压反殖力量，挑动族群矛盾，为延长殖民统治寻找借口。

1948年6月，殖民政府借口马来亚共产党准备起义，宣布马来亚进入“紧急状态”（Emergency）。马共及其外围组织随之被宣布为非法，除了巫统外，其他政党及群众组织大多数慑于形势，也纷纷停止活动或宣布解散。而且，由于马共及其游击队以华人为主，英国政府在马来亚发动的殖民战争，不仅没有像法国或荷兰殖民者在印支或印尼发动殖民战争那样遭到当地主要族群的反击，反而成功地把巫统这个最大的政治对手拉到了自己的阵营，成为“剿共”的“合作者”。马来亚战后如火如荼的政治运动一度一蹶不振。“紧急状态”宣布后，自治政府问题在人们心目中的迫切性就大大减弱了，取得军事胜利后才考虑自治问题，顺理成章成为当时英国政府一再拒绝给马来亚自治的重要借口之一。③

① 策略资讯研究中心政治分析组编：《巫统的困境：第十届大选分析》，吉隆坡：策略资讯研究中心2000年版，第21页。

② K. J. Ratnam. *Communalism and the Political Process in Malaya.* Singapore：University of Singapore，1965. p. 146.

③ Victor Purcell. *Malaya：Communist，or Free?* Stanford：Stanford University Press，1954. p. 6.

除此之外，“紧急状态”对马华两族的关系也产生了极为负面的影响。和“二战”期间的日军一样，殖民政府依靠马来人为主的警察和治安人员来镇压以华人为主的马共及其游击队，并强行迁移大批华人垦殖民，驱逐华人出境。按英殖民地档案的资料，估计当时马共的民运组织人员达到6万名。英殖民政权为了尽早消灭马共，先后调动了大批精锐部队，包括英国皇家军团、辜加兵团等数十个兵团，英国机动部队、装甲部队、炮兵团，外加澳洲及新西兰东南亚驻军近20万人。另外还有马来军警、特警、警卫团，到1951年，马来军警、特警6万多人，警卫团团员达10万人。① 殖民当局认为战时迁移到偏远农村和森林边缘的垦殖民为马共游击队提供了人力、物力、财力以及情报，为了隔绝他们与游击队的联系，1950年起将这些人强行迁移远离森林的数百个新村安置。被迁移的垦殖民多达五六十万人，占当时180万华人的约1/3。②“新村”四周围上铁丝网，与外界隔绝，开始生活异常艰苦，没有谁愿意去。可想而知，被强迫迁移和驱逐的华人与马来人军警，必然产生各种大大小小的矛盾和冲突。

“剿共”期间，马华两族在政治层面的矛盾被进一步挑动起来。巫统主席拿督翁在不同的场合质疑华人效忠问题，例如，他抨击98%的华人效忠中国，其余2%是共产分子。一些马来人种族主义分子也抨击华人，认为大部分华人同情中共，要将马来亚变成“小中国”。他们主张排华，即指定某一机构，将认为是尽忠共产主义的华人强迫出境。这是战后马来亚最偏激的排华言论之一，以至马华公会创始人陈祯禄认为，这是一个有组织的排华运动的阴谋，是受背后若干颇有权势的人的主使，其目的在于激起马来人对华人的仇视。③ 当时族群关系异常紧张，殖民大臣利特顿甚至在国会上宣称，如果让马来亚自治的话，这个国家在6个月内将被卷入从未见过的种族冲突和混乱之中。④

这种形势，实际上将华人推向族群权益博弈中的不利地位，争取马来人接纳为当地的成员，几乎成为当时华人争取的最高目标之一，华人没能充分利用战后到独立前这段过渡时期争取到更平等的地位，与此不无关系。

为了应对实施紧急状态后出现的各种问题，特别是为了配合政府集资安置新村华人居民，为了争取华人成为当地公民，粉碎对华人效忠的质疑，1949年2月，以陈祯禄为首的马来亚华人公会（以下简称“马华公会”）正式成立，并从此一直活跃在马来西亚政坛，在马华两族关系的发展中扮演着重要的角色。

---

① 陈剑：《新马共产主义运动简述》，（马来西亚）《人文杂志》2000年第3期。

② D. G. E. 霍尔著，中山大学东南亚历史研究所译：《东南亚史》（下册），北京：商务印书馆1982年版，第990页。

③ 前引，崔贵强：《新马华人国家认同的转向（1945—1959）》，第408页。

④ Ibid.，Victor Purcell. *Malaya：Communist，or Free*? p. 103，p. 191，p. 192.

1949—1951 年，殖民政府倡导成立社群联络委员会（the Communities Liaison Committee），让马来人、华人以及印度人领袖聚在一起，讨论有关族群关系的各种问题，包括华人公民权、马来人经济等问题。[①] 期间，联邦高级专员多次要求巫统主席拿督翁以实际行动，即改变巫统的种族性质来促进种族协调，并暗示，如果马来亚的种族不团结，马来亚就会陷入混乱，英国就不会考虑马来亚的自治或独立问题。[②] 就当时马华两族的紧张关系，没有人认为会出现族群和谐。巫统主席拿督翁曾要求巫统改变为多元族群政党，但遭到巫统大部分党员的激烈反对，一些巫统党员还退出巫统另组伊斯兰党，拿督翁本人也于 1951 年 9 月拉一批人退出巫统另建独立党。作为马来亚当时最强大的政治力量——巫统，一度陷入群龙无首的混乱状态，党员人数急剧减少，财政极度困难，对英国殖民统治的威胁明显削弱。

三、马来亚独立与族群课题

（一）马来亚独立

殖民当局用“紧急状态”转移反殖斗争矛头的策略并不能永远奏效。到 20 世纪 50 年代初，马来亚人民的民族独立意识日趋强烈，为了缓和当地人民日趋强烈的独立意识和反英情绪，并顺应当时势不可当的民族独立浪潮，殖民政府开始在马来亚推行部长制和举行市镇一级的地方议会选举，即 1951 年 4 月由高级专员任命拿督翁等五位非官方成员担任内政、农业等五个部门的部长，1951 年 12 月至 1952 年在 3 个市和 19 个大镇举行地方一级立法会议的选举。

在 1952 年 2 月的吉隆坡市议会选举中，被殖民当局分化削弱的巫统支部，为了与来势汹汹的拿督翁独立党一争高低，选择了和马华公会的地方支部结盟竞选，结果压倒呼声最高的独立党，赢得 12 席中的 9 席。联盟初试胜利，鼓励两党继续在其他地方选举中结盟，也相继获得了成功，该轮选举，马华两族政党联盟赢得 74.4% 的市政议席和 70% 的地方议席。[③] 选举成功，奠定了族群政党合作的方向，不久，两党正式结盟，共同策划争取自治和独立事宜。

两党联盟使拥有二三十万会员的马华公会正式卷入马来亚政坛，在这之前它

---

① Ibid. ,Heng Pek Koon. *Chinese Politics in Malaysia*. pp. 147 – 154.

② 前引，马华公会五十周年党庆纪念特刊编委会编：《为国为民——马华公会五十周年党庆纪念特刊》，第 112 页。

③ 前引，林水檺、骆静山编：《马来西亚华人史》，第 110 页。

只为华人的新村福利和公民权问题斗争，甚至不愿意参加槟榔屿等地的选举[①]，联盟也使因拿督翁分立而一度低落的巫统重新兴旺，其党员人数到1953年初再度增至10万多人[②]，由于以华人上层为主的马华公会成员及与之有密切联系的华人商家，实际上是联盟在各项选举活动中财政支出的有力支持者，巫统还迅速摆脱了财政困境。此外，巫统需要马华公会共同参与争取独立的斗争，以向英国政府证明马华两大民族的实力与团结；巫统也需要马华公会的联合政治行动，以在一个独立的马来亚中巩固其政权；马华公会则希望通过参与马来亚独立建国，以获得马来人对华人公民权，以及对华文教育等问题的让步。[③]

因此，虽然存在族群矛盾和殖民当局的挑拨，但政治和经济的互相依赖，向往独立的共同愿望，以及共同反对拿督翁等因素[④]，使联盟得以维持并获得成功，这使尽量避免马来亚独立问题的英国殖民政府骤然面临一个强有力的政治对手，尽管殖民官员还不断重弹先军事胜利后自治问题，太早自治会出现种族混乱等老调，但无关痛痒的“改革”已经很难令人接受。在马华印联盟（1954年12月印度人国大党加入联盟）的压力下，马来亚1955年7月举行了联合邦立法会议选举，联盟党赢得选举，以多数党建立自治政府，掌握了制宪独立的主动权。经过艰难的磋商争取，1957年8月31日，马来亚联合邦宣告在英联邦内正式独立，结束了英国100多年的殖民统治。

（二）族群课题

尽管马华印三族组建的政治联盟，赢得了马来亚的独立，但战后两族之间的一些主要矛盾，并没有随之消失。当时，围绕诸多矛盾争论的族群课题非常多，这些课题不仅冲击着当时的两族关系，还对独立后的马华两族关系产生了巨大的影响。其中，影响最大的是马来人特权，以及语文和华文教育等课题。

1. 马来人特权

从1946年殖民政府推出《马来亚联邦计划》提出平等公民权后，马华两族围绕马来人特权与非马来人公民地位的争论就没有停止过。马来亚联合邦成立后，根据1948年联合邦宪法，原本按《马来亚联邦计划》可以成为公民的华人，有90%以上被剥夺了公民权利。[⑤] 因此，在殖民政府宣布紧急状态，发动打击马

---

① Soh Eng Lim. *Tan Cheng Lock. JSEAH.* Vol. 1. No. 1. March 1960. p. 46，pp. 50 – 51.

② Ibid. ,Victor Purcell. *Malaya*：*Communist*，*or Free*？p. 104，p. 113.

③ 前引，林水檺、骆静山编：《马来西亚华人史》，第112、113页。

④ 巫统创始人拿督翁领导的独立党在1952年2月吉隆坡选举失败后，改名为国家党，建党初期颇有声势，并以狭隘的族群利益为号召，与巫统争夺马来人的支持。

⑤ 前引，马华公会五十周年党庆纪念特刊编委会编：《为国为民——马华公会五十周年党庆纪念特刊》，第69页。

共及其游击队战争期间，在1949年殖民官员主催成立的社群联络委员会中，在1952年公民权修正案推出前后，以及1957年初独立宪法草拟期间，马来人特权与非马来人公民地位一直是马华两族领袖、两族社团和两族传媒的争辩焦点。

马来人要求拥有特权，理由基于他们是“土地的儿子”（Son of the Soil），是当地的主人，他们把非马来人视为他乡作客，认为客人在马来亚有个栖身之所，应安分守己，不宜僭越，喧宾夺主。多年来马来人经济贫困，社会地位低落，没有特权的保护，无法与非马来人竞争，不能摆脱经济的困境，因此，马来人要求特权，无可厚非。华人则一直主张，凡属马来亚公民，权利与义务均一律平等，在宪法上不应有某民族享受特殊权益的规定。当时的华文报纸《中国报》更指出，如果此时对公民权问题不继续强力争取，则非马来人在未来遭受居留、出入境、产权、职业、教育等各种不平等的歧视与限制，势必更为严酷，根本的生存机会亦将破灭。①

马来人对特权的要求，得到殖民高官的支持，早在社群联络委员会讨论中，最高专员麦克唐纳就强调，除非华人在建立马华企业和增加马来人对一切经济领域的参与方面自愿合作，否则的话，政府将强行通过代表马来人利益的立法。他警告马华领袖：“……一个或者两个其他族群，通过他们自己在这里的活动，已经使他们比马来人拥有更强的地位，如果任由发展，马来人大概会因为如此贫穷，而在自己的国家里无立足之地，因此，马来人在马来亚的地位一定要受到保护，并为之采取一切措施。”②

2. 华文教育地位

战前，华文教育和马来文教育各自发展，互不干涉。战后，随着两族族群意识，特别是马来族群主义运动的兴起和1948年联合邦宪法对马来人特殊地位的确认，以及马来人不断要求提升马来语文与文化地位，语言和教育问题遂渐成为两族辩论的主题之一。

殖民政府主要采取倾向马来人文教利益的政策。1951年2月8日，马来亚联合邦高级专员宣布，马来亚之教育目标，是实行以英文与马来文为主的“教育马来亚化”。③ 接着，政府邀请的专家对马来亚教育情况调查后，于1951年提出两份截然不同的建议书，分别是调查马来文教育的《巴恩报告书》与调查华文教育的《方吴报告书》。前者认为，为了促进共同的国家意识，使学生把马来亚视为永久故乡与效忠对象，小学应建立一种新的“国民学校”，以英文及巫文作为

---

① 前引，崔贵强：《新马华人国家认同的转向（1945—1959）》，第401、402页。

② Ibid. ,Heng Pek Koon. *Chinese Politics in Malaysia*. p. 153.

③ 前引，崔贵强：《新马华人国家认同的转向（1945—1959）》，第387页。

教学媒介语文，其他语文不被接受。而且认为，不愿意其子弟接受英巫文教育者，就表示不愿对马来亚效忠。后者则主张政府承认华文教育的地位并协助其发展。[①] 两报告书发表以后，两族文教界议论纷纷，支持《巴恩报告书》一元教育系统的绝大部分是马来人和受英文教育者；支持《方吴报告书》多元教育系统的，则绝大部分是华人或受华文教育者。尔后，殖民政府成立了各种委员会检讨有关建议书和拟定教育法令，并先后推出《1952 年教育法令》和《1954 年教育白皮书》，主要采纳《巴恩报告书》的建议。不过，有关法令和白皮书因财政问题和英国殖民者的撤离而没有来得及实施。

由于《巴恩报告书》的建议，最终目的是要消灭所有方言学校，即华校与印校，这无疑是敲响了华文教育的丧钟，意味着马来亚华文教育和华语的消亡。[②] 消息传出之后，震撼了全马华人社会，引起华社整体的愤怒及集体的抗议，报告书于 1951 年 6 月 11 日公布见报后，只要翻开报章一望，华社每一天每一个角落，都无不出现大肆攻击的言论，情绪之激昂，言论之频密，几乎达到群起围剿的地步；华社的愤怒和委屈，到了空前的境地。华人社团纷纷集会表示反对，并向当局提呈备忘录抗议，在报告书公布的两个月内，华社至少组织了六个州际性的州代表大会，申诉忧虑，表示抗议。至于地方性的反对会议，那更是多如牛毛。[③] 当时就有人提出警告：实施马来化之教育，可能会引起华印两大民族的反感。这是独裁者的死亡政策，会造成马来亚不可救药的分歧。[④]

为了应对华教面临的危机，战后各地成立的华文学校教师组织还于 1951 年 12 月 26 日成立了全国总机构——马来亚联合邦华校教师会总会（马来西亚成立后改名为马来西亚联邦华校教师会总会，以下简称“教总”）1954 年 8 月 22 日，各地华文学校董事会也成立了全国统一机构——马来亚华校董事联合会总会（马来西亚成立后改名为马来西亚联邦华校董事联合会总会，以下简称“董总”），两者后来合称“董教总”，从此一直是马来西亚华社捍卫华文教育的重要机构。

马来人也不完全赞同当局的教育法令，当《1952 年教育法令》通过后，马来文报 *Majlis* 的社论即指出，新教育法令不能满足马来人的愿望，政府应保证马来子弟能升到以马来文为媒介语的马来文中学就读。1953 年，马来文报 *Warta Negara* 的社论吁请马来人挺身而出，保卫马来语文的发展。[⑤]

---

① 前引，郑良树：《马来西亚华文教育发展史》（第三分册），第 85 ~ 87、146 ~ 151 页。

② Ibid, Heng Pek Koon. *Chinese Politics in Malaysia*. p. 193.

③ 前引，郑良树：《马来西亚华文教育发展史》（第三分册），第 87、91 页。

④ 前引，崔贵强：《新马华人国家认同的转向（1945—1959）》，第 387 页。

⑤ 前引，崔贵强：《新马华人国家认同的转向（1945—1959）》，第 394 页。

3. 课题争论与协议

解决两族有关公民地位与语文、教育的分歧，成了独立前联盟政府面临的棘手问题。在三大族群支持下取得1955年选举并组建自治政府的三党联盟，大选后履行选前诺言，于1955年9月成立教育政策委员会，负责检讨和拟定教育政策，同时，于1956年初成立李特制宪委员会，收集民意，草拟独立宪法。结果，独立前夕，两族就公民权课题与语文政策的争论进入到白热化阶段，讨论之热烈，情绪之激动，前所未有，见诸报章的言论，不胜枚举。各州华人社团领导机构，如中华总商会与中华大会堂都纷纷召集会议，再三向政府陈情。1956年4月27日，联合邦华人注册社团的代表云集吉隆坡，举行了争取公民权大会，出席的华人社团达454个，代表1 000余名。与会代表情绪高昂，高喊“我们要公民权”。大会通过四大提案，要求政府承认出生地主义，缩短申请者的居住年限，豁免语言考试，列华巫印语文为官方语文。[①] 全马华人注册社团工委会的一些成员，后来还亲赴英国，争取把华人的四点要求列入宪法。

马来人方面的反应也非常激烈，特别是1957年2月《李特宪制报告书》发表，在确认马来人特殊地位的同时，提出特殊地位的15年期限，以及非马来人公民权和出生地原则，于是马来人的反应尤为强烈，各种言论和报告均表示了不容妥协的立场。主要立场有四点：①不能给非马来人出生地主义公民权；②马来人特殊地位不能质疑并将永久保留；③马来亚独立后马来语将成为唯一的国语和官方语言；④以马来人的文化和政治传统建立新的马来亚国家实体。[②] 反应最强烈、态度最坚决的是拿督翁，拿督翁抨击巫统不争气，出卖马来人的利益，指出倘若马来人接受了报告书的建议，等于不承认自己是马来亚的主人。伊斯兰党指责联盟，尤其是巫统将马来人带上了死亡之路，说报告书不啻是“麦克迈克尔”《马来亚联邦计划》的借尸还魂，置巫人于不利之地位，巫人应团结一致，把报告书粉碎。[③] 拿督翁在1957年3月10日组织了2 000人参加的集会，抨击《李特宪制报告书》关于马来人特权时间表和独立后华语和印度语为官方语言的建议。他还和伊斯兰党等马来人反对党共同主催第二届马来人代表大会，意指该大会是1946年3月拿督翁主催召开反对《马来亚联邦计划》的马来人代表大会的继承，目的是防止马来人丧失生来就有的权利。甚至连执政党巫统内部也出现强烈的反对意见，巫统中层领导警告国家高层领导，在与公民权、特权和语言问题上不要作出任何让步。[④] 随着独立的日益临近，马来种族主义者的势力日益膨

---

① 前引，林水檺、何启良、何国忠、赖观福编：《马来西亚华人史新编》（第一册），第151页。

② Ibid. ,Heng Pek Koon. *Chinese Politics in Malaysia*. p. 223.

③ 前引，崔贵强：《新马华人国家认同的转向（1945—1959）》，第405页。

④ Ibid. ,Heng Pek Koon. *Chinese Politics in Malaysia*. pp. 223 – 224.

胀，尤其是在落后的马来人地区，不负责的种族主义者危言耸听，煽风点火，鼓动种族间仇恨的情绪。[①]

经过艰难的讨价还价，以及联盟内外的较量角力，独立前夕，联盟党内的马来人和华人领导人最终就语文教育和公民权等问题，暂时达成如下的谅解：

以拉扎克为首的教育政策委员会提交的报告书于1956年5月发表，1957年在立法议会通过，1957年开始实施。《拉扎克报告书》确认华文教育的合法地位，但提出未来教育马来化的目标。报告书建议：①小学改为以马来语授课的标准小学和以华、英、印等族群母语授课的标准型小学，两种学校均可获国家津贴，但必须由受过训练的教师执教。②设立以官方语言马来语、英语为授课媒介的国民中学，国民中学可获国家津贴。③马来文和英文将成为中小学必修课，是初级普通教育文凭及联合邦教育文凭考试的必考科目，也是师资培训的必修课。马来语水平可作为担任公务员、获取奖学金和学校津贴的资格。④各级学校采用共同内容的课程及时间表，教材以马来亚为背景的内容为主，非马来亚的教材，须具有国际价值，或提供研究马来亚问题背景的才可使用。报告书明确指出，马来亚教育政策的最终目标，是集中各族儿童于一种全国性的教育制度下，这种教育制度要以国语（马来文）为主要教学媒介语。不过，它也认为，要实现该目标，必须循序渐进，不能操之过急。[②]

1957年7月10日通过的《马来亚联合邦宪法》（也称独立宪法），承认了非马来人成为马来亚公民的出生地原则和更宽松的归化条件。宪法规定依法自动成为公民的条件：①独立日前，据1948年宪法规定已获得公民权者；②独立日时或独立日后生于联合邦者，归化成为公民的条件是法定年龄在21岁以上以及品行良好；③申请日前12年内有10年居住在联合邦内；④愿永久居住联合邦；⑤通晓马来语。[③] 然而，《马来亚联合邦宪法》也确认马来人特殊地位，确认马来人保留地制度、服务公职的保留名额制度；承诺向马来人颁发经营某些特殊行业执照和在教育方面给马来人奖助优待。宪法还规定马来语为国语，马来人信仰的宗教伊斯兰教为国教。[④]

1957年马来亚联合邦的华侨中，土生华裔占74.5%，大部分移入者也在此居住10年以上。[⑤] 因此，绝大部分华侨可按有关规定获得公民权，成为马来亚籍

① 前引，崔贵强：《新马华人国家认同的转向（1945—1959）》，第405页。

② 星马通鉴编辑部编：《星马通鉴》，新加坡：星加坡世界书局有限公司1959年版，第367～393页。

③ Ibid. ,Heng Pek Koon. *Chinese Politics in Malaysia*. pp. 230－232.

④ 北京大学法律系宪法教研室编译：《东南亚国家联盟各国宪法》，北京：商务印书馆1979年版，第80～83页，第135～138页。宪法规定的马来人特殊地位和赋予马来人的特殊权利，后来逐渐统称为“马来人特权”。

⑤ Ibid. ,K. J. Ratnam. *Communalism and the Political Process in Malaya*. p. 98.

华人，成为马来亚的正式成员。但宪法有关马来人特殊地位的规定，却使华人公民和马来人公民拥有不同的法律地位。华文教育虽然赢得了合法地位，但由于华文地位不明朗和国家教育的最终目标是以国语（马来文）为主要教学媒介语等原因，华文学校依然面临变质的危险。因此，《拉扎克报告书》和《马来亚联合邦宪法》达成的谅解，没有根本解决两族的问题，当时就引起华人的强烈不满。认为《拉扎克报告书》表面上是让各民族方言学校存在，让它苟延残喘，最终却要被消灭。[①] 对于公民权的规定，华人认为太偏袒马来人。时任联合邦官委立法议员杨世谋律师指出，本邦只需要同一种等级的公民，享同等权利，尽同等义务，如他们之间的待遇有差异，那将是极大的危险，“它已播下了种族间不满的种子”[②]。马来人对《拉扎克报告书》也不满，认为允许其他语文在标准国民型学校教学，未免太过宽容。[③]

战后到马来亚独立，是马来西亚华人与马来人关系发展的重要时期，独立后两族的重大纷争，几乎都可以在这个时期找到源头。北京大学马戎教授认为，族群意识并不是每时每刻都活跃在一个人的思维活动中。“只有当他与外族相遇时，当他需要把自己所属群体与其他群体相区别时，或者通过各种媒介而感觉到社会上（虽然没有亲身体验）的族群差别和族群矛盾时，族群意识和与之相关的感情才会浮现于他的思维活动之中，也才会影响他的心理感情、价值判断和行为决策。”[④] 战后马来亚政局的激剧变化，殖民当局为加强或延长殖民统治而采用的分而治之、挑拨矛盾的族群政策，及其引发的各种各样的课题和论战，显然进一步激起了马来亚马华两大族群的族群意识，族群情绪和相互猜忌与日俱增。和日军统治时期激发的马华两族仇杀事件等表面冲突不同，战后的族群矛盾已被提升到政治层面和文化层面的更深层次的全面冲突与深刻矛盾。20 世纪 50 年代的各种课题的争论，使马华两族的交锋，进入到更具体的政治、经济和文教权益之争。虽然为了独立建国的共同目标，马华两族政党在独立前夕就非马来人公民权、华文教育以及马来人特权等问题达成一定的协议，但两族之间的矛盾没有得到根本解决。独立建国前夕，公民权、语文与民族平等待遇等问题，扰扰攘攘，争执不休，加深了种族间的裂痕[⑤]，这些问题在独立后继续成为马华族群关系的争论焦点。从此，马来人特权、华文教育地位等课题成为马华两族关系的症结，族群矛盾成为独立后半个世纪以来马来西亚的主要矛盾和社会特色之一，并引发

① 前引，崔贵强：《新马华人国家认同的转向（1945—1959）》，第 396 页。
② 前引，崔贵强：《新马华人国家认同的转向（1945—1959）》，第 407 页。
③ 前引，崔贵强：《新马华人国家认同的转向（1945—1959）》，第 397 页。
④ 前引，马戎编著：《民族社会学：社会学的族群关系研究》，第 76 页。
⑤ 前引，崔贵强：《新马华人国家认同的转向（1945—1959）》，第 407 页。

连绵不断、大大小小的族群课题与冲突。

对于战后英国政府在马来亚推行的宪政改革，不少论著认为其目的是在马来亚实施宪政改革，不乏诚意。[①] 笔者认为，外交政策主要体现本国国家利益，战后英国政府在马来亚推行的宪政改革，可能与一些英国殖民官员的政治民主的进步理念有关，也一定程度上顺应了世界民主独立潮流，但它最主要的出发点应是为了实现英国的国家利益，即英国在马来亚的殖民利益，是为了加强或延长英国在马来亚的殖民统治服务。作为一个老牌的殖民帝国，英国比美国、法国、荷兰等东南亚前宗主国更老练圆滑，更善于依据形势的需要采用分而治之的多重殖民手法，更善于利用马来亚的特殊情况挑起各种技术层面的枝节问题纷争，以维护或延长英国对马来亚的殖民统治。因此，在全球非殖民地化浪潮，以及马来亚人民日益高涨的民族独立运动的压力下，英国政府战后的对马政策，既充满了殖民战争的血腥，也不乏协商妥协、呼吁"族群和谐"、引导族群课题讨论、任命非官部长和进行立法议员选举等内容，马华两族矛盾则在英国分而治之的族群政策的挑动下愈演愈烈。由于马来西亚的民族独立的进程与连续不断的族群课题纠缠掺杂在一起，族群纷争内容成了两大族群多方讨价还价的焦点，殖民政府在马来亚独立进程中还很大程度地继续扮演着两族纷争仲裁者的角色，有关国家独立的更详细的权利主张反而退居其次。结果，英国撤离马来亚的时间，比起英国撤离印度、缅甸等国推迟了许多年，英国人在马来西亚保留的防务和经济利益，不仅比许多西方国家撤离殖民地后保留得更多，也比英国从缅甸、印度等殖民地撤离后在当地的利益多得多。

第四节　独立后的两族关系

据统计，到 1958 年，取得公民权的马来亚华人已约达 200 万，约占华人总数的 86%，扰攘多年的公民权问题，至此大致解决。[②] 华侨社会也随之转变为华人社会。生于斯，长于斯，华人的命运从此与马来西亚的发展紧密相连。但是，由于涉及马来人和华人关系的一些重大问题，如马来人特权，华文教育未来发展方向等问题没有得到根本解决，在法定不平等，不可避免的各种行政偏差，以及独立后马来西亚不断变化的政治、经济和社会形势的影响与冲击下，两族就各种问题的或大或小的争论与摩擦，几乎从来没有停止过，族群纷争课题一个接着一

① 前引，陈晓律等：《马来西亚——多元文化中的民主与权威》，第 107 页，等等。

② 前引，林水檺、何启良、何国忠、赖观福编：《马来西亚华人史新编》（第一册），第 151 页。

个，两大族群直接的或间接的角力亦连绵不断，其中，对两族关系影响最大的，当数1969年的“5·13”种族流血冲突事件。

一、1969年“5·13”族群冲突事件

（一）事件经过

20世纪60年代后期，马来西亚的族群矛盾日益尖锐，社会动荡不安。1969年5月10日举行的第三次全国大选，联盟党失利，而华人反对党民主行动党和民政党的席位明显增加，使马来人充满危机感，情绪激昂。巫统一些激进分子，认为马来政治权力和其他特权已受到了严重和非分的挑战。[①] 5月13日，民主行动党和民政党的华人青年支持者举行胜利游行示威，游行队伍向雪兰莪州务大臣拿督哈仑在吉隆坡的官邸前进时，与愤怒的马来人发生冲突。骚乱自吉隆坡蔓延到其他地方，从冲撞发展到杀人、放火，混乱持续了近半个月，史称“5·13”族群冲突事件（以下简称“5·13”事件）。

事后，据马来西亚全国行动理事会公布的报告书统计，这次冲突共造成196人死亡，其中马来人25名、印度人13名、华人143名、其他15名；受伤的总共439名，其中马来人127、印度人26、华人270、其他16名；另外还有39名失踪，分别是马来人7名、印度人7名、华人25名。但据西方记者的报道和内幕消息，死亡的华人可能有870多人、马来人220多人、印度人60多人、受伤400多人，房屋被焚烧的，吉隆坡商店20多家、乡村木屋600多家、汽车100多辆。[②] 还有的估计，死者人数多达800、1 200到2 000。[③] 族群骚动导致如此严重的后果，在马来西亚是史无前例的。

（二）引发事件的原因

导致“5·13”事件的原因，马华两族、朝野人士以及学者们有各种各样的解读。

冲突发生的当天，时任马来西亚首相东姑·拉赫曼指责是共产党或秘密会社挑起，内政部长伊斯迈医生则认为是反对党破坏了民主。他说：“这个国家的民

---

① 前引，林水檺、何启良、何国忠、赖观福编：《马来西亚华人史新编》，第83页。

② 前引，杨建成：《马来西亚华人的困境：西马来西亚华巫政治关系之探讨（1957—1978）》，第254、255页。

③ 许德发：《历史幽灵与马来西亚的记忆政治——试论1969年“五一三事件”的各种阐释》，（马来西亚）《人文杂志》2002年第15期。

主死亡了，它死在反对党的手上，因为是它们引致暴动的事件。”[①] 全国行动理事会发表的《五一三悲剧》白皮书，也认为事件的导火线是华人反对党的傲气使马来人深感恐惧；华人被指为“不接受马来人在政治上统治地位”[②]。

另外，马来西亚官方认为族群经济发展不平衡是导致事件爆发的重要原因，这一观点得到普遍的认同。[③] 但也有不同的看法，马来西亚一些华人学者认为，经济差距只是远因，而不是直接的导火索。[④] 国民阵线或官方的“经济决定论”成了后来在新经济政策名目下整体而全面贯彻马来至上政策的合理化以及其“不可质疑性”历史背景。[⑤] 曾是反对党党员的马来知识分子赛·胡辛阿拉搭斯也质疑所谓的“经济不平衡论”，他认为假如是这样，那么已肯定种族紧张与暴动将时常发生。[⑥]

部分学者认为“5·13”事件主要由政治因素引起。杨建成博士认为事件是马来人教训华人的政治事件。因为在国会民主制度中，华人的政治力量已经可由合法途径威胁到马来人的政治特殊地位。华巫印联盟的政党联盟形式，已经无法确保马来人的政治特权。所以，马来人极端分子不惜以暴力行为来否定现存宪制，要求建立另一种新的而能确保马来人政治特殊地位的制度。[⑦] 许多马来西亚华人学者赞同政治原因导致“5·13”事件的说法。[⑧]

也有认为，事件是巫统党内权力斗争的产物，是马来激进分子针对东姑·拉赫曼政权所发动的一次“政变”，还有人认为事件只是一项偶然的、纯粹的种族

---

① Ibid.，Leo Comber. 13 *May* 1969：*A Historical Survey of Sino-Malay Relations*. p. 73.

② 前引，许德发：《历史幽灵与马来西亚的记忆政治——试论 1969 年“五一三事件”的各种阐释》。认为是华人反对党引起事件的还有马华公会等，见马华公会五十周年党庆纪念特刊编委会编：《为国为民——马华公会五十周年党庆纪念特刊》，第 127 页。

③ 前引，林水檺、何启良、何国忠、赖观福编：《马来西亚华人史新编》（第二册），第 83 页；Ibid.，Leon Comber. 13 *May* 1969：*A Historical Survey of Sino-Malay Relations*. p. 74；前引，马哈迪医生著，叶钟铃译：《马来人的困境》，第 8 页；安焕然：《“反”的制衡与“反”的失落——大马社会与国家机关互动关系之探讨》，（马来西亚）《资料与研究》1995 年第 17 期；前引，岸胁诚著，张开枚、许红梅译：《独立初期马来西亚的经济开发与国民统一》；前引，Dr. Syed Husin Ali 著，李雅芬译：《马来西亚的发展与生活素质》；等等。

④ 王国璋：《反思五一三》，（马来西亚）《人文杂志》2002 年第 15 期。

⑤ 前引，许德发：《历史幽灵与马来西亚的记忆政治——试论 1969 年“五一三事件”的各种阐释》。

⑥ 前引，许德发：《历史幽灵与马来西亚的记忆政治——试论 1969 年“五一三事件”的各种阐释》。

⑦ 前引，杨建成：《马来西亚华人的困境：西马来西亚华巫政治关系之探讨（1957—1978）》，第 237 页。

⑧ 前引，许德发：《历史幽灵与马来西亚的记忆政治——试论 1969 年“五一三事件”的各种阐释》，等等。

冲突事件。[①] 持偶然事件看法的人不多，一位马来西亚华人认为，“我们虽然仍无法证实五一三族群冲突，是一次历史的擦枪走火抑或人为的预谋策动，但它的非偶然性却是肯定的”。也就是说，族群的矛盾因子即使不以“这样”的形式爆发，也会以“那样”的方式呈现。[②]

上述对“5·13”事件原因的各种解读各有各的立场和理由。笔者认为，“5·13”事件的爆发是各种因素综合发酵的结果，族群差异形成的隔阂、经济差距导致的矛盾，应是导致引发族群冲突的深层和最根本的原因。但“5·13”事件之所以爆发，还与独立后马华两族关系持续紧张，1969 年大选前马来西亚政治生态的变化，各种族群课题和社会事件冲击，以及意想不到的大选结果有着直接的联系。

有关课题和事件不少，如 1964 年大选后李光耀提出“马来西亚人的马来西亚”概念，被认为是对“马来人的马来亚”以及马来人特权的挑战[③]，该概念对马来西亚族群关系的冲击就非常大。

又如语文课题。1957 年的联合邦独立宪法明确规定马来语是国语和官方用语，英语则在 10 年内继续为官方语言。[④] 由于宪法并未明确马来语是唯一的官方用语，华社希望到 1967 年华文能取代英文成为官方用语。但独立后，随着文化教育的不断马来化，形势发展对华人社会非常不利。1956 年《拉扎克报告书》及《1957 年教育法令》通过之后，马来教师的全国性组织——联合邦马来学校教师协会发表宣言，指责联盟政府忽视马来文教育，要求在 1958 年 2 月 1 日以前实施《拉扎克报告书》中有关发展马来中学的方案。不少马来学校教师是巫统重要的地方基层干部，为要挟政府，马来教师协会随后训令属下一万名教师退出巫统。[⑤] 1959 年大选，联盟失去丁加奴、吉兰丹二州，与巫统和马来教师关系的紧张不无联系。1961 年《达立报告书》偏向马来语文，马来教师公会施加的压力也是重要原因之一。进入 20 世纪 60 年代，政府进一步加紧推动国语（马来文）的应用，在各州发起“国语月”的活动，并成立国语月委员会和国语行动阵线委员会，1965 年，玻璃市等州的国语月委员会还要求政府取缔政府部门、

---

① 有关看法可以参见前引，林水檺、何启良、何国忠、赖观福编：《马来西亚华人史新编》（第二册），第 83 页；前引，许德发：《历史幽灵与马来西亚的记忆政治——试论 1969 年“五一三事件”的各种阐释》。

② 潘永强：《五一三后的新国家运动》，（马来西亚）《人文杂志》2002 年第 15 期。

③ 前引，杨建成：《马来西亚华人的困境：西马来西亚华巫政治关系之探讨（1957—1978）》，第 210 页。

④ Ibid. ,R. K. Vasil. *Ethnic Politics in Malaysia*. pp. 38 –40.

⑤ 前引，杨建成：《马来西亚华人的困境：西马来西亚华巫政治关系之探讨（1957—1978）》，第 196 页。

商店及公司的中文招牌。[①] 华社则掀起华文官化运动，成立马来西亚华人注册社团代表大会筹备工委会，计划召开马来西亚华人注册社团代表大会，筹备工委会向首相提交备忘录，要求列华文为官方语文，并议决推动全国签名盖章运动。马来人的国语行动阵线委员会随之抨击华社的诉求，重申马来文为唯一官方语文的立场。[②] 更激烈的反应来自巫青团，部分巫青领袖宣称，如果华人不放弃将华文列为官方语文之一的要求，他们将向政府施压以重新检讨非土著公民权的宪法条款。[③] 文告演讲、报章辩论、抨击反击，马华两族语文之争愈演愈烈，群情激昂。马来西亚政府在各种压力下于 1967 年 9 月通过国语法案，法案中没有列华文为官方语文，但准许联合邦政府及州政府“因公共利益之需要而使用任何其他种族语言翻译官方文件及沟通意见”，华文实际上成为官方应用语文。[④] 然而，两族对这一折中方案都不满，马来人的反应特别强烈，特别是马来学校教师和大学学生，猛烈抨击首相东姑·拉赫曼和联盟政府，认为对华人让步太多。[⑤] 马来人的国语行动阵线，还发动游行示威，焚烧首相东姑·拉赫曼画像，以示抗议。[⑥]

紧跟着国语课题，是华社的独立大学运动。1967 年 11 月教育部宣布了一个关于留学生必须先拥有剑桥文凭（即当时政府承认的中学结业会考文凭之一）的新措施。独立中学毕业生因此很难到其他国家深造。这项规定后来虽然被取消，但为了让独立中学毕业生有更多的升学渠道，1968 年 4 月董教总正式发起独大筹备工作，并获得各地华团的积极响应，却得不到马华公会的支持。[⑦] 这成为 1969 年大选马华公会失去不少华人选民支持的重要原因之一。当时，马华与华团的互相辩论，独立大学的华文教育特性，以及独立大学运动的全民动员声势，都大大地刺激了马华两族的族群情绪。

其他因素还有 1967 年 11 月马来西亚币制改革对马来人经济的冲击，以及 11 月槟城劳工党发动全岛总罢市演变的小规模的族群冲突等。1967 年 11 月，马来西亚政府进行币制改革，即将马币上的英女皇肖像改为最高元首肖像。同时宣布，由于英镑贬值，旧马币要贬值 15%，新马币则价值不变。[⑧] 此举对低收入的

① 前引，郑良树：《马来西亚华文教育发展史》（第四分册），第 116 ~ 119 页。

② 前引，郑良树：《马来西亚华文教育发展史》（第四分册），第 137 ~ 139 页。

③ 前引，林水檺、何启良、何国忠、赖观福编：《马来西亚华人史新编》（第三册），第 51 页。

④ 前引，杨建成：《马来西亚华人的困境：西马来西亚华巫政治关系之探讨（1957—1978）》，第 212 页。

⑤ Ibid. ,Leon Comber. 13 *May* 1969：*A Historical Survey of Sino-Malay Relations*. p. 62.

⑥ 前引，杨建成：《马来西亚华人的困境：西马来西亚华巫政治关系之探（1957—1978）》，第 212 页。

⑦ 前引，王国璋：《反思五一三》。

⑧ 前引，王国璋：《反思五一三》。

各族人民影响都非常大。但相对而言，大部分务农的马来群众和马来人聚居的马来亚北部及东海岸各州，因货币贬值受到的影响大一些，而主要从事工商业的非马来人及工商发达的西海岸及南部各州所受影响则相对少一些。结果，货币贬值引发族群情绪，马来人认为联盟政府不关照马来人利益而重视非马来人利益，巫统自称为马来人保护者的地位开始受到怀疑。① 同一个月，槟城劳工党分部为了抗议旧币贬值影响民生发动全岛总罢市，罢市行动后来演变成小规模的族群冲突，根据官方记录，冲突发生的当天就有 7 人丧生，123 人受伤入院，槟岛一度实施戒严。骚乱随后数天还蔓延至北海、高渊、北霹雳和吉打南部，使死亡人数续增至二十多人。② 事件对社会的震荡也不小。

因此，1969 年大选前夕，种族情绪已经到了将要爆发的临界点，马来西亚的政治情势已经由平静发展到沸腾的阶段。③ 在这种“民怨沸腾”的情况下，马来西亚于 5 月 10 日举行了第三届全国大选，联盟的席位率和得票率都出乎意料地低，它在国会 103 个议席里，只赢得了 66 席，总得票率为 48.5%，而反对势力在国会里赢得了 37 席，占总得票率 51.5%。④ 这意味着各族群反对党，特别是华人的政治力量已经可由合法途径威胁马来人的政治地位。事实上，当时以华人政党为主的反对党也获得槟城和霹雳两州的多数议席。正是在一连串事件的连锁效应下，族群情绪迅速膨胀，最终爆发马来西亚有史以来的族群流血冲突。

（三）事件影响

有学者认为，“二战”后在印度尼西亚、缅甸当地土著排华的惨剧终于降临到大马华人的身上，华巫共荣共存的理想在暴力事件中荡然无存。⑤ “5·13”事件爆发后，政府宣布国家进入紧急状态，中止国会民主直至 1971 年才恢复。期间，以拉扎克为首的全国行动理事会负责全国行政事务，马来西亚国家政权转移到第二代马来人手上，马华公会则一度退出政府，马来人转向全面控制政权。

事件发生后，国会首先修改宪法，通过《煽动法令》，禁止对宪法规定的国语、马来人特殊地位、马来统治者的地位和主权等条款进行质询⑥，从此马来人

① 前引，杨建成：《马来西亚华人的困境：西马来西亚华巫政治关系之探讨（1957—1978）》，第 217 页。

② 前引，王国璋：《反思五一三》。

③ 前引，杨建成：《马来西亚华人的困境：西马来西亚华巫政治关系之探讨（1957—1978）》，第 214 页。

④ 前引，何启良：《政治动员与官僚参与——大马华人政治论述》，第 63 页。

⑤ 前引，杨建成：《马来西亚华人的困境：西马来西亚华巫政治关系之探讨（1957—1978）》，第 254 页。

⑥ Ibid. ，R. K. Vasil. *Ethnic Politics in Malaysia*. p. 91.

特殊地位神圣不可侵犯；其次推出旨在扶持马来人经济发展的新经济政策，华人经济骤然面临各种挑战；再次，多党联盟的国民阵线取代了原来的三党联盟，华人政党在执政党内的代表地位大大削弱；再有就是推出“国家文化政策”，在文化和教育上推动“马来化”。当地华人将这一连串变化称为一种“新国家运动”,① 并认为马来西亚已经由一个“基本上”是马来人的国家蜕变成为一个公开由马来人支配的国家。② 马华公会领袖也认为，事件后马来人在国民阵线的势力更是如日中天，对马来人有利的许多政策就是这样成了定案。③ 新国家运动，或马来人支配，对华人意味着什么？当地华人总结道：对华人而言，“5・13”事件意义殊大，它是华人在马来西亚历史上最大的悲剧。所谓的悲剧是多重的，是政治权力争夺上的悲剧，也是文化、教育上巨大阴影铺天盖地的起点，亦是经济上大挫折的起端，更大的悲剧则是开始了漫长的苦闷压抑期。“5・13”事件标示着华人追逐、争夺国家机关机运一去不复返。④

这种转变对两族关系的影响是非常巨大的。“5・13”事件后，“华人对政府猜疑和敌意的情绪弥漫着整个华人社会”⑤。

二、1987 年的“华小高职事件”与“茅草行动”

1987 年的“华小高职事件”与“茅草行动”，对马来西亚两族关系也颇有影响。

事件的直接导因，是 1987 年 9 月马六甲、雪兰莪、吉隆坡与槟城等地的教育局派出大批不谙华文的人员，到多间国民型华文小学担任校长、副校长、校长助理等行政高职。此举引起华人社会的恐慌与哗乱，咸认可能会造成华小变质。⑥

因此，华社各界人士纷纷奋起抗议，朝野政党与主要华团不约而同地站在同一战线，联合抵制派遣，要求教育部收回成命。但派遣行动继续进行，且波及数十所华文小学。同年 10 月 11 日，华人执政党马华公会、民政党和华人反对党民主行动党，以及华教组织董教总成立的华团政党行动委员会，在吉隆坡天后宫召开抗议大会，与会者代表超过 4 000 名，主要华团、董教总以及三大华人政党的

---

① 前引，潘永强：《五一三后的新国家运动》。

② 前引，王国璋：《反思五一三》。

③ 黄家定：《马来西亚多元族群的政治——在厦门大学的演讲》，《南洋问题研究》2006 年第 2 期。黄家定时任马华公会总会长。

④ 前引，许德发：《历史幽灵与马来西亚的记忆政治——试论 1969 年“五一三事件”的各种阐释》。

⑤ 前引，杨建成：《马来西亚华人的困境：西马来西亚华巫政治关系之探讨（1957—1978）》，第 288 页。

⑥ 前引，林水檺、何启良、何国忠、赖观福编：《马来西亚华人史新编》（第一册），第 190 页。

代表几乎倾巢而出，会上通过五项决议，首先提出全面解决“华小高职事件”原则和立场，即“华文小学的本质是教学与行政语文必须是华语华文，这是不能讨价还价、无可妥协的基本原则”，决议要求政府在1987年11月14日之前解决问题，不然就展开挽救华文小学的全国性行动。即准备支持部分华小家长提出10月15—17日三天罢课抗议行动。[①] 时任马华公会副会长暨教育部副部长的云时进也在会上声言，如果“华小高职事件”不能解决，他将辞去副部长职。[②]

面对华人社会的激烈反对，教育部长和一些地方教育局长开始的态度都非常强硬，表示不会“收回成命”。[③] 华社10月11日在吉隆坡天后宫召开抗议大会后，巫统多位领袖猛烈批评马华及民政两党在事件上的表现，并建议检讨马华公会在国民阵线里的地位。一位巫统国会议员还扬言要以万人集会回应。柔佛州新山等巫青区团也召开紧急会议讨论对策。另据报道，支持教育部长安华的电报如雪片般地涌向教育部，包括来自马来教师职工会、青年团体、福利机构、政党组织、个人以及海外的马来文教组织等，他们不但呼吁安华“绝对不可让步”，还要求安华“有效地废除华小”，并且强烈谴责马华及民政在这问题上“背叛了朋友”，应该退出国民阵线。[④]

尽管10月14日政府内阁设立五人委员会（成员分别是劳工部长李金狮、原产业部长林敬益、工程部长沙米维鲁及青年体育部长纳吉，主席为时任教育部长安华）全权处理“华小高职事件”。但10月15日，还是有57间华小参加全面罢课，受影响的学生估计超过3万名。大部分罢课的华小都被持枪的镇暴队所包围，他们或阻止家长群众进入校园，或拆除没收校内外的标语，双方随时有爆发冲突的可能。10月16日，槟城双溪里蒙光华小学的篱笆外被挂上两条10尺×2尺的白色大布条，上面分别写着马来文“Gugurkan KerakyatanMereka”（取消他们的公民权）及英文“Revoked Their Citizenship, Send Them Back to Mainland”（取消他们的公民权，送他们回中国大陆）。10月17日，巫青团召集在吉隆坡惹兰慕达体育场举行了一个大规模的马来人集会，虽然大雨滂沱，警方戒备森严，但出席的马来团体以及大学生多得水泄不通。他们高声呐喊、高举标语，标语写着“取消反马来统治者的人的公民权”、“安华不要被华人吓倒”、“五一三开始了”。[⑤]

大集会的第二天，即10月18日晚上，一名士兵由于受到刺激，在吉隆坡秋

---

① 前引，郑良树：《马来西亚华文教育发展史》（第四分册），第345页。
② 柯嘉逊：《马来西亚华教奋斗史》，吉隆坡：马来西亚雪兰莪中华大会堂1991年版，第167页。
③ 前引，郑良树：《马来西亚华文教育发展史》（第四分册），第338、340页。
④ 前引，郑良树：《马来西亚华文教育发展史》（第四分册），第344～346页。
⑤ 前引，郑良树：《马来西亚华文教育发展史》（第四分册），第347～349页。

杰地区胡乱开枪，造成一死二伤。这一枪杀事件完全与族群关系无关，然而，却谣言四起，人心惶惶，担心重演族群流血冲突。10 月 25 日，巫统总秘书沙努西宣布，11 月 1 日将在吉隆坡举行有 50 万名人士，包括 30 万名党员及 20 万名同情者的大集会，虽然他声称大集会是党庆和平集会，而非抗议大会，但新闻第二天见报后，全国尤其是雪隆区，态势高度紧张，人们购粮屯集，夜不出门，甚至远离雪隆区。[①] 族群公开对立的情势，“是 1969 年五一三惨剧以来所仅见的”[②]。

就在 11 月 1 日大集会日渐逼近之际，出访的马来西亚首相马哈蒂尔匆忙回国。10 月 27 日，政府以防止国家骚乱为理由，援引内部安全法令，实施“茅草行动”，先后逮捕了朝野政党人士、华教领导人、社团领袖，以及教师、商人等共 106 名，其中包括董总主席林晃昇及教总主席沈慕羽。次日吊销《星洲日报》、*Star*（《星报》）及 *Watam*（《祖国报》）等三家报纸的出版准证。首相兼内政部长马哈蒂尔宣布：由于国家面临危险境地，原定 11 月 1 日举行的巫统党庆大集会已经取消，同时，也禁止全国各地举行任何形式的集会。[③] 这场风波最终得以平息。

官方把这次危机归咎为华社维护华小的抗议行动所引起。而多个国际团体如国际特赦组织则认为：“在数项危机中，那些被扣留的人士并未激起种族或宗教的紧张情绪，反而是国民阵线政府的决策人及同僚为了本身的利益，使得长久以来在大马社会中的政治及种族紧张情绪恶化。”[④]

1987 年“华小高职事件”，表面上是华文小学问题，实际上反映了华人社会对政府文教政策的普遍不满，是“5·13”事件后马来西亚马华两大族群矛盾的集中表现。政府虽然通过“茅草行动”平息了这场风波，但是没能平息华人的不满情绪，1990 年大选，大量华人选民支持反对党，与此不无关系，而 1990 年大选国民阵线受挫，则是 20 世纪 90 年代初期国民阵线政府对华人实施“小开放政策”的重要原因之一。

---

① 前引，郑良树：《马来西亚华文教育发展史》（第四分册），第 349 页。

② 陈志勤：《华小高职风波》，见戴小华总编辑、邓日才主编：《当代马华文存》（7），吉隆坡：马来西亚华人文化协会 2001 年版，第 46 页。

③ 前引，郑良树：《马来西亚华文教育发展史》（第四分册），第 350 页。1960 年马来西亚撤销 1948 年颁布的“紧急状态”，同时颁布“内部安全法”，“授予政府无须经过审讯程序，便可扣留涉及叛乱的共产分子”，后来称为“危害国家安全”者。马来西亚目前的刑事法令，在法庭的同意下，警方可以扣留嫌疑犯 14 天以方便进行调查；但在“内安法”令下，部长却有权在未经法庭审讯的情况下，拘留和监禁被认为是“危害国家安全”者为期两年，而且有关扣留令可以两年又两年，无限期地延长下去。

④ 前引，柯嘉逊：《马来西亚华教奋斗史》，第 169、170 页。

三、华人大选诉求风波

20 世纪 90 年代前期，由于马来西亚政府实施对华人的“小开放政策”，也由于 90 年代前后，马来西亚经济多年持续高速发展，各族人民，包括马来人和华人都得到实惠，除了对《1995 年教育法案》和当时提出的“宏愿学校课题”有所争论外，马华两族关系相对平静，华人选民还在 1995 年大选全力支持国民阵线。然而，1997 年金融危机激化了一切矛盾，尽管华人在 1999 年大选仍然一边倒地支持以巫统为首的国民阵线，但在国内政治形势的影响下，马华族群纷争课题在大选后却一度呈现愈演愈烈的态势，其中华人诉求与“马来人特权”课题纷争的时间特别长，斗争方式特别激烈，且与马华两族矛盾的核心问题有关，影响也特别大。

（一）诉求缘起

诉求纷争最初出现于 1999 年 8 月大选前夕，当时董教总等 11 个华团提出《马来西亚华人社团大选诉求》（以下简称《华团大选诉求》），并赢得 2 000 多个华人社团签章支持。《华团大选诉求》提出了 17 项 83 点诉求，全面提出华人社会在政治，经济和文化教育上面临的各种问题，要求采取步骤，废除一切领域的“土著与非土著”的区分，实施公平的经济政策，公平对待华裔、印裔及其他少数民族母语教育。该诉求也关注到金融危机以来广泛议论的诸如贪污、人权、正义、政府公信力、废除“内安法”等问题。①。

对于《华团大选诉求》，一开始时，一些马来人反应非常强烈，认为诉求是一部分华人趁大选向政府施加压力。当年 9 月 14 日，马哈蒂尔首相就表示，马来西亚华人社团大选诉求不代表大部分华社意愿，认为任何附带条件的支持，对国民阵线都形成一种威胁。9 月 20 日，马哈蒂尔首相强调，国民阵线不会为了选票而向趁机提出诉求的施压者屈服。他劝告各方面不要趁大选即将来临之即，刻意挑起种种课题向政府施压。他认为，这种做法足以破坏各族和谐及国家的稳定。但随着国民阵线政府对《华团大选诉求》的态度从完全拒绝转向考虑部分接受，诉求引起的激烈纷争气氛很快平息。②

（二）2000 年诉求纷争

然而，2000 年 8 月，即《华团大选诉求》颁布一周年前后，诉求和马来人

① 《马来西亚华人社团大选诉求》，（马来西亚）《南洋商报》1999 年 8 月 17 日。

② 廖小健：《世纪之交：马来西亚》，北京：世界知识出版社 2002 年版，第 158 ~ 162 页。

特权问题再度引起两族严重纷争。2000年8月14日，马来文的《马来西亚前锋报》头版新闻以“废除马来人特权”为标题刊登评论，指“华人代表建议，政府若要看到马来人进步和有能力与其他种族竞争，应废除马来人在重组社会政策下所享有的特权”[①]。8月17日《马来西亚前锋报》再以封面头条报道1999年大选前马来西亚华团大选诉求工委会提出的17项诉求，指出：“去年在大选时定下17项诉求的华团，配合推出整整一周年，今日再次重申他们为这项议程斗争的立场，包括力促取消各领域有关土著与非土著的地位区别。其他诉求包括实施不以马来人特权为限的重组社会政策，及废除宏愿学校计划。”[②]

《马来西亚前锋报》的有关评论掀起轩然大波，引发马来西亚族群之间，朝野上下围绕“马来人特权”和《华团大选诉求》的激烈争论，从口诛笔伐，发展到公告、集会、游行、示威，激起了马华两族的日趋高涨的族群情绪。其中，马来青年的反应尤为激烈，在8月17日《马来西亚前锋报》抨击诉求工委会的次日，即8月18日，巫青团部分党员在副团长阿都阿兹带领下向诉求工委会呈交备忘录，要求工委会一周内收回诉求17项要求中提到取消马来人特权的内容，同时公开向马来人及土著道歉，不然，将面对巫青团接下来更剧烈的反击行动。200多名巫青团员在诉求工委会驻地前示威，高举的标语内容包括“不要挑战马来人主权”、“我们没有质疑你们，不要质疑我们”、“马来人等于马来西亚”、“忘记历史的外来移民”、“我们宁愿为维护主权而牺牲生命”、“马来人必须团结一致”、“警告：不要挑战我们”等，并呼喊“马来人万岁”、“不要挑战马来人主权”等口号，历时约15分钟，其间夹有怒骂，发生冲撞。[③] 在巫青团不断宣称采取行动的威胁下，华人青年也不甘示弱，表示将举行大集会还以颜色。同月24日，以雪华青、甲华青和森华青为首的12个华人青年组织要求《马来西亚前锋报》和副巫青团长阿都阿兹，针对近日掀起的马来人特权课题和诉求风波，向全国人民道歉。[④] 双方情绪激动，形势相当紧张，马华族群冲突大有一触即发之势。1969年的“5·13”事件最初就是由马华两族青年冲突引起的！随着政府出面干预，有关马来人特权和大选诉求公开和激烈的纷争到当年9月逐渐平息。

然而，由于诉求课题也是当年12月鲁乃补选国民阵线失利的原因之一，鲁乃补选后，“马来人特权”和《华团大选诉求》再度引起两族的激烈争论，马来

① 《蔡国治非常时期言论变课题　马来人特权起争议》，（马来西亚）《南洋商报》2000年8月15日。该报所指的华人代表是国家第二经济咨询理事会副主席蔡国治，蔡国治也是马华工商联合会副义务总秘书。

② 《诉求马来社会引争论》，（马来西亚）《南洋商报》2000年8月18日。

③ 《不满重提大选诉求　巫青团抗议》，（马来西亚）《南洋商报》2000年8月19日。

④ 《12青年组织斥破坏种族和谐　促前锋报巫青道歉》，（马来西亚）《南洋商报》2000年8月25日。

人的反击更为激烈。12 月 14 日，马来西亚半岛学生联合会集会示威，要求诉求工委会，1 个月内收回诉求，不然该会将公布属于马来人的 100 条“诉求”，并恫言将召开全国大集会。该会主席苏海米表示，诉求工委会提出的 83 点诉求，不但侵犯马来人的特权，也不理会马来人的感受。所以，该会也已拟定 100 条诉求，若工委会坚持己见，该会将直接向首相及内阁提出他们本身的诉求。其内容包括在大专院校提高超过 70% 教育“固打制”，60% 的大学讲师由马来人担任，马来人任首相等。他警告极端分子勿玩火，不然他们将十倍奉还。① 马来西亚半岛学生联合会的要求得到不少马来人领袖、马来人组织和马来人媒体的支持与声援，该联合会计划在各地组织集会，并与多个非政府组织开会讨论进一步的行动，形势甚至比 8 月更为紧张。以至 12 月 21 日，内阁发出指示，要求各族，包括部长和社会领袖不准再评论或回应敏感课题。首相署警告，任何人评论或回应包括诉求在内的敏感课题，如果有触犯《煽动法令》之嫌，当局将援引该法令逮捕及把他们控上法庭。②

（三）结果

巫统领袖虽然拒绝华团诉求，明确表示“在捍卫马来人特权上，政府绝不作任何让步”③，却不希望国家因此陷入混乱，他们纷纷发表谈话，要求两族以国家大局为重，停止争论和冲突。曾直接交锋的巫青团和大选诉求工委会也积极寻求解决纷争办法。经过多日的磋商，巫青团与华团大选诉求工委会终于达成协议，并于 2001 年 1 月 5 日发表联合声明，同意搁置“诉求”83 个项目中内容敏感的 7 项，并承诺对其余 76 项展开讨论，致力落实双方所能接受的项目。

联合声明提到双方同意搁置的 7 项，包括：①扶弱政策的实施，应以保护及提升社会弱势阶层为出发点，而且不分肤色、出身及宗教信仰；②采取步骤，废除一些领域的“土著/非土著”区分；③必须公平及合理地分配土地给极需耕地的各族农民；④废除“种族固打制”，代之以按能力分配制度；⑤废除大学收生“固打制”；⑥各宗教在传播、发展、享用官方资源及媒体报道方面，应获公平对待；⑦推行学生助学金与贷款制度，并不分种族地以按能力分配制度加以分配。声明表示，双方之所以会达成今天的谅解，主要是基于以下考量：①马来社会中的意见，即“7 项”已触及马来人的特别地位与权利及他们对“7 项”的反对；②诉求工委会的重申：“诉求”是在国民团结与国家建设的考量下提出的，

---

① 《警告 1 月内收回诉求　学生联会恫言大集会》，（马来西亚）《南洋商报》2000 年 12 月 14 日。
② 《内阁下令停止争论敏感课题　挑诉求煽动法对付》，（马来西亚）《南洋商报》2000 年 12 月 22 日。
③ 《首相：马来人分裂导致诉求出现　马来特权寸步不让》，（马来西亚）《南洋商报》2000 年 8 月 18 日。

及诉求工委会将为塑造具容忍、中庸及多元主义特征的团结的马来西亚而全力以赴；③首相与副首相的劝告：种族紧张的升级必须遏止，作出煽动性言论的组织必须立即停止重复这些言论。①

联合声明发布后，仍有不少马来人领袖和马来人组织不同意上述对话和协议，认为这是马来族的让步和屈服，继续提出让工委会收回全部诉求的要求。2月初，马来人行动阵线召开名为“马来人不会在世上消失”的大集会，会上仍充满族群性言论，要求让马来人享有更多的权益。华人反对党和一些华人社团也不满搁置7项诉求，要求工委会作出合理解释和交代。尽管如此，国民阵线领袖制止冲突的努力，巫青团和工委会的对话和协议，对化解当时的冲突还是起到明显的作用，诉求风波最终逐渐平息。

大选诉求风波表明，尽管20世纪90年代以来政府陆续对华人实施一些宽松的政策，尽管马华两族关系大有改善，但政府依然不愿意对华人实施完全平等的政策，维护马来人特殊权益始终是巫统为首的国民阵线政府放宽华人政策的底线，马华两族的地位差别仍然会继续存在。

独立后的其他族群纷争与对峙课题还包括20世纪五六十年代围绕《1957年教育法令》(《拉扎克报告书》)、《1961年教育法令》(《达立报告书》)而产生的超龄生退学、华文小学和华文中学改制的课题；20世纪70年代以后围绕新经济政策、《工业协调法令》以及《阿兹报告书》、“国家文化政策”、大学招生“固打制”、小学“3M制”教学、华人义山拆迁等课题与事件展开的辩论与冲突；以及20世纪90年代以后围绕《1996年教育法令》、“宏愿学校课题”、“白小事件”以及“单一语文教育”、大学招生“绩效制”、“英语教数理”等问题的争论与摩擦。至于其他各种分歧与争论，如舞狮问题、中文招牌等更是多如牛毛，不一而足。马来西亚华人与马来人两大族群矛盾冲突的持久与频繁，超过许多多元族群国家，与其他国家的华人与当地族群关系比较，也是绝无仅有的。

① 《工委巫青达协议　双方同意搁置7项大选诉求》，(马来西亚)《南洋商报》2001年1月5日。

第二章　两族关系的问题与症结

马来西亚华人与马来人两大族群经常就一些族群课题争论不休，两族之间矛盾冲突呈现持久频繁的特点。究其原因，除了多元族群国家普遍存在族群差异造成族群隔阂等原因外，马来西亚两大族群关系还受到马来西亚特殊的法定族群地位及特殊的族群政治的影响。

第一节　马华两族的差异与区分

1957 年独立后，尽管马来西亚社会经济有了很大的发展，马来人和华人两大族群的交往融合也与日增多，但马来人和华人在宗教信仰、语言教育、风俗习惯的差异始终非常明显。“马来人”与其说是一个种族或血统的概念，还不如说是一个文化和法律的概念。“马来人”这一概念和定义，最早见于 1913 年的马来人保留地法案①，并一直延续至今。《马来西亚联邦宪法》第 160 条第（二）款规定，“马来人”为信仰伊斯兰教、说马来语、遵守马来风俗习惯的人。② 因此，虽然马来人构成复杂，有阿拉伯人、爪哇人等，但都具备上述三个条件。此外，由于历史发展的原因，华人和马来人在居住地域、经济活动、经济收入等方面也存在着明显的区分。

一、宗教信仰

按照民族社会学理论，宗教信仰是族群文化传统的一个重要内容，如果族群之间在宗教信仰、礼仪和与宗教相关的生活习俗等方面有很大差异，就有可能直接影响族群间的日常交往和族群关系。宗教在许多社会里已经成为建立或阻碍群体认同的重要因素，成为影响族群和睦或造成族群冲突的重要因素。③ 马华两族

---

① Tan Sri Ghazali Shafie 著，叶瑞生译：《马来西亚国族的塑造》，（马来西亚）《资料与研究》1996 年第 23 期。

② 前引，北京大学法律系宪法教研室编译：《东南亚国家联盟各国宪法》，第 143 页。

③ 前引，马戎编著：《民族社会学：社会学的族群关系研究》，第 202、481 页。

在宗教信仰方面的区分尤为明显，并对两族关系产生巨大的影响。

伊斯兰教是马来人信仰的传统宗教，马来人从出生日起就自然承传为伊斯兰教徒，即穆斯林。根据马来西亚2000年的人口普查资料，穆斯林在马来西亚全国人口中的比重，从1991年的58.6%提升到2000年的60.4%，约1 322万人①，其中，绝大部分是马来人。伊斯兰教的一整套教义和宗教制度，深深根植于教徒的个人意识之中，他们追求极端的虔诚和宗教仪式上的纯正，主张严格遵守《古兰经》，完全按照戒律规定进行宗教活动和日常起居，不吃猪肉、坚持日常膜拜祈祷、禁止与非穆斯林通婚，严重违规者还须接受宗教法庭审讯，依伊斯兰教法律加以惩罚。马来西亚宪法还规定，国会有权力制定法律以管制向穆斯林传播任何宗教教义或信仰的行动，不少州也通过法律禁止向穆斯林传扬任何伊斯兰教以外的宗教。②

华人则主要信奉华族传统宗教，如佛教、儒教、道教等宗教，有些中青年白领也信仰基督教，信仰其他宗教的人数很少。华人的宗教信仰比较多元和模糊，没有严格的界线、教规或宗教组织，是否有信仰，或信仰什么，往往模棱两可，随心所欲。许多人可以同时信奉两三个不同的教派，可以不时请道士超度亡灵，到神庙求签，在家拜观音，很少受宗教约束。

不同族群的不同宗教规矩和仪式，很容易导致相互的不理解。马来西亚人权委员会主席，前副首相慕沙希淡坦言，伊斯兰教给人的印象是一个很多禁忌和限制的宗教。③ 要在宗教信仰方面倾向取舍自由的华人，接受伊斯兰教严格的约束，是非常困难的。因此，华人皈依伊斯兰教，成为穆斯林的极少。按1980年和1991年的人口普查，当时皈依伊斯兰教的华人分别占华人总数的0.2%和0.4%④，正如马来西亚学者骆静山指出的，与华人人口相比，信仰伊斯兰教的华人“人数微不足道”。⑤

马华两族不同的宗教信仰直接影响族际通婚。伊斯兰教禁止穆斯林与非穆斯林通婚，非穆斯林若要与穆斯林通婚，就必须皈依伊斯兰教。而皈依伊斯兰教，则要行割体及禁食猪肉，同时需采用伊斯兰教名字，在华社眼中，这实际上意味着接受马来人的风俗习惯，因此，皈依伊斯兰教及与马来人通婚的华人，或多或

① Population and Housing Census 2000. 马来西亚政府统计局网，http：//www. statistics. gov. my/，2004年11月15日。

② 张文光：《三角关系：大马宗教自由法律浅析》，吉隆坡：马来西亚雪兰莪中华大会堂1990年版，第141页。

③ 《慕沙希淡：马国当前最大挑战是宗教极端思想》，（新加坡）《联合早报》2002年1月14日。

④ 前引，林水檺、何启良、何国忠、赖观福编：《马来西亚华人史新编》（第三册），第421、422页。

⑤ 骆静山：《知识分子与社会文化》，吉隆坡：马来西亚华社资料研究中心1994年版，第40页。

少引起华人社会的不满，甚至鄙视。[①] 特别是在皈依伊斯兰教初期，更不容易得到家庭或是亲属的谅解。华裔伊斯兰教徒和家庭决裂，以至“无家可归”的例子比比皆是，成功修补裂痕的，往往是多年以后的事。根据一位研究生对一群华族伊斯兰教徒的调查，他们之中超过半数在皈依伊斯兰教后和原来的家人完全没有联系，他们最后都远离非马来社会而倾向马来社会圈子。[②] 大多数华人因而不考虑与马来人结婚。许多马来人穆斯林，包括专业人士也反对异族通婚，认为由于文化的不同，这种婚姻不合适，许多最终都失败了。[③] 根据新加坡东南亚研究所于20世纪80年代初的一项调查，马来西亚华人与当地族群通婚率是最低的，当地族群父母亲仅占所调查638户华人家庭的0.3%（如表2－1所示）。

表2－1　部分东南亚国家华人父母亲的族群身份

国家	调查人数	父亲族群		母亲族群	
		华人（%）	当地族群（%）	华人（%）	当地族群（%）
新加坡	600	97.1	0.97	97.2	1.2
马来西亚	638	100.0	0.0	99.7	0.3
印度尼西亚	333	97.1	2.90	94.6	5.4
菲律宾	306	—	—	95.1	4.9
泰国	840	99.0	1.00	79.6	20.4

资料来源：曹云华：《变异与保持——东南亚华人的文化适应》，北京：中国华侨出版社2001年版，第241页。

通婚历来被认为是促进族群融合的最有效和最彻底的形式，宗教障碍使两族通婚非常有限，因此马华两族就少了一个相互融合的非常重要的途径。对马来人来说，伊斯兰教是把他们与其他族群区分开来的“族群的边界”和“认同的旗帜”[④]。因此，有学者认为，由于马来人的社会和宗教结构，要打破族群藩篱几乎是不可能的。[⑤] 马来西亚前首相马哈蒂尔也曾在他那本著名的《马来人的困境》中指出，马来人和华人固然可以彼此邻居，他们也可以在日常生意上甚至在

① 前引，陈祖排：《大马种族关系概况》，第77页。

② 前引，何国忠：《马来西亚华人：身份认同、文化与族群政治》，第138页。

③ Abdul Rahman Embong. The Culture and Practice of Pluralism in Postcolonial Malaysia. In Ibid. , Robert W. Hefner. ed. *The Politics of Multiculturallism*: *Pluralism and Citizenship in Malaysia*, *Singapore*, *and Indonesia*. p. 73.

④ Vidhu Verma. *Malaysia*, *State and Civil Society in Transition*. United States of America: Lynne Rienner Publishers, Inc, 2002. p. 94.

⑤ Ibid. , Leon Comber: 13 *May* 1969: *A Historical Survey of Sino-Malay Relations*. p. 6.

社交上彼此会面。可是当他们分手以后，他们就回到各自种族和文化圈子里，而这种族和文化的圈子，是对方所不曾真正一窥堂奥的。而在他们各自的世界里，他们的价值观念不但不同，而且往往是相触相克的。①

二、语言文教

在文字和教育方面，马华两族的区分也十分明显。马来人的母语是马来语，马来人子弟主要进入以马来语为教学媒介的国民小学、国民中学和国立大专院校读书，在西马东海岸马来人集中居住的乡镇，不少马来人子弟还到伊斯兰宗教学校就读，据不完全统计，21 世纪初，马来西亚有 200 多间人民宗教学校，向 7 万多马来学生教授伊斯兰教课程。② 在马来西亚国民小学、国民中学和国立大专院校读书，华文不是必修课程，大多数马来人不懂华文，也不看华文报刊和华文影视。在 1970 年和 1980 年 10 岁以上人口通晓各语文的统计中（如表 2－2 所示），甚至没有马来人懂华文的统计。20 世纪 90 年代中马两国政治和经济关系的迅速发展，中文经济价值不断提升，学习华文的马来人越来越多，但和马来人的总人口比起来，比重仍然很小。

表 2－2　西马 10 岁以上人口通晓各语文比率（1970 年、1980 年）

族群	年份	人口（千人）	马来西亚语（%）	马来西亚语（%）	马来西亚语（%）	英语（%）	华语（%）	淡米尔语（%）	其他语文（%）
				流利	初级				
所有族群	1970	6 053.8	70	54	17	14	15	10	33
	1980	7 966.8	89	61	28	23	33	9	3
马来族	1970	3 155.6	99	96	3	7	—	—	5
	1980	4 378.3	100	91	8	15	—	—	3
华族	1970	2 202.2	37	6	31	19	41	—	80
	1980	2 728.1	73	21	52	31	96	—	1
印族	1970	647.7	50	12	37	26	—	89	10
	1980	809.7	86	35	51	40	2	90	5
其他	1970	48.3	46	18	28	52	2	4	57
	1980	50.7	74	33	41	50	14	5	49

资料来源：1970/1980 Population and Housing Census of Malaysia. 转自前引，林水檺、骆静山编：《马来西亚华人史》，第 467 页。马来语为马来西亚国语，统称马来西亚语。

① 前引，马哈迪医生著，叶钟铃译：《马来人的困境》，第 3 页。

② 刘永山：《人民宗教学校　华社岂能置身事外》，（马来西亚）《南洋商报》2003 年 2 月 27 日。

华人的母语是华文。华人子弟小学时期大部分进入以华文为教学媒介的国民型华文小学就读，华小至今有1 000多所。中学时期，则分别到国民型中学和华文独立中学就读，这两类学校各有数十所。国民型中学属于国立中学，过去曾是以华文为教学媒介的华文中学，后来先后改用英文、马来文教学；华文独立中学由原来的华文中学发展而来，教学媒介主要是华文，也有不少课程用英文教学。由于大学招生的族群限制，只有小部分华人子弟能进入国立大学读书，其他主要到华社的大专院校、马来西亚的私立学院，以及到中国台湾和中国大陆深造。由于马来语是国语，是所有学校的必修课和大多数考试，以及公务员录用的必考科目，很多华人都懂得马来语，通常称为“三语（华、马、英）人才”，但华人子弟能讲流利马来语的，1970年仅有6%，1980年大幅度提升，但也仅占21%（如表2－2所示），由于族群生活圈子的局限，他们能经常用马来语与马来人交流的机会受到一定的限制。

族群间最明显的文化差异通常表现在语言方面，如果两个族群在语言上互不相通，无法进行思想交流，那么这两个族群成员之间的社会交往显然会比较少，偶有交流也容易因彼此语言隔阂造成误解。① 马来亚大学何国忠教授指出，马来人对华人的认识只是从日常生活上举一反三，对中华文化的精神层面是一无所知。在高层次文化课题欠缺沟通的情况下，各族之间常出现误解就不足为奇了。马来人普遍上不能了解华人的感受，因此不止一次出现“华人为什么总是要求那么多”的言论，1990年大选后，由于此届大选华人的许多选票都投给了反对党，巫统青年团就沉不住气地问华人到底要什么？②

马来西亚马华两族的交流很大程度依靠传媒，但其局限也是显而易见的。马来西亚博大马来人教授莫哈末达乌曾比较三家不同媒介语的报章，他说：“中文报充斥着罪案新闻以及教育课题，偶尔娱乐也成头条新闻，比如梅艳芳去世。而马来报就偏重马来语及政治课题，其余就是晚宴及本地艺人的新闻。西报比较多国际新闻、西方艺人以及环保课题。”③ 由于各语文传媒在报道方面有所偏重，一个只读华文报的人对马来社会或印度社会的舆论会有极大的隔阂。华团每年的大会议决案，如果没有翻译并正式呈给当局，只读英文或马来文报章的部长或高官便无法知道（其中也有例外）。④ 而且，报章不只倾向报道族群新闻，办报立场也包括了维护各自族群的利益，马来西亚学者以“大选诉求”为例，指出《马来前锋报》和华文报纸就是处在对立的路线。两种语文的报章固然也有刊登其他

① 前引，马戎编著：《民族社会学：社会学的族群关系研究》，第202页。
② 前引，何国忠：《马来西亚华人：身份认同、文化与族群政治》，第164页。
③ 黄树发：《华文地位日益重要　友族同胞争相学习》，（马来西亚）《南洋商报》2005年5月4日。
④ 游若金：《宏愿的宏愿：马来西亚的公民社会与华团》，（马来西亚）《资料与研究》1995年第18期。

族群的观点，但消息传到读者时，一边的声音事实上已被重新诠释而不免会出现断章取义的现象。因此，对于大部分的读者而言，所得到的都是一边倒的负面报道，两者并没有沟通。[①] 两族之间的对话本来就少，相互理解更少。受华文教育的华人，只满足于本族的华文传媒，同时猛烈抨击华人领袖的表现和怀疑政府的政策。马来人社会则从本族语言传媒了解信息，也很有限，因此，双方对各种议题的反应都非常激烈。[②] 族群情绪在各自语文媒体的煽动下，反而更加膨胀。

在马来西亚，由于特殊的族群政治氛围，两族语言和教育的区分，除了造成沟通障碍和误会外，语言和教育课题还长期成为族群权益和族群矛盾的焦点。

三、居住地域

与独立前一样，马来人主要居住在乡村，据统计，1970 年西马总人口为 880.95 万，马来人 467.19 万，占人口比例的 53.0%，却占农村人口的 63.4% 和城镇人口的 27.4%，华人为 313.13 万，占人口比例的 35.6%，但只占农村人口的 26.1% 和城镇人口的 58.7%。[③]

因此，马来人和华人在居住地域上有着明显的地域区分。总的来说，华人集中居住经济发达的西海岸城镇地区，马来人则集中居住经济相对落后的东海岸、北部及乡村地区，特别是相对贫困的东海岸的几个以农耕为主的州，如吉打、玻璃市、彭亨、丁加奴、吉兰丹等几个州，马来人占当地人口的比例高达 60% ~ 70% 甚至以上，而丁加奴、吉兰丹两州更是占人口比例的 92% ~94%。反之，尽管马来人占人口的多数，但在经济发达的西海岸几个州，马来人所占比例一般不超过一半，在政治和经济中心的联邦直辖区（吉隆坡）和雪兰莪，1970 年马来人仅占当地人口的 24.5% 和 41.1%。[④]

出现这种情况，与战前殖民政府的族群经济政策有直接联系，通过保留地制度，殖民政府成功地把大部分马来农民牢牢地局限于乡村从事农耕。而限制甚至禁止华人获得土地进行农业生产，则迫使华人寻找城镇的工商机会以求生存，华人的城市化自然要比马来人迅速。据统计，西马华人的城市化水平，1921 年为

---

① 前引，何国忠：《马来西亚华人：身份认同、文化与族群政治》，第 165、166 页。

② Hokhal Leong. Imagined Communion, Irreconcilable Differences? Perceptions and Responses of the Malaysian Chinese towards Malay Political Hegemony. In Ibid. ,Ding Choo Ming & Ooi Kee Beng, eds. *Colloquium on Chinese Studies of the Malay World*. pp. 255 – 256.

③ 1970/1980 Population and Housing Census of Malaysia. 转自前引，林水檺、骆静山编：《马来西亚华人史》，第 454 页。

④ 1970/1980 Population and Housing Census of Malaysia. 转自前引，林水檺、骆静山编：《马来西亚华人史》，第 454 页。

28.60%，1931年因经济衰退，城市化水平下降到26.30%，“二战”期间不少华人一度逃离城镇到乡村避难，战后回流，城市化水平继续提高，1947年和1957年分别为31.10%和44.70%，一直高于西马城市化的平均水平（如表2-3所示）。马来亚独立后，政府继续沿袭殖民时代的马来人保留地制度，大部分马来农民仍然像殖民时代一样留在农村，没有随着独立后工商业的发展进行正常的城乡流动。华人方面，同样因没有土地而必须发展城市工商业。独立后马来西亚工商业发展提供更多的就业机会，以及1960年马来西亚解除紧急状态，这使得不少新村华人居民纷纷移居城市，于是华人城市化更高了。

表2-3　西马华族城市化水平（1921—1957年）

单位：%

年份	华族	西马总人口
1921	28.60	14.00
1931	26.30	14.90
1947	31.10	18.90
1957	44.70	26.60

资料来源：前引，林水檺、何启良、何国忠、赖观福编：《马来西亚华人史新编》（第一册），第226页。

由此可见，马华两族居住地域的区分，是沿袭固有传统居住模式和经济模式的结果。虽然缺乏族际交往并不完全由居住地区不同所造成，但分别集中居住在不同的地区，对两大群族交往的妨碍不言自明。

四、经济活动

除了宗教、文教和居住地域之外，马华两大族群在经济活动和经济收入上也存在着颇大的差别，对两族关系的影响尤其大。

（一）行业

独立前马来半岛的经济活动，主要集中在农业和采矿业。马来人大多数参与农林渔业，如种稻和捕鱼，华人主要从事采矿以及商品批发和零售业，印度人则受雇于橡胶园当胶工。独立后很长一段时期，原来的族群经济模式变化不大，马来人依然保持从事农业生产的传统，只是随着马来西亚工商业的发展，西马男性马来人中从事农业的比率有所降低，从1931年占马来人就业总数的82.35%降到1957年的69.77%，1967年再降到59.76%，1967年马来人就业人数为792 682，从事农业的为 473 718 人。不过，马来农民占西马农民的比例却从 1931 年的 50.54%，提升到 1957 年的 65.57% 和 1967 年的 68.69%。而 1967 年华人从事农业的有 135 177 人，仅占西马农民的 19.59% 和华人就业总数的 23.48%。1967 年马来人和华人从事商业销售的分别为 34 793 人和 113 263 人，各占销售就业总数 168 487 的 20.65% 和 67.22%，占本族当年就业总数的 4.4% 和 19.68%（如表 2－4 所示）。在发展最快的制造业，1975 年马来人就业人数仅占 33.10%、华人占 59.90%；同年马来人在矿业、建筑业、金融保险等较高收入行业中的就业比例也不高，分别占 33.10%、28.80% 和 31.60%，华人则分别占 56.90%、60.20% 和 61.30%（如表 2－5 所示）。从事农业的马来农民主要种橡胶和稻米，也种植油棕、可可、椰子等。据统计，1970 年西马约有 270 万英亩小橡胶园，小橡胶园主有 75 万，其中 50% 以上是马来人，其余是华人、印度人和其他土著，而小橡胶园中，占地少于 7 英亩的占 90%，少于 5 英亩的为 45%。另外，1970 年西马稻田为 94 万英亩，稻农约 30 万，其中 96% 是马来人，大部分拥有土地不足 3 英亩。①

表 2－4　西马男性马来人和华人职业统计（1931—1967 年）

年份	1931			1957			1967		
职业	总数	马来人	华人	总数	马来人	华人	总数	马来人	华人
专业和技术	21 895	8 097	7 670	47 140	20 517	16 108	80 780	40 782	26 436
行政和管理	9 057	3 017	4 646	24 033	4 254	14 956	35 670	7 817	22 744
书记	29 090	4 584	16 158	56 980	16 245	25 323	76 163	25 313	35 627
销售	120 449	10 988	93 898	164 292	21 403	110 562	168 487	34 793	113 263
劳务	87 079	13 451	43 311	145 346	65 862	33 545	98 150	46 273	33 098
交通	73 364	23 155	28 230	65 767	27 640	26 387	83 843	37 503	31 719
工匠和管工	102 188	14 118	72 792	185 123	36 920	115 632	201 877	55 070	116 864
矿工	77 220	1 149	69 893	1 907	327	1 353	16 798	3 170	11 582
其他劳工	112 079	15 257	54 159	103 569	32 221	41 681	146 195	68 609	48 869
农业	875 122	442 285	271 588	802 645	526 323	184 937	689 696	473 718	135 177
未详	7 194	957	3 770	5 997	2 573	2 430	665	132	256

资料来源：Donald R. Snodgrass. *Inequality and Economic Development in Malaysia*. K. L.：Oxford University Press，1980. p. 38.

“专业和技术”一类包括专业人员、教师、传教人员及护士等；“行政和管理”一类包括政府部门的职员及私人公司的董事和经理等。

① Ibid.，Wan Hashim. *Peasants under Peripheral Capitalism*. p. 86.

表 2-5　各领域华人和马来人就业统计（1975 年）

单位：%

领域	华人	马来人
农林渔牧	20.70	67.30
采矿、打石	56.90	33.10
制造业	59.90	33.10
建筑业	60.20	28.80
电气、石油、气与水	14.00	61.20
运输、贮藏、通信	37.50	47.20
批发、零售、酒店、餐馆	—	—
金融、保险、房地产、商业服务	61.30	31.60
政府部门	36.5	50.6
其他服务	—	—

资料来源：*Third Malaysia Plan*, *Second Outline Perspective Plan* , and *Seventh Malaysia Plan.* 转自前引，林水檺、何启良、何国忠、赖观福编：《马来西亚华人史新编》（第二册），第323 页。

（二）收入

从事什么行业，直接和经济收入有关。根据 1970 年的户口普查，西马的家庭中有 49% 生活在贫穷线下，即每月入息不超过 200 马元，马来人家庭的月均入息仅 172 元，低于贫困线，比同时期华人家庭月均入息的 394 少了 222 元，两者距离高达 1.29 倍。马来人的收入甚至比不上印度人，马来人家庭收入的 172 元仅是印度人家庭入息的 304 元 56.58%。马来人的贫困率高达 64.8%，不仅比华人的 26% 高得多，甚至比印度人 39.2% 的贫穷率高。[①] 到 1975 年，西马贫困率下降到 43.9%，但马来人集中从事的农业，贫困率仍高达 63.0%，其中马来人为主的稻农的贫困率高达 77%，而马来人参与比较少的制造业，贫困率仅为 17.4%，是所有行业中贫困率最低的，贸易和服务业的贫困率为 18.5%，居第二位（如表 2-6 所示）。即使是在政府推行扶持马来人经济的新经济政策 30 年后的今天，马来人的平均月收入仍然是马来西亚三大族群中最低的，而马来人的贫困率也还是最高的。

① 冷眼：《在国家经济发展中华人经济地位问题检讨》，见前引，骆静山编：《马来西亚华人问题论丛》，第 40 页。

表 2－6　1975 年西马城乡各经济领域贫困率①（1975 年）

	家庭数目（千）	贫困率（%）
乡村		
农业	915.1	63.0
（小树胶园主）	396.3	59.0
（小油棕园主）	9.9	9.1
（小椰子园主）	34.4	50.9
（稻农）	148.5	77.0
（其他农业）	157.4	78.8
（渔民）	41.6	63.0
（园丘工人）	127.0	47.0
其他行业	433.3	35.4
小计	1 348.4	54.1
城市		
矿业	5.3	37.7
制造业	120.4	17.4
建筑业	25.5	23.9
运输业	64.4	21.4
贸易及劳务	337.4	18.5
小计	553.0	19.0
共计	1 901.4	43.9

资料来源：前引，林水檺、骆静山编：《马来西亚华人史》，第 275 页。这里的贫困率，原文为贫穷率。

（三）股权

从事经济活动的领域狭窄，以及收入相对比较低，直接影响了马来人的资金积累和马来人对各个经济部门的直接参与，据 1980 年西马各族群 10 岁以上人口职业地位的统计，马来人创业当雇主的比例比较低，仅 3%，低于华人的 6% 和印度人的 5%，也低于 4% 的平均水平。② 结果，马来人对企业拥有的股权也相应

① “贫困率”是指处于贫困线以下的家庭数在总家庭户数中所占的比率，西马的贫困线，1970 年为每户月收入 200 马元。

② 前引，林水檺、骆静山编：《马来西亚华人史》，第 457 页。

比其他族群低得多，1970 年的企业股权的分配中，以马来人为主的土著，包括个人和信托机构仅占 2.4%，比华人所占的 27.2% 少了 24.8%（如表 2－7 所示）。同年西马工商业拥有权的族群分配中，马来人只在赢利较低的交通运输业上占较高的比重，但不到 20%，在其他大多数部门所占比重不到 1%，而华人在建筑业的比重高达 88.5%，零售业占 81%，批发贸易占 65% 以上。[①] 新经济政策实施后，土著股权占有已大大提高，但据政府统计数据，土著股权占有依然比华人的股权占有率低。

表 2－7　企业股本拥有权结构种族组别（1970 年）

组别	股权（百万马元）	比率（%）
土著	125.60	2.40
土著个人	84.40	1.60
信托机构	41.20	0.80
公民	1 826.50	34.30
华人	1 450.50	27.20
印人	55.90	1.10
托管公司	320.10	6.00
外国居民	3 377.10	63.40
总数	5 329.20	100

资料来源：Adopted from the Report of the National Economic Consultative Council，1991，Table 14. 转自前引，林水檺、何启良、何国忠、赖观福编：《马来西亚华人史新编》（第二册），第 337 页。

一个社会里是否存在界限明显和距离悬殊的“族群分层”，对族群关系具有整体性的影响。两个族群在经济能力方面相互之间的差距越大，隔阂也就越大。[②] 马华两大族群在经济活动、经济收入上的差别，对马华两族关系的影响特别大。荷兰学者 W. F. Wertheim 在研究印尼排华问题时曾指出，种族间之紧张关系，其根源不在于文化分野；土著之基本目的，乃要将华人赶出经济领域，取代华人经济势力。[③] 中国台湾的古鸿廷先生也指出，不少马来知识分子，就因目睹

---

① 前引，林水檺、骆静山编：《马来西亚华人史》，第 271 页。

② 前引，马戎编著：《民族社会学：社会学的族群关系研究》，第 479、339 页。

③ 引自古鸿廷：《东南亚华侨的认同问题：马来亚篇》，台北：联经出版事业公司 1994 年版，第 26、27 页。

非马来人（主要为华人）之处境优越，而产生对非马来人之恐惧，触发排华运动。[①] “5·13”事件后，马哈蒂尔在他撰写的《马来人的困境》中主张，要达到平等，马来人就是要在社会、经济和政治上被接受进入各阶层社会，其程度是要多多少少反映出各种族所构成的人口比例。[②] 如果说，宗教、语言和居住地域造成两族交往沟通的障碍，形成双方隔阂的话，两族经济存在的明显差别，在马来西亚特有的法律制度和族群政治氛围下，则经常会成为争夺族群利益和导致族群冲突的实质焦点。

第二节　两族法律地位与两族关系的症结

综上所述，马来西亚的马华两大族群在宗教信仰、文化教育、居住地域，以及经济活动等方面都存在很大的区别，按照民族社会学的理论，就是存在着非常清晰的“族群边界”，这些区别对两族关系的影响是不容忽视的。问题是，在世界的多元族群国家，以及在华侨华人居住国，不同族群之间几乎都存在宗教、语文、地域、经济等方面的差别，为什么马来西亚的族群课题与族群冲突会特别地连绵不断和经久不息？笔者认为，马华两族公民不同的法律地位是问题的关键。

一、马来人特权

（一）有关规定

马华两族公民不同的法律地位，指的是马来西亚宪法规定马来人公民拥有的特殊地位，以及拥有的各种特权，一般称为马来人特权。作为赋予华人公民权的交换条件，或马华两族执政党之间达成的契约，1957 年独立时的《马来亚联合邦宪法》，明文确认马来人拥有的各种特权，如拥有马来人保留地、服务公职保留名额、经营特殊行业执照、教育奖助优待等，1963 年马来西亚成立后，有关规定随之列入《马来西亚联邦宪法》。因此，从 1957 年独立日起 ，华人等非马来人公民与马来人公民就有着不同的政治法律地位。暨南大学教授张应龙认为，在英国操纵下制定的宪法，确立了“马来亚是马来人的马来亚”的原则，这一原则成为华侨社会难以摆脱的“紧箍咒”，战后初期华侨社会所处的不平等政治

① 前引，古鸿廷：《东南亚华侨的认同问题：马来亚篇》，第 28 页。
② 前引，马哈迪医生著，叶钟铃译：《马来人的困境》，第 38 页。

地位的问题，不但没有得到解决，反而以宪法的形式固定下来，从而在这样一个多民族国家中，在这样一个政治、经济发展不平衡的社会中种下了不稳定的根源。[①] 而且，由于宪法规定的限制性条款，即规定由最高元首负责保障马来人的特殊地位和调整有关条款，要修订有关法令，必须经马来人统治者会议同意及国会上下议院全体议员的2/3 多数通过的规定[②]，华人等非马来人要修订有关法案，几乎是不可能的。

1969 年“5 · 13”事件后，在紧急状态时期执掌国家行政事务的全国行动理事会，修改了《煽动法令》，规定国语、马来人地位、马来统治者的地位和主权是不能被质询和批评的。马来西亚国会于 1971 年初通过的宪法修正案，将上述规定纳入宪法，禁止对宪法规定的国语、马来人特殊地位、马来统治者的地位和主权及公民权等条文进行质询；并取消豁免议员在议会内的言论不受司法挑战的权利。[③] 修正案还进一步规定，任何修订上述敏感事项的提案必须交由马来统治者会议作最后的批准。[④] 马来人特权不仅难以改变，而且提升到神圣不可侵犯的高度，不能加以讨论和质疑。连马来政治学者 Ahmad Atory Hussain 也承认，马来人特权可说是固若金汤，其他族群动摇不了它。[⑤]

“5 · 13”事件后政府所实施的政策，特别是新经济政策对土著和非土著股权的明确规定，还进一步将土著和非土著的两大族群区分明晰化和制度化。马来人与华人公民的不同地位，已经从具体特殊安排，上升到结构性的不平等。马来西亚学者指出：“这个种族区分鲜明非常，它发展到现在，已根深蒂固，把本应团结一致的国民拉成了两极。”[⑥] 一些马来西亚华人激烈地抨击说：“土著/非土著的种族论述的意识是主奴意识，也是支配与被支配的权力意识。”[⑦] 如何摆脱被支配的感觉，取消土著和非土著的划分，成了 20 世纪 70 年代以来马来西亚华人长期不懈的奋斗目标。

为什么要将对马来人的特殊安排，转变为享受权利不同的两个等级？1970 年西马马来人为 484. 1 万，占西马人口 918. 17 万的 52. 72%，全马土著合起来则为 601. 39 万，占全国人口比重 55. 62%，1980 年西马马来人为 631. 5 万，占西

① 前引，林远辉、张应龙：《新加坡马来西亚华侨史》，第 476、477 页。
② 前引，北京大学法律系宪法教研室编译：《东南亚国家联盟各国宪法》，第 64、80、81、136 页。
③ Ibid. ,R. K. Vasil. *Ethnic Politics in Malaysia*. p. 191.
④ 前引，祝家丰：《马来特权的制定与其影响》。
⑤ 前引，祝家丰：《马来特权的制定与其影响》。
⑥ 何启良：《从历史、政策和同化主义谈华人正名》，（马来西亚）《资料与研究》1998 年第 34 期。
⑦ 曾庆豹：《巨兽的重返——公民社会与公共论述》，（马来西亚）《资料与研究》1995 年第 17 期。

马人口 1 142.6 万的 55.3%，全马土著合起来则为 805.95 万，占人口比例 58.6%。[①] 因此，土著与非土著的区分，不仅突出了马来人是当地土著或马来土地儿子的地位，突出了马来西亚是马来人国家的理念，还加大了马来人为主的土著在全国人口中的比例，为政府实施的土著优先政策赢得了更多的合法依据和社会支持。

（二）实质与影响

根据社会学的理论，社会分化大体上可以区分为两大类型：水平分化与垂直分化。垂直分化指的是依据某种社会属性或种族、性别等特征，将社会成员分成高低不同层次的群体，由垂直分化所造成的差别叫做社会不平等。考察社会不平等的范畴之一，是法律上的不平等与事实上的不平等，其中，法律上的不平等指的是各个层次的社会地位享有不同的法定的权利和义务。[②] 马来西亚宪法对马来人特权的规定，政府国家经济与文化发展策略宏观政策对马来人的倾斜，以及在这些立法和政策影响下，具体部门施政中在政治、经济和文化教育等各个方面对马来人及马来人文化的明显扶持，在在体现了社会学有关法律不平等的要件。

社会不平等的实质是什么，其实质在于各阶级、阶层对相对稀缺的社会价值物在占有量、获取机会和满足需求的程度上存在着差异性。[③] 在马来西亚，主要表现为政府对马来人的各种扶持政策。1957 年马来亚独立后，政府已一直实施向马来人倾斜的政策，“5·13”事件后则明显加大了力度，为了促进马来人在社会各方面的发展，政府先后推出了一系列的宏观策略与扶持措施。如于 1971 年出台的新经济政策，主张以政府干预方式调整各族群的经济差距，重新分配各族经济利益。新经济政策所追求的主要目标，是要在 1970—1990 这 20 年内重组社会和经济结构，在全国商业界和工业界里，使土著（马来人）、非土著（华人）和外资各占 30%、40% 和 30% 股权。[④] 20 世纪 70 年代的国家文化政策，不仅强调国家文化必须以本地区原住民（土著）文化为基础，还强调伊斯兰教是塑造国家文化的重要元素。[⑤] 所有这些都猛烈地冲击着华社的多项传统利益，并引起了持续的反弹。

一些马来西亚华人，对法律地位与权利资源的紧密联系深有感触，“马来西

---

① 1970/1980 Population and Housing Census of Malaysia. 转自前引，林水檬、骆静山编：《马来西亚华人史》，第 453 页。

② 前引，郑杭生等主编：《社会学概论新修》，第 289、291、292 页。

③ 前引，郑杭生等主编：《社会学概论新修》，第 290 页。

④ 前引，林水檬、何启良、何国忠、赖观福编：《马来西亚华人史新编》（第二册），第 86 页。

⑤ 饶向东：《马来西亚华族人口问题研究》，沙捞越：沙捞越华族文化协会 2005 年版，第 170 页。

亚的‘族群’之所以成为重要的讨论议题，原因是‘族群利益’意识无所不在。族群身份成了资源分配的基础之一，在这个分配的过程中，无可否认的是，马来西亚华人一直居于劣势。在土著和非土著的对立中被当作后者；在资源分配的过程中华人是属于没有特权的一群；官方语文是马来语而不是华语；权力结构中马来人是主华人是副”[①]。1970 年，日本横滨国立大学教授长洲一二在考察马来西亚后发表评论说：“我们认为这种马来人优先政策确实不合理和难以苟同。这样一来，马来西亚就不是马来西亚人的马来西亚，而是马来人的马来西亚。”[②]

（三）与其他国家比较

同样是一国公民，却由宪法规定享有不同的法律地位，像马来西亚这样明确地以族群为对象而制定的、涉及各个族群的法律地位和基本公民权利的立法，在世界上是极为少见的。

不少华侨华人居住国，特别是东南亚的一些国家，都曾或多或少地对本国华侨华人实施过限制、歧视、排斥和打击的政策，如 20 世纪五六十年代菲律宾的经济菲化政策，1959 年印度尼西亚撤销华人零售店的《印度尼西亚共和国总统 1959 年第十号法令》，长期以来，印度尼西亚籍华人的居民证上有特别的标志，在报考大学、任公务员和在军队晋升上都受到歧视；60 年代缅甸没收华文学校和华人产业企业的国有化运动，70 年代印支三国（越南、柬埔寨、老挝）对华人的迫害与驱逐，以及不时发生的排华骚乱和排华暴动等。近十多年海外华人的生存条件虽然已大大改善，但针对华侨华人的行政偏差仍然不少，对华侨华人的歧视，特别是在一些欧美发达国家也还相当普遍。

但必须指出的是，极少国家像马来西亚这样在国家大法《宪法》中明确规定公民不同法律地位。反之，大多数国家在法律上明确规定华人公民和其他公民享有同等地位，所有公民法律地位平等。[③] 即便曾是排华最激烈的国家之一——印度尼西亚，其宪法也规定外裔公民和原住民公民的地位一样，享有印度尼西亚公民的一切权利[④]，如 1969 年 4 月 10 日印度尼西亚前总统苏哈托批准颁布的《印度尼西亚共和国总统 1967 年第 240 号决定书》，就强调印度尼西亚外裔公民同其他印度尼西亚公民在法律上具有同等地位；在行使权利和履行义务上并无任

---

① 前引，何国忠：《马来西亚华人：身份认同、文化与族群政治》，第 6、7 页。

② 引自许国栋：《论马来西亚华人政治》，《华侨华人历史研究》1995 年第 1 期。

③ 也有一些例外，如缅甸 1982 年公布的《缅甸公民法》，曾将公民分为三类，即土著公民、侨商公民、公民身份获得者，规定不同的权利。见廖小健：《战后各国华侨华人政策》，广州：暨南大学出版社 1995 年版，第 123 页。

④ 黄昆章：《印尼华侨华人史（1950 至 2004 年）》，广州：广东高等教育出版社 2005 年版，第 25 页。

何区别。[①]

由于族群间的不平等，并没有以国家大法——《宪法》条文加以确认，其他国家华人的法律地位，可以随着该国政治经济形势的发展变化而改变，政府首脑随时可以根据形势的需要改变对华人的政策，并不需要通过严肃的法律程序。如《印度尼西亚共和国总统1980年第14号决定书》曾经使用原住民和非原住民的提法，但这一提法已为1984年的总统第29号决定书取消。[②] 苏哈托掌政时期，印度尼西亚政府曾颁令禁止在公共场合使用中文；禁止进口销售中文书刊影视录像；禁止在公共场合举行华族的宗教和习俗仪式；中华文化因此几乎在印度尼西亚绝迹。[③] 但1999年瓦西德、美加瓦蒂、苏西洛先后上台后，则颁令允许华人公开使用中文，允许华人在公共场合举行华族的宗教和习俗仪式。[④] 而马来西亚，因为马来人特权，或马华两族的不同法律地位是由国家宪法所规定，具有法律强制性和制度稳定性的特色，马来西亚华人要谋求族群法律地位平等，就必须修宪，难度比其他国家要大得多，引起的震动也强得多。

正因为如此，一些马来西亚华人表示，如果问马华社会是否存在什么“基本问题”，“华人受不平等的待遇”就是马华社会的基本问题，是马华社会自独立以来所面对的各种权益逐渐腐蚀的危机，因而，整个华社史就是不断“争取平等”的过程。[⑤] 根据许多专题研究的调查结果显示，在国家创建过程或发展过程中，如果政府实施了以特定族群为目标的政策，如公民权法律、国家土地使用分配、语言使用规定等，将会增强该国的族群意识并激发以族群动员为基础的集体性社会运动。[⑥] 华人与马来人公民权地位的区别，使马来西亚的马华两大族群“不断发生矛盾和摩擦，不同族群公民权利的争辩，经久不停，在其他国家，如印度尼西亚，则很少有关争论”[⑦]。争取本族的平等地位，自始至终都是马来西亚华人的强烈愿望与奋斗目标。1984年，在教总33周年宴会上，前教总主席沈慕羽诉说了全马华裔的两个愿望，其中一个就是“废除土著与非土著的界限”[⑧]。

---

① 周南京主编：《世界华侨华人词典》，北京：北京大学出版社1993年版，第5页。

② 前引，黄昆章：《印尼华侨华人史（1950至2004年）》，第186页。

③ 前引，廖小健：《战后各国华侨华人政策》，第10、11页。

④ 前引，黄昆章：《印尼华侨华人史（1950至2004年）》，第303、304页。

⑤ 许德发：《“马华问题”之大者》，（马来西亚）《人文杂志》2000年第2期。

⑥ 前引，马戎编著：《民族社会学：社会学的族群关系研究》，第533页。

⑦ Robert W. Hefner. Introduction: Multiculturalism and Citizenship in Malaysia, Singapore, and Indonesia. In Ibid. ,Robert W. Hefner. *The Politics of Multiculturalism: Pluralism and Citizenship in Malaysia, Singapore, and Indonesia*. p. 34.

⑧ 陆庭谕主编：《沈慕羽言论集》（上册），吉隆坡：马来西亚华校教师会总会1998年版，第118页。沈慕羽于1966—1994年担任教总主席，曾任马华公会青年团副团长，因发起独立大学运动被马华公会开除，1987年因参与“茅草行动”曾被捕入狱。

1999 年董教总等 11 华团提出的《马来西亚华人社团大选诉求》，“废除一些领域的‘土著/非土著’区分”[①] 也是其中的重要诉求之一。

二、两族的立场与主张

（一）马来人的立场与理由

1. 马来人的立场

在涉及马来人特权和马华两族法律地位的问题上，以马来人为首的政府始终不肯作出任何让步，在“华团大选诉求”风波中，2000 年 8 月时任马来西亚首相马哈蒂尔明确表示，在捍卫马来人特权上，政府绝不作任何让步。马哈蒂尔说，事实上，这个国家的其他种族享有不少权益，包括可以使用母语。“我们（马来人）不曾质疑别人的权益，因此，外人也不应质疑我们的权益。”当时包括马来西亚青年阵线、大马马来人专业协会、大马青年理事会、玛拉校友会及大马马来人承包商公会等 13 个团体，共 500 名代表向首相提呈备忘录，要求政府捍卫马来人特权。[②] 其他巫统领袖当时也纷纷发表言论表示不妥协的立场。时任巫统副主席慕尤丁强调，政府绝对不会妥协，因为马来人的特权和地位是受到宪法保障的。[③]

不但如此，一些马来人还认为，宪法赋予马来人的特权，以及政府政策对马来人的优惠还不够，还必须按照人口比例，为马来人制定进入社会经济和文化教育等各个领域的相应指标。如认为大学入学比例应从现在执行的土著对非土著的 55%：45% 调整到 66%：34%，以反映人口比率[④]，甚至有人要求分配给土著的学额比例应超过 70%[⑤]；还要求把土著股权目标，由目前设定的 30% 提高到 70%，建议政府强迫私人企业让土著出任 30% 高职。[⑥]

2. 马来人的理由

除了马来人特权是宪法规定和受到法律保护之外，马来人坚持赋予马来人特

① 前引，《马来西亚华人社团大选诉求》。

② 《首相：马来人分裂导致诉求出现　马来特权寸步不让》，（马来西亚）《南洋商报》2000 年 8 月 18 日。

③ 《各方对诉求态度》，（新加坡）《联合早报》2000 年 12 月 17 日。

④ 《国大创办人再那阿比丁：政府不想失去华人支持被迫同意现有大学限额制》，（新加坡）《联合早报》2001 年 7 月 4 日。

⑤ 《警告 1 月内收回诉求　学生联会恫言大集会》，（马来西亚）《南洋商报》2000 年 12 月 14 日。

⑥ 《黄燕燕：强制 30% 高职给土著无法应付全球化竞争》，（马来西亚）《星洲日报》2006 年 11 月 18 日。

权的理由，主要有如下几点：

第一，“社会契约”不能破坏。

前首相马哈蒂尔早年曾指出，马来人是马来亚的合法所有者，如果公民权颁发给马来人以外的其他种族，那是因为马来人同意这样做。这个同意是有条件的。[①] 这个条件，就是指马来人特权。2000 年时任巫统副主席暨国防部长纳吉说，国家独立时所达致的社会契约是不容争辩的。在这社会契约下，宪法允许大量华人成为马国公民，而马来人则拥有特权，它也成为今天国家宪法和政策的基础。他说，这项社会契约缔造了马国今日的和平安宁，不需要通过其他方式取代，也避免造成新的不安和激起种族情绪。[②]

第二，马来人落后，需要扶持。

马来人经济的相对落后，一直是马来人主张继续维持马来人特权的一个重要依据。不少马来人，包括马来人领袖认为马来人经济处于弱势，需要享有特权，需要政府的特别扶持。在诉求风波中，前首相马哈蒂尔一再坚持，尽管政府承认平等公民地位，不过，土著和马来人应该享有特权，因为在很多方面他们都比其他种族落后。[③] 2000 年时任巫统副主席莫哈末泰益表示，政府目前不会撤销马来人的特权。因为马来人仍无法完全独立地与他人竞争。反之，他认为，目前应该注重的不是撤销特权与否的问题，而是重新整理及纠正该如何实行这项特权。[④]

第三，将“马来人特权”与国家安全挂钩。

规定某一群体比另一群体享有更多特权，并将其制度化，在现代社会是非常违反常规的安排，那如何为这一违反常规的安排寻找合理的依据，如何反驳华人争取平等权利的合理要求，马来人领袖通常的做法之一，就是提出安全问题，将“马来人特权”安全化。

研究新安全理论的哥本哈根学派教授奥尔·维佛指出，将安全与某种事物挂上钩，国家就可以顺理成章地采取任何特殊措施来对抗所判定的任何威胁。[⑤] 即通过将一个问题“安全化”，你就可以使用特殊的手段来保持那个安全，你还可以要求获得必要的社会资源来保证它。[⑥] 安全化就是以“存在性威胁”出现为理由，通过打破规则并且宣布打破规则为合法来实施。[⑦] 所以，在维持马来人特权

---

①. 前引，马哈迪医生著，叶钟铃译：《马来人的困境》，第 70 页。

② 《防长纳吉：〈诉求〉破坏社会契约须制止》，（新加坡）《联合早报》2000 年 12 月 13 日。纳吉 2003 年出任马来西亚副首相，2009 年出任马来西亚首相。

③ 《全民地位平等　特权也须保留》，（马来西亚）《南洋商报》2000 年 12 月 11 日。

④ 《撤销马来人特权　泰益指不是时候》，（马来西亚）《南洋商报》2000 年 8 月 15 日。

⑤ 克雷格·A. 斯奈德等著，徐纬地等译：《当代安全与战略》，长春：吉林人民出版社 2001 年版，第 113 页。

⑥ 前引，克雷格·A. 斯奈德等著，徐纬地等译：《当代安全与战略》，第 124 页。

⑦ 朱宁：《安全与非安全化——哥本哈根学派安全研究》，《世界经济与政治》2003 年第 10 期。

的理由上面，马来人经常会提到一个社会动乱的问题，即如果处于弱势的马来人没有特权的话，就会出现动乱。前首相马哈蒂尔指出，“我知道任何企图剥夺马来人和土著特权的活动，将导致国家局势混乱”。他解释，倘若政府停止扶弱政策，那么马来人和土著的表现会继续衰弱，他们肯定会再度成为国内最贫穷的族群，届时他们与各族之间的关系会再度陷入紧张情况，国家的安全与发展将严重受到侵蚀，“厮杀的事件便会层出不穷”，1969 年的种族冲突就是最好的例子。[①] 雪兰莪前州务大臣哈仑在接受《马来西亚前锋报星期刊》专访时认为，在经济差距未消除之前，土著与非土著之间的分野仍有必要存在。他警告，如果目前仍然落后的马来人废除上述分野，国家可能因为种族紧张而毁灭。[②] 总而言之，既然是安全问题，便可以使用特殊的手段来维护那个所谓的安全。所以，尽管规定某一群体比另一群体享有更多特权，在现代社会是违反常规的安排，但还必须继续下去，“马来人特权”必须保留，不能质疑。

马来人坚持赋予马来人特权有一个更深层次的理由，就是“马来西亚是马来人的国家”。大多数马来人和他们的领袖认为，而且一再强调，马来亚或马来西亚是马来人的国家，华人等非马来人只是外来移民。[③]

其根据包括：

（1）马来人（包括印度尼西亚移民）是马来亚真正的土著[④]，最早建立有效政府——马六甲王朝[⑤]。

（2）殖民政府一直承认 9 个马来土邦的行政统治权，英国殖民政府是通过与马来苏丹签约而统治马来亚，因此，从这个国家建立殖民统治时，马来亚就是马来人的国家。殖民统治是英国人夺走了马来人的政权，独立是马来人重新夺回过去失去的政权。因此，马来亚不是一个新的国家，它是马六甲王朝的延续。[⑥]

（3）另外还有马来学者 Hussin Mutalib 提出的马来人所以拥有政治上“马来至高无上”（Malay Supremacy）之地位的六项因素：历史因素——马来苏丹王国；马来人口占优势：1948 年马来亚联邦协定之谈判时英国给予的特殊地位；

---

① 前引，《全民地位平等　特权也须保留》。

② 前引，廖小健：《世纪之交：马来西亚》，第 162 页。

③ Ibid. ,R. K. Vasil. *Ethnic Politics in Malaysia*. p. 210；Cheah Boon Kheng：*Malaysia*：*The Making of A Nation*. Singapore：Institute of Southeast Asian Studies，2002. p. 1；前引，马哈迪医生著，叶钟铃译：《马来人的困境》，第 70 页；前引，何国忠：《马来西亚华人：身份认同、文化与族群政治》，第 162 页，等等。

④ Ibid. ,Heng Pek Koon. *Chinese Politics in Malaysia*，p. 151.

⑤ 前引，马哈迪医生著，叶钟铃译：《马来人的困境》，第 70 页。

⑥ Ibid. ,Heng Pek Koon. *Chinese Politics in Malaysia*. p. 151；前引，马哈迪医生著，叶钟铃译：《马来人的困境》，第 70、71 页；Cheah Boon Kheng. *Malaysia*：*The Making of A Nation*. p. 1；前引，何国忠：《马来西亚华人：身份认同、文化与族群政治》，第 161 页。

马来社会最先动员及领导国家独立；非马来族群相对的不团结：国会选区划分偏重乡村地区马来人，使马来人有更多代表权。①

按马来邮报1931年11月12日报道，早在20世纪30年代，马来人就宣称“马来半岛属于马来人，我们的权利是不可争论的，它就像我们适合永远保卫、控制和管理马来半岛一样，将永远存在。② 战前和战后初年，一些马来极端民族主义者曾主张建立一个排除非马来人的马来人的马来亚。③ 马来亚独立和马来西亚建立后，马来人依然认为马来亚/马来西亚是马来人的国家，这一理念在马来人教师、学者的著述以及政客的有意宣扬中，一直挥之不去。④

马来人据此认为自己是这个国家的主人，理应拥有更多的权利，马来人的“特权”是取之有道的。马来人让外来民族在这里落叶归根已是非常慷慨的，马来西亚首任首相东姑·拉赫曼曾表示：“世界上没有任何的原住民像马来人那样，可以大方地放弃那么多利益。”⑤ 从马来西亚是马来人国家这一根深蒂固的观念出发，马来人主观上认为，华人等非马来人，即使土生土长，作为外来移民，能够在此生存发展已经很不错了，不应该有更多的奢望。结果，这一观念经常成为马来人指责华人等非马来人不守本分、不肯向马来政治权威及文化效忠和认同的有力依据。⑥

（二）华人的立场与主张

1. 华人的立场

对于马来人的各项理由，华人则有不同的看法。首先，认为马来人并不是当地土著，而是和华人一样都是外来移民，只在此建立了马六甲王朝，遂自称为土著。⑦ 既然双方都是外来的，马来人就不应该以土著多索取权利。对于取消特权会导致社会动乱的说法，一些华人也不尽认同。⑧

对于独立前夕，两族政党协商定下的社会契约，即马来人拥有特权，非马来

---

① 引自林若雩：《马哈迪主政下的马来西亚：国家与社会关系（1981—2001）》，台北：韦伯文化事业出版社2001年版，第156页。

② Ibid.，Leon Comber. 13 May 1969：*A Historical Survey of Sino-Malay Relations*. p. 15.

③ Ibid.，Cheah Boon Kheng. *Malaysia*：*The Making of A Nation*. p. 9.

④ Ibid.，Cheah Boon Kheng. *Malaysia*：*The Making of A Nation*. p. 51.

⑤ 前引，林水檺、何启良、何国忠、赖观福编：《马来西亚华人史新编》（第三册），第51页。

⑥ 前引，杨建成：《马来西亚华人的困境：西马来西亚华巫政治关系之探讨（1957—1978）》，第242页。

⑦ 前引，陆庭谕主编：《沈慕羽言论集》（上册），第118页；廖文辉：《谈华族史在国史的定位——历史教学的一点省思》。

⑧ 参见前引，许德发：《历史幽灵与马来西亚的记忆政治——试论1969年“五一三事件”的各种阐释》等论著。

人可以获得马来亚公民权的契约，华人显然非常无奈，但认为马来人不应该永久拥有特权。

对于马来人落后需要特别扶持，华人也一直表示理解与支持。华人社会一般不反对推行新经济政策以提高土著的经济地位，并一再表示支持新经济政策的两大目标：消除贫穷和重组社会。[①] 华人认为新经济政策本身堪称公平合理，然而执行者乖离原旨，导致偏差的出现，引起非土著之疑虑。[②] 政府拨巨款予土著机构进行工商业活动，执行方面有所偏差，同时非土著进入大学深造的机会又受限制，对非土著纳税人有欠公平，因而担心最后将会出现另一个不平衡现象，难以达到全民团结，建立一个公平、合理、繁荣与稳定国家的目标。[③]

华人特别反对马来人特权的扩大化，并将不平等地位结构化。《1990 年华团联合宣言草案》指出，在支持联邦宪法所规定的"马来人特权"的同时，我们反对近年来的政治、经济、社会、文化及教育政策仅使少数上层分子得利，以及把大马人区分成土著与非土著。[④] 特别是反对以"支配和被支配的角色来划分"土著与非土著。[⑤]

2. 华人的诉求与主张

为了实现不同族群公民法律地位平等，以及纠正各个时期的政府行政偏差，自独立以来，华社一直不断地提出公平对待华人的各种诉求和主张，各级华团提交给政府的有关备忘录、公开发布的宣言和报告以及华团或华人个人在媒体发表的评论报章，数不胜数。其中影响比较大的有 1983 年马来西亚各州中华大会堂及董教总等社团向文化青年体育部提交的《国家文化备忘录》，1985 年马来西亚全国华团发表的《马来西亚全国华团联合宣言》，以及 1999 年 8 月 16 日董教总等华团公布的《马来西亚华人社团大选诉求》等。提出的要求和主张，一次比一次全面。例如，《马来西亚华人社团大选诉求》所提出的 17 项 83 点诉求中，就基本囊括了过去以及当时华人对政治、经济和文教等权益的各项主要主张。

诉求提出促进国民团结的主张。要求国民团结必须建立在维护马来西亚各族人民利益的基础上，而不是以种族主义为中心点。认为只有在平等及毫无歧视基础上，才能营造有利环境，促进各民族团结与互助友爱。要求制定种族关系法令，以消弭种族偏见、种族主义和种族歧视。诉求认为扶弱政策的实施，应以保

---

① 前引，林水檺、何启良、何国忠、赖观福编：《马来西亚华人史新编》（第一册），第 183 页；（第二册），第 86 页。

② 前引，冷眼：《在国家经济发展中华人经济地位问题检讨》。

③ 前引，林水檺、何启良、何国忠、赖观福编：《马来西亚华人史新编》（第一册），第 183 页。

④ 《1990 年华团联合宣言草案》，引自华社资料研究中心编：《论华团人士参政》，吉隆坡：马来西亚雪兰莪中华大会堂 1990 年版，第 283 页。

⑤ 《各族交融问题不大》，（马来西亚）《南洋商报》2001 年 1 月 6 日。

护及提升社会的弱势阶层为出发点，而且不分肤色、出身及宗教信仰。诉求特别要求采取步骤，废除一切领域的“土著/非土著”的区别。

诉求提出落实议会选举。要求选区划分须贯彻“一人一票”原则，不同选区选民人数的差距应该恢复独立初期以不超过15%为准的规定，以避免选举制度里不同选区的选民人数出现巨大差异的情况。要求恢复举行地方政府选举和民选议员。

诉求要求实施公平的经济政策。指出政府应全面检讨马来西亚的经济政策。要求各族人民必须享有不分种族、公平竞争的机会。诉求认为过去30年来政府的经济政策显然过于侧重在扶助土著工商业，而忽略了中小型工业的现代化与发展。要求公平及合理地分配土地给极需要耕地的各族农民。要求废除“种族固打制”，代之以按能力分配制度。

诉求关注新村发展与新村现代化问题。认为新村已有超过50年的历史，全国452个新村共有150万华裔人口，却仍被排除在经济发展主流之外。新村的许多基本设施仍有待改善，许多村民仍未获得或更新地契，要求确保所有新村居民近期内获得地契，尽快完成新村发展蓝图，按照人口比例拨款给新村，分配足够土地给乡区和新村的农民。

诉求提出实施开明、自由及进步的教育政策。诉求表示，华社特别关注的是，《1996年教育法令》并未公平对待马国华裔、印裔及其他少数民族母语教育的发展。要求修订《1996年教育法令》，以反映《1957年教育法令》原来列明的国家教育政策，确保各族群得以使用、教授及发展母语。提出在华、印人口稠密地区根据需要增建华、印小学，以确保各族学生接受母语教育的权利不受剥夺。要求解决华小长期短缺数千名教师及印小教师不足的困境，要求政府放弃宏愿小学计划，不调派无华文资格教师出任华小高职，确保华小不变质。要求确保所有语文源流学校在拨款、师资培训、课程设计、教材编汇、基本设施及硬体建设等方面得到公平对待。要求推行学生助学金与贷款制度，并不分种族地按能力加以分配。要求承认马国华文独立中学的统考文凭，允许增办独中，资助独中发展。要求按人口增长的比例，增建小学、中学、大专及大学。要求废除大学收生“固打制”。

诉求提出让多元文化百花齐放的主张。诉求认为政府所推行的国家文化政策，以单元文化以偏概全，导致马国丰富的多元文化无法百花齐放。要求纠正过去的错误，制定更开明的多元艺术和文化政策，推动所有马国民族的文化活动，各民族、各宗教的文化应该得到官方文化机构和媒体的公平对待。①

① 前引，《马来西亚华人社团大选诉求》。

在所有的诉求中，最主要的无疑是“废除一切领域的‘土著/非土著’的区分”。但在马来社会激烈反应的压力下，华团诉求工委最后于2001年初与巫青团发表联合声明，搁置包括“废除一些领域的‘土著/非土著’区分”等最重要的7项诉求。①

扶持经济弱视群体本来无可厚非，但据此将国民分成不同的等级，并加以结构化、制度化，甚至永久化，则很难令人认同。问题的症结在于，马来西亚马华两族的区分与不平等地位，源于“马来人特殊地位”或“马来人特权”，而“马来人特权”，则是独立前夕两族政党商定的协议，并已为宪法所确认，成为马来西亚独立以来实施各项族群法律与政策的立法依据，成为调适两族关系难以变更的重大原则。无论当时商定这一社会契约的环境和条件如何，在大原则已定情况下，华社能做的就是千方百计地防止政府扩大和提升“马来人特权”。结果，独立50年来，马华两族有关“马来人特权”的争辩经久不息，至今也还没有看到停息的迹象。“马来人特权”的现实以及两族的相关争论，几乎随时随地地提醒华人与马来人的族群区分和不平等的地位，经常引起两族之间的猜忌与不满等情绪，“马来人特权”成为马来西亚族群矛盾与冲突特别频繁的最重要的原因。

第三节　族群政治与族群关系

马来西亚前首相暨巫统主席马哈蒂尔在“5·13”事件爆发后曾撰文指出，过去的年代，我们必须承认一项惊人的事实：真正的种族和谐从来未出现过，马来西亚的所谓种族和谐，既不是真实的，也不是根深蒂固的，而种族相争没有发生，并不一定是由于缺少纷争的意愿或理由使然，主要是因为缺乏导致公开斗争的能力。② 马来西亚特有的族群政治可以算是导致族群公开斗争的重要能力之一。由于马来西亚特殊的族群政治态势，马华两族之间的法律地位不平等，以及经济、文化等所有领域的差异，几乎都成了朝野政党进行族群政治动员的主要内容，进而不断地触动族群神经和影响两族关系。

一、全国大选与朝野斗争

1957年7月2日正式宣布的《马来亚联合邦宪法》规定联合邦为议会君主

① 前引，《工委巫青达协议　双方同意搁置7项大选诉求》。
② 前引，马哈迪医生著，叶钟铃译：《马来人的困境》，第3页。

立宪制国家，由下议院和上议院组成国会，下院由多数党领袖出任首相，组织政府；各州设立州政府和州议会，州首脑是苏丹或州长（槟榔屿和马六甲），各州由州务大臣或首席部长管理行政，州务大臣或首席部长由州议会多数党领袖担任；两次大选间隔不得超过5年。1963年马来西亚联邦成立后，沿用了联合邦宪法中代议选举的基本原则。宪法的有关规定奠定了马来西亚政治发展的基础，5年一度的全国大选构成了独立以来马来西亚政治发展的主线。马来西亚是东南亚国家，甚至发展中国家中最早实行比较完全意义的代议制选举的国家之一，这不仅是独立以后马来西亚社会发展的主要特点之一，也是影响华人与马来人两大族群关系的重大因素之一。

（一）历届大选

独立前，马来亚曾在1955年举行过一次全国大选，并成立了马华印三党联盟的自治政府。独立后，以及成立马来西亚后，分别于1959年、1964年、1969年、1974年、1978年、1982年、1986年、1990年、1995年、1999年和2004年，举行了十一届大选，大选结果据社会、经济、政治乃至外交的不同形势而产生不同的结果，朝野政党成绩起落不定，难以预测（如表2－8所示）。

表2－8　历届执政党和反对党的席位率和得票率

年份	总席位	执政党		反对党	
		席位	选票（%）	席位	选票（%）
1955	52	51	80.0	1	20.0
1959	104	74	51.8	30	48.2
1964	104	89	58.5	15	41.5
1969	103	66	48.5	37	51.5
1974	154	135	58.0	19	42.0
1978	154	131	55.3	23	44.7
1982	154	132	60.5	22	39.5
1986	177	148	57.4	29	42.6
1990	180	127	52.0	53	48.0
1995	192	161	63.3	31	36.7
1999	193	148	56.5	45	43.5
2004	219	198	63.8	21	36.2

资料来源：前引，何启良：《政治动员与官僚参与——大马华人政治论述》，第63页；（马来西亚）《南洋商报》1995年4月28日，1999年12月1日；《星洲日报》2004年3月25日。

1955 年举行联邦部分议席选举时，马来亚还没有独立，选举后组建的政府是自治政府，1957 年独立后转为独立政府。1955—1969 年的数据是西马数据，全马 1964 年和 1969 年的总席位是 144 席，1974 年及之后的数据是全马总席位，当时国民阵线已经取代马、华、印三党联盟。

1959 年大选是马来亚独立后举行的第一次大选，虽然执政联盟仍然获得 2/3 以上多数席位继续执政，但形势已不能和 1955 年的压倒性胜利同日而语，1959 年联盟与反对党的席位，已从 1955 的 51∶1 下降到 74∶30，联盟的得票率也从 1955 年的 80. 0% 下降到 1959 年的 51. 8%，联盟还失去了丁加奴、吉兰丹两个州政府。反对党只要再获得几个席位，就可以打破联盟的 2/3 以上绝对多数席位。

1964 年大选是马来西亚成立后的第一届大选，由于印度尼西亚对抗马来西亚成立，团结稳定与共同对外压倒一切，在该届大选中执政联盟取得 89 席的好成绩，得票率也比 1959 年大幅度提升。然而，随着马来西亚与印度尼西亚关系的改善，国内政治斗争再度尖锐，且愈演愈烈。1969 年大选，执政联盟遭到重挫，无论是席位率还是得票率都出乎意料地低。它在国会 103 个议席里，只赢得了 66 席，总得票率为 48. 5%，而反对党却赢得 37 个国会议席，得票率席占总得票率 51. 5%，反对党不仅打破了联盟 2/3 绝对多数执政的强势地位，还夺得了槟城、霹雳、吉兰丹等三州多数议席，即联盟和反对党的席位分别是槟城 2∶6；霹雳 9∶11 和吉兰丹 4∶6，在森美兰则各获 3 席[①]，这意味着各族群反对党，已有足够的能力通过正常的议会选举的途径，向联盟挑战。联盟执政地位受到明显的威胁，大选后反对党在首都吉隆坡举行的胜利大游行，与执政党巫统部分成员发生冲突，最后演变为“5・13”事件。

1974 年大选，由于取代马、华、印联盟的国民阵线囊括了马来西亚的主要政党，包括民政党、东马的人民联合党，甚至马来人反对党伊斯兰党，加上马中建交等外交胜利，执政党成功地扭转了 1969 年大选的颓势，国民阵线在 1974 年大选获得 135 个席位，得票率再升到 58. 0%。后来伊斯兰党退出国民阵线，1978 年大选国民阵线的席位和得票略有减少，但影响不大，此届大选国民阵线还收回伊斯兰党控制的吉兰丹州。

1982 年大选是前首相马哈蒂尔就任后的首届大选，新班子和新口号的强大效应，使国民阵线得到了 60% 以上的选票支持。1986 年大选，虽然遭到金融丑闻和经济衰退的冲击，但国民阵线的地位依然十分稳固。1990 年大选，由于巫统分裂，以及反对党组建选举同盟，执政的国民阵线首度遭受重挫，仅得 127 个席位或占总席位 180 席的 70. 56%，得票率降到 52. 0%，而反对党则获得 53 席，

① 前引，杨建成：《马来西亚华人的困境：西马来西亚华巫政治关系之探讨（1957—1978）》，第 224 页。

得票率提高到48%，并且再次组建吉兰丹州政府。

随着政府调整国内各项政策，以及20世纪90年代初经济持续高速增长，1995年大选国民阵线的席位率和得票率都创历史新高，执政地位空前巩固。然而，1997年金融危机激化了一切社会矛盾与政治矛盾，在“安华事件”冲击，以及反对党联合阵线的一对一挑战下，国民阵线再度面对严峻挑战，1999年大选获得的席位，比1995年减少了整整13席，得票率降低到56.5%，国民阵线大党巫统更是减少了16席①，这次大选，国民阵线不仅没有夺回伊斯兰党控制的吉兰丹州，还再度失去了丁加奴州。虽然国民阵线依然以2/3以上席位执政，但选举挫败震撼了国民阵线，特别是巫统，强烈的危机感久久不散。进入21世纪后，经济复苏，人心求稳，特别是在巫统顺利交班，2003年10月阿都拉·巴达维出任首相后推出的一系列新举措的影响下，2004年3月的第十一届大选，国民阵线再创辉煌，无论是席位率还是得票率，都赢得了前所未有的巨大胜利。

总的来说，执政党在1955年、1964年、1974年、1982年、1995年以及2004年大选中获得比较理想的战绩，反对党则在1959年、1969年、1990年和1999年取得较好的选举成绩。朝野政党在历届大选期间都展开了激烈的角逐，联盟/国民阵线的执政党地位不断受到反对党的挑战，面临一次又一次的严峻考验。

（二）主要政党

与马来西亚的选举文化相适应的是马来西亚政坛非常活跃，新的政党不断涌现，除了独立时执政的巫统、马华公会和国大党外，还先后成立了数十个政党，如以拿督翁为首的独立党（后改名国家党），以及马来亚劳工党、马来亚人民党、伊斯兰党、人民进步党、马来同盟、霹雳国民协会、民主联合党、国民议会党、民主行动党、民政党、46精神党，以及东马的沙捞越人民联合党、沙捞越土著保守联合党、沙捞越国民党、沙捞越达雅族党、沙巴民族统一机构、沙巴人民正义党、沙巴团结党。还成立了政党联盟，执政联盟如独立前已成立的马、华、印联盟和1974年成立的国民阵线，反对党联盟如早期马来亚人民社会主义阵线（简称“社阵”），1990年大选时成立的伊斯兰教人民团结阵线和人民运动阵线，以及1999年大选成立的替代阵线等。这些政党以及政党联盟，有些经重组合并，已改变了初次的名称和宗旨；有些则销声匿迹，退出了政坛；有些则一直活跃至今；有些政党对马来西亚社会发展以及马华两族关系一直有着重大的影响。

① 前引，策略资讯研究中心政治分析组编：《巫统的困境：第十届大选分析》，第10页。

1. 巫统

巫统全称马来人协会统一机构，简称巫统。巫统是马来人执政党，也是执政联盟的核心大党和马来西亚最大的政党，到2001月7月，巫统有党员291万及1.82万个注册分会①，在2000年1 425万的马来人中，每5个人中，就有1个是巫统党员。巫统党员和支部到2005年7月分别增加到303万及1.96万多个。②巫统是在1946年马来人抗议殖民政府《马来亚联邦计划》的政治高潮中诞生，并因坚决维护马来人利益而得到大多数马来人选民的支持。巫统党员全部是马来人，早年巫统创始人拿督翁所宣称的“马来人就是巫统，巫统就是马来人”③一直流行至今，并一再为马来人领袖所强调。

2. 伊斯兰党

伊斯兰党则是马来人最大的反对党，一直以来都是巫统的劲敌。它曾在吉兰丹和丁加奴执政，2004年大选后依然控制着吉兰丹州政权。伊斯兰党曾名泛马来亚回教党，1955年正式注册，党员主要是不满巫统世俗主义倾向分裂出去的前巫统党员。伊斯兰党主张伊斯兰教建国，骨干以伊斯兰教宗教师为主，支持者主要是农村马来人。④ 1999年大选前后，伊斯兰党成员增到80多万。⑤ 和巫统一样，该党成员仅局限于马来人。

3. 马华公会

华人最大的政党是马华公会，无论是在早期的三党同盟中，还是在多党的国民阵线内，马华公会均是仅次于巫统的第二大执政党，也是马来西亚的第二大党，1998年党员为81万⑥，2004年大选后党员超过百万，全部是华人。马华公会成立于1949年初，早期因协助安置华人新村居民和积极争取华人平等公民权条件而赢得广大华人的支持，后来虽然与一些华团在诸多课题上产生矛盾，但始终是华人社会在政府的主要代表。

4. 民政党

另一个华人执政党——民政党，全称马来西亚民政运动，由马华公会前主席林苍佑创立于1968年，原来是反对党，1969年大选在槟榔屿州立法议会获得多数席位，组建了州反对党政府，党主席林苍佑任该州首席部长。后来，该党与联盟党在槟榔屿组织联合政府，成为执政联盟“国民阵线”的成员之一。

---

① 前引，廖小健：《世纪之交：马来西亚》，第262页。

② 《人数历届之最　26国93代表与会》，（马来西亚）《南洋商报》2005年7月21日。

③ 前引，策略资讯研究中心政治分析组编：《巫统的困境：第十届大选分析》，第21页。

④ 文运企业社会研究小组编：《认识回教党》，雪兰莪：文运企业出版1999年版，第4页。

⑤ 前引，廖小健：《世纪之交：马来西亚》，第229页。

⑥ 前引，马华公会五十周年党庆纪念特刊编委会编：《为国为民——马华公会五十周年党庆纪念特刊》，第286页。

5. 民主行动党

民主行动党是华人最大的反对党，民主行动党原是新加坡人民行动党在马来半岛的支部，1965 年新加坡退出马来西亚后，因不允许再用人民行动党名称，该党遂以民主行动党名义提出申请注册，1966 年 3 月 19 日获准成立。它于 1969 年首次参选，便获得 13 个国会议席和 11.9% 的得票率。[①] 此后，除了 1999 年，它一直作为马来西亚国会中最大的反对党[②]，在马来西亚政坛上发挥着重要作用，马来西亚因而流行"马来人在朝，华人在野"[③] 的说法。

马来西亚的主要政党，基本上都是族群性政党。巫统、马华公会、伊斯兰党都是单一族群政党。民政党和民主行动党的成员，除了华人，还有印度人，甚至马来人，这两党也不断强调本党的非族群性，强调本党的多元族群路线，如民政党的建党目标是非种族主义、温和社会主义、国会民主制。[④] 民主行动党的建党目标是建立一个自由、民主、种族平等的马来西亚，倡导建立"马来西亚人的马来西亚"[⑤]。但由于两党的华人党员占多数，且主要得到华人选民的支持，一般人都认为它们是华人政党。另外，印度人也有本族的执政党印度人国大党（印度人国民代表大会）和反对党人民党。

马来西亚曾成立过一些非族群政党，如以拿督翁为首的独立党，早期的劳工党、人民党，以及 1999 年大选前夕成立的公正党等。巫统创始人拿督翁离开巫统另创多元族群的独立党，声势一度非常鼎盛，但在 1952 年吉隆坡选举时却仅获得 12 个议席的 2 席[⑥]，从此一蹶不振，拿督翁本人的政治仕途随之迅速结束。劳工党（以城市华印人为主）、人民党（以城市马印人为主）曾得过一些席位，但影响不大，支持率有限。支持率有限，对政坛影响不大，是马来西亚不少非族群政党逐渐淡出政坛的重要原因之一。1999 年成立的以前副首相安华为精神领袖多元族群政党公正党，尽管掀起过声势浩大的"政改运动"，但在 1999 年大选中也仅获得 5 席。而且，由于它的核心领导与党员以马来人居多，不少人认为，它在严格意义上也是一个马来人政党。2004 年大选后，公正党与印度人的人民党合并，改名为人民公正党。

---

① 前引，何启良：《政治动员与官僚参与——大马华人政治论述》，第 12 页。

② 1999 年大选，民主行动党得 10 席，伊斯兰党得 27 席。

③ 前引，廖小健：《世纪之交：马来西亚》，第 28 页。

④ 马来西亚民政运动中央组织局编：《马来西亚民政运动》，槟城：马来西亚民政运动中央组织局 1999 年版，第 8 页。

⑤ Ibid. ,R. K. Vasil. *Ethnic Politics in Malaysia*. pp. 159 - 160.

⑥ 谢诗坚：《巫统政治风暴》，槟城：中央纸业有限公司 1999 年版，第 13 页。

二、族群政治

按照马来西亚前首相马哈蒂尔早年的观点，除了伊斯兰党没有伪装成非种族性政党外，其他的政党，包括联盟成员党，都自称为非种族性政党。虽然他们强烈地声称，所有的政党都不搞种族政治，事实上，政党结构的种族性越少，他们种族主义的意图就愈加强烈。这些政党只是在处理种族问题方面的手法有所差异罢了。其中一个集团认为，必须公开地接受不同种族的事实，然后寻求解决的方法，以实现一个更公平的社会。另外一个集团则拒绝承认种族分歧的事实，主张在公民之间立即给予公平地位，他们所执行的政策，分析起来，种族主义色彩仍十分浓厚。①

（一）选民族群构成与选举倾向

马来西亚族群政党之所以这么活跃，虽然与战后马来西亚政治发展有莫大的关系，但其最主要的原因是马来西亚族群构成直接导致选民族群构成。1955 年马来亚首次全国大选时，马来人选民占了绝大多数，随着 1958 年大批华人获得公民权，到 1959 年大选，华人选民所占比例已从 1955 年的 11. 2% 上升到 36%，马来人所占比例则从 84. 2% 下降到 57% 。② 从此，各族群选民比例都与人口的族群构成相当，到 1999 年大选，在 956 万选民中，西马选民占 83. 4%，东马的选民占 16. 6%，马来人作为最大族群，选民占西马选民的 56. 7% 和全马选民的 51. 8%，华人作为第二大族群，华族选民也占西马选民的 34. 2% 和全国选民总数的 33. 1% 。③ 由于两族选民比例都很大，且马来西亚实行的是单一选区差额选举制度，各个选区的选民构成不尽相同，因此，“实际上无法决定谁是完全主宰政治局势的种族”④。这种选民的族群构成，以及各个选区选举结果的不确定性，不仅使各族选民成为举足轻重的政治力量，也为各个政党和各路政客利用族群课题进行族群政治动员提供了更大的空间与可能。

因为，在一定的社会场景下，一个族群为了保护自己的利益，需要加强本族群成员之间的团结和凝聚力。在一个多族群社区里，当本族成员对社会公共资源的占用和分配情况趋向恶化时，就会“团结一致”，以族群为单位发出保护原有

① 前引，马哈迪医生著，叶钟铃译：《马来人的困境》，第 96 页。
② 前引，林水檬、何启良、何国忠、赖观福编：《马来西亚华人史新编》（第二册），第 52 页。
③ 前引，策略资讯研究中心政治分析组编：《巫统的困境：第十届大选分析》，第 8 页。
④ 前引，杨建成：《马来西亚华人的困境：西马来西亚华巫政治关系之探讨（1957—1978）》，第 222 页。

利益、争取新利益的呼声。[①] 马来人和华人在宗教文化、经济政治的差异，以及两族彼此质疑对方的特权地位或经济优势，使华人和马来人都不同程度地倾向以族群为单位来维护自己的利益，在选举中支持本族候选人，"宗教和种族感情在选举中比阶级感情更强烈。在决定支持谁时，个人特质和意识形态都放在第二位"[②]。在这种情况下，要赢得选民的支持，进行族群政治动员，便顺理成章了。

（二）族群政治动员

美国政治学家罗斯柴尔德在1981年出版的《族群政治》（*Ethnopolitics*）中指出，与传统国家不同，在现代国家和转型国家中，政治化的族群问题已成为体制、国家、统治集团和政府取得或丧失其政治合法性的一个决定性的原则问题。与此同时，它也已成为对于权力、身份和财富的社会竞争中得到世俗利益的一个有效工具。占统治地位的族群和居于从属地位的族群都把国家机器视作族群矛盾的守门人和冲突的控制者。因此对于它们来说，不论是国家之上的还是在政府机构中的排他性权力与参与权，都成为决定性的需求与目标。对于这一诉求来说，它们最便利、最具可行性和最有效的意识形态工具就是政治化的族群。[③]

马来西亚的情况大体如此。在族群政治形势下，朝野族群政党争相利用族群课题作为攻击打压对手，进行政治动员的有效工具，"在进行政治动员或是竞选活动中，任何一个政治家都会发现，将种族的口号加进自己的纲领更容易获得本民族民众的支持"[④]。马来人与华人的文化区分、经济差异、不同法律地位等等，由此成为在族群内部进行政治动员的文化基础、经济基础和政治基础，各种纷争不已的课题，经常被渲染演变为爆炸性的、威胁族群存亡的政治课题。

一般来说，执政的马来人大党巫统常常以马来人保护者自居，攻击反对党威胁马来人的政治地位。同时，巫统也宣称为全民的政治代表，攻击反对党导致国家动乱。例如，1969年大选前，巫统激进分子就猛烈抨击民主行动党争取种族平等的政治原则，威胁着马来人特殊政治地位和保障。[⑤] 为了争夺马来人的支持，执政的巫统强调，巫统不会为了赢取华人的支持而牺牲马来人所享有的四个基本权益，这四项权益是马来人的地位与特权、马来文作为官方语文、伊斯兰教作为官方宗教，以及马来统治者的地位。[⑥] 并一再表示反对党胜利将导致

---

① 前引，马戎编著：《民族社会学：社会学的族群关系研究》，第79页。

② Chung Kek Yoong. *Mahathir Administration*: *Leadership and Change in A Multiracial Society*. Selangor Malaysia: Pelanduk Publications, 1987. p. 74.

③ 前引，马戎编著：《民族社会学：社会学的族群关系研究》，第607页。

④ 前引，陈晓律等：《马来西亚——多元文化中的民主与权威》，第42页。

⑤ 前引，杨建成：《马来西亚华人的困境：西马来西亚华巫政治关系之探讨（1957—1978）》，第215页。

⑥ 《马哈迪：巫统不会为争取华人而牺牲马来人权益》，（新加坡）《联合早报》2001年5月13日。

"5·13"事件重演和"马来人支配主义受到威胁"。[①]

另一方面，马来人反对党伊斯兰党，则公开承认自己是一个族群政党，抨击政府忽视马来人经济利益，如1969年大选前，伊斯兰党利用当时马来西亚旧币贬值对马来人经济的冲击，不断攻击联盟政府对马来人保护不力，甚至指责政府出卖马来人利益。伊斯兰党抨击时任巫统主席东姑与教育部长佐哈励倾向华人，对华人让步太多，指责他们未够伊斯兰教化，有违伊斯兰教精神。[②] 伊斯兰党扬言，马来人可能有朝一日会被非马来人压服。[③] 并始终坚持建立伊斯兰教国的政治主张，主要从宗教入手，争取赢得马来人穆斯林的支持。[④]

作为华人执政党的马华公会和民政党，由于政党联盟的内部协商原则，以及巫统在政府的首要地位，他们很少公开批评马来人特权和政府，反而强调华人在国阵政府治理下享有的各种权利，强调本党为华社谋取的利益。[⑤] 但对伊斯兰党的伊斯兰教国主张和实施的伊斯兰教化政策，则进行了猛烈的抨击，认为非伊斯兰教徒的基本权利将会被剥夺。[⑥] 马华公会也抨击民主行动党，指责民主行动党支持伊斯兰教化政策，宣称在野党联合是要建立伊斯兰教州，选民投票支持在野党，就是支持伊斯兰教国家。[⑦]

民主行动党等华人反对党则抨击政府忽视非马来人的利益，抨击政府的华人政策，公开支持华人创办独立大学，支持其他华人社会所提出的有关语文、教育、文化的要求。[⑧] 前民主行动党的一位青年干部认为20世纪90年代初的"小开放政策"具有的局限性与欺骗性，他指出，政府以虚假的"马来西亚国族"来转移华人的"真正的要求"，即建立没有土著和非土著之分的公平社会。[⑨] 民主行动党还以"族群平等"、"马来西亚人的马来西亚"等政治原则直接挑战马来人的特殊地位。[⑩] 因为，正如一位马来西亚华人指出的，"马来西亚人的马来西亚"固然是一个超族群的概念，但这个"马来西亚人的马来西亚"路线如果能够达成，马来西亚华人就自然而然地和马来人一样，是拥有相同权益的主人。

---

① 祝家华：《解构政治神话——大马两线政治的评析（1985—1992）》，吉隆坡：华社资料研究中心1994年版，第293页。

② 前引，谢诗坚：《巫统政治风暴》，第41页。

③ 前引，陈祖排：《大马种族关系概况》，第75页。

④ Ibid. ,Cheah Boon Kheng. *Malaysia*：*The Making of A Nation*. p. 51.

⑤ 拿督斯里林良实医生言论选辑编委会编：《林良实言论选辑：为国为民》，吉隆坡：马华中央宣传局1995年版，第17、18页。林良实时任马华公会总会长。

⑥ 前引，拿督斯里林良实医生言论选辑编委会编：《林良实言论选辑：为国为民》，第100、101页。

⑦ 前引，拿督斯里林良实医生言论选辑编委会编：《林良实言论选辑：为国为民》，第129页。

⑧ 前引，杨建成：《马来西亚华人的困境：西马来西亚华巫政治关系之探讨（1957—1978）》，第215页。

⑨ 前引，丘光耀：《第三条道路：马来西亚华人政治选择批判》，第22页。

⑩ 前引，杨建成：《马来西亚华人的困境：西马来西亚华巫政治关系之探讨（1957—1978）》，第215页。

在马来人看来，鼓吹“马来西亚人的马来西亚”，无疑是将民主斗争当做手段，族群利益才是目的。[①]

族群政治动员在大选竞选期间特别激越。1969 年大选后，当时的联盟总秘书陈东海就指出，“一九六九年大选时浮现的最具破坏性的是种族政治。在这方面，马来西亚最少倒退廿年。即使在殖民地时代，种族及宗教问题并不像一九六九年选举时这么受到注意和强调”[②]。而且，必须指出的是，族群政治动员不仅在大选竞选期间进行，也在大选前的舆论准备或大选后的选举战况总结，或在各个政党一年一度的党员代表大会中进行，以及在政要平时发表的各种言论中。政治评论家詹运豪曾撰文说，他观察了巫统大会十年，每一次巫统大会总会提起华人支配国家经济的课题。他们不断批评新经济政策是项失败，他们不断强调收入不均的情况有多严重，华人有多富有，土著有多贫穷，土著企业需要更多的援助。[③] 对于巫统领袖在各种场合对华人经济的称赞，他也认为不是什么好事，他认为巫统对华人经济不切实的赞誉，是马来人议程的一部分，目的就是要加强马来人对华人的一贯看法，即华人控制了我国经济，马来人的政治地位一旦弱化，政治权力将容易消失。[④]

总之，在族群政治生态下，涉及族群权益的言论几乎随时出现，不胜枚举，有时候甚至是铺天盖地，目不暇接。有关族群政治动员的言论，与马华两族经常出现的族群权益争论汇聚一起，并在各种语文传媒的直接或夸大的传播中不断放大，遂演变成汹涌澎湃的族群言论大潮和连绵不断的族群纷争课题。

三、族群政治与族群关系

“各主要族群之间，原本存在互不了解与互不认同的种族或文化偏见，并且因执政当局大力推动所谓的土著观念与政策，将一国公民截然划分为权利义务多寡不同的两个范畴，更加深了彼此间的猜忌。”[⑤] 马华两大族群本来就因为文化宗教、聚居形态、经济差距以及地位区分等因素而相互疏离，很少有机会沟通，造成不少误解，甚至偏见，汹涌澎湃的族群言论与连绵不断的族群课题，时刻提醒华人与马来人的族群差别和族群矛盾，“在媒体煽动和政客政治动员下，马华

① 前引，何国忠：《马来西亚华人：身份认同、文化与族群政治》，第 169 页。
② 前引，谢诗坚：《马来西亚华人政治思潮演变》，第 151 页。
③ 詹运豪著，洪嘉玲译：《驳“华人支配经济”论》，（马来西亚）《南洋商报》2000 年 6 月 4 日。
④ 詹运豪著，洪嘉玲译：《华人真的那么团结?》，（马来西亚）《南洋商报》2001 年 10 月 8 日。
⑤ 前引，林若雩：《马哈迪主政下的马来西亚：国家与社会关系（1981—2001）》，第 158 页。

两大民族都很明确地意识到双方的差距和各自的立场"[①]，因而大大地激发了马华两族的族群意识，强化了族群边界。

一般来说，族群意识产生之后，这种意识也将随着族群之间的各种交往不断演变，或是强化或是弱化，而且族群意识所具有的内涵，如判定彼此差异的标准也会发生变化。[②] 不幸的是，由于马华两大族群的法定区分，由于马来西亚特殊的族群政治氛围，以及各种极端族群言论和族群争论课题，马华两族的族群边界和族群意识，没有随着时间的推移而模糊与弱化，反而日益明晰和加强。正如一位马来西亚华人指出的，"在很大程度上，人民便自然地受到那些种族性政党的言论所影响，而自视为某个种族的族群，为个别种族的利益而争。我国自70年代推行了新经济政策与重组社会之后，我国人民又被划分为土著与非土著，这一道种族围墙的筑起，人民的种族意识与观点也就变得越来越强烈了"[③]。马来亚大学何国忠博士在论及两族大学生关系时也指出，学生本来是没有什么种族两极化问题，只是种族问题反复被挑起，长久下来问题就衍生了。[④] 族群边界与族群意识会直接影响不同族群的"心理感情、价值判断和行为决策"，因为一个群体的"族群意识"一旦产生，即会在与他族的交往过程中不断明确和强化本族群的边界，并且努力推动以本族群为单位的集体政治、经济、文化甚至军事行为。[⑤] 马来西亚也不乏类似例子，马来西亚一位华人撰文回忆："当我开始意识自己以华裔子弟生活着，民族意识的思想逐渐在我小小的年纪里成长。随着年龄的增长，民族文化的自觉与思考日渐显著，此外一些环境的刺激，更叫我对民族的前途忧心忡忡。中学后期至大学的日子，民族意识可说占去了大部分的思想状态，我深深地认为，华裔民族要在大马光荣的生存下去，必须推动自强自救的运动，并从政治、文化、学术及教育着手。"[⑥] 独立以来，马来西亚华人为争取族群权益所进行的一系列锲而不舍的抗争，就很容易理解了。

民族社会学者认为："有比较强烈族群意识的族群，在如何对待其他民族方面往往有着鲜明的排斥态度。"[⑦] 另外，根据建构主义关于社会建构和行为体之间的互动理论，当行为体相互仇视时，它们习惯于从坏处猜测对方，行为体之间

① Ibid. ,James V. Jesudason. *Ethnicity and the Economy the State*, *Chinese Business*, *and Multinationals in Malaysia*. p. 68

② 前引，马戎编著：《民族社会学：社会学的族群关系研究》，第78页。

③ 许元龙：《知识分子参政图》，见前引，华社资料研究中心编：《论华团人士参政》，第199页。

④ 《各族交融问题不大》，（马来西亚）《南洋商报》2001年1月6日。

⑤ 前引，马戎编著：《民族社会学：社会学的族群关系研究》，第76页。

⑥ 祝家华：《熙攘在人间》，吉隆坡：十方出版社1992年版，第91页。

⑦ 前引，马戎编著：《民族社会学：社会学的族群关系研究》，第81页。

如果互相高度猜疑，就形成“安全困境”①。结果，马来西亚的族群问题往往导致两族的“零和”心态，即一族的受惠将损及另一族的权益。② 每一个种族集团都担心自己是否分到了合适的利益份额③，马来人担心自己的马来人的地位降低到印第安人在美国所处的地位，将来马来人只能在荒废的地区求生存。④ 华人则对自己被支配的公民身份耿耿于怀，有被遗弃的感受。⑤ 在平日相敬如宾的表面关系之中，心底隐藏着一股猜疑暗流。⑥ 马来西亚华人指出，种族偏见及“成见”在多元种族的大马颇普遍，这些价值差异及对他族的“成见”，小则导致歧视，大则引起种族间的仇恨及冲突。它们无形中成为社会整合的绊脚石。⑦

总之，族群言论和族群课题越多，族群边界就越清晰，族群意识就越强烈，族群意识越强烈，族群言论和族群课题也就增多，成了恶性循环的怪圈。马来西亚马华两大族群关系在这些族群言论和族群课题的推波助澜下，经常呈现相当紧张的态势。一位马来西亚学者说，大马族群关系的脆弱实在不容有半毫的闪失，如果有人蓄意达到某种目的，只需星星之火就可以摧毁数十年的独立果实。⑧

综上所述，马来西亚马华两大族群，由于居住地域、宗教文化，以及经济发展的明显差距，本来在沟通和融合方面就存在不少障碍，再加上特有的两族地位的法定结构性不平等，以及特有的异常激烈的族群政治生态，在政客媒体的热烈炒作下，在加强地位和作出反应的连串角力中，两族的族群边界非常明晰，双方抱有相当的成见与猜忌，经常因担心对方侵蚀本族权利而互相防范，并就各种问题，大至国家大政方针，小到地方行政行为，发生矛盾与摩擦，不断地展开激烈争论、集会抗议，引发大小学潮，甚至演变为双方激烈对峙的较大规模的族群冲突。结果，“华人的身份意识和文化命运在族群政治的纷攘中引发了许多让人触目惊心的课题”⑨。马华两大族群之间纷争课题之多之烈，在华侨华人居住国是绝无仅有的。

但也必须指出，虽然独立后马华两族矛盾摩擦几乎从未间断，有时还表现为势均力敌、水火不容的态势，但除了1969年5月出现过族群暴力冲突事件外，

---

① 前引，朱宁：《安全与非安全化——哥本哈根学派安全研究》。

② 翁诗杰：《顽强政治生命的展现——解读马哈迪》，（马来西亚）《资料与研究》1995年第16期。翁诗杰曾任马华公会青年团长、政府部长和国会下院议长，2008年大选后当选为马华公会总会长。

③ Ibid. ,Barbara Watson Andaya and Leonand Y. Andaya. *A History of Malaysia*. p. 265.

④ 前引，杨建成：《马来西亚华人的困境：西马来西亚华巫政治关系之探讨（1957—1978）》，第217页。

⑤ 前引，许元龙：《知识分子参政图》。

⑥ 前引，杨建成：《马来西亚华人的困境：西马来西亚华巫政治关系之探讨（1957—1978）》，第222页。

⑦ 前引，陈祖排：《大马种族关系概况》，第77页。

⑧ 前引，郑良树：《马来西亚华文教育发展史》（第四分册），第349页。

⑨ 前引，何国忠：《马来西亚华人：身份认同、文化与族群政治》，第1页。

马华两族之间的矛盾冲突大多数是通过和平的方式来表现，如集会抗议、上书请愿、舆论抨击、引发学潮，连较为激烈的示威游行也很少出现。根据社会学关于社会冲突的划分，社会冲突的方式或程度可分为诉讼、辩论、口角、决斗、械斗、战争等层次。[①] 马华两族的各种冲突，基本上是属于较低的辩论、口角层次，不像某些多族群国家，动不动就出现族群流血暴力冲突，因此马华两族的正常生活秩序基本得以维持。而且，即使是1969年“5·13”事件，和其他一些国家的族群冲突相比，动乱的规模也小得多。一些学者的研究认为，“5·13”事件的族群流血冲突在一个月内就已完全控制，社会秩序逐渐恢复，华巫之间虽然余怨未了，终究还能相安无事。但由于巫统党内的权力斗争，巫统当权的保守派为了对付内部权力斗争，压制嚣张的极端分子，故迟迟不解除紧急状态。[②]

而且，独立后的马来西亚，还以政治稳定和经济发展的骄人成绩令人瞩目。当地华人学者也承认，作为一个多元族群的国家，马来西亚的成就让国人引以为豪，除了1969年的“5·13”族群暴动外，人民大体能平安相处，从经济成长、政治稳定而言，在发展中国家可算佼佼者。[③] 这在多族群国家中也是少有的。更令人惊奇的是，尽管马来西亚族群纷争非常频繁，但它被国际社会推崇为“族群和谐”的典范，2001年3月，马来西亚因维护少数民族权利及维持和平与和谐，获得世界少数民族联盟颁发的首届国际少数民族和谐奖。[④]

这个国家是如何在各种族群矛盾交织和冲突的情况下，协调族群利益和族群关系，保持马华两大族群基本平安相处，以及维持政治稳定和经济发展的？

① 前引，郑杭生等主编：《社会学概论新修》，第180页。
② 前引，杨建成：《马来西亚华人的困境：西马来西亚华巫政治关系之探讨（1957—1978）》，第241页。
③ 前引，何国忠：《马来西亚华人：身份认同、文化与族群政治》，第1页。
④ 前引，《少数民族和谐奖 大马又获一荣誉》。

第三章 马来社会发展与族群关系

族群纠纷或族群暴力，往往表现为占人口多数族群向占人口少数族群的挑衅与攻击，海外华侨华人与当地族群关系的恶化，特别是发生族群暴力事件，绝大多数的情况是当地族群对华人发动暴力袭击，华人通常只是被动者和受害者。例如，马来西亚的邻国印度尼西亚，1948 年独立后数十年间，几乎没有停止过排华，大大小小的排华骚动层出不穷，还发生过多次大规模的排华浪潮，亚洲金融危机爆发后，排华暴徒更是借社会秩序的动荡和混乱，在 1998 年煽动和掀起了令人发指的“5 月排华暴乱”，引起国际社会的高度关注和严厉谴责。马来西亚的情况就有所不同，独立后虽然马华两族经常就各种课题争论不休，但除了 1969 年 5 月的族群流血冲突外，马来西亚基本没有发生过族群暴力冲突，即使 1997 年亚洲金融危机爆发，国内局势异常动荡之际，也始终没有出现类似印度尼西亚那样激烈的排华暴乱。波士顿大学教授罗伯特 · W. 赫夫内尔（Robert W. Hefner）对印度尼西亚和马来西亚族群关系进行比较研究后指出：“与邻国印度尼西亚比较，很少袭击少数族群的事件，是马来西亚的明显特点。”[①] 而且，和印度尼西亚暴徒，其中也包括一些市民和村民，直接袭击华人不同，马华两族的课题纷争，更多的是精英论战，参与论战的主要是马来政府要员，巫统、伊斯兰党等马来人政党的各级领袖，党内激进分子，以及一些马来知识分子，不少有关族群问题的激进言论，主要发自马来人政党每年一度的代表大会，以及国会选举期间的族群政治动员，普通的马来人，特别是占大多数的马来甘榜农民很少参与其中。

就族群差别与族群关系紧张而言，马来西亚和印度尼西亚有很多相同之处，马来西亚的族群纷争甚至比印度尼西亚更频繁。那么，为什么马来西亚很少发生群族暴力冲突？了解当地最大族群马来人的情况，了解马来社会情况，了解影响马来人对华人态度的背后因素，应是了解马来西亚马华两大族群关系及其与社会稳定发展的重要切入点。

---

① Ibid. ,Robert W. Hefner. Introduction：Multiculturalism and Citizenship in Malaysia，Singapore，and Indonesia. In Robert W. Hefner，ed. *The Politics of Multiculturalism：Pluralism and Citizenship in Malaysia，Singapore，and Indonesia*. p. 31.

第一节　马来人的政治地位

20 世纪 70 年代中期，美国社会学家格莱泽（N. Glazer）和莫尼汉（D. P. Moynihan）主编的《族群》（*Ethnicity*）一书，将社会学的“社会分层”理论引进族群关系研究，提出“族群分层”的概念，“族群分层”或族群之间的“结构性差异”等概念，由此成为分析族群关系的重要思路。[①] 有关马来西亚马华两族关系的研究成果，特别是分析两族经济差异的成果，不少采用了“族群分层”，特别是族群经济分层这一分析方法。族群分层除了经济分层，还有政治、文化等领域的分层，马来西亚的族群政治发展和族群政权分享制度，使族群政治分层对马来西亚两族关系产生了至关重要的影响。

一、巫统与马来人

马来西亚最大的执政党——马来人政党巫统，自 1957 年马来亚独立以来，执政已有半个世纪。巫统成立于 1946 年反对马来亚联邦高潮中，由于成功地领导马来民族运动，迫使英国政府让步，在 1948 年以马来亚联合邦取代原来计划的马来亚联邦，重新确认马来人特权，而赢得了广大马来人的信赖和倾力支持，“巫统就是马来人，马来人就是巫统”[②]，从此成为马来西亚战后数十年政治发展中几乎不可动摇的定律。

巫统与马来人融为一体，一方面，意味着马来人是巫统的社会基础，是巫统在马来西亚政坛占据主要地位的重要保证，在实行议会选举制度的马来西亚，占马来西亚选民多数的马来人选民，对巫统的执政地位和执政权力的重要性，显而易见。事实上，巫统也因长期得到马来人的支持而赢得 4 成以上国会议席，最高的 1964 年大选，巫统获得 59 个席位，占 144 个大选总席位的比重，高达 61.8%。[③] 另一方面，意味着巫统要努力争取使自己被本族群接受为马来人利益的代表。根据政治学的理论，“政党是近现代社会中一定阶级、阶层或集团的中坚分子，为了维护和实现本阶级、阶层或集团的共同利益和意志，旨在夺取或巩固国家政治权力而组成的政治组织”[④]。巫统就是由马来人中坚分子，以维护和

---

① 前引，马戎编著：《民族社会学：社会学的族群关系研究》，第 231、232 页。

② 前引，策略资讯研究中心政治分析组编：《巫统的困境：第十届大选分析》，第 21 页。

③ 前引，何启良：《政治动员与官僚参与——大马华人政治论述》，第 48 页。

④ 郑楚宣等编著：《政治学基本理论》，广州：广东人民出版社 2001 年版，第 153 页。

实现马来人利益为立党宗旨而组建的政治组织。无论是反对1946年的《马来亚联邦计划》，还是独立前后为维护马来人特权而与英国政府、华人政党的讨价还价，巫统都充分地显示了本党的族群性质和所代表的族群利益，巫统领袖对此亦从不讳言。

二、巫统从政治优势走向政治主导

每个政党都宣称以争取和维护本阶级、阶层或集团的利益和意志为宗旨，但是否可以维护和实现这些利益与意志，则要视其是否拥有政治权力，以及这种权力到底有多大，因为“政治权力是实现其主体成员利益要求的手段，政治权力能否形成及其力量强弱，直接影响到其主体成员利益要求能否实现以及实现程度如何”①。马来西亚独立以来，一直是由巫统为首的政党联盟执政。巫统在执政联盟中地位的逐渐加强，为其维护马来人的利益和实现马来人的意志提供了条件。

（一）“5·13”事件前

1969年“5·13”事件前执政的联盟，是由巫统与华人的马华公会和印度人的国大党，在争取国家独立进程中联合组建的马、华、印三大族群政党。独立前夕，由于马来人选民占多数，马来人主要从事民政事务工作，华人选民占少数且华人热衷于经济活动，以及经济相对落后的马来人把掌握政权作为族群生存发展的重要保障等原因，“马来人保持政治优势，非马来人保持经济优势”②，一度成为联盟三党达成的默契和处事的基本原则。既然拥有政治优势，巫统在三党联盟中一直占据首要地位，并利用这一地位实施一些对马来人有利的政策，因此马来西亚被称为是一个“马来人为主的国家”。但作为联盟的第二大政党，马华公会仍得到相当程度的尊重，并长期担任财政部长、工商部长等重要职务，影响和促进政府实施对华人有利的经济政策。这种制度被学者称为注重的族群协商的协合式民主（Consociational Democracy），“协合民主”包括如下一些特色，如政府是各大族群领导层组建的联盟；按“比例”原则分配政治代表权、公共职位、公共开支；各族对于本身事务的运作有高度的自主性，等等。③

（二）“5·13”事件后

1969年“5·13”事件彻底改变马来西亚的族群政治生态，马来人的政治地

① 前引，郑楚宣等编著：《政治学基本理论》，第59页。

② 前引，巴素著，郭湘章译：《东南亚之华侨》（上册），第591页。

③ 前引，何启良：《政治动员与官僚参与——大马华人政治论述》，第2页。

位大大提高，按学者的看法，马来西亚从“基本上是马来人的国家”变成了一个“马来人国家”，或公开由马来人支配的国家，实行马来人政治霸权的国家。[①]本书姑且称之为马来人掌握了政治上的绝对主导权。

马来人从保持政治优势过渡到拥有的政治绝对主导权，主要表现在两方面：

一是联盟扩大。即由多个政党组成的国民阵线取代巫统、马华公会和国大党的三党联盟。1969 年大选结果，特别是华人政党和印度人政党的选举成绩，及选后发生的“5·13”事件，显然使马来人认为，原来的联盟已不足以保证马来人的政治优势，必须通过扩大政党联盟，来扩大马来人的政治基础，以确保马来人的政治主导权。从 1970 年 7 月成功与沙捞越的人联党结盟开始，联盟逐个收编多个反对党，1974 年 6 月 1 日正式成立国民阵线，其成员除原来的联盟三党外，还包括沙捞越人联党、民政党、人民进步党、伊斯兰党及沙巴、沙捞越联盟各党[②]，国民阵线最多时曾拥有十四个政党。国民阵线的建立进一步加强巫统在政党联盟中的老大地位，而马华公会则从三党联盟中的第二大党变为多党联盟中的大党之一，地位明显削弱，虽然还是第二大党，但影响已不能与过去同日而语。巫统一党独大的局面由此形成。

二是以党治国。“5·13”事件后，马来人认为选举结果是对他们地位的严重威胁，马来社会改变现状的要求，导致巫统领导层更替，巫统少壮派领袖拉扎克取代东姑·拉赫曼出任巫统主席、政府首相。当时，巫统党内的一些激进人物，要求建立以马来人为主的内阁，甚至有人倡议一党专政，废除国会民主。[③] 部分马来人学者也认为，当时拉扎克完全可以成立百分之百的马来政府。[④] 尽管从马来西亚国情出发，拉扎克没有如巫统一些激进分子所要求的那样，建立完全的马来人政府，但已大大改变了东姑时代注重族群协商的协合式民主体制。他提出了“以党治国”的政治理念，在 1970 年 9 月就任首相的第一天，拉扎克毫不含糊地明确宣称：“这个政府是基于巫统组成的，我把此权力赋予巫统，让巫统决定其形式。——政府必须依随巫统的要求和愿望——它所执行的政策必须由巫统来决定。”[⑤] 从此之后，巫统秉承这一政治理念，坚持党领导国家。这一政治现实，为巫统实施比过去更强有力的措施，以维护马来人各种权益提供了更为有利的重要机制，充分显示了马来人利益和意志的新经济政策、国家教育政策和国家文化

---

① 前引，杨建成：《马来西亚华人的困境：西马来西亚华巫政治关系之探讨（1957—1978）》，第 248 页；王国璋：《反思五一三》；祝家丰：《马来特权的制定与其影响》，等等。

② 前引，王国璋：《反思五一三》。

③ 前引，王国璋：《反思五一三》。

④ 叶瑞生：《马来西亚政治领导学术研讨会采访记》，（马来西亚）《资料与研究》1996 年第 23 期。

⑤ 前引，谢诗坚：《巫统政治风暴》，第 50 页。

政策随之推出，这些政策至今仍对马华两大族群关系产生着重大影响。至于华人政治，则被学者形容为“边缘化”（marginalization）或“囊状化”（encapsulation），前者指马来西亚华人在政治运作过程里已经被排斥在外，从核心迁移到“边缘”，后者指华人政治实际上已被更大的政治势力所控制与操纵，其自主性与独立性极为有限。[①] 处于马来西亚政治中心的这个更大的政治势力就是巫统。

由此可见，随着马来西亚族群政治的发展，巫统的政治权力不断加强，马来人从占有政治优势走向政治主导。德国社会学家 M. 韦伯认为，所谓权力，是指为实现自身意志，无视他人意愿而支配他人的能力。[②] 马来人政党巫统政治权力的不断膨胀，使它可以最大限度地在各个领域推行马来人优先政策，以实现马来人的利益，体现马来人的意志。

第二节　马来人政策

一、政治政策

维护马来人特殊地位，始终是以巫统为首的马来西亚政府的重要任务，任何有关马来人特权的争论，都会招致马来人政要的反击。结果，马来人特权不仅得以维持数十年不变，还逐渐被提升到神圣不可侵犯的高度。而且，根据 1962 年宪法修正案，公民宣誓誓言也从 1959 年效忠联合邦改为效忠元首和联合邦，而元首是这个国家马来人穆斯林和马来人权力的标志。[③] 除此之外，巫统控制的马来西亚政府还推行了保障马来人政治利益的一系列政策。

（一）选区划分

马来西亚作为一个实施议会民主选举的国家，选票与选区对各个族群获得代议席位，从而对政府族群政策施加影响，发挥着重要的作用。为了确保马来人的政治支配权，政府在选区划分上颇花了一些心思。

1959 年大选后，选举委员会于 1960 年宣布一个以近似选民数为基础，将全国分为 100 个选区的计划。它在马来人及巫统领袖中引起强烈的忧虑，担心非马

① 前引，何启良：《政治动员与官僚参与——大马华人政治论述》，第 3、4 页。

② 前引，郑杭生等主编：《社会学概论新修》，第 297 页。

③ Ibid. ,R. K. Vasil. *Ethnic Politics in Malaysia*. pp. 56 – 57.

来人因议席增多而拥有更大的政治权力。因为在很多选区里，马来人选民并不构成多数。[①] 遵循巫统的意志，联盟政府提出 1962 年宪法修正案，放弃了选举委员会的原定计划，进而将划分选区的权力移交马来人议员占多数的下院，进而摒弃了选举委员会的以相近选民数为基础划分选区的原则，代之如下原则：各选区的选民应该近似，但在达到这个选民数具有很大困难的地区及落后的农村选区例外。因为考虑到有的地区广阔，按地域划分也应该给予同样的选区，因此在某种情况下，农村选区选民人数拥有市区选民的一半，即可划为一个选区。[②] 结果，许多马来人选区的人数比华人选区少。华人选区的选民有的多达 3 万人，而马来人选区有的才 1 万多人（如表 3－1 所示）。马来人本来就占人口的多数，选区划分再一倾斜，马来人选区便占全部选区的大多数。

表 3－1　划分选区的选民人数（1960 年、1964 年）

选民人数	1960 年选区	1964 年选区
10 000 ~ 15 000	—	2
15 000 ~ 20 000	4	8
20 000 ~ 25 000	75	38
25 000 ~ 30 000	21	31
30 000 及以上	—	25
总数	100	104

资料来源：Ibid. ,R. K. Vasil. *Ethnic Politics in Malaysia*. p. 55.

1969 年大选后，为了防止再出现 1969 年大选华人政党赢得不少席位的情况，国会 1973 年通过的修宪案，将 1962 年修宪案中原来允许城、乡选区的选民人数差距可高达一倍的段落删除，此后城、乡选区重划，在人口比例上更没有了限制。[③]

之后，马来西亚又经过几次选区划分，继续不断地向马来人选民倾斜，选区之间选民人数日显悬殊。华人占人口比率较高的雪兰莪等州的选区，选民人数最多，土著集中的东马两州和马来人集中的西马北部四州的选区，选民人数较少。以 1999 年为例，当年全国 193 个国会选区之中，选民最少的是沙捞越的葫芦拉让，选民人数为 9 878；选民最多的四个选区则在雪兰莪州，选民人数均超过 9

① Ibid. ,R. K. Vasil. *Ethnic Politics in Malaysia*. p. 54.

② Ibid. ,R. K. Vasil. *Ethnic Politics in Malaysia*. pp. 54 – 55.

③ 前引，王国璋：《反思五一三》，第 12 页。

万人，其中最多的是安邦加也，选民多达98 527人。最少选民区选民的一票，相等于最多选民区选民的十票，大大地违反了一人一票的原则。在各州中，华人占多数的选区人数也比马来人或土著选区多得多，如在雪兰莪州内，选民人数最少的是沙白安南，只有34 035人，比人数最多的安邦加也的98 527选民少64 492人。在沙捞越，人数最多的是美里选区，选民多达68 305人，是人数最少选区葫芦拉让9 878选民的约7倍。结果，马来选区（指马来人超50%以上的席位）最多，占98个（50.8%），华人选区为31个（16.1%），马来人之外的穆斯林土著和非穆斯林土著选区分别为20（10.4%）和13（6.7%），其余为没有单一族群超过50%的混合区，共30个（17.0%）。虽然当时华人选民占选民人数的33.1%，但华人占多数的选区仅占16.1%，只是华人选民比例的一半。①

选区划分对马来人的倾斜，使马来人的选票从20世纪60年代开始，不论是指定或是随意，都可以保证马来人在国会席位中占多数，保证了马来人政治优势和对国家政权的掌控。

（二）由马来人掌管各级政府事务

韦伯认为，任何有组织的社会生活都存在权力分层现象。在现代社会中，合法权利的主要源泉并非所有权，而是管理部门中的各种管理职位。② 政府实施马来人优先政策的重要表现之一，就是让马来人出任大部分各级公共职务，掌管和处理各级政府事务。

1. 内阁

马来西亚公民主要分为法定公民、入籍公民和登记公民三大类。以法定条件，主要是马来西亚出生等条件获得公民权的，为法定公民；外国人达到一定条件成为公民的为入籍公民；公民的子女和妻子按一定条件成为公民的为登记公民，并规定入籍公民和登记公民不得出任首相。③ 也就是说，包括许多华人在内的法定公民，是可以出任首相或副首相的。但是，在马来人主导政治的情况下，自马来西亚独立以来，首相、副首相全部由马来人出任。作为执政联盟的最大党，巫统主席和署理主席自然而然地成为马来西亚的首相和副首相，这也是巫统得以“以党治国”的行政基础。

另外，尽管华人占人口比例约1/3，华人政党也是执政联盟的第二大政党（马华公会），以及主要政党（民政党、人联党），但大多数的内阁部长、副部长

① 前引，策略资讯研究中心政治分析组编：《巫统的困境：第十届大选分析》，第9页。
② 前引，郑杭生等主编：《社会学概论新修》，第297页。
③ 前引，北京大学法律系宪法教研室编译：《东南亚国家联盟宪法》，第36～40页，第55页。

和次长职务，都由马来人担任。政府重要部门的部长职务，也主要由马来人出任，“5·13”事件前，马来人就一直出任内政、外交、教育、乡村发展等重要部长职务；“5·13”事件后，马华公会一度退出政府，马来人则取代华人出任财政部长与工贸部长等重要职位，马来人担任的内阁职位在不断地增加。

2. 政府机构

马来亚独立以前，殖民政府已实行主要由马来人出任政府公务员的政策，20世纪50年代初，时任最高专员的邓普勒将军，还特别提出行政机构实行非马来人与马来人职员1:4的建议。[①] 另外，马来西亚宪法的第153条第二款规定，最高元首以他认为必要的方式，保证公务部门中为马来人保留他认为合理的一部分职位。[②]

因此，独立后，除了正副首相和大多数内阁部长由马来人出任外，政府各部门的行政工作人员，也主要由马来人出任（如表3－2所示），其历年的比例，均高于马来人所占的人口比例，1980年最高时达到77.9%。随着20世纪70年代马来西亚实施新经济政策，扶助马来人进入各个经济领域后，马来人在矿业、制造业、公共服务、商业、金融业等重要经济部门就业比例的上升，以及政府实施私有化政策后的公务员转岗，马来人在政府部门所占的比例有所降低，但始终是最主要的公务员来源，特别是一些关键部门，马来人占了绝大多数。例如警察部队，1957年总数为45 963人，马来人为40 503人，占88.1%。[③] 到2003年，根据全国警察行政副总监达立查玛透露的资料，在8 500名警员中，马来人依然占多数，华裔只占5%。[④] 出任政府公务员的马来人，晋升机会也明显比其他民族多，独立以后，原来英国人退出留下的行政高职，大部分由马来人填补，马来人担任政府行政高职的的比例，从1957年的35.5%提升到1968年的85.1%。[⑤]

马来人担任大部分政府行政职务，是巫统为首的马来西亚政府实施马来人行政优先政策的结果，同时也为巫统顺利推行各项马来人优先政策提供了强有力的行政体制保证。

---

① 前引，崔贵强：《新马华人国家认同的转向（1945—1959）》，第400页。

② 前引，北京大学法律系宪法教研室编译：《东南亚国家联盟宪法》，第136页。

③ Tham Seong Chee. *Malays and Modernization*: *A Sociological Interpretation*. Singapore: Singapore University Press, National University of Singapore, 1983. p. 68.

④ 罗汉洲：《华裔为何不当警察?》（马来西亚）《南洋商报》2003年9月4日。

⑤ Ibid. ,In－Won Hwang. *Personalized Politics*: *The Malaysian State under Mahathir*. p. 63.

表 3－2　马来西亚各族群政府部门就业结构（1957—1995 年）

单位：%

年份	马来人	华人	印度人	其他族群
1957	52.7	10.8	14.4	8.8
1970	69.4	11.8	14.6	18.0
1980	77.9	10.4	10.9	4.2
1990	65.9	25.3	8.1	0.6
1995	65.3	25.5	8.8	0.7

根据以下资料整理：Ibid.，Lee Kam Hing and Tan Chee-Beng eds. *The Chinese in Malaysia*. p. 105.

二、经济政策

独立前夕，马华两族执政党高层已达成谅解和协议，即马来人的特权不得质询，马来人政治不得挑战，华人则被允许从事传统的工商活动，并同意马来人可以利用政治优势改善其经济的落后，以达到种族平衡。① 独立以后，根据这一协议，马来人充分利用所掌握的行政资源，对马来人经济发展给予了大力的扶持，并根据形势发展的需要，有不同的侧重。1957 年到 1969 年，由于马来人主要居住于乡村和从事农业工作，政府对马来人的经济扶持重点放在乡村发展，虽然也在工商业方面帮助马来人，却没有制定明确的目标，力度也有限。1969 年“5·13”事件爆发后，一些马来人认为骚乱的根源在于马来人经济落后，而缺乏对工商业的参与，是马来人经济落后的主要原因，政府因此实施新经济政策，目的是帮助马来人进军工商领域，培养马来人企业家阶层。20 世纪 90 年代以来，为了增强马来人企业的竞争力，并适应知识经济与经济全球化发展的需要，政府特别关注对马来人企业家和马来人专业人才的培养，提出协助马来人专业人才进入各个专业服务领域的主张。

（一）扶持农村马来人经济（1957—1970 年）

马来人传统居住农村，以农耕为生。独立之后十多年，马来人主要居住乡村的情况没有发生根本变化，直到 1970 年，西马居住农村的马来人仍有 397.69 万

① Ibid.，Leon Comber. 13 *May* 1969：*A Historical Survey of Sino-Malay Relations*. p. 53.

人，占西马马来人 467.19 万人的 85.12% 和西马农村人口 626.97 万人的 63.4%。[①] 马来农民的支持是巫统执政地位的重要保障，因此，这段时间巫统对马来人经济的扶持，侧重扶持农村马来人经济。

1956—1970 年，马来西亚一共实施了三个五年计划，分别是第一个马来亚五年计划（1956—1960 年）、第二个马来亚五年计划（1961—1965 年）和第一个马来西亚五年计划（1966—1970 年）。在三个五年计划的发展预算中，直接投入农业的比例分别高达 22.6%、17.3% 和 25.5%，15 年投资总额达 16.86 亿马元，而同期投入工商业的比例仅为 1.2%、2.2% 和 3.8%，总额仅 2.08 亿马元。而且，政府投入其他部门的资金，不少也用于农村建设，如建筑开支不少用于农村的各种基础设施。[②]

这段时期投入农业的资金，主要用于橡胶再植、土地开发及水利建设，三者共占农业投资额的 3/4 以上，其余为对农民提供的各种资助，建设乡村道路、水供和电网等基础设施等。

橡胶在 1877 年引进马来亚，到 20 世纪 20 年代已成为西马最主要的农作物，此后到 20 世纪 90 年代，马来亚一直是世界最大的天然橡胶生产国和出口国，靠橡胶生活的人最多时占全国人口的 70% 以上，其中不少是马来人。因此，维持橡胶生产是独立初期政府扶持马来人经济的重要内容。当时，早期种植的橡胶树陆续进入再植阶段[③]，政府主要通过发放补助金等措施扶持马来农民进行橡胶再植，如向中小园主发放的补助金从 1952 年的每英亩 100 美元，增加到 1960 年的 750 美元，对 5 英亩以下小园丘的补助还特别增加到 800 美元。[④] 但由于政府补助金不足，马来人的小胶园约半数拥有的土地不到 5 英亩。[⑤] 由于没有橡胶再植所需的富余土地等原因，中小园丘的橡胶再植成效有限。

为解决马来农民少地缺地的情况，进入 20 世纪 60 年代，政府开始通过组织大规模开发土地来扶持马来人经济。土地开发政策是由 1956 年成立的联邦土地发展局具体领导实施。1960 年前联邦土地发展局只是制订土地开发计划和筹集必要资金的贷款机构，没有采取特别措施解决农民没有土地和土地不足的问题。1960 年后，联邦土地发展局投入大量资金推动土地开发和迁居计划，每年约推行十项开垦迁移计划，到 60 年代末，总共实施了 90 个计划，开发了 30.84 万英

---

① 1970/1980 Population and Housing Census of Malaysia，前引，林水檺、骆静山编：《马来西亚华人史》，第 454 页。

② Ibid.，James V. Jesudason. *Ethnicity and the Economy the State*，*Chinese Business*，*and Multinationals in Malaysia*. p. 51.

③ 橡胶树植后六七年便开始割胶，15～17 年后胶汁逐渐减少，植树后约 30 年停止割胶，需要再植。

④ 前引，岸胁诚著，张开枚、许红梅译：《独立初期马来西亚的经济开发与国民统一》。

⑤ 前引，岸胁诚著，张开枚、许红梅译：《独立初期马来西亚的经济开发与国民统一》。

亩土地，安置了20 700户农民，其中，绝大部分是马来人。[①]

然而，尽管政府对土地开发与农民迁居投入了不少资金，但土地开发能安置的马来农民不多，大部分马来农民少地缺地生活贫困的情况始终没有改变，据统计，1970年西马约有270万英亩小橡胶园，小橡胶园主有75万，其中50%以上是马来人，占地少于7英亩的占90%，稻田面积为94万英亩，稻农约30万，其中96%是马来人。[②] 而且，拥有土地的稻农不到50%，部分拥有的为25%，无地的纯租户为27%，平均拥有土地仅3英亩。[③]。

结果，不少马来农民负债累累，农村贫困比例也远远超过城市，1970年的统计显示，西马的平均贫困率为49. 3%，但马来人集中居住的农村贫困率却高达58. 7%，而华人占多数的城市贫困率仅为21. 3%[④]；在行业收入方面，农业的贫困率也是最高的，1975年农业领域的贫困率高达63. 1%，其中以马来人为主稻农的贫困率高达77%，胶农贫困率也有59%。[⑤] 无法迁入开垦地的贫困阶层充斥于农村和都市，农村的失业率从1962年的5%提高到1967年的5. 3%，年轻人的失业情况尤为突出，1967年失业的年轻人，15～19岁的每2人中就有1人，20～24岁之间的每4人中就有1人。[⑥] 马来人经济发展远远落后于华人，这种现实使马来人倍感挫折，马来人认为联盟政府不关照马来人利益而重视非马来人利益，巫统自称为马来人保护者的地位开始受到怀疑。[⑦] 生活贫困迫使马来人对政府的不满日益增加，20世纪60年代后期的社会动荡和1969年大选中执政党失利，与此不无关系。在这种情况下，1968年9月召开了第二届马来人经济会议，与会代表纷纷强烈要求政府干预经济。

（二）推行新经济政策（1970—1990年）

1969年“5·13”事件爆发后，不少马来人认为事件的主要根源是马华两族经济发展不平衡，而造成发展不平衡的主要原因是马来人很少参与城市工商业。[⑧] 巫统也认为马来人的经济落后和贫穷，以及马来人的心理感受，必须加以

---

① Ibid. ,James V. Jesudason. *Ethnicity and the Economy the State*, *Chinese Business*, *and Multinationals in Malaysia*. p. 51.

② Ibid. ,Wan Hashim. *Peasants under Peripheral Capitalism*. p. 86.

③ Ibid. ,Wan Hashim. *Peasants under Peripheral Capitalism*. p. 99.

④ 山下彰著，汪慕恒译：《马来西亚新国家发展政策的概要与各种课题》，《南洋资料译丛》1994年第Z1期。

⑤ 前引，林水檺、骆静山编：《马来西亚华人史》，第275页。

⑥ 前引，岸胁诚著，张开枚、许红梅译：《独立初期马来西亚的经济开发与国民统一》。

⑦ 前引，杨建成：《马来西亚华人的困境：西马来西亚华巫政治关系之探讨（1957—1978）》，第217页。

⑧ 前引，Dr. Syed Husin Ali著，李雅芬译：《马来西亚的发展与生活素质》。

关注。[①] 因此，自20世纪70年代以来，在继续通过土地开发等措施发展农村马来人经济的同时，巫统充分利用“5·13”事件后马来人掌控政治权力的有利形势，于70年代初迅速推出为期20年的新经济政策。

新经济政策（New Economic Policy）要求通过不分种族，消除贫穷（Eradication of Poverty）和重组社会（Reorganization of Society）两个步骤，达到全民团结，并建立一个公平合理、进步和繁荣的国家的目标。[②] 马来西亚政府颁布的第一个远景计划纲要（1971—1990年）详细列出了新经济政策要达到的各项指标：消除贫困的具体要求，是将贫困率从1970年的49.3%降到1980年的34%和1990年的16.7%；重组社会，则要求职业和股权结构到1990年能反映人口结构，其中职业结构规定，1970—1990年，土著在各部门所占比重，第一产业从67.6%降到61.4%，第二产业从38%上升到51.9%，第三产业从37.9%上升到48.4%，其他族群的职业构成相应调整；股权结构规定，1970—1990年，土著、非土著和外资在西马有限公司股权中所占比例，分别从2.4%、34.3%和63.3%改变为30%、40%和30%。[③] 由于马来人最贫困，消除贫困主要是消除马来人的贫困，马来人参与工商业的不足，扶持马来人进入第二、三产业也成了社会重组的主要内容。

按照1970年马来西亚的族群股权分配情况，马来人拥有的2.4%股权要在20年中增至30%，要有超常发展的速度。马来人固有的农业经济传统，也让他们在就业方面与他族竞争，面对很多困难。因此，要达到新经济政策的各项具体指标，必须依靠政府的各种强有力的扶助政策。为此，政府实施了各种扶持马来人的经济措施。

巫统领导人认为，过去马来人经济之所以表现得不尽如人意，主要是没有资金和机会。因此，政府对马来人经济的扶持，一开始最直接的就是在发放贷款、营业执照和就业等方面给予特别的优惠。例如，银行对马来人企业的贷款大幅度增加，其贷款率占总贷款的比例从1968年的4%，增加到1980年的20.6%和1985年的28%。与此同时，银行还向不少从事小本经营的马来人提供数量不等的小额贷款。给马来人优先发放执照的行业范围很广，如伐木、军工、钢铁、交通及水电等部门。20世纪70年代以来，由于政府对基础设施、城市建设和交通

① 前引，谢诗坚：《马来西亚华人政治思潮演变》，第170页。

② 前引，林水檺、骆静山编：《马来西亚华人史》，第271页。

③ Ludwig H. Schatzl ed. translated by Verna Freeman. *Growth and Spatial Equity in West Malaysia*. Singapore: Institute of Southeast Asian studies, 1988. p. 36；《1991—2000年第二个远景计划纲要》，见（马来西亚）经济平台网站，http://www.mytrade.com.my/，2005年12月18日；H. 奥斯曼·兰尼：《走向充分发达的马来西亚：梦想与挑战》，《南洋资料译丛》1993年第3期。

运输设施的投入非常大，发放给土著的执照不少是建筑承包执照。在职业方面，1983 年，贸工部长宣布一个价值300 百万马元的特别拨款计划，以保护和提高马来人进入工业领域的机会，当时规定扶持马来人从事的低技术工种有 87 项，包括木材和藤制品、轻工业和建筑材料等。[①]

《工业协调法》（Industrial Co-ordination Act）是马来西亚政府扶持马来人经济的重要法律之一。1976 年实施的工业协调法规定：工人 25 人以上、资本 25 万元以上的制造业企业，必须让土著拥有该企业 30% 的股份，所雇用的工人中，土著工人应占 50% 。[②] 政府还训令，某些公司发行新股时，需要让土著获得不少于 60% 的分配额。[③]

还有就是政府投入大量资金直接或间接参与工商业经营活动。例如，投资发展和建立各种公共代理机构，各种国营和党营公司，出资收购不少内外大企业的股份。这些机构和公司包括土著信托局、国民投资基金、国家企业有限公司、国家石油公司等，其分支机构无以数计。所有这些机构都由马来人担任官员，并主要雇用马来人。收购的大企业包括英国资本的伦敦锡矿有限公司、马食品工业有限公司等。国营企业或政府出资收购大企业的一部分或全部股票，都计划将来逐步转让给土著。[④]

（三）20 世纪 90 年代以来的马来人经济政策

新经济政策对马来人的种种优惠和扶持，的确成功地造就了一些马来企业家，但也导致出现一批依赖性严重、没有经验、缺乏竞争力，以致无法自立的马来人。相对华人等其他族群，不少马来人没有创业的紧迫感，不愿也不敢进行各种艰苦的尝试和摸索，有些马来人甚至满足于出售营业执照赢利，或建立“阿里巴巴”模式的企业，完全脱离企业经营和日常运作。由于经验不足，为数不少的马来人不善于把握利用各种机会赢利，马来人经营企业的经济效益往往难以令人满意，土著股权在 1990 年也没有达到预期目标。马来人的这种状况，不仅不利于马来人经济迅速地向前发展，甚至也不利于马来人维持已得到的经济利益。因此，20 世纪 90 年代以来，除了继续扶持马来人通过股权和雇员比例法律等规定进入工商界，政府开始注重培养马来人企业家的经营能力，培养自己的专业人

---

① Ibid. ,James V. Jesudason. *Ethnicity and the Economy the State*, *Chinese Business*, *and Multinationals in Malaysia*. pp. 101 – 104.

② 前引，林水檺、骆静山编：《马来西亚华人史》，第 272 页。

③ 前引，冷眼：《华人经济地位问题检讨》。

④ 前引，冷眼：《华人经济地位问题检讨》。

士，“以减少他们对政府的依赖，并能在社会中和他族竞争”①。这成为20世纪90年代以来政府扶持马来人经济的重要内容。马来西亚前首相马哈蒂尔在《1991—2000年第二个远景计划纲要》（又称“新国家发展计划”）的序言中明确提出，为了实现有关计划，最重要的是要提高土著本身的能力，强调必须通过教育、培训进行人力资源的开发。②

有关促进措施不少，其中，鼓励马来人与有经验的华人企业家合作是重要措施之一。马来人希望通过马华经济合作，吸取华人在工商业成功的经验和创业必备的精神，进而建立稳定的马来工商社会，以保证马来人永久的经济利益。因为，华人有一种求生本能和力争上游的精神，以及前首相马哈蒂尔所形容的“嗅出利润的特殊商业经验和知识”③。巫统领袖每年都要发表不少“马来人要多向华人学习”的相关言论，马来领导人经常在各种场合盛赞华人的经商才能，提醒华人要和土著商人分享“从商之道”，希望华人在经商方面帮助马来人。前首相马哈蒂尔指出：“任何地方的华人都善于做生意，而马来西亚华裔在这方面可能比其他华人更厉害。如果可以把这种能力传授一些给土著，土著肯定将成为华人的‘富邻’，并为华人提供更好的市场。”④

华人与马来人合作的方式，包括共同出资设立联营企业，以及聘请华人企业家出任土著企业顾问等。政府除了鼓励马华两族联营大企业参与政府的私营化计划，鼓励马华两族在中小企业中进行经济合作外，还特别鼓励马华两族共同合作向海外市场，尤其是向中国和华人众多的东南亚国家进军。马来人领袖希望，新时期的马华经济合作是平等、自愿、团结、真诚合作与互相尊重的联营，而不是像过去那样利用他人进行“阿里巴巴”模式的华马联营合作。他们还希望马华经济合作从国内推向国外，从自然个体合作发展到较有组织的族群合作。为了落实华马两族的经济合作，马来工商总会和马华工商会联合理事会设立了专门机构，为进行马华经济合作拟定了广泛的原则和指南，帮助鉴别优先联营的领域，收集潜在联营计划的各种资讯，编订合作计划书及进行登记工作，并协助解决华巫合作碰到的种种问题。⑤

提高马来人经营能力的另外一环，是培养马来人专业人才，并扶持他们进入专业服务领域。政府要求政府大学及私立大学等高等教育学府，录取更多土著学

① 前引，林水檺、何启良、何国忠、赖观福编：《马来西亚华人史新编》（第二册），第326页。

② 前引，山下彰著，汪慕恒译：《马来西亚新国家发展政策的概要与各种课题》。

③ 廖小健：《华巫合作——马来西亚华人经济发展的新课题》，见萧效钦、李定国主编：《世界华侨华人经济研究》，汕头：汕头大学出版社1996年版，第232页。

④ 前引，詹运豪著，满嘉玲译：《华人真的那么团结?》；《首相：协助邻居　富有华人应指点土著经商》，（马来西亚）《南洋商报》2000年6月18日。

⑤ 前引，廖小健：《战后各国华侨华人政策》，第63页。

生，以栽培更多土著专业人才应付市场需求。为了确保有更多土著学生选修理科及技术，以及管理及商业等课程。政府认为在中学时期，便要开始提升土著学生在科学、技术、管理及工商方面的训练。据当局对国内456家注册私立高等教育机构的资料统计，截至1999年，录取攻读学士及文凭课程的土著学生，只有36.1%，在私立大专学府攻读理科及技术课程的土著学生占36.2%，非理科课程有55.7%。另外，政府不断要求会计师等专业职位按族群比例分配。例如2001年4月颁布的《〈第三经济展望纲领〉拟机制提高土著专业人士比例》，便要求私人公司录取更多土著专业人士与执行人员，根据族群结构增加土著专业人士人数，即从当时所占的28.9%，提高到反映马来西亚人口族群结构的比例。政府表示将会调查私人界雇用土著雇员的概况，以拟订适当行动计划，纠正现有不平衡局面。①

（四）马来人农村经济政策发展

必须指出的是，1970年以来，马来西亚政府促进马来人经济的策略，除了推行新经济政策，让更多的马来农民参与收入更高的城市工商业之外，还重视农村马来人经济的发展。让马来农民为主的农民分享经济发展的成果，对巫统而言，始终具有重要的意义。

因此，尽管1970年以来马来西亚经济发展侧重工商业，特别是制造业，对农业部门的投入比例相对减少，但投入农业的实际资金比20世纪70年代前要多得多。据统计，第二、三、四个马来西亚五年计划的农业部门预算开支，分别占预算总额的23.2%、18.7%和11.8%，比第一个马来西亚五年计划（1966—1970年）的25.2%低，但第二、三、四个马来西亚五年计划的15年（1971—1985年），政府对农业部门的投资高达157.54亿马元，是1956—1970年15年总投资16.07亿马元的9.80倍②，力度之大，可见一斑。

农业资金的用途大体和过去一样，继续资助橡胶再植、基础设施建设，以及向农民提供各种贷款、价格补贴、农具机械、种子化肥和农业技术方面的帮助等。用于土地开发和安置垦殖民资金比过去明显增多，实施的计划规模也比过去大得多。据统计，1970—1980年10年开发的土地就达100万英亩，是1956—1970年15年开发30万英亩的3倍多。到1987年，开发的土地面积共76.2万公顷（188.4万英亩），一共安置了11多万垦民。③ 安置到新开发土地的主要是马

① 《〈第三经济展望纲领〉拟机制提高土著专业人士比例》，（马来西亚）《南洋商报》2001年4月3日。

② Ibid. ,James V. Jesudason. *Ethnicity and the Economy the State*, *Chinese Business*, *and Multinationals in Malaysia*. p. 83.

③ 欧梦北专访：《研究土地政策有心得，陈仪乔醉心政治》，（马来西亚）《商海》1990年第8期。

来农民，据统计，到 1988 年，政府总共安置了 11.2 万垦殖民，其中土著占了 96.6%，为 10.8 万，华人仅占 1.2%，为 1 364 人，其余为印度人等。[①] 在第五个五年计划期间（1986—1990 年），政府又开发了 17.6 万公顷土地（43.43 万英亩），再安置了 2.6 万垦殖民。[②]

农业资金的另一个重要用途，是提高农业产量，实现农业多元化，增加马来农民的收入。橡胶一直是马来西亚的主要农业产品，1970 年橡胶种植面积多达 175 万公顷（420 万英亩），占总耕地面积 2/3，而其他农作物的种植面积则分别是稻子 53.34 万公顷、油棕 30.88 万公顷、椰子 20.5 万公顷、胡椒和可可等种植面积不到 1 万公顷。不同农作物单位收入的差别很大，据 20 世纪 70 年代的统计，每公顷的净收入，稻田为 120 马元、橡胶为 240 ~ 260 马元、油棕为 400 ~ 480 马元、胡椒为 800 ~ 1 000 马元、可可为 1 400 ~ 2 000 马元。[③] 主要种稻为生的马来农民，单位收入最少，马来农民参与较多的橡胶种植，收入也不多。政府实行农业多元化，主要是鼓励种植油棕、可可等收入较高的经济作物。特别是油棕，政府为发展油棕种植采取了许多措施，例如扩大原来的油棕园，在老橡胶园改种油棕，新开发的土地主要种植油棕，为促进油棕生产发放各种补贴金，等等，马来西亚油棕种植由此飞速发展，从 1970 年的 30.88 万公顷增到 1991 年的 209.4 万公顷[④]和 2002 年底的 367 万公顷，是橡胶 108 万公顷的 3 倍多，全国从事棕榈油加工的各类企业超过 400 家，直接从事油棕树种植开发及棕榈油和相关制品生产、贸易及研究的各类人员超过 35 万人，而间接带动的相关产业从业人员达到 200 万。[⑤] 油棕种植的发展不仅为政府带来大量的财政收入，也为马来农民带来明显的收益。

发展农村工商业是政府扶持农村马来人经济的一贯战略。其中一个做法是发放贷款，如 1971—1983 年发放了 70 826 笔贷款，共 254.9 百万马元。这些贷款的条件都比一般商业贷款宽松，低于 5 000 马元的，不需要任何抵押和担保，而且利息仅为 2.2%，低于一般商业贷款的 8% ~ 10%。[⑥] 获得贷款的不少是马来农民，他们在农村的经营规模不是太大，主要是一些原产品加工、家具、糕点、服装制作，以及建立缝纫、餐馆、杂货、五金电器修理等小型店铺等。

另外，政府成立的各种农业机构，如国家稻米局、联邦土地发展局、联邦农

---

① 前引，欧梦北专访：《研究土地政策有心得，陈仪乔醉心政治》。

② 杨丽君：《促进经济发展，提高垦殖民生活水平》，（马来西亚）《工商世界》1991 年第 8 期。

③ 徐成龙、钟子祺、魏华林编著：《马来西亚》，上海：上海辞书出版社 1982 年版，第 101 ~ 103 页。

④ 朱振明主编：《当代马来西亚》，成都：四川人民出版社 1995 年版，第 159 页。

⑤ 《马来西亚重要初级产品》，见中国商务部网站，http：//my.mofcom.gov.cn/，2003 年 11 月 25 日。

⑥ Ibid.，James V. Jesudason. *Ethnicity and the Economy the State*, *Chinese Business*, *and Multinationals in Malaysia*. p. 101.

业销售局、联邦树胶发展局、各州土地发展局等机构，以及土著信托局，本身也积极投入各种与农业、农村马来人有关的工商活动，他们设立的众多企业解决了不少马来农民子弟的就业问题。例如在农村土地开发扮演重要角色的联邦土地发展局，从事的相关工商业活动就包括了从原产品加工到下游工业等多个领域，规模都相当大，20 世纪 90 年代初它独资经营 3 间棕油提炼厂、1 间植物油制造厂、3 间橡胶加工厂，并与其他公司设立了 8 家大型联营公司，经营范围涉及橡胶、棕油和可可的加工、出口，以及相关产品的国内外海陆的运输。20 世纪 90 年代初，时任联邦土地发展局总监的法西·尤诺奉表示，联邦土地发展局的未来运作方针是从种植原产品发展到设厂加工及市场促销。他说："我们不能永远依赖农产品作为唯一的经济命脉，要取得实际的经济效益，必须着重工业发展。"①

农村工商业的发展，使马来农民除了务农外，有时也做些小买卖，到乡村企业打打零工，一些农户年轻成员直接就到乡村企业上班拿工资。收入来源增多，生活自然更有保障。

三、教育政策

文化教育，最能充分地显示各族群的传统特征，因此，在马来西亚族群权益的博弈中，一直占据着重要地位。独立以来，以马来人为首的马来西亚政府，一直特别重视教育问题，几任首相都曾担任过教育部长。马来西亚宪法关于马来语为国语，对马来人教育的奖助优待，以及马来人信仰的宗教伊斯兰教为国教等规定，为独立以来政府推行教育马来化、实施马来人教育优先政策，以及推广以马来人文化与宗教为主旨的文化政策提供了条件。

（一）推动马来西亚教育马来化

马来西亚学校曾分成四大源流，即以马来语为主要教学媒介语的马来文学校，以华语为主要教学媒介语的华文学校，以淡米尔语为主要教学媒介语的淡米尔学校，以英文为主要教学媒介语的英文学校。

战前的马来文教育并不是很发达，在 1938 年，仅有小学 788 间，战后在殖民政府亲马政策的推动下，马来文小学不断增加，到 1947 年已有 1 231 间，1957 年马来亚独立时增加到 2 198 家。② 独立后，政府继续增加对马来人教育的投入，

① 前引，杨丽君：《促进经济发展，提高垦殖民生活水平》。

② 《马来西亚独立前后西马各源流政府资助及独立的小学数目及学生人数统计》，见（马来西亚）教总网站，http：//ucstam. djz. edu. my/，2006 年 11 月 10 日。

除了扩建兴建马来文小学、中学外，还通过教育马来化等途径将其他族群中学改为马来文中学。

独立前发表的《1956 年教育委员会报告书》（《拉扎克报告书》），曾明确提出政府教育政策的“最终目标”是建立以国语（马来文）为主要教学媒介语的教育制度。在华人政党和社团的强烈反对下，1957 年颁布的《1957 年教育法令》虽然没有列明“最终目标”这一款，[①] 但独立后，以马来人为首的政府依然通过一系列的政策与行政措施不断地促进教育马来化，向“最终目标”迈进。

例如，《1961 年教育法令》规定：①废除以华文为考试语言的初、高中会考，中学公共考试仅限于两种官方语言的一种——国语或英语；②全国小学改为国民小学（以马来语为授课语言）和国民型小学（以华、英、印等民族母语为授课语言）。该法令的 21 条 B 项还特别列明，必要时，教育部长有权将国民型小学改为国民小学（以马来语为授课语言）[②] 在该法令的影响下，其他族群的中小学校无疑必须加强马来文与英文的教学，非马来文小学还随时面临改为马来语学校的可能。

1969 年“5・13”事件后，政府认为族群冲突的原因之一，是国民统一意识不强。为了加强国民统一意识，教育部决定采取分阶段推行以国语为各级学校主要教学媒介的措施，加快教育的马来化。1969 年 7 月，教育部宣布，国民型英文小学，将从 1970 年起逐级改用国语（马来语）为授课媒介语，到 1975 年转变为国民小学；英文中学一年级至五年级的媒介语，则在 1976—1980 年逐步改变为国语（马来语），中学的全部考试也改用国语为考试语言[③]；大学方面，早在 1970 年 11 月，马来西亚最高学府——马来亚大学就宣布马来语为唯一的官方语言，学校未来的方向是所有科目用马来语教学。其他大学，如理科大学、国民大学、农业学院、技术学院等，在 20 世纪 70 年代也先后表示要用国语为教学媒介语。[④] 1983 年起，所有国立大专院校也按政府规定采用国语授课。这项政策结束了英文学校及英语在马来西亚教育体系中的重要地位，也使数十所已改制、采用英语教学的华文中学变成马来文中学。

20 世纪 80 年代初，马来西亚政府还试图推行强化在各源流小学加强马来语教育的“3M 制”。即从 1983 年起小学课程实行全面改革，将当时六年的教育课

---

① 前引，郑良树：《马来西亚华文教育发展史》（第三分册），第 320 页。

② 邝其芳：《教育报告书与教育法令》，（马来西亚）董教总网站，http://www.djz.edu.my/，2006 年 12 月 28 日。

③ 《马来西亚华文教育 185 年简史（1819—2004）》，（马来西亚）董教总网站，http://www.djz.edu.my/，2006 年 11 月 18 日。

④ Ibid. ，Tham Seong Chee. *Malays and Modernization*：*A Sociological Interpretation*. p. 124.

程分成两个阶段，目的在于提高小学生阅读、书写和计算能力，因阅读、书写和计算三词的马来文第一个字母都是 M，所以这一计划划又称“3M 制计划”。根据这个计划，许多课程必须使用马来文课本及改用马来语教学，甚至连音乐教材也规定马来歌曲占 50%。[①]

经过实施一系列的措施，马来语教育在各级学校占的比重与日俱增，马来语在教育的重要地位越来越突出。如小学阶段，国民小学除了教学媒介语是马来语外，马来语课程在第一阶段与第二阶段中，还分别维持在 33% 与 21% 的课时，与其他科目比较，属于分量最重的主科；用各族母语作教学媒介语的国民型小学，除了有 33%、21% 的母语课程之外，亦必须在第一、第二阶段加授 20% 与 10% 的马来语课程，使得国民型小学的学语言课程的上课时数比例，分别共占总上课时数的 53% 与 31%，分量远远多于其他科目。国民型小学的毕业生进入中等教育之前，还必须先进入“预备班”，进行密集的马来语教学，“马来语”以及“马来语实际应用”两门课共约占预备班总上课时数的 67%。到了中等教育阶段，政府补助的中学则全面施以马来语教学，另外还有约占总上课时间 11% 的马来语教学。而在高等教育的入学条件上，马来语成绩是基本条件之一。[②]

（二）为马来人提供接受高等教育的各种机会

除了教育普及方面向马来人倾斜外，马来西亚政府还为马来人接受高等教育，特别是接受理工技术方面的高等教育，提供各种机会。早在 20 世纪 60 年代初，马来人就要求在高等教育方面，多为接受马来语教育的马来人学生提供更多的机会。[③] 但由于马来人传统教育的影响，马来人考进大学的不多，马来人传统教育还使马来人对技术理工等领域的认识有限，从而对理科、数学和工程等科目兴趣不大，选读理科、数学和工程科目的马来人大学生，要顺利毕业也比较困难，所以，即使考进大学，马来人学生也很少选择理工技术等学科。

1969 年“5·13”事件后，政府成立高等教育检讨委员会，该委员会提出的《马吉依斯迈报告书》认为，如果按照标准考试进校，进入大学的大学生大约只有 20% 是马来人。因此，该报告书建议，大学招生要在学生人数和选择专业方面都表现社会人口结构。[④] 据此，从 1971 年起，政府开始实施《马吉依斯迈报

---

① 马来西亚华校董事联合会总会出版组编：《董总三十年》（下册），吉隆坡：马来西亚华校董事联合会总会 1987 年版，第 667、668 页。

② 叶玉贤：《语言政策与教育——马来西亚与新加坡之比较》，台北：前卫出版社 2002 年版，第 135、136 页。

③ Ibid. ,Tham Seong Chee. *Malays and Modernization*: *A Sociological Interpretation*. p. 116.

④ Ibid. ,Tham Seong Chee. *Malays and Modernization*: *A Sociological Interpretation*. p. 130.

告书》的主张，即不以学生的学业成绩，而以族群的人口比例作为国立大学收生的根据，即所谓的“固打制”。虽然在华人政党的争取下，1979 年 6 月 28 日内阁制定的“政府大学招生政策”，将国立大学收生的“固打”比例作了调整，即 55% 学额分配给土著，45% 分配给非土著（华裔占 35%，印裔占 10%）[①]，但大学招生向马来人倾斜的情况始终没有改变。

20 世纪 70 年代初国会通过的宪法修正案，还特别赋予最高元首权力，谕令大专院校为土著保留一定比例的学额。[②] 马来西亚的教育政策规定，除了教育部长特别批准外，学校不能够拒绝获得政府奖学金或公共机构资助的学生入学。[③] 根据这一政策，马来人和东马土著进入学校只需要达到很低的要求，经常是有政府奖学金，以及只通过一门主要科目的考试，或两门副科的考试，或是通过高中的核定考试就可以。教育部长和其他部门的部长都可以通过政府奖学金或公共机构资助和最低考试要求，直接或间接地影响学校招生的学生族群构成。

再有，就是成立了不少主要以马来语为教学媒介的大专院校，如成立理科大学（1969 年）、国民大学（1970 年）、农业学院（1972 年）、技术学院（1972 年）等。之后是开放高等教育，成立各种国立或私立的大专院校。根据教育部的统计，截至 2001 年，全国共有 12 所工艺学院、16 所国立大学、8 所私立大学、4 所国外大学分校和 690 所私立学院。另外，政府还计划在每一个国会选区设立一所社区学院。政府的计划指标，是在 2010 年达到至少 40% 的青年接受大专教育的目标。[④] 另一资料显示，到 2005 年，国内共有 559 间私立高等学府，其中有 212 间属于土著，283 间属于非土著，64 间属于政府。[⑤]。

除了大学学额的倾斜，在专业方面，政府也尽量引导马来人选择与经济发展有关的专业。早在 1967 年，马来亚大学已经开始专门为马来人学生开办医学预科，以帮助他们将来选择医科，1972 年，马来亚大学增开工程学预科班。土著信托局（马来文缩写为 Mara，以下中文简称玛拉）于 1965 成立后，也把培训和教育马来人作为重要任务，并成立了 8 个相应的专科学校和学院，开设计算机、工程、商课以及大学预科等专业，到 1972 年，玛拉属下的学校增加到 13 所，全部招收马来人学生。[⑥]

进入 21 世纪，配合培养更多土著企业家和专业人才的需要，根据马来西亚

---

① 《628 方案》，（马来西亚）《南洋商报》2001 年 5 月 12 日。

② Ibid. ,R. K. Vasil. *Ethnic Politics in Malaysia*. p. 191.

③ Ibid. ,Tham Seong Chee. *Malays and Modernization*: *A Sociological Interpretation*. p. 134.

④ 教总调查研究及资讯组整理：《马来西亚教育概况》，（马来西亚）教总网站，http://ucstam. djz. edu. my/，2004 年 8 月 10 日。

⑤ 《559 私立高等学府》，（马来西亚）《星洲日报》2005 年 7 月 22 日。

⑥ Ibid. ,Tham Seong Chee. *Malays and Modernization*: *A Sociological Interpretation*. p. 134，p. 144，p. 146.

第三个远景计划，政府为了帮助土著获得更多的高等教育机会，让土著享有更高收入，不仅要求公立大学为土著提供更多的学额，也要求私立大学等高等教育学府录取更多土著学生，以栽培更多土著专业人才应付市场需求。[①]

（三）为马来人学校和学生提供各种优惠

为了改善马来人的教育状况，提高马来人的整体教育水平，政府对马来人教育给予了大力的财政扶持。

1. 学校拨款

独立以来，政府在学校拨款上明显偏重马来人就读的国民小学，20 世纪 70 年代的拨款，国民小学获得拨款占政府对国立小学拨款总额的 91%。[②] 国民小学拨款所占比例还不断增加，如在第七大马计划（1996—2000 年）下，国小学生人数占 75.3%，却获得 96.54% 的拨款（如表 3－3 所示）。

表 3－3　第六至第九大马计划下国民小学的发展拨款（1991—2010 年）

大马计划	拨款总数（马元）	国小拨款（马元）	百分比（%）	学生总数	国小学生	百分比（%）
第六大马计划（1991—1995 年）	1 262 844 000	1 133 076 000	89.72	2 528 494（1991 年）	1 845 400	72.98
第七大马计划（1996—2000 年）	1 064 039 000	1 027 167 000	96.54	2 826 357（1996 年）	2 128 227	75.30
第八大马计划（2001—2005 年）	4 900 000 000	4 708 800 000	96.10	2 914 948（2001 年）	2 209 736	75.81
第九大马计划（2006—2010 年）	4 837 300 000	4 598 120 000	95.06	3 044 396（2006 年）	2 298 808	75.74

根据董总资讯局资料编制，见（马来西亚）董教总网站，http：//www.djz.edu.my/，2006 年 11 月 3 日。

由于资金比较充裕，国民小学的硬体设施均颇为齐全，师资来源和教学质量也较有保障，连对小学生的资助面也比较广泛。如政府的贷书计划规定，国小学生的父母收入少于 2 000 马元的就可以申请，但华小、淡小的学生若要申请贷书，父母收入则必须少于 1 000 马元。[③]

---

① 前引，《〈第三经济展望纲领〉拟机制提高土著专业人士比例》。

② 前引，郑良树：《马来西亚华文教育发展史》（第四分册），第 297 页。

③ 前引，教总调查研究及资讯组整理：《马来西亚教育概况》。

2. 提供奖学金

政府扶持马来人教育的办法，还有提供奖学金。奖学金是为两类学生而设，第一种是为聪明学生而发的奖学金，另一种则是发给经济困难的学生①，特别是乡村马来农民子弟，以保证他们都能接受基本的教育。

提供奖学金，也是政府培养马来人大学生的重要措施之一。独立后很长一段时期，教育部都规定国家高等教育基金申请者，仅限于本地 11 间政府大学及 5 间私立大学的学生，因这些学校的学生主要是马来人，所以能够获得基金的自然也以马来人为主，而那些因配额限制而进本地私立学院读书的非马来人则无缘受惠。国家高等教育基金也由此被认为是族群“配额制的延伸”，被华社指责为“政府只会照顾马来人”的不平等措施。②

例如，马来西亚最高学府马来亚大学，随着马来人大学生的增加，政府对每一学生的开支从 1970 年的 3 700 马元增加到 1979 年的 12 900 马元。在马来亚大学 1974—1975 年度总共 4 930 份奖学金中，马来人学生得到 3 505 份，占 71%。③另外，专门资助马来人教育的玛拉，在第五大马计划（1986—1990 年）下，要求政府拨款 18 亿马元，比它在第四大马计划（1981—1985 年）下所获的多了一倍。当时它的计划是赞助 18 700 名学生在国内外高等学府以及 109 212 名学生在玛拉职业学院读书。④

进入 21 世纪，为配合培养更多土著企业家和专业人才的需要，政府再三表示要增加高等教育基金的拨款，以发出更多教育贷款予土著学生，增加土著深造的机会。政府还特别强调为低收入土著学生提供教育贷款，让他们有机会奔赴国外著名大专学府深造。⑤

四、文化宗教政策

（一）文化政策

“5·13”事件前，政府基本承认多元文化存在的事实，并不阻碍其他族群发展自己的文化。“5·13”事件发生后，文化分歧被看作是族群暴乱的一个原因，

① 前引，马哈迪医生著，叶钟铃译：《马来人的困境》，第 41 页。

② 洪嘉玲：《国内华印裔清贫生喜讯》，（马来西亚）《南洋商报》2000 年 6 月 11 日。

③ Ibid.，Anthony S. K. Shome. *Malay Political Leadership*. p. 100.

④ 华社资料研究中心编：《检讨马来西亚教育》，吉隆坡：马来西亚雪兰莪中华大会堂 1990 年版，第 12 页。

⑤ 前引，《〈第三经济展望纲领〉拟机制提高土著专业人士比例》。

寻求文化的融合在执政者看来是刻不容缓的，并在20世纪70年代初接受马来亚大学举办国家文化大会时所提出的国家文化概念的三点原则：①马来西亚的国家文化必须以本地区原住民（土著）的文化为核心；②其他适合及恰当的文化元素可被接受为国家文化的元素，但是必须符合第一及第三项的概念才会被考虑；③伊斯兰教为塑造国家文化的重要元素。这些以马来人及伊斯兰教文化为主流的文化概念及其三大原则，逐渐发展成为国家文化政策。[①]

在上述文化政策的指导下，各级政府推出了一系列促进与弘扬马来人文化的措施，如文化青年体育部加强对马来文化的研究，成立文化发展机构和地区性的文化组织，推动各种马来文化活动；教育部规定工艺大学毕业生要着马来传统服装及宋谷参加毕业典礼；学校的表演活动穿插传统马来舞蹈以及传统马来乐器演奏；工商部要求所有商店招牌必须标示马来文等。[②]

（二）宗教政策

马来人的伊斯兰教作为马来西亚的国教，一直得到政府的特别重视。“5·13”事件后，与国家文化政策强调伊斯兰教的精神，以及顺应日益高涨的世界伊斯兰复兴运动，马来西亚政府更是大张旗鼓地在国内推行各种“伊斯兰化”政策：强调在生活上、行政上更符合伊斯兰教教义，宣称要“把伊斯兰教的价值观注入国家行政”[③]。政府宣布修订国家法律系统，使之与伊斯兰教法律更一致；宣布政府机器的伊斯兰教化，并拨款建立东南亚伊斯兰教研究中心、伊斯兰教大学、伊斯兰金融系统，为国际伊斯兰教训练基地建立长期基地，建立伊斯兰教医学中心，在马来西亚城市里推广建立“伊斯兰教村”，在各地建立更多的清真寺，在电台和电视大量增加有关伊斯兰教的节目，广播伊斯兰教的召祷声。[④] 巫统领袖出席各种伊斯兰教的庆典仪式，宣称“巫统是马来西亚历史最长和世界上最大的伊斯兰教党”[⑤]。前首相马哈蒂尔还于2001年9月宣布，马来西亚是一个伊斯兰教国。[⑥]

---

① 前引，林水檺、何启良、何国忠、赖观福编：《马来西亚华人史新编》（第三册），第52、53页。

② 前引，林水檺、何启良、何国忠、赖观福编：《马来西亚华人史新编》（第三册），第53、54页；李灵窗：《马来西亚华人延伸、独有及融合的中华文化》，福州：海峡文艺出版社2004年版，第135页。

③ 前引，张文光：《三角关系：大马宗教自由法律浅析》，第194、195页。

④ Hussin Mutalib. *Islam and Ethnicity in Malay Politics*. New York：Oxford University Press，1990. p. 134.

⑤ Ibid. ,Vidhu Verma. *Malaysia*，*State and Civil Society in Transition*. p. 108.

⑥ 《首相宣布大马是回教国》，（马来西亚）《星洲日报》2001年12月31日。

第三节 马来社会发展及其影响

马来人的政治优势，以及随之实施的马来人优先政策，不仅给马来人带来了的全面保护，处处凸显这个国家的马来人特征，让马来人有一种政治优越感，更重要的是有效地促进了马来人经济、教育等各个领域的迅速发展，给马来人带来了真正的实惠，使马来人与华人在经济发展和文化教育等方面的差距明显减小。

一、马来人经济发展

由于政府的强力扶持，马来西亚的社会重组计划获得了巨大的成功，以马来人为主的土著已经全面地参与到马来西亚各个经济领域，并取得骄人的成绩。

（一）股权占有比率大大提高

按照官方公布的统计数据，20 世纪 70 年代推行新经济政策以来，马来西亚股权拥有权重组计划获得很大的成功，土著在有限公司股权的比例已从 1970 年微不足道的 2.4%，提高到 1990 年的 19.30% 和 1995 年的 20.60%，土著拥有股票的市价面值也从 1970 年的 125.60 百万马元，上升到 1995 年的 36 981.20 百万马元，增长了 293.44 倍，增幅是非常惊人的（如表 3－4 所示）。虽然由于外资股权比例增加，1999 年土著股权比例下降到 19.1%，但面值增加到 593.944 亿马元，比 1995 年增长了 60.60%，增长速度依然惊人。在个别公司的控制权方面，根据公司注册官的资料显示，土著控制超过 50% 股权的公司已占所有注册公司总额的约 19%，在吉隆坡股票交易所，土著持有控制性股权（即 35% 以上）的公司达 108 家，占所有挂牌公司总额的 23%。[①]

另外，虽然土著股权占有还没有达到新经济政策设定 30% 的目标，与华人相比也还存在一定的差距，但由于得到政府强有力的支持，土著拥有的股权以超强的速度迅速发展，1970—1988 年的年增长率高达 32.20%，远远超过华人股权增长率的 18.70%；进入 20 世纪 90 年代后，土著股权增长速度略为放慢，但年均也取得 12.10% 的增长，超过同期平均增长率的 10.70% 和华人股权增长率的 8.30%（如表 3－5 所示）。从发展的角度而言，土著股权的继续迅速提升，是毫无问题的。

① 杨名万：《华商应力争上游免受淘汰》，（马来西亚）《资料与研究》1997 年第 27 期。

表 3 - 4　马来人企业股本拥有权统计（1970—1995 年）

单位：百万马元

组别	1970 年	百分比（%）	1988 年	百分比（%）	1995 年	百分比（%）
土著	125.60	2.40	19 057.60	19.40	36 981.20	20.60
土著个人	84.40	1.60	12 751.60	13.00	33 353.20	18.60
信托机构	41.20	0.80	6 306.00	6.40	3 628.00	2.00

根据以下资料编制：The Report of the National Economic Consultative Council，1991，Table 14；Mid-term Review of Sixth Malaysia Plan，1991 - 1995，Table 3 - 5；Seventh Malaysia Plan，1996 - 2000，Table 3 - 5. 转自前引，林水檺、何启良、何国忠、赖观福编：《马来西亚华人史新编》（第二册），第 337、341 页。

注：①“土著个人”包括那些引导土著个人基金的机构，如土著信托局、伊斯兰教朝圣基金等；②“信托机构”包括通过信托机构持有的股票，政府通过其他机构或公司拥有的股票，如国民投资公司、城市发展局等；③1995 年的企业拥有权不包括由联邦、州和地方政府持有的股票。

表 3 - 5　企业股本增长速度族群组别统计（1970—1995 年）

单位：%

组别	1970—1988 年增长率	1991—1995 年增长率
土著	32.20	12.10
土著个人	32.20	16.80
信托机构	32.20	8.20
非土著	—	9.00
华人	18.70	8.30
印人	18.30	20.60
托管公司	26.10	10.20
外国居民	11.50	12.60
总数	—	10.70

根据以下资料编制：The Report of the National Economic Consultative Council，1991，Table 14；Mid-term Review of Sixth Malaysia Plan，1991 - 1995，Table 3 - 5；Seventh Malaysia Plan，1996 - 2000，Table 3 - 5. 转自前引，林水檺、何启良、何国忠、赖观福编：《马来西亚华人史新编》（第二册），第 337、341 页。

而且，到 1995 年底，土著个人与机构的持有额占总额的比率，已从 1970 年的1.6%提升到18.6%，土著个人股本资金的绝对值，也从84.40百万马元增长到33 353.20百万马元，增幅超过394倍。显然，越来越多的土著企业家已经崛起，土著已不再像过去那样需要依靠信托机构来支撑局面。事实上，根据马来西亚政府统计局1991年的统计，土著雇主人数已从1980年的53 416人增加到63 346人。①

（二）就业行业与职业结构变化

1. 就业行业变化

根据官方统计资料，马来人仍然是马来西亚农业领域和政府行政的最主要劳动者，马来人在农业就业的比重，从1957年的60.2%上升到1995年的76.1%，在政府部门的就业比重也从52.7%提升到65.3%，不过，由于农业在经济中的比重降低，农业就业的比重大幅度减少，马来人农民的绝对人数已明显减少。同期马来人在其他经济领域就业的比例大大提高，分别是制造业从20.0%提升到53.9%，商业从16.4%到41.0%，金融16.4%提升到42.5%，这些都是收入比较高的行业。另外，电力、煤气、供水从33.3%提升到70.8%，采矿业从17.2%提升到51.2%，电力、煤气、供水和采矿业的马来人就业，很多是到收入比较高的石油天然气领域；马来人在建筑业的就业比重从1957年的32.4%提升到1995年的44.2%，运输、仓储、通信则从36.0%提升到55.4%（如表3－6所示）。

表3－6　马来人占全国行业就业比率（1857—1995年）

单位：%

年份／部门	1957	1970	1980	1990	1995
农林牧渔业	60.2	67.6	67.9	76.4	76.1
采矿业	17.2	24.7	31.1	48.7	51.2
制造业	20.0	28.8	42.6	50.3	53.9
建筑业	32.4	21.8	31.5	43.1	44.2
电力、煤气、供水	33.3	47.1	50.0	69.6	70.8
运输、仓储、通信	36.0	42.9	41.8	54.4	55.4
批发零售商业、旅店、餐饮业	16.4	22.7	29.9	38.3	41.0
金融、保险、物业、公共汽车	16.4	31.6	37.5	41.1	42.5

① Abdul Rahman Embong. *State-led Modernization and the New Middle Class in Malaysia*. p. 40.

（续上表）

年份 部门	1957	1970	1980	1990	1995
政府部门	52.7	69.4	77.9	65.9	65.3
其他服务业	26.7	37.9	48.1	66.9	67.1
总计	44.8	52.4	53.6	57.8	57.8

根据以下资料整理：Ibid.，Lee Kam Hing and Tan Chee-Beng eds. *The Chinese in Malaysia*. p. 105.

马来人在许多部门的就业比率，显然已逐渐接近新经济政策重组社会中对族群行业就业的要求，即是1970—1990年土著在各部门所占比重，第一产业从67.6%降到61.4%，第二产业从38%上升到51.9%；第三产业从37.9%上升到48.4%。只有第一产业相差大一些，但由于农林牧渔业在国内生产总值中所占比率日益降低，就业人数不断减少，马来人在这一产业的就业比重，对马来人经济的影响也大大减轻了。根据马来西亚政府第一、二远景计划的资料，农林牧渔业在国内生产总值的比率已从1970年的29.0%降低到2000年的8.7%。[①]

2. 职业结构变化

与马来人的行业结构变化相适应，马来人的职业也发生了很大变化，在各种职业所占比例，除了农业劳动者的比重变化不大外，其他职业的比例都大大提高，从1957—2000年提升的幅度，分别是专业技术人员25.5%；教师、医护人员26.2%；行政人员、管理人员24.7%；办事人员35.1%；商业人员29.1%；服务业人员22%，生产工人21.8%（如表3-7所示）。增幅非常明显。专业技术人员，经营管理人员，办事人员，商业人员，服务性人员，教师、护士等大多数指标都超过计划指标（如表3-8所示），只有生产性人员和农业劳动者的指标还没有达到，前者离指标相差不到5个百分点，后者没有达到指标，则是马来人及政府都非常乐于见到的。

① OPP2 Sectoral Targets and Achievements.（马来西亚）经济平台网站，http://www.mytrade.com.my/，2006年12月28日。

表 3－7　马来人占全国职业就业比重（1957—2000 年）

单位：%

职业＼年份	1957	1970	1980	1990	2000
专业技术人员	41.0	45.8	55.0	60.5	66.5
教师、医护人员	49.2	53.3	59.7	68.5	75.4
行政人员、管理人员	17.5	23.2	25.9	28.7	42.2
办事人员	27.1	35.7	50.4	52.4	62.2
商业人员	15.9	22.8	29.2	29.9	45.0
服务业人员	39.7	45.8	56.9	57.8	61.7
农业劳动者	62.1	68.9	69.9	69.1	61.8
生产工人	23.7	34.0	41.8	43.6	45.5
总计	47.3	52.4	52.9	52.9	54.4

根据以下资料整理：Ibid.，Lee Kam Hing and Tan Chee-Beng eds. *The Chinese in Malaysia*. p. 109.

表 3－8　土著职业结构的计划指标（1990—2000 年）

单位：%

职业＼年份	1990	2000
专业技术人员	50.0	63.2
经营管理人员	49.3	34.7
事务员	47.9	56.2
推销员	36.9	40.2
农业劳动者	62.3	75.3
生产性人员	52.0	50.6
服务性人员	52.3	64.3
教师、护士	—	73.1

资料来源：根据“马来西亚第二远景计划书（1991—2000）”资料编制；前引，山下彰著，汪慕恒译：《马来西亚新国家发展政策的概要与各种课题》。

注：此表的经营管理人员指行政人员、管理人员，事务员主要指办事人员，推销员主要指商业人员。

（三）收入增加与贫困率降低

1. 马来人收入

马来人在行业与职业就业结构的变化，表明新经济政策重组族群职业占有比率的目标基本达到，过去因族群职业差别造成的族群收入差距也随之收窄，马来人的贫困率大大降低。

根据马来西亚政府官方统计，马来人收入的绝对值从 1970 年的 172 马元提升到 2004 年的 2 711 马元，增幅高达 14.76 倍。华人的收入虽然仍然为最高的 4 437 马元，但仅增长 10.26 倍。华人与马来人收入的差距已从 1970 年的 1∶2.29，缩小到 1997 年的 1∶1.83 和 2004 年的 1∶1.64（如表 3－9 所示），政府拟在 2010 年将土著与华族收入比例差距拉近为 1∶1.5，一些人估计，到 2020 年有关比例会改善到 1∶1.35。[①] 甚至有评论认为，虽然华人家庭平均收入高过马来人，但土著的增长率比华人迅速，马来人会在 20 年内追上华人。[②]

表 3－9　马来西亚各族群的家庭月收入（1970—2004 年）

单位：马元

族群＼年份	1970	1975	1984	1987	1990	1995	1997	2004
马来人	172	492	852	868	940	1 604	2 038	2 711
华人	394	938	1 502	1 430	1 631	2 890	3 737	4 437
印度人	304	756	1 094	1 089	1 209	2 140	2 896	3 443
其他族群	813	1 904	2 454	2 886	1 105	1 744	2 625	—
全体	264	693	1 095	1 074	1 169	2 008	2 607	—

根据以下资料整理：Ibid.，*The Chinese in Malaysia*. p. 112.（马来西亚）经济平台网站，http://www.mytrade.com.my/，2006 年 4 月 3 日。

2. 马来人贫困率

随着收入的增加，马来人的贫困率虽然还是最高的，但已明显降低，从 1970 年的 64.8%，降低到 1990 年的 23.8% 和 2004 年的 8.3%，与全国平均水平越来越接近，同期马来人聚居最多的农村，贫困率也从 58.7% 降低到 21.8 和 11.9%（如表 3－10 所示）。

① 《希山：巫裔亿万财富易手　政府合约外流他族》，（马来西亚）南洋网，http://www.nanyang.com/，2006 年 11 月 14 日。

② 詹运豪著，洪嘉玲译：《驳“华人支配经济”论》，（马来西亚）《南洋商报》2000 年 6 月 4 日。

表 3－10　马来人的贫困率（1970—2004 年）

单位：%

年份 / 群体	1970	1990	1999	2004
马来人	64.8	23.8	12.4	8.3
乡村	58.7	21.8	14.8	11.9
全国	—	17.1	7.5	5.7

资料来源：根据“马来西亚第一远景计划（1971—1990 年）”、“马来西亚第二远景计划（1991—2000 年）”和 2006 年（马来西亚）《南洋商报》资料编制。

随着人口的城市化，农村马来人越来越少，他们虽然依然是最贫穷的群体，但除了享受各种政策优惠外，也享受比较完善的社会设施。按照 2003 年的数据，92% 的乡村地区获得电供，86% 获得水供。① 另外，由于马来西亚实行农村工业化，农民的非农业收入占农户收入的比例越来越大，甚至成为农户更重要的收入来源。根据 1990 年农业人口普查报告，非农业收入占农户年收入的平均比例是 57.5%，即家庭总收入为 5 901 马元，其中农业收入为 2 505 马元，非农业收入为 3 396 马元。比重最高的森美兰州，非农业收入高达 72.3%，最低的玻璃市州也有 50%（如表 3－11 所示）。这不仅仅是收入来源的明显增加，更重要的是，表明了马来农民与工商业的联系越来越紧密，农民经济有可能随着农村工商业的发展而继续发展。

表 3－11　西马小园主来自农业与农业部门的平均收入（1990 年）

单位：马元

项目 / 州属	来自农业收入	来自非农业收入	家庭总收入
雪兰莪	3 480	4 642	8 122
槟城	2 802	3 966	6 768
玻璃市	3 369	3 372	6 741
柔佛	2 795	3 865	6 660
彭亨	2 858	3 474	6 332
马六甲	1 917	3 781	5 898
丁加奴	2 257	2 832	5 378

① 翱思：《助弱势群体融入社会》，（马来西亚）南洋网，http://www.nanyang.com/，2006 年 4 月 7 日。

（续上表）

项目 州属	来自农业收入	来自非农业收入	家庭总收入
霹雳	2 547	2 832	5 378
森美兰	1 449	3 528	4 877
吉兰丹	2 332	2 862	4 973
吉打	2 332	2 635	4 967
平均数	2 505	3 396	5 901

资料来源：《1990 年农业人口普查报告》，转自（马来西亚）《工商世界》1995 年第 3 期。

二、马来人教育发展

独立前，马来西亚的马来文教育仅限于小学教育，独立后，在政府不断进行教育马来化和不断增加对教育，特别是增加对马来人教育的投入下，马来人自然成为最大的受惠者，不但马来语在教育的重要地位越来越突出，各级马来文学校也持续增加，这就保证了马来人得到很好的受教育机会，受教育水平不断提高。

（一）马来人普及教育

首先，以马来语为教学媒介的国民小学不断增加，西马的国民小学从 1957 年的 2 190 间，增加到 1967 年的 2 324 间，增加了 134 所，在校学生人数也从 1957 年的 441 567 人增加 1967 年的 591 560 人。全马马来文小学从 1970 年的 4 277 所，增加到 2006 年的 5 774 所，增加了 1 497 所，学生人数也从 104. 7 万人增加到 229. 9 万人，增长了 1 倍多或 125. 2 万人（如表 3 – 12 所示）。独立前，马来西亚没有马来文中学，独立后，通过政府兴建，以及改制其他族群中学等方式扩大马来文中学教育，到 2000 年，马来西亚已有以马来文为教学媒介的国民中学 1 538 所，学生 179. 5 万人。这些中学，原来有些是华文中学和英文中学，但 20 世纪 80 年代以来全部改变为以马来文作为主要教学媒介语的马来文中学。另外，政府还开设了专门面向马来子弟的其他中学，如寄宿学校，到 2002 年初有 39 所寄宿学校，目的是协助乡区学习优异的学生获得寄宿的便利和完善的学习地方；56 所宗教中学，这些学校除了重视数学和科学等其他科目的学习外，也重视宗教科目的学习。① 适龄的马来人子弟基本都可以接受母语中小学教育。

表 3-12　马来西亚国民小学统计（1938—2006 年）

年份	学校（所）	学生人数（人）
1938	788	56 904
1947	1 231	164 528
1957	2 190	441 567
1967	2 324	591 560
1970	4 277	1 046 513
1980	4 519	1 353 319
1990	4 994	1 770 004
2000	5 379	2 216 641
2006	5 774	2 298 808

根据马来西亚董教总资料整理，见教总网站，http：//ucstam. djz. edu. my/，2006 年 11 月 10 日；1970 年以前是西马数据，以后是全马数据。

教育资源丰富，使马来文中小学校遍布所有马来人聚居地区，马来人虽然居住在落后的农村，但在教育普及方面却与其他族群不相上下，各年龄层入学的比率和其他族群基本持平，早在 1980 年，5～9 岁马来儿童的入学率就达 62%，和印度人一样，比西马平均率仅低 1 个百分点，比华人低 3 个百分点；而 10～14 岁年龄段的入学率，则从 1970 年的 93% 增加到 1980 年的 97%，和平均率持平，高于印度人，仅低华人 1 个百分点（如表 3-13 所示）。

表 3-13　西马各族群各年龄组别曾入学的人数比率（1970 年、1980 年）

单位：%

族群／年份／年龄	马来族		华族		印族		其他		平均比率	
	1970	1980	1970	1980	1970	1980	1970	1980	1970	1980
5～9 岁	61	62	65	65	61	62	61	62	62	63
10～14 岁	93	97	96	98	88	95	82	90	94	97

① Secondary School，Source：Educational Planning & Research Division. 马来西亚教育部网，http：//www. moe. gov. my/，2004 年 5 月 11 日。

（续上表）

年龄＼族群/年份	马来族		华族		印族		其他		平均比率	
	1980	1970	1980	1970	1980	1970	1980	1970	1980	1970
15～19 岁	91	96	94	97	87	92	77	82	91	96
20～29 岁	83	92	86	94	83	89	79	76	84	92
30 岁以上	44	59	54	64	57	66	58	59	49	61
5 岁以上	68	77	74	79	71	78	68	69	70	78

资料来源：1970/1980 Population and Housing Census of Malaysia. 转自前引，林水檺、骆静山编：《马来西亚华人史》，第 463 页。

教育的普及还使马来人的识字率不断攀升。战前西马马来人的识字率很低，但随着政府对教育的大量投入，以及不断地兴办各级马来文学校，马来人总体识字率大大提高。根据 1970 年的户口普查，他们的识字率已经从 1931 年的 17.4%[①]提高到 62%，1980 年再提升到 77%，比一直在教育上领先的华人还分别多 4% 和 3%，并分别高于平均水平比率 61% 和 75%（如表 3－14 所示）。另外，据新闻部公布的报告，1996 年西马识字的成年人共有 958.7 万人，以男性占多数，年龄越大者，识字率越低；收入越高者，识字率越高。在族群中，马来人是识字率最高的族群，比例为 92%，超过华人和西马成人识字率的 91%。这份报告书的数字来源大马市场调查私人有限公司的调查结果，该公司从 1995 年 7 月开始进行调查，一直到 1996 年 6 月结束，调查对象的年龄均在 15 岁以上（如表 3－15 所示）。

表 3－14　西马各族群识字率（不分男女）（1970 年、1980 年）

单位：%

年份	马来人	华人	印度人	其他	总计
1970	62	58	64	67	61
1980	77	74	74	68	75

资料来源：1970/1980 Population and Housing Census of Malaysia. 前引，林水檺、骆静山编：《马来西亚华人史》，第 468 页。

① 前引，林水檺、骆静山编：《马来西亚华人史》，第 267 页。

表3-15　西马各族成年人识字率比较（1996年）

单位：千人，%

族群	成年人人口	识字	不识字
马来人	5 786	5 394（92%）	482（8%）
华人	3 280	2 993（91%）	286（9%）
印人及其他	1 383	1 198（87%）	184（13%）
总计	10 539	9 587（91%）	952（9%）

资料来源：《马来成年人识字率最高》，（马来西亚）《资料与研究》1997年5月。

（二）马来人高等教育

教育普及制度以及政府的扶持政策，使独立后特别是20世纪70年代以来的马来人高等教育迅速发展。

1970年西马马来人大学毕业生为1万人，占总毕业生的28%，获得大学学位的仅有2 300人，比华人的6 300人少了整整4 000人或少了173.9%，甚至比印度人的2 500人还少，但到1980年，马来人毕业生人数增加到3.9万人，增长了近3倍，所占比例提高到44%，获得大学学位的比例，也从1970年占19%提升到38%（如表3-16所示）。虽然和其他族群相比还有差距，但马来人接受高等教育的数量和质量的增长速度，显然都非常迅速。

表3-16　1970年和1980年西马族别高等学府毕业生统计

单位：千人，%

族群	1970年						1980年					
	大学学位		其他文凭		共计		大学学位		其他文凭		共计	
	人数	百分比	人数	百分比	人数	百分比	人数	百分比	人数	百分比	人数	百分比
马来人	2.3	19	7.6	33	10.0	28	21.9	38	17.2	54	39.1	44
华人	6.3	50	10.8	47	17.0	48	24.2	42	10.8	34	35.0	39
印度人	2.5	20	3.1	14	5.6	16	7.5	13	2.5	8	9.9	11
其他	1.4	12	1.4	6	2.8	8	3.5	6	1.4	4	4.9	6
总计	12.5	100	22.9	100	35.4	100	57.0	100	31.9	100	88.9	100

资料来源：1970/1980 Population and Housing Census of Malaysia. 前引，林水檺、骆静山编：《马来西亚华人史》，第470页。

马来西亚国立大学的马来人大学生比例也不断上升，据第三、四、五大马计划的资料，马来人在马来西亚国立大专院校的比例，从1970年的53.7%，提升到1975年的71.3%、1980年的73.3%、1985年的75.5%，大大超越其人口比例。[①] 另据马来西亚国民大学创办人再那阿比丁教授的资料，1969年之前，马来学生的入学比例只占40%，到1978年，即距离1969年“5·13”事件将近10年之后，马来学生进入大学的比率提高到68%。[②] 马来西亚最高学府马来亚大学的马来人学生比例，也从1970年的49.7%提高到1979年的66.4%。[③] 20世纪70年代以来，尽管遭到其他族群的抗议，马来人大学生占国立大学学生高比例的情况一直没有变，在2006—2007学年政府大学录取的40 016名新生中，马来人学生仍占62.37%或24 957人。[④]

结果，在20岁左右接受高中以上教育的族别人口比率中，马来人的比例，1991年是10.3%，2000年增加到17.3%，不仅高于同期全国平均比率的8.9%和16.0%，也高于华人和印度人的比率，1991年和2000年接受高中以上教育的人口比率，华人的比率分别是9.0%和16.5%，印度人的比率分别是7.6%和13.0%。[⑤]

（三）教育发展对马来人经济的影响

教育历来是社会地位与社会流动的关键因素。马来西亚前首相马哈蒂尔在《马来人的困境》一书中曾指出：“贫穷和较少的职业，使马来人待在乡村，由于乡村和贫穷，马来人中，小学教育落在非马来人之后。差劣的中学教育，阻止了马来人接受高等教育和较好的职业与专业训练。缺乏专业性的职业，驱逐马来人到乡村和困境，又再次导致差劣的教育。这已经成为一种恶性循环。”[⑥] 另外，即使找到工作，但教育年限的不同也会影响收入。1966—1967年的西马职业阶次与教育程度的调查显示，在比较高级的专业和技术职位上，受教育越多，收入就越高。当时，马来人由于接受教育的年限低于其他族群，甚至低于全民平均水平，因此，在相同职业的收入，大多数都低于华人和印度人。如专业及行政管理职位的教育年限，西马平均是8.3年，月入364元，马来人则是7.4年，月入

① 董总：《马来西亚华文教育185年简史（1819—2004）》，（马来西亚）董教总网站，http://www.djz.edu.my/，2006年11月2日。

② 前引，《国大创办人再那阿比丁：政府不想失去华人支持　被迫同意现有大学限额制》。

③ Ibid.，Anthony S. K. shome. *Malay Political Leadership*. p. 100.

④ 《新生名单公布　大学录取万二华裔生》，（马来西亚）南洋网，http://www.nanyang.com，2006年6月19日。

⑤ Education and Social Characteristics of the Population，Population and Housing Census 2000，马来西亚统计局网，http://www.statistics.gov.my/，2006年9月19日。

⑥ 前引，马哈迪医生著，叶钟铃译：《马来人的困境》，第50页。

289 元，收入低了 26%，同样的职位，由于教育年限等原因，马来人的收入仅是华人收入 459 元的 63%，是印度人收入 499 元的 60%（如表 3－17 所示）。

表 3－17　西马职业阶次与教育程度收入统计（1966—1967 年）

单位：年，马元

职业＼族群	马来人		华人		印度人		全民	
	教育年限	每月入息	教育年限	每月入息	教育年限	每月入息	教育年限	每月入息
专业及行政	7.4	289	9.2	459	10.5	499	8.3	364
书记	8.4	2 911	9.4	338	9.6	317	9.0	313
销售	4.4	108	5.8	268	4.7	247	5.3	218
手艺及生产操作	4.1	123	4.8	197	6.7	214	4.9	174
交通及运输	4.5	138	5.1	185	5.1	128	4.8	153
劳工	4.7	101	3.5	126	3.8	97	4.1	109
农业	3.1	57	3.7	137	3.8	101	3.2	67

资料来源：Department of Statistics. *The* 1966－1967 *West Malaysian Family Survey*，前引，林水檺、骆静山编：《马来西亚华人史》，第 267 页。

不过，随着马来人教育发展，特别是接受高等教育比率的迅速提高，马来人的整体教育水平与其他族群基本持平，部分指标甚至更高，不少马来人可以通过教育谋求更好的职位与收入，改变自己的命运。

新经济政策重组社会的一个重要内容是培养马来人企业家，造就马来人中产阶级。马来人教育的发展，还为实现这一目标提供了条件，20 世纪 70 年代以来，马来人中产阶级阶层迅速扩大。什么是中产阶级？依据中国台湾林若雩教授所引列的阶级分类，马来西亚阶级分为四大类：①资本家阶级，指的是雇用超过 10 人的雇主；②新中产阶级，主要指政府与私人企业中的专业人士、技术人员、管理与经理人员；③旧中产阶级、自雇者，以及雇用非家族劳工 10 人以下的小雇主；④劳工阶级，包括蓝领劳工和低阶的白领劳工。① 中产阶级包括新中产阶级和旧中产阶级两类，新中产阶级是相对有产的旧中产阶级而言，马来人教育的迅速发展，对马来人新中产阶级的形成影响尤其大。

独立前，由于殖民者忽视当地的工业发展，马来亚的新中产阶级在就业人数中的比例不大，1931 年为 2.1%，1947 年为 2.8%，20 世纪 50 年代增长快一些，

① 前引，林若雩：《马哈迪主政下的马来西亚：国家与社会关系（1981—2001）》，第 180、181 页。

1957年为4.4%。不过，由于族群经济的分工，中产阶级，特别是企业的专业技术和管理人员，主要是华人、印度人和欧洲人。马来人则主要是政府部门的行政和管理人员。[①] 独立后马来人中产阶级不断增加，70年代政府推行新经济政策，全力培养造就马来人中产阶级，这使马来人中产阶级的增长速度更快，占马来人就业人口的比率，从70年代的18%，提升到1993年的28%。[②] 在全国中产阶级的比例也不断扩大，例如马来人占全国专业技术人员的比例，从1957年的41.0%提升到1980年的55.0%和2000年的66.5%，马来人行政管理人员所占比例，从1957年的17.5%提高到1980年的25.9%和2000年的42.2%。马来人中产阶级随着马来工商业的发展而壮大，除了像过去那样成为政府行政人员之外，不少人是国营企业和私人机构的管理人员和专业技术人士。马来人专业技术人员1990年和2000年实际达到的指标分别是60.5%和66.5%（如表3-18所示），均超过马来西亚第一、二远景制订的马来人专业人士计划指标的50.0%和60.3%。[③]

表3-18　马来人占全国职业就业比重（1957—2000年）

单位：%

分类/年份	专业技术人员	行政管理人员
1957	41.0	17.5
1970	45.8	23.2
1980	55.0	25.9
1990	60.5	28.7
2000	66.5	42.2

根据以下资料整理：Phang Hooi Eng. The Economic Role of the Chinese in Malaysia. Table 4.6. In Ibid. ,Lee Kam Hing and Tan Chee-Beng eds. *The Chinese in Malaysia*. p. 109.

在新中产阶级中，其中特别引人注目的是土著专业人士的增加，1970年登记的各领域专业人士，只有4.9%是马来人。[④] 但到1990年，马来人专业人士所

① Abdul Rahman Embong. *State-led Modernization and the New Middle Class in Malaysia*. New York: Palgrave, 2002. p. 36.

② Ibid. ,Robert W. Hefner. Introduction: The Politics of Multiculturalism: Pluralism and Citizenship in Malaysia. In Ibid. ,Robert W. Hefner. *The Politics of Multiculturalism: Pluralism and Citizenship in Malaysia, Singapore, and Indonesia*. p. 30.

③ 前引，山下彰著，汪慕恒译：《马来西亚新国家发展政策的概要与各种课题》。

④ 马哈迪·默哈末医生：《亚洲新契机》，吉隆坡：立腾出版有限公司2001年版，第53页。

占比例增加到20.7%，达5 637人，1999年再锐增到15 321人，占专业人士总数的28.9%。[①] 不到10年，绝对数增加了1.72倍。

马来人中产阶级的增加，特别是专业人士的增加与新经济政策的推行，与马来亚政府20世纪90年代以来强调人力资源培训，强调培养土著专业人士有直接的关系。马来西亚学者宋惠君指出，自从推行新经济政策后，“土著在各个专业领域的参与度，平均增长了39%，包括了会计师、工程师、医生、律师，必须注意的是，这个数据并没有包括教师以及讲师领域，如果包括这两个领域，增长率将超过45%”[②]。一位马来人会计师承认：“我当然是新经济政策下的受益者，我以中等的中学成绩就被保送至国外留学，在完成会计学学位，并在当地工作数年及考取执业准证后才回国，负责辅导我的政府官员希望我能进入华人公司任职，吸取工作经验，并保证在五六年后会让我选择进入政府相关公司或自行创业，且说如我要自行创业，政府尚会安排资金给我。”这位专业人士在一华裔公司工作了5年后，就出来自行开设会计楼。[③] 新加坡国立大学政治系讲师何启良博士指出：“在大马，中产阶级的产生，在很大程度上是依赖政府政策的扶助(在这方面马来社群尤其明显)。”[④]

扶持和促进马来人教育的发展，是马来西亚政府扶持马来社会发展的重要成就之一，也得到马来人社会的广泛认同和肯定。即使在猛烈批评政府各种弊病的《马来人的困境》中，前首相马哈蒂尔也承认，独立后马来西亚的一项成就，是教育服务的大事扩充。[⑤] 2006年的一次座谈会上，马来商会代表赛阿敏也表示：“就以我个人经验来说，新经济政策带给我的只有教育，仅此而已。”[⑥] 根据马来西亚调查机构“默迪卡中心”的调查结果，76%的马来西亚人满意现有的教育制度，感到不满意的占20%。族别整体满意程度，最高的是马来人，达82%，华人和印度人则分别为71%和81%。[⑦]

---

① 前引，《〈第三经济展望纲领〉拟机制提高土著专业人士比例》。

② 《新经济政策　永无休止的伏笔?》，(马来西亚)南洋网，http://www.nanyang.com/，2006年11月27日。

③ 《不是全体土著都受惠》，(马来西亚)南洋网，http://www.nanyang.com/，2005年8月6日。

④ 何启良：《选举后的政局分析》，(马来西亚)《南洋商报》1995年5月14日。

⑤ 前引，马哈迪医生著，叶钟铃译：《马来人的困境》，第51页。

⑥ 前引，《新经济政策　永无休止的伏笔?》。

⑦ 《泰半受访者：被政治化大马教育制度欠持续》，(马来西亚)星洲互动网站，http://www.sinchew.com.my/，2005年12月24日。

三、马来社会发展与族群关系

马来社会发展，特别是马来人经济发展，以及马华两族经济距离的逐步拉近，对马来西亚族群关系产生了比较正面的影响。这不仅是大多数学者的比较一致的看法，马来西亚当地不少华人和印度人也持这一观点。1998 年 5 月印度尼西亚发生排华暴乱后不久，时任马来西亚国会下议院副议长的翁诗杰在评论事件时指出，印度尼西亚华人是这次印度尼西亚暴动的受害者。长久以来，印度尼西亚社会一直存在着贫富悬殊的现象，而贫富之间的鸿沟又与种族离不开关系。一般来说，华人属于较富有的一群，所以容易成为被对付的对象。与印度尼西亚一样，马来西亚也是多元种族的国家，我们当初在新经济政策下所作的忍让和牺牲，确实在某个程度上为我国换取了长治久安，也培养了一群富裕的土著。国际公平世界运动主席詹德拉·慕斯达化也指出："这次印度尼西亚土著对华人所作的攻击以及对华人商家所进行的种种掠夺不是偶然的。这次印度尼西亚的种族动乱让人想起也是多元民族的马来西亚，如果不是当年政府透过新经济政策重组各族经济结构，减少各族间的贫富悬殊，或许我国也一样会发生同样的悲剧。目前，我国的富人不只限于某一族群，而是来自各民族。"①

另外，社会学非常重视"社会分层"与"社会流动"的研究，"社会分层"研究的是社会的静态结构，"社会流动"研究的是在这一结构中人们的动态变化。"社会流动"是指一个存在社会分层的社会里，人们因各种原因和渠道而实现的自我"阶层"身份的变化，这种变化既有自下层向上层的流动，也有自上层向下层的流动。广义的社会流动包括人们在社会位置之间所有的流动，而社会学研究最为关注的社会流动，主要是指职业和收入的变化。②

马来西亚马来人社会上述股权、职业、收入、教育年限等变化，马来人高学历人士的增加，以及新中产阶级的形成和扩大，实际上就是各种社会流动的具体表现，它充分显示了马来人社会经济地位的变化及其实现变化的主要途径。20 世纪 70 年代以来马来人社会经济地位的巨大变化表明，马来人的政治优势及与之相随的马来人优先政策，是促进马来人实现自我"阶层"身份变化的主要原因，"许多政府的优惠政策使得被优惠族群的成员在社会流动机会和经济资源分配方面具有特殊的'优先权'，可以得到很实惠的利益，而且这些利益是制度化的并得到政府的保障。这就使得具有被优惠的'族群身份'本身就成为一种特

① 吴益婷：《印尼华人错在哪里?》，（马来西亚）《资料与研究》1998 年第 34 期。

② 前引，马戎编著：《民族社会学：社会学的族群关系研究》，第 286 页。

殊‘含金量’，并且还是可以遗传的‘社会资本’”[①]。政府的马来人优先政策，同样使马来人在社会流动机会和经济资源分配方面得到特殊惠顾，拥有比其他族群更畅通的“社会流动”渠道，马来人从社会经济的低层“流动”到社会经济的中层或高层的速度，也比其他族群更快。马来人与华人之间的经济差距由此明显缩小，生活水平大大提高，马来人与华人的教育发展几乎处于同样层次，马来人子弟接受高等教育的机会更多。由于马来人的政治优势有增无减，政府对马来人的特别扶持还将继续，马来人对未来的发展，一般都比较乐观，充满信心。

马来社会发展与社会流动对马华两族关系有什么影响？我国社会学研究者认为，不同的社会制度具有不同的社会流动机制。生活在具有一定比率的“社会流动”机制的社会里，人们就会在“能上能下”的社会流动中，寻求自己的前途与发展机会。这样的流动机制有利于减少一个不平等社会中处于低层人们的不满情绪，使他们把对“上层”的不满与愤恨转变为自己积极努力进取的动力。[②] 社会流动尽管是个人行为，但它不仅对个人具有意义，而且对整个社会结构也会产生影响。即使有时互换对流性的社会流动并没有改变整个社会的宏观地位结构配置状况，但社会流动的速度、比率也还是会影响社会结构的性质以及社会运行的状态。这种社会职业层次经常不断地重新分配的做法，在尚不具备完全消灭社会不平等条件的历史时期，能够有效地减少社会不平等可能造成的冲突和摩擦，以及由此而给社会运行带来的恶性影响。[③]

因此，马来社会比较畅通的社会流动机制，无疑有利于减少经济相对落后贫穷、处于经济下层的马来人，对经济相对发达富裕、处于经济上层的华人的不满情绪，从而一定程度地阻止了他们对华人采取比较暴力的行动。至于因新经济政策而晋升富裕阶层和中产阶级的马来人，正如华中师范大学教授韦红所指出的，由于他们的经济地位与华人接近，心理的不平衡逐渐消除，因此对华人也更加宽容。[④]

---

① 前引，马戎编著：《民族社会学：社会学的族群关系研究》，第532页。
② 前引，马戎编著：《民族社会学：社会学的族群关系研究》，第286页。
③ 前引，郑杭生等主编：《社会学概论新修》，第323、325页。
④ 前引，韦红：《东南亚五国民族问题研究》，第143页。

第四章 华人社会发展与族群关系

虽然不少多元族群国家独立后，都是经济落后的最大族群掌握政权，并实施某些有利于本族群的各项政策，但像马来西亚政府那样，对占人口大多数的族群实施全面而且有效优惠政策的国家，在世界上却极为罕见。在多元族群国家中，对一族群赋予特权，必然是对其他族群的不平等，在资源有限稀缺的情况下，对一族群的特别扶持，很多情况下会侵蚀到其他族群的应得利益甚至固有利益。马来西亚也不例外，马来西亚政府在政治行政、经济发展、文化教育等各个领域，对占人口大多数的马来人的大力扶持，不可避免会形成对以华人为主的非马来人的不公平或忽视，时不时侵蚀马来西亚华人公民的政治、文教与经济利益，华人的处境比马来人艰难，华人社会的发展也比马来社会的发展面临更多的挑战。华社因此作出了强烈的反应，并为争取本族的权益而进行了长期不懈的抗争，马来西亚连绵不断的族群课题争论，就是华社对政府族群政策的反应与抗争的表现。

但也必须指出，尽管马来西亚华人多方批评政府的族群政策，但总的来说，独立半个世纪以来，华人与马来人以及以马来人为首的政府，还是以和衷共济为主，华人绝大部分时期都积极参与国家经济建设，自始至终都是马来西亚经济发展所倚重的重要力量，华人对政治的参与，特别是 20 世纪 90 年代以来华人选民转向国阵，对以马来人为首政府的支持也具有举足轻重的意义。

抗争与支持？如何理解这一矛盾现象？

第一节 马来人优先政策对华社的影响

一、政治影响

（一）华人公民法律地位

马来西亚华人无疑是中国境外最早成为当地公民的族群之一。但马来西亚宪法中关于马来人特殊地位的规定，却使华人等非马来人公民从 1957 年独立日起，就与马来人公民有着不同的政治、法律地位。必要时，当局还可以随时剥夺华人的公民权。例如，1961 年，在华社反对华文中学改制为国民中学的运动中，政府就吊销了华教运动领导人、教总主席林连玉的教师注册证，并褫夺了他的公民权，教总教育顾问严元章博士则永远不准进入马来亚联合邦。[①] 遇到社会局势紧张，华人的公民资格还会受到质疑。例如，1969 年“5・13”事件发生后，当局于同年 11 月宣布，在 1962 年 6 月 1 日前按宪法第 30 条规定获得公民权证书的人，须提交证件让政府审查，如果发现生字、姓名有错或申请手续有不妥的，当局可能予以取消或要求其重新申请。据统计，有 27.71 万人是按宪法第 30 条规定获得公民权证书的，他们中大部分人是华人。经过两年的检查，有 95 540 人重新获得公民权，181 160 人被取消原有公民证书，成为非公民。这一公民权事件，加上“5・13”事件后实行的“工作准证措施”，规定非公民必须有工作准证才能工作，这使华人社会人心惶惶，谈虎色变。[②] 1979 年，一位马来人副首相警告那些对自身处境不满的华人富翁时说：“如果我们仿效某外国剥夺批评政府的百方富翁的公民权，那不是一件奇怪的事。”[③]

马来西亚是实施议会民主选举的国家，是否拥有充分的选举权利，是平等公民地位的标志。然而，随着 1962 年选举法修正案确认按地域大小划分选区的原则后，华人选区的选民人数远远超出马来人选区选民人数的选区划分结果，实际上直接削弱了华人公民一人一票的平等政治权利，使华人选民与马来人选民有着不同的选举法律地位。选举制度保证了马来人将永远拥有政治优势，也决定了华人的政治劣势。

（二）华人执政党的公共权力

虽然华人人数众多，且华人政治也非常活跃，但不少政治评论以“边缘化”来诠释马来亚华人政治，认为马来西亚华人政治在整体运作的过程中已经被排斥在外，从核心迁移到边缘[④]。

华人政治边缘化的主要表现之一是华人执政党分享公共权力的不断弱化和边缘化。以华人最大的执政党为例，马华公会作为马来西亚执政联盟的第二大党，和马来人的巫统一样，自 1957 年马来西亚独立以来，执政已有 50 多年。尽管政

① 前引，马来西亚华校董事联合会总会出版组编：《董总三十年》（下册），第 608 页。

② 前引，杨建成：《马来西亚华人的困境：西马来西亚华巫政治关系之探讨（1957—1978）》，第 256 页。

③ 暨南大学东南亚研究所、广州华侨研究会编著：《战后东南亚国家的华侨华人政策》，广州：暨南大学出版社 1989 年版，第 60 页。

④ 前引，何启良：《政治动员与官僚参与——大马华人政治论述》，第 4 页。

府内阁部门不断增加，从1959年的14个增加到1999年的24个，但马华公会始终如一，只获得4个部长职位，即使在大选中为国阵执政立下赫赫战功，在各级议会选举中起到决定性的作用，也没能增加一个正部长的职位。

1999年大选最能说明问题。国阵自成立以来，巫统这个国阵老大所赢得的席位一直都占国阵总席位的一半以上，甚至是占全国总席位的一半。这不仅成为巫统一党独大的依据，还使一些巫统的领袖一直以国阵其他成员党"施舍者"的身份自居，并一再提醒"巫统原本可以单独执政"，却因不"贪权"而跟各族分享权力。[①] 然而，1999年大选，由于马来人分裂的影响，支持巫统的传统马来选票大量流失，以致巫统所获的72席位首次达不到国阵席位的一半（如表4－1所示）；反之，马华则仅比上届减少2席，得到28席，加上民政党7席、砂人联党7席[②]，马来西亚华人执政党赢得的席位超过巫统席位的半数，以巫统为首的国民阵线因而得以再度获胜，并且组建了强势政府。

表4－1　巫统在执政联盟和全国席位的比例（1959—1999年）

单位：席、%

年份	巫统	联盟/国阵	巫统比例	总席位	巫统比例
1959	52	74	70.3	104	50.0
1964	59	89	66.3	144	41.0
1969	51	66	77.3	144	35.4
1974	61	135	45.2	154	39.6
1978	69	131	52.7	154	44.8
1982	70	132	53.0	154	45.5
1986	83	148	56.1	177	46.9
1990	71	127	55.9	180	39.4
1995	88	161	54.7	192	45.8
1999	72	148	48.6	193	37.3

根据以下资料编制：前引，何启良：《政治动员与官僚参与：大马华人政治论述》，第48、63页；（马来西亚）《南洋商报》1995年4月28日、1999年12月1日资料。1978年是一个特例，当时不少反对党，包括马来人反对党也参加国阵，各党竞选席位相应做了调整。

因此，1999年大选后，不少马华基层党员认为，由于马华的贡献，马华理

① 前引，策略资讯研究中心政治分析组编：《巫统的困境：第十届大选分析》，第20页。

② 前引，策略资讯研究中心政治分析组编：《巫统的困境：第十届大选分析》，第10页。

所当然应多分配到一些内阁职位。然而，对于马华提出按选举成绩增加内阁成员的要求，前首相暨国阵暨巫统主席马哈蒂尔公开宣称，他不考虑增加马华在内阁的代表席位，因为这会影响国阵其他成员党的权益，先例一开，其他政党也会要求更多。他还说："马华过去在大选表现虽不理想，但我们一样给予马华同样数目的席位，不会因为成绩欠佳而刻意减少。"① 也就是说，华人选票的作用再大，华人执政党选举的成绩再好，也只能继续保持原有的行政代表名额。

所以，尽管1999年大选后新内阁部门再增加到24个，马华公会依然只获得4个部长职位。由于内阁部门不断增加，从1959年的14个增加到1999年的24个，但马华部长数量依旧数十年不变，马华部长在内阁的比重也从1959年的28.57%或1/4强降到1999年仅占16.67%或1/5弱。而且，马华出任部长的部门曾包括财政部（1959—1974年）和工商部（1959—1968年）两个非常关键的政府部门，其重要性远非1999年的人力资源部、房屋及地方政府部、交通部、卫生部四个部门可以比拟的。马华公会的行政代表权的持续弱化，使华人政党的政治权力地位日趋边缘化。马来西亚华人学者无奈地指出，华族人口虽然仅次于马来人口，但在政治上的势力却无法反映其人口比例。马华公会虽然是执政党之一，但就整体而言却是马来政党巫统的附庸。在行政权上，更能看出华人距离权力中心甚远。②

（三）华人公务员

按照族群行业比率统计，独立以来，在政府部门工作的华人比例已明显增加，从1957年的10.8%提升到1995年的25.5%（如表4-2所示），与华人占全国人口的比例相当。

表4-2　华人在政府部门的就业比重（1957—1995年）

单位：%

1957年	1970年	1980年	1990年	1995年
10.8	11.8	10.4	25.3	25.5

根据以下资料编制：Phang Hooi Eng. The Economic Role of the Chinese in Malaysia. Table 4-4. Ibid. ,Lee Kam Hing and Tan Chee-Beng eds. *The Chinese in Malaysia*. p. 105.

但公务员的服务领域和内容并不相同。根据马来西亚公共服务局《2004年

① 廖小健：《马来西亚华人政治的突破与困惑》，《东南亚纵横》2002年第6期。
② 前引，何国忠：《马来西亚华人：身份认同、文化与族群政治》，第144页。

公共服务局常年报告》的资料，到2004年底，马来西亚共有1 098 638名公务员，占国家人口总数的4.27%，等于1名公务员对23名居民。这些公务员当中，在教育和卫生领域服务的最多，占51.4%，其余的在马来西亚722个公共服务机构服务。这些机构包括140个联邦公共服务机构、248个州公共服务机构、80个联邦法定机构、248个州法定机构以及142个地方执法当局。[①] 华人主要担任国民型中小学教师，在政府机构工作的，则主要是从事一些文员和技术工作，直接从事民事政务服务工作的极少。例如马来西亚警察部队，1957年总数为45 963人，华人仅为2 824人，占6.1%；到2003年，全国警察为85 000名，但华裔只占5%。[②] 人们去政府部门办事时，很少看到华人公务员。按一位政治评论员的说法，是因为“他们不存在，所以你看不到。这个状况自80年代以来就是如此，马华和民政对此无能为力”[③]。每逢马来人的开斋节，因为马来人公务员都放假过节，政府部门都要停止运作长达一个星期。是华人不愿意当公务员吗？当地人认为，其实很多情况下是华人难以进入公共服务领域，以至于部分华人认为就算申请，也不可能通过面试。[④]

出任政府公务员的华人，晋升机会也明显少于马来人。马来西亚华社指出：“在民事服务中非马来人由于人为的因素难以获得升级机会，由此造成的族群极化是尽人皆知的。”[⑤] 按一位政治评论员的观察，到2000年，政府虽然有20多个部门，但没有一个主要部门的常任秘书是华人。管理公务员及制造新职位的公共服务委员会只有一名华人；国内有8家政府大学，但也没有一个副校长是华人。[⑥] 一些华人在分析马来西亚警队的华人任职情况时，也无奈地形容，担任州总警长的华裔似已成绝响，担任市总警长的华裔也如凤毛麟角。[⑦]

另外，华人公务员绝大部分是担任华小和国民型中学的教师，在华小和国民型中学以外的国家教育系统，特别是教育行政部门，华人同样很难觅职和晋升。资料显示，20世纪80年代教育部将近30个高级职位中，从部长一直到体育理事会秘书，只有3个是非马来人。这种情况在几乎每一州的教育局及每一县的教育

---

① 转引自《截至去年有109万公务员》，（马来西亚）星洲互动网站，http://www.sinchew-i.com/，2005年7月25日。

② Ibid.，Tham Seong Chee. *Malays and Modernization*: *A Sociological Interpretation*. p. 68. 前引，罗汉洲：《华裔为何不当警察?》。

③ 詹运豪著，何文雄译：《种族极化会否缓和?》，（马来西亚）《南洋商报》2001年4月28日。

④ 《卡维斯：非土著应占公务员40%》，（马来西亚）星洲互动网站，http://www.sinchew-i.com/，2006年12月15日。

⑤ 前引，华社资料研究中心编：《检讨马来西亚教育》，第14页。

⑥ 前引，詹运豪著，何文雄译：《种族极化会否缓和?》。

⑦ 前引，罗汉洲：《华裔为何不当警察?》。

署都是一样的。[①] 在马来西亚十多所大学里，没有一位华人担任校长或副校长职务，华族讲师的比例非常低，而且每况愈下。以华人讲师比例最高的马来亚大学文学和社会科学院全职教员数据为例，1985—1986 学年讲师的总数是 143 位，其中 33 位是华人讲师，包括 12 位来自中文系。1990—1991 学年讲师总数是 160 位，其中 34 位是华人讲师，包括 13 位来自中文系。1996—1997 学年讲师总数为 109 位，其中 33 位是华人讲师，包括 13 位来自中文系。2001—2002 学年的总数是 103 位，其中 22 位是华人讲师，包括 9 位来自中文系。换句话说，除了中文系以外，各个系的华人讲师少之又少。[②] 马来西亚国立大专院校中，华人讲师比例最高的马来亚大学尚且如此，其他国立大学的华人教师有多少，可想而知。

华人政治的日益边缘化，以及马来人由上而下对整个政府机构的掌控，实际上已大大削弱了华人在族群权益博弈中的地位。政治是什么？政治是在一定的经济基础上，人们围绕着一定利益，借助于社会公共权力来规定和实现一定权利的一种社会关系和活动。人们进行政治斗争，本质上是为了自己的利益而斗争。[③] 华人政党在公共权力结构中的地位，无疑使其维护和争取华人权益的作用大打折扣，自然也无法改变华人在政治层面和政府行政流动的不畅局面。政治与行政权力高度集中于巫统的结果，是在“国家的机关和诸多权力决策的功能上，都反映了马来色彩的独占和领导”[④]。特别是“5·13”事件后，一切针对民族关系与国家发展的重大决策，华人几乎不容置喙，“对马来人有利的许多政策就是这样成了定案”[⑤]。

1999 年，曾任马华公会联络总长的曾崇文，在马华公会 50 周年接受采访时表示：“不论我们喜欢还是不喜欢，军政警大权全部都操控在马来人的手上，我们实在没有条件去和他们硬斗，因为硬斗的结果，吃亏的总是我们。”[⑥]

二、经济影响

1957 年到 1969 年，与政府对马来人农村经济的大力投入相比，华人经济作为国家经济的组成部分，华人作为重要的纳税主体，在很多情况下被政府忽视了。所以，独立后的十多年，华人经济基本沿袭独立前的模式，大多数华人是在

---

① 前引，华社资料研究中心编：《检讨马来西亚教育》，第 14 页。
② 前引，何国忠：《马来西亚华人：身份认同、文化与族群政治》，第 130 页。
③ 前引，郑楚宣等编著：《政治学基本理论》，第 4、31 页。
④ 前引，何国忠：《马来西亚华人：身份认同、文化与族群政治》，第 145 页。
⑤ 前引，黄家定：《马来西亚多元族群的政治——在厦门大学的演讲》。
⑥ 前引，马华公会五十周年党庆纪念特刊编委会编：《为国为民——马华公会五十周年党庆纪念特刊》，第 331 页。

没有资助扶持的情况下孤军奋战，华人经营机构也继续以中小企业居多。1968年以华资为主的8 468家制造业企业中，39.8%是没有雇工的家庭式工场，其余的工厂，雇工不足10人的又占了大半以上。① 在商业方面，1972年政府统计局的数据显示，当时西马华人注册商号占了全部注册商号的71%，其中65%是零售商，2%属批发商，其余属旅店、餐馆和茶室等服务性商号。但这些华人商号的规模都很小，其中45%的商号每年的营业额不到1万元，有些甚至少于5 000元。即使是批发商，他们的营业数额也非常有限，每年不超过10万元的大约占40%。②

但总的来说，由于马华两族政党独立前夕达成的协议，即"马来人保持政治优势，华人保持经济优势"③，以及政府对马来人的扶持侧重于农业，与华人传统经济活动关系不大，对华人经济的负面影响有限，20世纪70年代以前华人在经济领域的发展还是比较自由的。对华人经济造成重大影响的，是"5·13"事件后的新经济政策，以及政府扶持马来人工商业和专业服务业发展的一系列政策。之前发展还算稳定顺利的华人经济，骤然遭到各种限制，并面临国营企业和土著企业的严重挑战，处境一度异常艰难，不仅众多缺乏竞争力的华资小本经营困难重重，连华人大中型企业也备受冲击。

（一）股权规定与股权变化

《工业协调法》有关股权和雇佣中的族群比率规定，使华人创办企业时因寻找土著合伙人和土著工人而困难重重；华资企业发行股票，也必须让马来人购买相应的比例；一些华人的企业股份，按政府的族群股权规定进行重组后大大降低，如乐富门香烟公司的股权比例，原来是外资50%、土著3.92%、非土著46%，1986年6月，公司按政府规定重组后，外资依然是50%，土著提升到30%，非土著的股权则降到20%。④ 后来，子母牌炼奶公司等公司按照政府要求重组股权，华资股权比率也被迫下降，出现了不同程度的马来化。

资金雄厚的大批国营企业也成为华资企业的有力竞争对手，为了迅速提升马来人的经济实力，它们凭借政府的资助大肆收购国内外大企业的股票，如国家企业公司积极吸购森那美集团股票，联邦土地发展局和武装部队基金投资马来西亚最大洋行之一的莫实德公司，东方控股、友乃德机械工程、杨协成、马铝业、八幡钢铁厂、马容器、五金制盒、大石水泥厂等公司将部分股权售给土著或土著机

① 黄滋生、温北炎主编：《战后东南亚华人经济》，广州：广东人民出版社1999年版，第86页。
② 前引，林水檺、骆静山编：《马来西亚华人史》，第233页。
③ 前引，巴素著，郭湘章译：《东南亚之华侨》（上册），第591页。
④ 前引，暨南大学东南亚研究所、广州华侨研究会编著：《战后东南亚国家的华侨华人政策》，第73页。

构等等。①

在国营企业和马来人企业一系列企业收购并购的冲击下，华人在工商业的拥有权比例迅速下降。根据马来西亚第四大马计划的数据，从1970年到1975年华人在西马工商业的拥有权比例，工业（不动产）从33.3%下降到23.6%，制造业从32.5%下降到19.7%，建筑业从88.5%下降到59.2%，交通（不动产）从56.5%下降到37.0%，连华人传统的批发、零售商业以及贸易（周转金）也开始下降（如表4-3所示）。

表4-3　西马工商业族别拥有权统计（1970年、1975年）

单位：%

部门　年份/族别	1970		1975	
	马来人	华人	马来人	华人
工业（不动产）	1.0	33.3	3.5	23.6
开矿与采矿业	0.8	24.9	2.1	32.3
制造业	0.9	32.5	3.6	19.7
建筑业	3.8	88.5	4.5	59.2
贸易（周转金）	1.2	69.5	2.2	58.4
批发	0.7	66.2	1.7	53.3
零售	3.0	81.2	4.2	77.3
交通（不动产）	18.0	56.5	31.2	37.0
计程车	47.7	37.5	65.5	21.8
巴士车	18.0	52.8	18.6	34.2
拖曳车	14.5	69.4	39.9	41.3

资料来源：Fourth Malaysia Plan. p. 64. Table 3-15. 转引自前引，林水檺、骆静山编：《马来西亚华人史》，第271页。

在资本市场上，华资企业面对的竞争也越来越激烈。20世纪90年代初有4种资本在马来西亚活动，即发达国家资本、政府资本、马来人资本（土著资本）和华人资本。根据1993年在吉隆坡股票交易所上市的前20家企业的资本形态资料，政府企业的实力最雄厚，虽然名列20名之内的政府企业仅有4家，但几乎占了市值总额的一半；华资企业虽然最多，有7家，但仅占市值总额的25.0%，

① 前引，冷眼：《华人经济地位问题检讨》。

企业的平均市值远远低于政府企业；马来人企业也有6家，占市值总额的22.6%，和华人资本相比基本是势均力敌（如表4－4所示）。这主要是由于政府企业很大程度代表土著利益，而且不少政府企业的股票计划着将来逐渐转给土著个人，所以政府资本和马来人资本一样，对华人资本的竞争不容忽视。只有外资的比重不大，外资企业的市值也不多，但随着马来西亚90年代以来对外资的再度倚重，外资对华资企业形成的挑战也越来越强。

表4－4　吉隆坡股票交易所排名前20家企业的资本形态比率（1993年）

组别	企业数（家）	股票市值占总额百分比（%）
政府资本	4	48.0
马来人资本	6	22.6
华人资本	7	25.0
外国资本	3	4.1
合计	20	99.7

资料来源：岩崎育夫著，邵鸣译：《新加坡、马来西亚的华人资本》，《南洋资料译丛》1998年第1期。

华商为何落后于其他族群商人？马来西亚的华人经济评论员杨名万认为，原因之一是华商缺乏像土著般有系统，以及在良好规划下有秩序、步伐整齐的提升经济机制。华商喜于单打独斗，散漫及自负地在商场上打天下。[①] 简言之，就是华商没有像马来人那样得到政府有计划、有组织的扶持，华商的“单打独斗”并不完全由其主观的“喜好”所决定。

由于没有得到扶持，反而遭到各种限制和激烈的竞争，华人的经济增长速度远远低于马来人，1970—1988年华人股权的年均增长率仅为18.7%，远远低于马来人机构及个人股权32.2%的年均增长率。进入20世纪90年代，华人股权的增长速度更慢，1991—1995年的年均增长率仅为8.3%，不仅低于马来人的12.1%，低于印度人的20.6%，甚至低于全国平均值10.7%。1991—1995年是马来西亚持续高速发展时期，经济年均增长率高达8.7%，然而，在所有族群，包括外国投资者中，只有华人企业股权的年均增长落后于国家经济增长。1991—1999年，马来西亚印度人的企业拥有权年均增长最快，平均每年增长18.0%，接着是外资15.6%，土著12.3%，华人企业拥有权年均增长则只有10.0%，依然是增长速度最慢的族群（如表4－5所示）。结果，华人在国内企业拥有权所占

① 前引，杨名万：《华商应力争上游免受淘汰》。

比例，也从1990年的45.5%下降到37.9%（减少7.6个百分点），也是同期企业拥有权比例缩小的唯一族群。①

表4－5　各族别企业股权年均增长率（1970—1999年）

单位：%

年份 族别	1970—1988	1991—1995	1991—1999
土著	32.2	12.1	12.3
华人	18.7	8.3	10.0
印度人	18.3	20.6	18.0
外资	11.5	12.6	15.6
全国	—	10.7	—

根据以下资料编制：The Report of the National Economic Consultative Council. 1991. Table 14; Mid-term Review of Sixth Malaysia Plan, 1991－1995, Table 3－5. Seventh Malaysia Plan, 1996－2000, Table 3－5. 转引自前引，林水檺、何启良、何国忠、赖观福编：《马来西亚华人史新编》（第二册），第337、341页；（新加坡）《联合早报》2000年12月13日资料。

（二）华人经济活动的收缩

通过企业收购并购，土著公司很快就控制了金融等重要经济部门，且不断向各个经济领域发展；华人不少固有的经济发展空间，则因政府企业与马来人企业的挤迫以及外资的竞争，开始逐渐缩小，日益边缘化，华人经济发展面临各种严峻的挑战。

例如，进出口贸易和制造业在战后马来西亚的经济发展中一直占有重要地位，20世纪70年代以来，更成为推动经济发展的主要动力，但华人在这两个重要领域中的发展都受到很大的制约。

在对外贸易方面，除了华资大财团外，华人中小企业直接从事进出口贸易的并不多。20世纪70年代以来，华商经营较多的马中贸易，还因为“中国商品进出口准证”制度（1971—1988年）的实施而深受影响。至于出口商品，进入70年代，马来西亚的出口商品构成已从战前以橡胶和锡为主，转变为以石油、木材、棕油、橡胶和锡以及制造品为主。在这些主要出口商品的生产和制造中，华人资本占的份额也很有限。例如，马来西亚石油采掘业，70年代前由外资垄断，

① 《马国华人企业拥有权　十年下降七个百分点》，（新加坡）《联合早报》2000年12月13日。

70 年代后为国家资本和外资合资开采，华资企业历来不得染指。华人资本在马来西亚木材采伐中曾起过重要作用，但 70 年代以来，由于新经济政策的影响，以及国家限制伐林的政策，华资企业要获得伐木执照更不容易，到 1985 年，75% 的伐木执照为马来人拥有。[①] 70 年代以来，华人对商品农业的投资状况变化不大，新经济政策的实施使一般华人要想获得土地比以前更困难，而国家庞大的土地开发计划又大多忽视华人的利益。大多数华人只能在原有的土地范围内生产橡胶和棕油，其发展速度远远落后于橡胶与棕油出口的发展速度。华人从事的传统锡业也每况愈下，政府扶植土著开发矿产和抑制华人资本扩展锡业的政策，使华人申请矿地、申请采锡许可证困难重重，加上锡源枯竭、锡价下跌、成本增加等原因，华商经营的锡矿在竞争中纷纷倒闭，从 1972 年的 1 200 家减少到 1977 年的 700 多家和 1986 年的 119 家。[②]

独立后，华人资本对制造业的投资虽然明显增加，在日用品和木材加工等传统制造行业中仍占据优势，企业数量也与日俱增，但在某些传统行业，如食品制造业的地位已被逐渐削弱，在需大量投入资本技术、经济地位不断上升的重要部门中，华资所占的比率也不大。据 1988 年底统计的实际投资额，华人资本对制造业主要部门的投资比例分别是：电子电器 10.9%、化学产品 7.3%、石油产品 2.5%、非金属产品 16.7%、机械工业 10.9%、食品工业 21.1%、纺织产品 16.2%。[③] 这几种产品不仅是马来西亚制造业增长最快的产品，也是马来西亚的主要出口制成品，在 1986 年马来西亚制成品出口总额 149.11 亿马元中，电子电器产品占 79.76 亿马元，纺织产品成衣类占 16.44 亿马元，化学产品与石油产品占 12.39 亿马元，[④] 三者共占当年制成品出口总额的 66% 以上。由于华资在这些部门的投资有限，加上其他条件的限制，华资企业这类产品的出口亦有限。

在其他经济领域里，华资企业也面临着激烈的竞争。如金融业，从独立到 20 世纪 60 年代初，华资银行曾获得较大的发展，创办了马来亚银行、合众银行等，但不久便面临土著化的挑战。1966 年和 1976 年，华人先后失去了马来亚银行和合众银行的控制权，被土著控制的原华资银行还有广益、东方及太平等银行，剩下被非土著控制的华资小银行，其银行存款总额不及土著银行的 10%。到 1981 年 4 月底为止，马来西亚银行的股权分配中，非土著仅占 20%。[⑤] 70 年

① Lee Karo Hing and Heng Pek Koon. The Chinese in the Malaysian Political System. In Ibid. ,Lee Kam Hing and Tan Chee-Beng eds. *The Chinese in Malaysia*. p. 209.

② 前引，暨南大学东南亚研究所、广州华侨研究会编著：《战后东南亚国家的华侨华人政策》，第 72 页；黄滋生、温北炎主编：《战后东南亚华人经济》，第 88 页。

③ 前引，黄滋生、温北炎主编：《战后东南亚华人经济》，第 88 页。

④ 前引，黄滋生、温北炎主编：《战后东南亚华人经济》，第 102 页。

⑤ 前引，林水檺、骆静山编：《马来西亚华人史》，第 255 页。

代以来，连华资占优势的传统经济领域零售业，也面临着激烈的竞争。在全国零售商店总数中，华人商店在1970年还占75%，1980年下降为56%。① 华人在农村地区的零售业遭到的冲击最大，主要由中小华商经营的碾米厂和大米批发、零售商很快就被国家稻米局所控制或挤垮。在交通运输方面，原来华人是公共汽车和货物运输的主要经营者，但到1985年马来人拥有的道路运输执照比例提升到了63.9%，② 华人拥有的执照比例随之降低。

（三）华人就业比例的变化

与华人对各经济领域参与的收缩相适应，华人在行业和职业所占比重也不断下降。除了政府服务外，1957—2000年华人在各行业就业所占的比例，下降幅度最大的是采矿业和制造业，分别高达52.4%和44.5%；金融、保险、物业、公共汽车等下降的幅度也比较大，有26.8%；批发零售业、旅店、餐饮业下降了16.6%；其他行业也分别有不同程度的下降（如表4－6所示）。

表4－6　华人就业的行业结构（1957—2000年）

占总就业比例；单位：%

年份 就业部门	1957	1970	1980	1990	1995	2000	增降
农林牧渔业	24.9	21.4	20.3	16.1	16.5	11.5	－13.4
采矿业	69.0	65.9	57.8	38.5	39.0	16.6	－52.4
制造业	72.6	65.5	45.5	36.9	33.3	28.1	－44.5
建筑业	48.5	71.8	60.2	49.9	48.7	39.2	－9.3
电、煤、气、供水	25.0	17.6	16.7	13.0	12.5	9.0	－16.0
运输、仓储、通信	38.7	39.5	44.0	32.6	31.0	29.1	－9.6
批发零售、旅店、餐饮	65.1	66.9	61.2	54.0	51.6	48.5	－16.6
金融、保险、物业、公共汽车	65.0	52.6	50.0	47.6	46.5	38.2	－26.8
政府部门	10.8	11.8	10.4	25.3	25.5	21.2	＋10.4
其他服务业	51.9	47.1	39.6	24.5	24.8	—	—
总计	37.5	36.2	35.0	33.0	33.0	—	—

根据以下资料编制：Phang Hooi Eng. The Economic Role of the Chinese in Malaysia. Table 4－4. In Ibid. ,Lee Kam Hing and Tan Chee-Beng eds. *The Chinese in Malaysia*. p. 105；前引，林水檺、何启良、何国忠、赖观福编：《马来西亚华人史新编》（第二册），第332页。

① 前引，暨南大学东南亚研究所、广州华侨研究会编著：《战后东南亚国家的华侨华人政策》，第72页。

② Lee Karo Hing and Heng Pek Koon. The Chinese in the Malaysian Political System. In Ibid. ,Lee Kam Hing and Tan Chee-Beng eds. *The Chinese in Malaysia*. p. 209.

同样地，1957—2000年各职业中华人所占比例也呈急剧下降的趋势，其中专业技术人员下降14.1%，教师、医护人员下降18.7%，行政、管理人员下降14.5%，办事人员下降16.2%，商业人员下降21.1%，服务业人员下降13.1%，农业劳动者下降12.7%，生产工人下降19.9%（如表4－7所示）。这与马来人在各职业所占份额呈不断上升的趋势形成强烈的反比。在专业服务领域也一样，随着土著占总专业人士比率的增加，即从1990年的20.7%提升到1999年的28.9%，华人所占比例已从1990年的59.3%降低到1999年的53.9%。[①]

表4－7　华人就业的职业结构（1957—2000年）

占全民职业总比例；单位：%

职业＼年份	1957	1970	1980	1990	2000	降幅
专业技术人员	38.1	39.0	33.6	29.1	24.0	14.1
教师、医护人员	36.0	23.5	31.2	24.6	17.3	18.7
行政人员、管理人员	62.3	65.0	64.2	62.2	47.8	14.5
办事人员	46.2	48.1	38.8	38.6	30.0	16.2
商业人员	66.1	66.4	62.5	58.4	45.0	21.1
服务业人员	33.3	39.1	29.0	26.8	20.2	13.1
农业劳动者	24.3	21.0	18.3	13.8	11.6	12.7
生产工人	55.7	54.9	46.1	39.6	35.8	19.9
总计	35.7	36.2	34.8	32.5	29.2	6.5

根据以下资料编制：Phang Hooi Eng. The Economic Role of the Chinese in Malaysia. Table 4－6. In Ibid. ,Lee Kam Hing and Tan Chee-Beng eds. *The Chinese in Malaysia*. p. 109.

20世纪70年代以来华人经济的所有上述收缩与变化，都表示马来人大举进入工商业的举动，已经强烈地冲击了华人在各个经济领域，特别是制造业、矿业、商业和金融保险等行业的原有发展空间，使华人经济发展面临严峻的挑战，一度异常艰难。华人的中下层受到的影响尤其大。有中国台湾学者指出，马来人在城市发展局的辅导下大量涌入都市，受影响最大的当属华人社会的中下层民众，因为原来属于他们的工作机会被剥夺，这些华人在新的教育政策下很难获得接受高等教育的机会，又无足够财力出国深造，限于语言及专业知识，他们更难

① 前引，《〈第三经济展望纲领〉拟机制提高土著专业人士比例》。

为政府部门所录用，因此对自己的前途没有什么信心和希望。①

三、教育影响

政府在文化教育方面推行的马来化政策，被华社形容是“一个国家、一个民族、一种文化、一种语文”② 的单元文化政策，以及“一种语言、一种源流”③ 的单元教育政策。有关政策不断挤压着华文教育和华文文化的传统发展空间，令华人社会终日惶恐不安。马来西亚当地学者认为：“独立后华文教育的处境并不因为三大民族成立联合政府当家而有所改善，反而由外来殖民势力转变成内部民族对民族的挤压，华文教育遭遇到前所未有的危机。教育法令和报告书发布得更加频仍，其内容也越来越苛刻、严厉，政府的单一语文政策一直困扰着华教。”④“马来西亚的文化发展长期笼罩在政治的阴影下，而政策的贯彻又被族群问题所主导，文化问题就在族群问题不能消弭的情况下带给华人长期的负担和挑战，引发无数中华文化发展的困境。”⑤

（一）华文小学

1. 变质危机

华文小学是马来西亚华文教育的主要阵地，“教学与行政语文必须是华语华文”⑥，是华文小学推行华族母语教育的实质体现和根本原则，但独立之后，华文小学却一直面临着随时可能被迫改变教学媒介语而变质的危机。

《拉扎克报告书》承认三种语文源流学校并存，各以其母语为主要教学媒介，但要求学习马来文，且明确提出政府教育政策的“最终目标”是“必须集中各族儿童于一种全国性的教育制度之下，在此教育制度下，本邦的国语（马来文）乃主要之教学媒介”⑦。根据马来西亚华社关于华文教育的根本原则，以马来文作为教学媒介，几乎等同于取消华文教育！在华人政党和社团的要求下，《1957 年教育法令》没有列明“最终目标”这一款。但独立后，以马来人为首的

① 前引，刘文荣：《马来西亚华人经济地位之演变》，第 198 页。

② 郭全强：《马来西亚华文教育的展望》，载《华教导报》1994 年 12 月 18 日，转引自（马来西亚）董教总网站，http://www.djz.edu.my/，2006 年 12 月 8 日。

③ 马来西亚华校教师会总会：《马来西亚华文教育发展概况》，（马来西亚）董教总网站，http://www.djz.edu.my/，2003 年 5 月 20 日。

④ 前引，林水檺、何启良、何国忠、赖观福编：《马来西亚华人史新编》（第一册），导言。

⑤ 前引，林水檺、何启良、何国忠、赖观福编：《马来西亚华人史新编》（第三册），第 46、47 页。

⑥ 前引，郑良树：《马来西亚华文教育发展史》（第四分册），第 345 页。

⑦ 前引，郑良树：《马来西亚华文教育发展史》（第三分册），第 319 页。

政府却不断向“一种语言、一种源流”的“最终目标”迈进。《1961年教育法令》第21条B项规定，必要时，教育部长有权将国民型小学改为国民小学。[①]国民小学是以马来语为授课语言的学校，若华文小学改为国民小学，华族母语教学将不复存在，因此，此项规定实际上是让马来人教育部长掌握着华文小学的生死大权。《1996年教育法令》第17条第（1）项进一步规定，除了教育部长所设立的国民型学校以及教育部长给予豁免的教育机构外，所有教育机构必须使用国语作为主要教学媒介。华教人士认为，这是将《拉扎克报告书》的“最终目标”变成“现行目标”，对母语教育的杀伤力更大，现有的华文小学和华文独立中学失去使用华文作为主要教学媒介的法律地位，已类似教育领域里的“非法木屋”。[②] 该法令如何“杀伤华文教育”？目前似乎还没有太多的实际案例，但有关规定的不确定性，显然增加了教育部长的自由裁量度，由此把华文教育未来的发展推到相应的被动地位，华教人士的忧虑可以理解。

除了这些教育大法外，政府还不断推出一些具体的教育措施，直接威胁华文作为华文小学教育媒介语的地位。如1983年推行的“3M制”，1985年宣布推行的“综合学校计划”，1987年委派不谙华语的华文教师到华小担任行政高职，1995年提出并在2000年推行的“宏愿学校计划”，以及2003年实施的“英语教数理计划”等等，不断要求华文小学的部分课程使用马来文，不断提供条件让马来文成为华文小学的部分行政和交际用语。因此，“虽然教育部长口头保证华小将永远存在，但华人社会还是感觉到没有保障”[③]。华社不得不时刻为华文小学的存废担心，且作出一次又一次激烈的反应。

2. 拨款不公

虽然华文小学是纳入国家教育体系的正规国立小学，但得到的政府财政拨款却远远低于马来文的国民小学。

政府拨款分为“行政津贴”和“发展拨款”，发放的对象分为“全津小学”和“半津小学”。“行政津贴”是按学生人数作为拨款的标准，以作为学校缴付电话费、购买教具等的行政开销，按规定，各源流小学都享有同等的津贴率。“发展拨款”款项主要是用在建校、校舍维修、扩建、购买桌椅等其他学校硬体发展上。在发展经费上，对“全津”与“半津”小学有不同的发放标准，教育部一般的说法是全津学校的一切硬体发展经费都由教育部负责；而半津学校的硬体发展经费则必须由学校自己负责，政府会视情况给予补助。2001年，据时任

---

① 前引，郑良树：《马来西亚华文教育发展史》（第四分册），第68页。
② 前引，邝其芳：《教育报告书与教育法令》。
③ 前引，《马来西亚华文教育185年简史（1819—2004）》。

教育部副部长韩春锦透露的资料，全国 1 284 间华校中，只有 300 多间因建在政府的土地而被列为全津学校，并在设备方面获得全面资助，另外 800 多间华校因建在私人土地而被列为半津学校，而半津学校在设备方面是无法获得全面资助的，须自力更生。[①] 事实上，全津华小也因各种因素的影响，很难获得政府全面的拨款，很多时候都需要学校自身去筹款来进行各项工程建设。[②]

结果，虽然同样是国立小学，但华文小学长期以来都没能像马来文小学那样获得公平的财政拨款。例如，20 世纪 70 年代华小学生约占全国学生的 1/4，但获得的政府拨款却仅占 7%。[③] 由于经费不足，华文小学所得行政拨款一般只能应付学校经常开销的 50% 左右。1984 年教总的调查显示，政府拨款占学校经常开销的比例分别是，881 名学生以上的 A 型华小为 50.3%，441～880 名学生的 B 型华小为 58.1%，440 名学生以下的 C 型华小为 48.1%。[④] 不足部分只能另外筹款。至于发展经费则更少，不少华文学校必须长期向华社募捐“第二所得税”，以解决改建扩建学校建筑的资金问题。[⑤] 拨款不足的情况一直不变，且呈每况愈下趋势。如第六大马计划（1991—1995 年）华小学生人数占总人数的 23.07%，获得拨款为 8.14%；第七大马计划（1996—2000 年）华小学生人数占 21.07%，所得拨款却只占 2.44%；第八大马计划（2001—2005 年）华小学生人数占 21.14%，得到的拨款仍只占 2.73%，在该计划中，国小学生占 75.81%，却获得 96% 的政府拨款。[⑥] 政府拨款的不公平，使华小的发展一直面临经费短缺的困境。

3. 限制甚至禁止增建华小

国家教育法令虽然没有明文限制或者禁止增建华文小学，但为了吸引华人子弟转读国民小学，实行小学马来化，政府也没有增建华小的指南或具体行政措施，各级以马来人为主的教育行政当局，出于族群政治与族群语文政策的考量，对有关增建华小的申请基本不予考虑。1998 年时任教育部副部长的纳吉公开表示，根据政治上的承诺，华小将保持原状，并维持现有的数目，因此政府目前无意增建华小。教育部学校组负责人也在 1998 年 6 月举行的教育总监与各教育团体联席会议上表示，政府的政策是不增建新华小，这并不会造成学额不够的问

① 《全国 500 间华小　学生少过 150 人》，（马来西亚）《南洋商报》2001 年 2 月 27 日。

② 教总调查研究及资讯组：《华小校舍问题与维修概况调查》（2005 年 11 月 23 日），转引自（马来西亚）教总网站，http：//www.ucstam.djz.edu.my/。

③ 前引，郑良树：《马来西亚华文教育发展史》（第四分册），第 297 页。

④ 教总：《1985 年全国华文小学调查报告》，第 66、67 页，转引自前引，郑良树：《马来西亚华文教育发展史》（第四分册），第 299 页。

⑤ 《华教的困境和未来展望》，（马来西亚）《南洋商报》2000 年 7 月 26 日。

⑥ 董总资讯局：《第五至第九大马计划下各源流小学的发展拨款（1991—2010 年）》。

题，因为华裔子弟可选择到国小就读。[①] 只有在必要时，特别是大选期间，政府才会同意增建华小，例如在1999年大选前，政府曾破天荒地宣布增建6所华小。[②] 因此独立以来，马来西亚华小基本没有增加，西马华小还从1957年的1 342间减少到2000年的979间[③]，与马来文小学的大幅度增长形成了鲜明的对比。

4. 华小师资严重不足

1957年独立后，政府师资训练中心的华文组便开始为华校训练师资，但由于华校教师退休，华小学生逐年增加，以及政府重视不够等因素的影响，华文小学师资长期不足，不得不聘请临教应急，1974年底，华小临时教师已多达3 000余名。[④] 但问题始终没有得到解决，且越来越严重，到2001年，据时任教育部长的慕沙莫哈末博士透露，全国华小仍缺乏4 114名受训教师。[⑤] 即使招聘大批临时教师应急，也仍有1 000多个空缺。因为某些科目无法找到教师上课，许多小学生被迫闲置在课室，或被迫拆班，拼入另一个班级上课，学习进度深受影响；许多华小教师则必须身兼多个科目和照料多个班级，教学负担极重。而且，四处筹款来支付临教薪金，也给华小、华社带来极大的负担。

政府的华教师资政策，是导致华小师资荒的重要原因。政府不允许续聘退休教师为合约教师，解决华小师资不足问题所采取的措施主要是通过招收更多的师训华文组学员，以及多培训合格教师。按照政府的规定，自1968年开始，进入华小服务以及受训为师资的最低资格为剑桥文凭、联合邦文凭或马来西亚文凭。从1970年起，还加上国语科必须优等的条件。[⑥] 条件严格，加上行政不可避免的马来化倾向，在历年师训班学员或接受培训的教师中，华人占的比例都很低。如1971—1979年的受训师资中，华人占的比例不到20%。[⑦] 符合条件申请进入师训班的华人也很难被录取，例如，1999年申请进入师训华文组就读的人多达3 334名，但最后被录取的仅有710人。[⑧]

总而言之，主要是政府族群教育政策的影响，使华文小学发展困难重重。正

① 罗汉洲：《从法令中求华小学额》，（马来西亚）《南洋商报》2000年6月17日。

② 教总调查研究及资讯组：《微型学校问题种种》，（马来西亚）教总网站，http://www.ucstam.djz.edu.my/jylt/，2003年3月3日。

③ 前引，教总：《马来西亚独立前后西马各源流政府资助及独立的小学数目及学生人数统计》。

④ 陆庭谕：《我国华文教育问题面面观》，转引自前引，骆静山编：《马来西亚华人问题论丛》，第52页。陆庭谕是时任教总副主席。

⑤ 《全国华小仍缺乏逾4 000名受训教师》，（马来西亚）《南洋商报》2001年5月16日。

⑥ 前引，陆庭谕：《我国华文教育问题面面观》。

⑦ 前引，林水檺、骆静山编：《马来西亚华人史》，第314页。

⑧ 《鼓励华青献身教育》，（马来西亚）《南洋商报》2001年2月20日。

如前联邦督学马骐葵在2001年10月举行的一场研讨会上所表示的：华小总是充斥着“不足够的意识”：学生不够、教师不够、课室不够、设备不够、拨款不够、空间不够、上课时间不够等。①

（二）华文中学

在华人社会的努力下，1957年马来亚独立时，西马一共有60所华文学校，学生人数多达49 536人，教师1 141人，成绩斐然。② 至1961年发展到70所，这些学校绝大部分是华社本身所创办，并获得政府津贴作为办学经费。③

然而，马来西亚一独立，华文中学便面临政府族群教育政策的冲击。《1957年教育法令》规定，马来文中学被称为国民中学，华文中学和英文中学被称为国民型中学。国民中学和国民型英文中学都获得全部津贴。国民型华文中学也可以继续获得部分津贴，但要获得全部津贴则必须改为以英文为主要教学媒介（即改为国民型英文中学）。《1961年教育法令》进一步规定，马来文中学仍旧是国民中学，国民型中学则只限于以英文作为教学媒介的政府中学或政府津贴中学。以华文作为教学媒介的中学只能是私立中学，政府不再给予任何津贴。④ 从1961年起，政府也不再举办以华文为媒介的中学公共考试（初中三年级考试、华文中学升学考试和华文中学离校文凭考试），而只举办以官方语文的国文（马来文）或英文为媒介的考试。⑤

在政府族群教育政策的影响下，主要是为了保证办学经费，在《1957年教育法令》颁布前后，一些华文中学便开始改制，到20世纪60年代初，共有54所华文中学接受改制，坚持不接受改制的华文中学只剩下16所。⑥ 马来西亚华文中学由此一分为二：接受政府津贴，以英文教学的国民型中学；自筹办学经费，继续以华文教学的华文中学。由于后者是独立于国家教育体系之外的中学，又称“独立中学”，简称“独中”。改制为国民型中学的原华文中学，“5·13”事件后根据政府的要求，再将教学媒介改为马来语，成为以马来文教学的国民中学，完全改变了原来的华文教育性质。东马的沙捞越在60年代初，沙巴在70年代初，

---

① 转引自黄伟业：《现代教师该怎么教?》，（马来西亚）《南洋商报》2001年1月9日。这是时任联邦督学马骐葵于2001年10月1日在槟城举行的一次研讨会上，引用大马教育部视学团华文组在1995年总结对华小的观察而作出的一项结论时所做的表示。

② 前引，郑良树：《马来西亚华文教育发展史》（第三分册），分序，第ix页。

③ 前引，马来西亚华校教师会总会：《马来西亚华文教育发展概况》。

④ 前引，邝其芳：《教育报告书与教育法令》。

⑤ 沈天奇：《华文中学改制》，转引自（马来西亚）董教总网站，http://www.djz.edu.my/，2006年10月8日。

⑥ 前引，郭全强：《马来西亚华文教育的展望》。

华文中学也先后被改制为英文中学。改制前这两个地区和西马一起共有164所华文中学，其中84所为私立华文中学，其他为政府资助华文中学。

历经改制、增建等多番变动，到20世纪90年代，全国仅有60所华文独立中学[①]，也就是说，独立华社失去了104所华文中学。马来西亚的60所华文独立中学，37所在西马，14所在东马沙捞越，9所在东马沙巴。由于被排除在国家教育体系之外，独中发展异常困难，不仅经费短缺、师资短缺、生源不足，而且毕业文凭长期得不到政府承认，学生觅职和升学都深受影响。[②]

（三）高等教育

建立一个从小学、中学到大专的完整华文教育体系，是马来西亚华人社会长期奋斗的目标，但由于政府族群教育政策的影响，华社申办大学非常艰难，阻碍重重，进展缓慢。政府虽然以提供一半经费的形式，支持马华公会建立拉曼学院，但又迟迟不承认该校毕业文凭。20世纪60年代后期，华人社会曾为解决华人子弟特别是华文独中毕业生的深造问题而发起创办华文独立大学，但遭到政府的百般阻挠，独立大学有限公司一直上诉到吉隆坡高等法庭和联邦法院，1982年7月最终还是被驳回。联邦法院驳回上诉的理由是，独立大学是公共机构，而华文不是官方语文，不能在公共机构教导。[③] 之后，经过华人社会长期不懈的努力，特别是在国内外形势变化的影响下，政府才在20世纪90年代批准华社设立了三所民办华文大专学府。

对华社影响较大的还有20世纪70年代开始的国立大学招生的土著优先政策，该政策使华人子弟进入国立大学的比例与日递减。据第三、四、五大马计划的资料，1970年马来大专学生占53.7%，1975年占71.3%，1980年占73.3%，1985年占75.5%，而非马来大专学生所占比例则从46.3%降到28.7%、26.7%和24.5%。[④] 另外，根据第二经济咨询理事会的报告，1990年国立大学总共录取53 670名学士学位新生，65.9%是土著学生，34.1%是非土著学生。1999年总共录取139 920名学士学位新生，土著学生占69.9%，非土著学生占30.1%；1999年，国立大学还录取59 479名文凭课程学生，其中土著学生高达83.4%，非土

① 前引，沈天奇：《华文中学改制》。

② 董教总全国华文独中工委会资讯局编：《今日独中》（共三册），吉隆坡：马来西亚华校董事联合会总会1991年版。这是董教总全国华文独中工委会1990—1991年巡回访问全国60所独中的成果，包括60所独中的基本资料和座谈记录等。

③ 前引，林水檺、何启良、何国忠、赖观福编：《马来西亚华人史新编》（第二册），第285、286页。

④ 前引，《马来西亚华文教育185年简史（1819—2004）》。

著学生占16.6%。至于证书课程，土著学生只有17%，非土著学生占83%。[①]三类学生一起，土著和非土著占的比例，1990年为70.8%和25.4%，1999年为72.7%和27.3%。非土著的入学率虽然在最近10年的时间内有稍微提升约2%，但远远没有达到政府在1979年6月28日制订的“55:45”方案要求，即土著占55%和非土著占45%的比例。“当局明显在政策的执行上有偏差之嫌。”[②]在一些大学，如国民大学和北方大学，土著学生的比例竟高达80%。[③]

马来西亚政府在高等教育领域推行的马来人优先政策的直接结果，是将大批优秀的华人子弟拒于大学校门之外，致使失学或留学海外的华人子弟日益增多。根据教育部的资料，1977年和1978年申请入学的华人学生共25 998人，仅录取5 953人，另有20 045人即约4/5被拒之门外，除了一部分到外国深造外，大部分人被迫停学。[④]另一学者根据政府公布的资料所作的统计显示，从1971年至1991年，超过42 000名华裔生虽然达到入学标准，但因人为的种族因素而无法进入本地大学。[⑤]到20世纪80年代末，约有61 000名马来西亚学生（其中大部分是非马来人）主要是因为无法进入本国大学而在海外留学，仅1984年一年，估计政府及家长就要花费13亿元来支持这些海外留学生。[⑥]

至于政府设立的高等教育基金贷款，以及政府对海外留学的资助等，在马来人优先政策下，华人学生也都很少有机会成功申请。例如，在1980年共计8 625个奖学金名额中，非土著只获得275个，占3.2%；在1981年的3 704个名额中，非土著只获得153个，占4.1%。[⑦]

对马来西亚华人来说，教育同样是社会地位与社会流动的关键，特别是在政治处于弱势附属地位，经济又面对多种限制挤压的情况下，教育特别是高等教育对华人子弟未来的发展尤为重要。“华族子弟升大专院校的机会大量锐减，最令华社焦虑不安。”[⑧]许多优秀的华人子弟无法进入国立大学深造，引起华人社会的普遍不满，国立大学招生课题成为20世纪70年代以来马华两族纷争的重要课题之一。

---

① 《第二经济咨询理事会报告：马国立大学录取新生土著人数远超限额》，（新加坡）《联合早报》2001年5月15日。文凭与证书课程的学生人数也包括专门录取土著学生的玛拉工艺学院，以及主要招收华人学生的拉曼学院的学生。

② 《固打制实施10年非土著学额未提高》，（马来西亚）《南洋商报》2001年5月13日。

③ 詹运豪著，何文雄译：《从固打制谈到学术问题》，（马来西亚）《南洋商报》2001年5月12日。

④ 前引，谢诗坚：《马来西亚华人政治思潮演变》，第332页。

⑤ 前引，詹运豪著，何文雄译：《从固打制谈到学术问题》。

⑥ 前引，华社资料研究中心编：《检讨马来西亚教育》，第12页。

⑦ 梁英明：《战后东南亚华人社会变化研究》，北京：昆仑出版社2001年版，第163页。

⑧ 前引，林水檺、何启良、何国忠、赖观福编：《马来西亚华人史新编》（第二册），第280页。

四、文化影响

20世纪70年代以前，政府对华社开展的各项华族文化活动没有特别的扶持，但也基本不加干预，华人社会可以比较自由地开展各种表现本族文化特色的文化活动。

但在“5·13”事件后，政府逐步拟定推出以马来人文化和伊斯兰教为核心的国家文化政策。1982年大选后，新上台的马哈蒂尔政府进一步宣布要实施“一种语言、一种文化”的政策，即发展一种公民、一种语言和一种文化①，并在全国范围内推行行政伊斯兰教化。在这一系列文化政策的指导下，政府部门对华族的文化活动开始进行越来越多的干预与限制。70年代出台的文化条文林林总总，包括不允许华人在公众场合表演传统的舞狮；工艺大学要毕业生穿马来传统服装参加毕业典礼；学校的表演活动要穿插传统马来舞蹈、传统马来乐器演奏；限制商店招牌上的中文字及学生车上中文字的面积，不准在支票上使用中文，等等。警察及其他和演艺有关的部门利用所掌握的文化表演准证大权刁难申请者，特别是警方，常常对华人的族群文化表演加以挑剔。

马来西亚华人认为，“马来人几乎是用国家文化里的第二项，即‘其他适合及恰当的文化元素可被接受为国家文化的元素’作为他们排斥华人文化的工具。华人文化在他们看来都不是适合或恰当的元素。不必说华人文化无法争取在官方场合出现，连自我娱乐也常常出现问题”。所以，“70年代中期逐渐定型的文化政策，重点是以单元消除多元，华人文化不能直接纳入成为国家文化的一部分，政府就没有义务去发展它，更加严重的是，它还推前一步，不允许华人发展自己的文化”②。七八十年代的马华社会，对国家文化政策的出炉与施行深感焦虑不安，视之为梦魇。③

华人受到的不公正待遇，特别是“5·13”事件后，华人政治、文教、经济等权益受到的前所未有的冲击与侵蚀，使华人对政府的不满与猜忌与日俱增，马华两族关系也深受影响。当地马来西亚华人表示：“对华人而言，五一三意义殊大，它是华人在马来西亚历史上最大的悲剧。所谓的悲剧是多重的，是政治权力争夺上的悲剧，也是文化、教育上巨大阴影铺天盖地的起点，亦是经济上大挫折的起端，更大的悲剧则是开始了漫长的苦闷压抑期。”④ “七八十年代环境的严

---

① Ibid. ,Chung Kek Yoong. *Mahathir Administration*: *Leadership and Change in A Multiracial Society*. p. 42.

② 前引，林水檺、何启良、何国忠、赖观福编：《马来西亚华人史新编》（第三册），第53、54页。

③ 前引，许德发：《“国家文化”：建构与解构之间》。

④ 前引，许德发：《历史幽灵与马来西亚的记忆政治——试论1969年“五一三事件”的各种阐释》。

峻，更使华社普遍弥漫一股彷徨与悲情。”① “华人在政治、经济、文化与教育各方面都面对着前所未有的压抑与限制，尤其是在经商、就业、升职、升学与母语的使用方面。华社方面则通过华团、华基政党与政府展开争取协商华人权益的拉锯战。在这整个过程中，华人与马来人的族群关系充满了猜疑、忌妒与害怕。至80年代前半期，华马之间的关系已绷得很紧，华社普遍上都有不满的情绪。”②

第二节　华人政策评析

北京大学社会学教授马戎认为，在族群优惠政策的执行中，有两种情况必须区分开来。一种情况是在教育、经济等方面比较发达同时人数也多的大族群对不够发达的少数族群实行优惠政策，如美国的白人对黑人在一些方面实行优惠政策；另一种情况是人数多同时在教育、经济等方面不发达的大族群对相对发达的少数族群实行歧视政策，而对自己实行优惠政策，如马来西亚占多数的马来人对自己实行优惠政策，限制在教育、经济方面比较发达的华人。这两种情况中的政治关系和利益分配格局是全然不同的。在前一种情况中，占优势的多数族群对于这种优惠少数族群的政策，承受能力是比较大的，这种政策的执行结果对于多数族群和社会整体发展的影响也比较小；而在后一种情况中，被歧视的少数族群所受的影响就比较大，承受能力也比较低。③

类似马戎教授所指的后一种情况，除了马来西亚，还有印度等国家。20世纪90年代以来，印度政府宣布对低等种姓阶层提供的优惠政策，就屡屡遭到占人口比例少数的高等种姓阶层的强烈反对，甚至以游行示威或暴力行动予以抗争，从而导致更急剧的种姓矛盾与种姓暴力冲突。例如，2006年5月印度政府计划改革国立大学招生“种姓预定制度”，即要求将为来自低等种姓、部落和“落后阶层”的中学毕业生保留入学名额的比例从原来的22.5%提高到50%，并从公立院校拓展到所有大学，于是引发了全国多所院校学生的游行、罢课和绝食抗议。反对者多数属于高等种姓。其中反对最激烈的是医学院的学生，新德里医学院中100多名学生绝食超过3天。医学院学生和年轻医生的罢工，还导致新德里5家最大的国立医院瘫痪近一周。④

---

① 前引，王国璋：《反思五一三》。

② 前引，谢爱萍：《社会变迁与华人文化》。

③ 前引，马戎编著：《民族社会学：社会学的族群关系研究》，第526页。

④ 黄恒：《印度种姓改革引发混乱》，中青在线新闻（原载《新闻晨报》），http://news.cyol.com/，2006年5月18日。

同样地，马来西亚华人作为相对发达的少数族群而遭受各种不平等待遇，随之产生的不满情绪一直挥之不去，不仅老一辈华人如此，土生土长的年青一代也是如此。华人的不满随着“马来人特权地位”的不断提升而日益强烈，并长期影响着华人对马来人的态度，影响着华人对马来人主导的政府政策的态度，影响着两族关系。为了争取本族的合法权益，华人从政治、经济、文化、教育等广泛领域进行了各个层面的系列抗争。一位马来西亚华人学者形容，“作为一个族群，马来西亚华人却有许多忧患。华人的身份意识和文化命运在族群政治的纷攘中引发了许多让人触目惊心的课题”①。

然而，需要指出的是，马来西亚的族群纷争课题虽然连绵不断，且经常令人“触目惊心”，但和许多国家中受到不公平对待的族群经常发起一些小骚动，甚至走上暴力抗争不同，马来西亚华人的抗争基本是和平抗争，有关的族群课题常常只是口舌之争，最激烈的也不过是静坐或罢课示威，如果实在不行，华人就消极对待，移民或减少投资，基本没有暴力对抗。而且，在前7届马来西亚大选中，多数华人选民通过投票支持反对党，以宣示自己对政府的不满，但20世纪90年代以来的几届大选，华人选民却几乎一边倒地支持以马来人为首的执政联盟国阵。在经济方面，华人经济一直是马来西亚国家经济发展不可或缺的重要力量，在震撼马来西亚的亚洲金融危机期间，大多数华人企业家也立足本国，为拯救国家经济给予了大力的配合，为马来西亚的经济复苏与稳定作出了重大贡献。

原因何在？除了华人本身的容忍等特性外，笔者认为，和其他国家相比，马来西亚政府华人政策的相对宽松与务实灵活，也是主要原因之一。

一、华人政策循序渐进，较为宽松

在多元族群国家中，当地主要族群摆脱殖民统治掌握政权后，无一例外都会提高和巩固本族群的地位，维护本族群的利益。但各国政府采取的措施、顺序和时间表却有所不同，不少国家是先从经济着手，实施各种强硬措施，将华人的经济利益夺走。由于经济是海外华人生存的基础，也是各族群区分和矛盾的焦点所在，族群之间的矛盾因而很快激化，甚至导致社会动乱。和其他一些国家的做法不同，马来西亚政府却采取从教育、政治到经济循序渐进的、较为温和宽松的政策，逐步提高和巩固马来人的地位，对华人社会的冲击相对没有那么猛烈，华人的反弹也没有强烈到要诉诸暴力或引发社会动乱的程度。

① 前引，何国忠：《马来西亚华人：身份认同、文化与族群政治》，第1页。

（一）推动教育马来化的同时，赋予华文教育合法地位

1957年马来亚独立后，初掌政的马来人没有急于在经济上限制华人，而是着手削弱华文教育，建立本土（马来化）教育体系，相继通过《1957年教育法令》和《1961年教育法令》，提出由政府统管教育事务，提高马来文地位的主张，明确将国语（马来语）作为教学媒介的未来发展方向。到“5·13”事件后，再陆续实施大专学院学位族群配额制，要求中学和大学均以马来文为教学媒介。

由于华文教育是华社的传统和华族的标志，与广大华人有着密切联系，所以政府在推行本土化教育政策时相当谨慎。《1957年教育法令》第3条明确规定：“联合邦的教育政策是建立一个为全体联合邦人民所接受的国民教育体系来满足他们的需求和促进他们的文化、社会、经济及政治发展，目的在于使马来语成为国语，同时也维护及扶持我国其他族群语文和文化的发展。”① 另外，《马来西亚联邦宪法》第152条虽然规定马来语为国语，并应使用议会立法规定的书体，同时也明确规定：“（A）不得禁止或妨碍任何人使用（为官方目的使用者除外）或教授或学习任何其他语言；（B）本款不得影响联邦政府或任何州政府保护和支持在联邦内使用和学习任何其他民族团体的语言的权利。”② 与宪法的立法精神相一致，政府自始至终承认华文教育的合法地位，不仅把华文小学和改制的华文中学纳入国家教育体系，给予一定的国家财政支持，而且允许华文独立中学存在。马来西亚是唯一赋予华文小学国立小学地位的国家，这也是马来西亚华人政策的主要特点之一。

由此可见，在削弱华文教育、建立本土（马来化）教育体系方面，马来西亚显然比其他一些东南亚国家温和得多。马来西亚自始至终承认华文教育的合法性，而其他许多国家则要取缔华文学校，消灭华文教育，如印度尼西亚、缅甸、越南等国，甚至在华人占多数的新加坡，华文学校也一度消亡；马来西亚为建立马来教育体系用了数十年时间，至今还在向教育马来化迈进，而某些国家，如印度尼西亚、缅甸等，则在几年时间内，便以疾风骤雨的方式，或是把华文学校收归国有，或是干脆一举取缔华文学校。例如，缅甸政府于1965年4月颁布《私立学校国有化条例》，将规模较大的197所私立学校（也包括一些华文学校）收归国有。1966年4月，缅甸政府再把剩下的852所私立学校（包括200多所华文学校）全部收归国有。盛极一时的华文学校仅在两年内就不复存在，华校教师全

① 前引，邝其芳：《教育报告书与教育法令》。
② 前引，北京大学法律系宪法教研室编译：《东南亚国家联盟宪法》，第135页。

部失业，华裔子弟则全部到缅文公立学校就读。1967 年“6·26”排华事件发生后，连华文的家庭补习班也列入禁止之列。①

因此，虽然马来西亚政府的族群教育政策以及行政偏差引起了广大华人的不满，一些地区还出现罢课示威抗议，虽然华教问题经常引起议论，并演化为一波又一波的华教课题，但和其他一些东南亚国家相比，马来西亚政府建立马来教育体系的做法，对华社所造成的冲击相对较小，教育课题也没有引致大规模的社会骚动。

（二）巩固马来人政治地位的同时，坚持政治开放与政党分权制度

独立后，在逐渐推行教育马来化政策的同时，掌握政治优势的马来人也开始逐步巩固自己的政治地位。例如 1959 年大选前夕，巫统一口拒绝马华公会新任总会长林苍佑关于大选席位分配的要求。当时林苍佑向联盟主席同时也是巫统主席的东姑·拉赫曼要求，将国会 104 个席位中的 40 个席位分配给马华公会竞选，目的是希望以后宪法修改必须得到马华的同意，但这一要求遭到拒绝，而且马华分到的 31 个竞选议席也由东姑·拉赫曼来甄别。② 从此基本确立巫统在联盟/国阵大选席位分配中占多数的原则，保证巫统在执政联盟的主导地位。1962 年，巫统掌控的政府又通过有利于马来人政治利益的选举法修正案，通过占多数的马来人选区，保证马来人政党在国会席位中占多数。20 世纪 70 年代，巫统将三党联盟扩大为十四党联盟，为巫统在联盟中一党独大奠定了基础，最终使马来人从政治上占有优势转向全面掌控国家政权，巫统领袖甚至提出“以党治国”的理念。

马来人政党增强自己政治地位的上述措施，曾引起马华公会党员的激烈反抗，曾任马华公会总会长的林苍佑及其追随者还因 1959 年的席位之争失败愤而离党。然而，与其他国家的华人基本没有自己的政党，也很少得以参与民主选举不同，尽管马来人从政治占优势走向几乎完全掌控马来西亚政治，或如一些马来人学者所认为的，马来人可以成立百分之百的马来政府，③ 但马来西亚始终坚持议会民主选举和族群政党分权制度，马来西亚华人政治的生存空间要比许多国家大得多，不仅有自己的反对党，还有自己的执政党和政府部长。华人政党可以进行各种形式的政治活动，提出自己的政治主张，进行族群政治动员，一般华人选民也可以充分利用手中的选票表示自己的不满与诉求，华人还可以成立各种社会

① 廖小健：《战后各国华侨华人政策》，广州：暨南大学出版社 1995 年版，第 120、121 页。
② 前引，谢诗坚：《马来西亚华人政治思潮演变》，第 66、71 页。
③ 前引，叶瑞生：《马来西亚政治领导学术研讨会采访记》。

团体向政府施加压力。华人出任政府部长，在其他国家也有，如美国等，但像马来西亚这样有这么多华人出任部长的则非常罕见，至于华人政党执政而且连续执政 50 年，世界上则只有马来西亚一国而已。

另外，政治毕竟是少数上层华人精英积极参与的活动，马来人政党又主要是通过和平、合法的途径来提高自己的政治地位，没有像其他一些国家那样，在政治斗争中采用残酷的血腥暴力，如印尼 1965 年的“9·30”事件和菲律宾的政治暗杀事件等。马来西亚马华两族朝野政党的斗争，对较少关心政治的广大华人而言，关系毕竟不是那么切身，触动也不是太大。因此，尽管马来西亚族群精英的政治斗争经常显得非常激烈，特别是大选期间，但除了 1969 年的“5·13”事件外，并没有再因政治斗争引起过社会动乱。

（三）扶持马来人经济发展的同时，保留华人经济发展的相应空间

经济矛盾历来是族群关系的主要矛盾，族群之间的关系，以及被歧视族群的反弹程度，往往与当地政府的族群经济政策紧密联系。马来西亚政府的华人经济政策与其他国家政府的区别主要体现在，较迟实施对华人经济冲击较大的族群经济政策，而且这种族群经济政策也比其他许多国家略为宽松。

马来西亚政府对马来人经济的扶持分两个时期，对华人经济的影响也有所不同。20 世纪 70 年代以前，马来西亚政府在保护旧所有制的同时，出于政治和经济上的考虑，基本维持独立前让华人在中下层经济中自由发展的原则。当时是三党联盟执政，初掌政权的马来人靠着同马华公会保持合作关系才得以维持其政治势力，加上独立前两族政党达成协议的约束，以及马来人要集中力量加强马来人在教育和政治上的优势，并解决马来西亚建立前后所引起的诸多国内外问题，对经济问题还无暇顾及等原因的影响，马来人主导的政府没有对华人经济采取过多的限制政策。而且，让华人在中下层经济中自由发展，也与联盟政府当时的经济发展方针相一致。对发展马来（西）亚经济的问题，独立初期的联盟政府主要采取“国际复兴与开发银行”专家组于 1955 年提出的实施自由市场经济策略的建议，如工商业活动由私人企业进行，政府的任务是提供基础设施，为国内外私人经济发展提供条件等。[①] 政府据此实行让私人企业在工商业中自由发展的政策。当时马来亚的民族资本主要是华人资本。政府这一政策使华人得以在工商业领域自由发展，不会受到太多限制。

这个时期刚好是马来西亚发展替代进口工业时期，政府对投资新兴工业的厂

① Ibid.，Ludwig H. Schatzl ed.，translated by Verna Freeman. *Growth and Spatial Equity in West Malaysia*. p. 35.

商提供种种优惠。按1958年颁布的《新兴工业法》规定，只要是生产国家所需但国内产量不足的产品的公司，或符合国家利益、适合本国经济发展要求的企业，均可以获得“新兴工业”的资格和税务优惠，即根据资本额大小得以豁免2~5年公司所得税，其中，投资额在25万马元以下的，豁免期为2年，投资额在25万马元、50万马元和100万马元以上的，豁免期分别是3年、4年和5年。政府公布的新兴工业产业有174类之多，包括啤酒、维生素、饲料、化妆品、牙膏、自行车等，很多都适合华人资本投资。① 不少华人由此转向制造业，华人经济随着国家经济的发展而继续向前发展。

马来亚政府独立初年在经济领域实施的马来人优先政策，确实忽视了华人经济的发展，但20世纪70年代以前，马来人政府扶持马来人经济的各种政策主要是为马来人提供某些便利，而不是对华人经济利益实行强制剥夺，对马来人的扶持又侧重于农业，与华人传统工商业关系不大。而且，由于马来人经商经验及资金不足，许多获得商业执照的马来人，往往与拥有资本和经验丰富的华人合伙经营，有些马来人甚至一次性出卖执照，在获得现款后便对企业不闻不问，仅有少数马来人向工商业发展。至于独立后政府继续保持并扩大马来人保留地，实际起了进一步把马来人局限在落后的农村，妨碍他们向工商业发展的作用。因此，联盟政府当时所推行的马来人优先政策，对华人经济的发展未产生明显的阻碍作用。

20世纪50—60年代正是许多新兴独立国家实施严厉限制华人经济政策的时期。例如，菲律宾从1948年开始到60年代初，颁布了一系列经济菲化法令，包括1946年10月批准的《共和国第37号法律（公共菜市菲化案)》，1948年生效的《共和国第337号法律（银行菲化法)》，1954年6月实施的《共和国第1180号法律（零售商业菲化法)》，1961年执行的《共和国第3018号法律（米黍业菲化法)》等等，分别限制或禁止华侨等外侨租赁全菲各地公共菜市摊位，从事银行业、米黍业等行业，华侨经济因而受到很大的打击，许多人“顿时失去生活凭持”②。相比之下，这段时期马来西亚华人的经济发展要顺利得多，当地华人对当时的经济处境也比较满意。

对华人经济冲击最大的是20世纪70年代开始执行的新经济政策，加上80年代中期国家经济衰退的影响，马来西亚华人经济一度江河日下，政府的族群经济政策遭到华人社会的普遍抗议和抵制。但也必须指出，比起其他东南亚国家，马来西亚的华人经济政策，即使是新经济政策，还是略显温和，它只是要求华人

---

① 前引，黄滋生、温北炎主编：《战后东南亚华人经济》，第55、56页。

② 前引，暨南大学东南亚研究所、广州华侨研究会编著：《战后东南亚国家的华侨华人政策》，第202~208页。

企业在股权和雇工分配上执行族群比例限额，而没有像其他一些东南亚国家那样，对华人实施职业限制，没收华人的资财家产，甚至将华人驱离城镇或驱逐出境。例如，泰国就先后颁布多项《保留职业法令》，规定保留给泰籍人的职业包括受雇三轮车业、驾驶公共三轮汽车或出租车、种稻、经纪、拍卖、会计师、律师、建筑师等数十种①，华侨经济发展的空间非常狭窄。再如70年代的越南、柬埔寨和老挝，华人被当局的实行币值改革没收企业和房产，以及驱赶到荒野务农等政策，弄得家破人亡，被迫离境逃散。相比之下，70年代以来马来西亚华人发展虽然受到一定限制，但基本可以保有赖以生存的传统职业和产业企业。像一些东南亚国家华人那样因经济政策的排斥打击而生计无着、流离失所，甚至家破人亡的情况，在马来西亚基本没有出现过。

（四）其他社会政策相对宽松

除了文教、政治、经济等政策外，马来西亚政府的其他华人政策，和其他一些国家比较，也相对宽松。

例如公民权政策，主要是由于马来亚华人直接参与马来亚建国，加上华人政党和广大华侨的努力争取，华人作为马来亚公民的法律地位早在1957年就得到确认，并采取出生地主义原则和较宽松的国籍归化政策，绝大部分华侨可按有关规定获得公民权，成为马来亚籍华人，即马来亚的正式成员，战前的马来亚华侨社会从20世纪50年代后期开始便逐渐转为华人社会。而其他许多国家，如印度尼西亚、菲律宾、缅甸等国，独立之后虽然在法律上也允许华侨加入当地国籍，但实际执行起来，却设置各种障碍，百般刁难，直到70—80年代才陆续放宽华侨入籍的限制，大部分华侨才得以解决国籍问题，成为当地合法成员。

虽然马来西亚政府出台了一系列的报刊检查、社团登记法令与制度，20世纪70年代还推出以马来人文化为核心的国家文化政策，但马来西亚宪法明确规定言论、集会和结社自由，宗教信仰自由，只要不违反法律，不危及社会安全，马来西亚华人可以出版各种华文报刊，成立各类华人社团，选择信仰非伊斯兰教的其他宗教，且可以保持自己的风俗习惯，可以公开举行表现本族特色的各种庆典仪式。而其他一些华人集居的国家，却部分禁止或者是全部禁止华侨华人从事以上社会活动。例如，印尼政府在60年代中期，便取缔了华文报刊、华侨华人的政治和经济社团，限制华侨华人在公开场合举行各种民族庆典，并要求华侨华人改宗换姓。70年代的越南、柬埔寨和老挝也出现过类似情况。在华人占多数的新加坡，政府虽然没有明文禁止华人进行以上活动，但为了实现新加坡化和促

① 前引，廖小健：《战后各国华侨华人政策》，第32、33页。

进族群融合，也不断削弱华人社团的社会功能，淡化华人社团的种族色彩，政府官员还多次告诫华文报刊谨慎刊文，避免煽动族群情绪。①

二、不断调整华人政策

在推行循序渐进、相对宽松的华人政策的基础上，比较务实灵活的马来西亚政府还会根据本国政治和经济发展的需要，根据华人社会的反应，不断地调整华人政策。特别是“5·13”事件后，马来人优先政策频频出台，马华两族关系空前紧张，政府对华人政策的调整也特别频密。

（一）20世纪70—80年代华人政策的调整

1.《工业协调法》

调整引起华人社会激烈反应的《工业协调法》。1975年国会通过该法时，曾要求资金10万马元以上的制造业企业必须遵循股权（30%）和雇员（50%）土著比例的规定，但在华人的抗争下，经过政府和工商界长达一年的争论和协商，1976年将受约束企业的资本要求从10万马元提高到25万马元②。后来，该法几经修改，一再提高约束企业的资本额和雇员人数，1986年10月再一次修订，规定资本少于250万马元、雇员少于75人的工厂，不必遵循《工业协调法》的有关规定。③ 也就是说，占华资企业95%以上的华资中小企业已不再受该法令的影响。而且，按照政府的其他规定，这些华资中小企业还可以和马来人等其他族群的企业一样，享受政府的种种优惠贷款。这一法令的调整与放宽，显然为华人经济的发展提供了比较自由的空间。

2.“628”方案

修订国立大学招生政策。“5·13”事件后，由于国立大学招生向马来人子弟大力倾斜，华人子弟进入国立大学的比例急剧下降，引起华人社会的震动和普遍不满。经过国阵内部马华公会等执政党与巫统的多次磋商，马来西亚内阁于1979年6月28日就“政府大学招生政策”达成协议，规定国立大学的新生学额，55%分配给土著，45%分配给非土著，其中华裔占35%、印裔占10%，这就是“628”方案。④ 虽然“628”方案在实施上存在偏差，45%的非土著学额经常得

① 前引，暨南大学东南亚研究所、广州华侨研究会编著：《战后东南亚国家的华侨华人政策》，第159～160页。

② 前引，林水檺、骆静山编：《马来西亚华人史》，第272页。

③ 前引，暨南大学东南亚研究所、广州华侨研究会编著：《战后东南亚国家的华侨华人政策》，第74页。

④ 前引，《628方案》。

不到满足，但起码提供了一个可以参照的章法，一定程度上防止了国立大学招生对华人子弟的无限度排斥。

3. “3M 制计划”

20 世纪 80 年代初推行的“3M 制计划”，原来要求许多课程必须使用马来文课本及改用马来语教学，甚至连音乐教材也规定马来歌曲占 50%。后来政府作出修订，如歌曲全部自由选唱；全部小学采用共同纲要，但不同源流的小学的课本与教材由课程发展中心辖下的不同语文组各自编写；以华文诗歌代替马来班顿等。[①]

4. 修订华小高职派遣方案

1987 年 9 月，教育部派出大批不谙华文的人员到多间华文小学担任校长、副校长、校长助理等学校行政高职。此举遭到华人社会一致抵制，全国局势为之动荡不安。刚开始教育部当局非常强硬，但在华人激烈反对的压力下，最后还是作出了让步，规定华小五项行政高职（华文小学校长、第一副校长、第二副校长、下午班主任、课外活动班主任）必须由深谙华文、华语的教师担任，[②] 基本上满足了华人对华小行政高职“必须懂华语”的要求。

（二）20 世纪 90 年代的“小开放政策”

1. 政治与社会政策

1991 年 2 月 28 日，时任首相马哈蒂尔在马来西亚企业理事会成立典礼上发表题为“马来西亚：迈向前路（2020 年宏愿）”（Malaysia：The Way Forward，Vision 2020）的讲话。讲话中首次提出“2020 年宏愿”的概念，即马来西亚将在 2020 年成为一个先进的现代工业国。要达到这个宏愿目标，将克服独立以来的九项挑战，其中第一项挑战是“建立一个团结的马来西亚，塑造一个忠于君国和为国献身的马来西亚民族（Bangsa Malaysia）”[③]。“2020 年宏愿”得到举国上下的支持，并从此成为马来西亚政府最重要的治国方略之一。由于“2020 年宏愿”强调经济发展，而且提出不分族群的“马来西亚族”，华人社会对“2020 年宏愿”颇为拥护。“华人打从心里最渴望的理想是能在自己国家实现一个没有‘土著’与‘非土著’之分的‘马来西亚人的马来西亚’，宏愿计划似乎表示国阵政府已决定要放弃‘马来支配主义’，真正通过塑造一个‘马来西亚国族’的

---

① 前引，郑良树：《马来西亚华文教育发展史》（第四分册），第 292 页。

② 前引，马华公会五十周年党庆纪念特刊编委会编：《为国为民——马华公会五十周年党庆纪念特刊》，第 145 页。

③ 马哈蒂尔著，陈亚才等译：《马来西亚：迈向前路（2020 年宏愿）》（Malaysia：The Way Forward，Vision 2020），见曾庆豹：《与 2020 共舞：新马来人思潮与文化霸权》，吉隆坡：华社资料研究中心 1996 年版，附录二，第 92、93 页。

努力而迈向一个民族平等的新建国里程碑。”① 当时不少人认为，这是国阵开放和政策宽大的又一表示。“开放”一词于是不胫而走。②

20 世纪 90 年代初调整的华人社会政策还包括：批准搁置了 8 年的“大马中华大会堂联合会”的注册申请；搁置铲平三保山计划，并停止向青云亭（三保山管理机构）追讨 200 万元地税；允许华人舞狮，并把舞狮列为国庆日游行的项目之一，等等。③

2. 经济政策

1991 年，随着新经济政策实施期满，“2020 年宏愿”、“第二个远景计划纲要（1991—2000 年）”和“第六大马计划（1991—1995 年）”的相继通过，以及政府一些经济措施的陆续出台，马来西亚政府对华人经济政策作了进一步调整。政府不再规定土著占有西马有限公司 30% 股权目标的具体实现日期，而在新经济政策出台时，特别要求土著股权占有率须在 1990 年达到 30%，并为此实施各种大力扶持土著的经济措施；政府一再强调私人资本在国家经济发展中的主导作用，而认为国营机构的作用，尤其是在投资方面的作用将明显下降，政府随之加快了国营企业的私有化进程；政府还颁布了一些优惠措施，鼓励土著与华人合作联营，政府要员利用多种场合倡导华巫经济合作，1991 年的土著经济大会也破例邀请华人企业家参加，以商合作大计，而在过去，华巫经济泾渭分明，划为土著经济的范围、机会和优惠，华人根本无法均沾。1993 年，政府还重新界定土著企业的定义，即土著占有 35% 股权的企业便属于土著企业，可享受土著企业的种种优惠，包括优先贷款和进入特殊的经营范围等④。而过去须由土著占有企业 51% 以上的股权，该企业才会划为土著企业。

3. 文化教育政策

变化最大的是高等教育政策。由于华人社会的不断争取，也为了适应经济全球化的新形势，满足培养大量人才的迫切需要，1993 年 12 月，政府宣布专科学院可以以英语作为教学媒介，而 80 年代曾经规定大专院校一律用马来语授课。

---

① 前引，丘光耀：《第三条道路：马来西亚华人政治选择批判》，第 24 页。部分华人和华人反对党认为“2020 年宏愿”和“马来西亚民族”只是一种假象，称 20 世纪 90 年代初国阵对华人政策的一些调整为“小开放”。“小开放”（Minor Liberalization）是民主行动党秘书长林吉祥提出的一个概念，意指巫统对华人政策所施的小恩小惠是微不足道的，同时也是没有法制基础的。因为“小开放”并未触及巫统建国政策的本质，只不过是巫统领袖个人言谈作风开明所制造的假象而已。行动党故针对上述概念提出争取“大开放”（Full Liberalization），即实现一个让全体大马人民，不分所谓“土著”与“非土著”都能在同一片阳光底下享有公平地位的“马来西亚人的马来西亚”理想。

② 前引，林水檺、何启良、何国忠、赖观福编：《马来西亚华人史新编》（第二册），第 108 页。

③ 前引，丘光耀：《从“民族认同”到“国族认同”》。三保山位于马六甲，是华人义山，且有明朝马中两国友好往来的遗迹，1984 年，政府计划铲平另作开发，曾引起华人公愤和全国性的抗议运动。

④ 前引，廖小健：《战后各国华侨华人政策》，第 63 页。

政府还允许和鼓励私人投资办大专院校，允许本地高等院校与外国高等院校合办双联课程，允许国外大学到马来西亚办分校。政府对华社高等教育也采取较为开放的政策。如陆续颁令承认拉曼学院的大部分文凭，批准拉曼学院建立多所分院。时任首相马哈蒂尔还要求拉曼学院分担国家高等教育的重任，多招收一些非华族学生。[①] 另外两所华社办的华文大专学院——南方学院和新纪元学院，几经周折，也在20世纪90年代初获准注册成立。

20世纪90年代调整的其他华文教育政策还有很多，如森美兰州政府拨出土地给9间华校，包括波德申中华独中；教育部宣布"大马教育文凭考试"的华文科已被列入申请进入政府大学先修班的计分科目，过去华文科在该项考试中只是附加科，考试分数不计分；教育部答应改制的国民型华文中学的新任校长名单，今后将会先提呈给马华公会的副教育部长过目；[②] 在各类小学中推广中国的珠算教学；为了解决国民中学华文教师短缺的问题，1994年教育部开始实施两项特别计划，即让华文小学在职教师领取半薪前往马来亚大学中文系攻读四年学士文凭后任国中华文教师，让具备一定华文基础的教师接受一年师训后任国中华文教师；1995年10月，教育部宣布把华文及淡米尔文纳入国民小学正课，并将为此培训更多华文及淡米尔文教师以应付未来需要；从1996年开始，放宽华小等国民型小学学生升中学一年级的条件，不再执行华小毕业生须读一年中学预备班才能升中学的强制措施，等等。[③] 另外，《1996年教育法令》中删除了《1961年教育法令》第26条B项，即教育部长有权将国民型学校改为国民学校的条款。[④]

政府文化政策的变化也非常明显。与20世纪70—80年代一味强调文化的马来化不同，20世纪90年代初，马来人政要对华族的文化传统给予尊重与高度肯定。政府指示国家语文出版局率先出版了《孟子》和《论语》两本马来文译本，同时公开宣称伊斯兰教文明与儒家思想有许多可融合之处，为此，特别于1995年3月在首都吉隆坡举办两种文明交融的国际学术研讨会。时任副首相安华在许多场合用华语引用《论语》和《孟子》等中华文化经典，并极力推荐北宋推动政治改革的王安石。"您好吗"、"谢谢"、"我们都是一家人"、"己所不欲，勿施于人"等成了安华的口头语，他用毛笔写就的"我们都是一家人"也一度成为巫统的政治口号。一时间，巫统高层领袖出席华人的各种庆典聚会时，都频频讲华语、写毛笔字。[⑤]

---

① 前引，廖小健：《战后各国华侨华人政策》，第65页。
② 前引，丘光耀：《从"民族认同"到"国族认同"》。
③ 前引，廖小健：《战后各国华侨华人政策》，第66页。
④ 前引，邝其芳：《华小董事会地位的演变》。
⑤ 前引，丘光耀：《从"民族认同"到"国族认同"》。

（三）亚洲金融危机前后的华人政策

对华文高等教育的发展，政府继续采取宽松的政策，1999 年 7 月再批准成立一所华文大专学府——韩江国际学院。至此，马来西亚华社已有三家民办大专，即南部的南方学院、中部的新纪元学院和北部的韩江国际学院，另外还有半民办、拥有 4 间分院的拉曼学院。

与其他两家民办大专比较，韩江国际学院有两个特点：一是审批时间短，它于 1998 年 7 月提出申办申请，短短一年即获批准；而南方学院和新纪元学院从申办到获准则需时数年，历尽艰辛。二是韩江学院的入学资格中，独中统考文凭列在首位；而南方学院和新纪元学院基于政府不承认独中统考文凭的一贯立场，它们的入学资格只列明为大马高级教育文凭或同等资格，独中毕业生是以同等资格入学，而不是以堂堂正正的独中统考文凭入学。[①] 韩江国际学院的成立及其入学资格的认定，表明政府对华教政策，甚至对独中政策的进一步开放。

2000 年 6 月，教育部宣布总额 25 亿马元的国家高等教育基金将公开给所有政府及私立高等教育学院的学生申请。私立学院的华裔学生终于可以和马来学生一样，通过申请基金贷款来完成学业。此举被媒体形容为华印裔清贫生的喜讯。[②] 在这之前，有资格申请该基金的是本地 11 间政府大学及 5 间私立大学的学生。这些大学的学生多是马来人，能够获得基金的自然也以马来人为主，极少华人学生有这个运气。

成立一所大学是马来西亚华人社会数十年以来孜孜以求的梦想，在华人执政党马华公会的积极争取下，2001 年 7 月，马来西亚政府终于批准由马华公会承建一所私立大学性质的拉曼大学。2002 年 8 月拉曼大学正式成立，校址设在霹雳州金宝。马华公会希望将拉曼大学办成国际社会承认的知名学府，并已成功邀请数位国际知名的华裔学者，包括王赓武教授、李远哲教授、杜维明教授、高锟教授等人出任拉曼大学国际学术咨询委员会委员。[③]

对于华小，政府一改过去反对增建和迁建华小的做法，在 1999 年大选前后，罕有地同意增建 4 间华文小学。[④] 另外，在华人社会的激烈反对下，政府不再坚持在原有华小推行宏愿学校计划。宏愿学校计划要求三大源流学校同建在一个校园内，各族小学生共用同一基本设施，以消弭文化差异和加强和谐共处的信念。但董教总却担心政府借宏愿学校计划来实现国语作为各源流学校统一媒介语的最

---

① 前引，廖小健：《世纪之交：马来西亚》，第 180 页。

② 前引，洪嘉玲：《国内华印裔清贫生喜讯》。

③ 《迈向国际大学目标》，（马来西亚）《南洋商报》2002 年 8 月 13 日。

④ 前引，廖小健：《世纪之交：马来西亚》，第 274 页。

终目标，从而导致华小变质，因而强烈反对宏愿学校计划，要求以学生交融计划取而代之。2000 年 7 月政府加快实施宏愿学校计划后，宏愿学校课题便掀起轩然大波，面对华人社会的激烈反应，政府最终放弃迅速推行宏愿学校计划。

金融危机爆发后，在政府拯救企业、复苏经济的过程中，华人大企业也是拯救重组的对象之一。如华人最大的金融公司——马婆金融，自金融危机以来一直面对巨额亏损，是国家资本基金通过大量注资帮助其改善财务状况，后来，又是政府积极协助其寻找合并对象。在政府的努力下，全国 54 家金融机构中，包括华资金融机构在内的 50 家金融机构已于 2000 年底完成十大银行集团的合并重组工作。十大银行集团的主导银行分别是马来亚银行、土著联昌银行、兴业银行、大众银行、阿马银行、丰隆银行、英雄艾芬银行、马化银行、南方银行和国贸银行，其中不少是著名的华资大银行。①

三、华人政策相对宽松的原因分析

马来西亚政府的华人政策之所以相对宽松，且不断修订放宽，主要是受马来西亚华人的具体情况、马来西亚国家发展利益以及马来西亚对外政治和经济关系等各种因素的影响。

其中一个最重要的因素是人口因素，即人口的“相对规模”、各族群人口规模的比例。“在一个社会、一个国家、一个地区总人口中每个族群所占的比例，可以说是决定族群关系最为重要的因素。人多则势众，无论是在历史上凭靠武力夺取自然资源的时代，还是今天凭靠选票的多少来决定权力分配的时代，人口相对规模始终是影响族群关系总体态势的一个不可忽视的重要因素。”②

马来西亚是中国境外继新加坡之后，华人占当地人口比例最大的国家。马来西亚华人人口占全国人口的比例，1957 年独立时高达 37.16%，有 233 万，虽然后来所占比例有所下降，但到 2000 年仍占 26%，达 569 万。而其他东南亚国家，华人在全国人口中的比例不到 10%，华人最多的印尼，华人也只占人口总数的 3% 左右。因此，马来西亚华人自始至终都是马来西亚第二大族群，是马来西亚社会稳定和经济发展不容忽视的重要社群。对华人的限制和打压，如果超出华人承受的底线，激起占人口 1/3 或 1/4 的民众的激烈反抗，导致两大族群严重冲突的话，必然会危及社会稳定，破坏社会的正常运行，这对马来西亚社会发展无疑是很不利的。另外，尽管政府通过选区划分等途径，保证马来人选区占多

① 前引，廖小健：《世纪之交：马来西亚》，第 276、277 页。

② 前引，马戎编著：《民族社会学：社会学的族群关系研究》，第 476 页。

数，但华人选票毕竟占约三成，在实行差额选举制的马来西亚，在一票之差都可能决定候选人胜败的制度下，华人选票也是朝野政党争夺的目标。为了防止马华两大族群的矛盾与争执演化为激烈的族群冲突，并最终对社会发展造成严重的破坏，为了争取华人的支持，以巩固和加强执政地位，政府处理华人问题不得不慎之又慎，必须随时根据形势的变化，理性务实地及时舒解、缓和族群矛盾，并在必要时候作出适当的调整，不然的话，矛盾激化必然影响社会稳定和经济发展，进而影响马来人的利益。

当地华人都很清楚这一人口优势，认为人口比例是华人得以保存文化的有利条件。“马来西亚的华人面对的问题毕竟不像东南亚其他国家如印度尼西亚、泰国、缅甸、越南等国的华人那样，在人口的比例上遥遥不及当地土著，1/3 的人口比例始终是华人保存文化的有利条件。”①

另外，虽然华人处于某种附属地位，但人口众多，还是为马华两族通过协商，甚至争论解决或部分解决彼此之间的问题提供了条件，正如当地华人所指出的：华巫人口比例很接近，没有所谓多数种族与少数种族之区别。这种特殊现象，使种族关系很微妙，也使种族间的“讨价还价”成为大马政治上的一种普遍现象。② 正是因为人口规模的作用，华人直接参与了马来亚建国和宪法草案的讨论，结果，宪法对很多华人权益的确认，成为马来西亚华人迄今不断维护和争取平等权利最有力的法律依据。马华前总会长黄家定认为：“宪法赋予华族各项权益，没有人可以质疑华社今天在马来西亚的合法地位，也没有人可以挑战我们在宪法下被赋予的各项权益，包括学习母语、宗教信仰及文化等自由。”③

另一个重要因素就是马来西亚华人为维护和争取本族群的合法权益所进行的长期不懈的努力与抗争。独立以来连续不断出现的马华两族争执课题，以及大大小小的矛盾与冲突，几乎都是华人社会对政府族群政策不满的反应。政府的许多政策，特别是调整修订的族群政策，几乎都是有关政策引起华人的普遍不满与激烈反应后，政府才作出妥协，加以修订的。

还有经济因素。马来西亚经济发展一向较为顺利，但在世界经济的影响下，1985 年却严重衰退，出现独立以来的首年负增长（－1%），1986 年经济增长率也仅为 1.2%。严峻的经济形势迫使政府调整各种经济政策，包括华人经济政策，以助经济的复苏和发展。20 世纪 90 年代初，在蓬勃发展的经济鼓励下，1991 年马来西亚政府提出“2020 年宏愿”的宏伟蓝图，即在 30 年内把马来西亚

① 前引，林水檺、何启良、何国忠、赖观福编：《马来西亚华人史新编》（第三册），第 65 页。

② 前引，陈祖排：《大马种族关系概况》，第 73 页。

③ 黄家定：《华人地位权益不容质疑》，（马来西亚）星洲互动网站，http://www.sinchew-i.com/，2006 年 12 月 15 日。

建成先进工业国。按照宏愿的设想，2020年的国内生产总值应是1990年的8倍，即从1 150亿马元增加到9 200亿马元，年均经济增长率须达到7%。假如每年人口增长率保持当时的2.5%的水准，到2020年马来西亚人的实际收入将等于1990年的4倍[①]。过去20年马来西亚经济的年均增长率已达6.9%，在未来30年要达到7%并非不可能，但必须有政府的正确决策和各族人民的共同努力，尤其需要有一定经济实力和丰富工商经验的华族的积极参与。

影响政府华人政策的其他因素还有：马来人内部政治斗争中巫统需要寻求华人支持；华人政治比较活跃，有本族的执政党和反对党；华人社团比较成熟，组织强大，压力有效；中马关系迅速发展，中文经济价值提升，等等。

和其他一些华人聚居国家，特别是一些东南亚国家相比，马来西亚的华人政策本来就宽松，再经政府根据形势需要而不断加以修订，就更上一层楼了。当然，马来西亚华人政策只是和其他一些国家比较而言显得相对宽松，实际上，政府扶植马来人的主旨始终不变，马来人仍享有种种特权，华人的公民地位始终比不上马来人。但马来西亚政府华人政策的相对宽松，特别是20世纪90年代以来的调整和开放，还是减少了对华人经济与华人文化教育发展的多种限制，为华人提供了一个相对宽松的生存环境，并营造了族群融洽的和睦氛围，因此有效地改变了广大华人的心态，“5·13”事件后一连串限制政策带来的压抑感得到一定的缓解，固有的族群成见和恐惧有所松动，不少华人增加了对政府的信任，这些对促进马华两族和睦相处起到了很大的作用。新加坡国立大学高级讲师何启良也认为，国阵政府“国家发展政策”和“2020年宏愿”的提出，影响深远，基本上扭转了华社所固有的国阵政府政策对华人不利的印象，在政治策略上获得了空前的成功。[②]

马来西亚政府的族群文化教育政策得到特别多的肯定。一些中国学者认为，从总体上说，联盟党政府尚没有绝对地排斥华人文化教育，没有强制执行文化禁令。华语虽非官方语言，但《宪法》第152条规定了华语可以在私立学校（引者按：其实不止私立学校）当作母语来教学，华文报刊、华人名字、店铺等都可以采用华文，其他的一切华人文化生活也受到尊重，这较之于东南亚其他一些有华人的国家要宽容得多，与印尼相比更是如此。由于这种文化上较宽容的态度，使文化的多元化成为合法现象，也就使各个民族融入整个国家的经济政治生活成为可能，客观上有利于各族人民对国家的认同。[③] 马来西亚本地也有评论认为，

---

① 前引，马哈蒂尔著，陈亚才等译：《马来西亚：迈向前路（2020年宏愿）》（Malaysia: The Way Forward, Vision 2020）。

② 前引，林水檺、何启良、何国忠、赖观福编：《马来西亚华人史新编》（第二册），第108页。

③ 前引，陈晓律等：《马来西亚——多元文化中的民主与权威》，第298页。

“90年代的‘文化开放政策’有利于缓解种族紧张”①。

第三节 华人社会发展及其影响

和马来人相比，华人的多种公民权利仍然没有保障，华人仍然为自己的身份地位而懊丧与愤怒，但由于华人的人口规模、华人的抗争、马来西亚特有的政权分权制度，以及华人在马来西亚经济和政治发展中的重要地位，和其他一些国家相比，独立以来的马来西亚华人政策相对宽松，华人的生存条件和本族群的族群特性得到相当程度的保障，华人社会也随之得到很大的发展。

一、经济发展

独立后，尽管华人经济受到一定程度的忽视和限制，但比起其他一些东南亚国家的华侨华人，马来西亚华人还是比较幸运的，他们没有被限制职业，没有被没收资产，更没有被驱离家园，新经济政策中对华资企业资本和雇工的族群比率限制还不至于置华人经济于死地。而且，新经济政策从20世纪70年代起才开始执行，作为新经济政策重要组成部分的《工业协调法》又进行了多次调整，对华人经济的限制已大大放宽；20世纪90年代以来的经济开放政策更为华人经济发展提供了更大空间。因此，华人经济的生存发展虽然面临不少困难和挑战，但总的来说，还是能随着国家经济的发展而继续向前发展的。当然，如果不受任何限制的话，华人经济的发展会更快，对马来西亚经济的贡献将更大。

（一）华人资本与股权占有

战前马来西亚华人资本不超过3亿美元，“二战”前夕只剩1亿美元左右。战后华人资本不断增长，到1970年，华资在有限公司的股金为14.50亿马元（约6亿美元）。20世纪70年代政府实施扶持马来人的新经济政策后，华人在有限公司的股金增长速度虽然低于马来人，但由于国家经济的蓬勃发展，华人股金仍持续增长，年均增长率1970—1988年为18.70%，1990—1995年为8.30%；华资股金市价也大大增加，1970年为14.50亿马元，1988年为319.25亿马元，

① Francis Loh Kok Wah. Where Has (Ethnic) Politics Gone: The Case of the Bn-Non-Malay Politicians and Political Parties. In Ibid. ,Robert W. Hefnered. *The Politics of Multiculturalism: Pluralism and Citizenship in Malaysia, Singapore, and Indonesia*. p. 185.

1990 年为492.96 亿马元，到1995 年更高达735.52 亿马元（约200 亿美元），25 年增长了近50 倍，分别占当时马来西亚股金总额的27.20%、32.60%、45.50%和40.90%，是马来西亚三大族群中拥有股金比例最高的族群。到1999 年，华资在有限公司股权的比重虽然降低到37.90%，但仍然是拥有最多股权的族群，股金绝对值再增加到1 173.72 亿马元（约308 亿美元），是1970 年的81 倍，比1995 年增加了60%，到2004 年华人的股金比例再提高到39.00%（如表4－8 所示）。这还没有包括无法统计的小股资金。当然，对于官方公布的三大族群的股权统计，马来西亚本地一些华人和学者持怀疑态度，觉得华人股金被高估，马来人股金被低估。部分学者认为，如果准确界定托管公司和政府的股权，华人拥有的股金和比例分别应为：1990 年是35 304.23 百万马元，占32.60%，1995 年是51 054.92 百万马元，占28.40%。[1] 2006 年10 月，两族还因股权数据展开了激烈的辩论。

表4－8　马来西亚有限公司三族股金比例（1970—2004 年）

单位：百万马元

年份	华人股金	百分比(%)	马来人股金	百分比(%)	印度人股金	百分比(%)
1970	1 450.50	27.20	125.60	2.40	55.90	1.10
1988	31 925.10	32.60	19 057.60	19.40	1 153.00	1.20
1990	49 296.23	45.50	20 877.50	19.30	1 068.00	1.00
1995	73 552.70	40.90	36 981.20	20.60	2 723.10	1.50
1999	117 372.40	37.90	59 394.40	19.10	4 752.90	1.50
2004	—	39.00	—	18.90	—	1.20

根据以下资料编制：The Report of the National Economic Consultative Council，1991，Table 14；Mid-term Review of Sixth Malaysia Plan，1991－1995，Table 3－5；Seventh Malaysia Plan，1996－2000，Table 3－5；转引自前引，林水檺、何启良、何国忠、赖观福编：《马来西亚华人史新编》（第二册），第341、337 页；（马来西亚）《南洋商报》2001 年、2006 年资料。

独立后，马来西亚华侨社会迅速转变为华人社会，这是华人资本积累发展的重要原因之一。战前，除了少数土生华人获得英国国籍外，绝大部分华侨没有当地国籍。战后，经过广大华侨的力争，公民权法令几经修改，终于在独立时确认了属地主义原则和较宽松的归化条件，绝大部分华侨据此成为马来西亚公民，华侨社会迅速转变为华人社会，这不仅在东南亚国家，甚至在世界范围内，都应该是最早的。华人社会与华侨社会资本积累的区别，主要在于是将中国还是将马来

① 前引，林水檺、何启良、何国忠、赖观福编：《马来西亚华人史新编》（第二册），第344 页。不过，除了政府统计数据外，至今还没有更权威公认的股权数据。

西亚作为自己的中心。战前大多数华侨把马来亚作为打工赚钱的临时居留点，而把中国作为自己的最终归宿，关心中国甚于关心马来亚，在经济上的突出表现，便是向中国大量汇款，用于养家糊口、投资置产，或支持中国的各种政治运动。据统计，20世纪初，南洋侨汇已超过亿元中国币，抗日战争时期，南洋侨汇最高的1940年竟达18亿的高峰。[①] 当时，马来亚华侨约占南洋华侨总数的1/4，按比例推算，1940年马来亚侨汇至少有4.5亿中国币，如果考虑到马来亚华侨的经济实力及其作为南洋抗日救亡中心的政治地位，其侨汇可能更多。战后，特别是独立以来，随着华侨社会转变为华人社会，华人的政治、经济中心转移到马来亚，加上各种政治、社会因素的影响，华人对中国的汇款日渐减少甚至断绝，从而增加了华人对当地的投资和资本的积累。

促进华人资本积累的另一个重要原因是马来西亚经济的持续发展。1957年独立后，尽管1970年实施新经济政策对私营经济影响很大，且80年代中期和90年代遭受经济衰退的打击，但马来西亚经济的发展总的来说还算顺利，90年代初被认为是呼之欲出的亚洲第五条小龙，经济成就令人瞩目，经济蛋糕不断做大。作为马来西亚国民，华人也有机会分享经济发展的成果，生活水平不断提高，华人企业资金也随之增加。

促进华人资本积累还有一个原因，就是政府的投资政策，甚至是族群经济政策。独立之前，马来亚大企业都掌握在外国人手中，由于殖民地政府不鼓励在本地建立工业，华人企业大多数是一些中小企业，资本很小。独立后，马来西亚政府为了促进本地工业发展，从1958年起推行新兴工业法等一系列鼓励投资的法令，为华人企业资金积累提供了条件。按马来西亚华人的说法，“那时从事工业，不但奖励多，而且限制少，不少华商把握机会，成功进军工业，获得颇可观的成就，与跨国公司联合投资创设的挂牌公司，更是盈利丰厚”[②]。20世纪70年代以来推行的新经济政策，目的是扶持马来人经济发展，但马来人没有资本、经验和商业网络，因此，为了利用华人的经营经验和营销网络，马来官僚资产阶级与大马华人资本家的结合日趋密切，政商合作非常流行。结果，“唯整体而言，以国家机关为主导机构的经济策略，实际皆使马来人、华人和外国的各资产阶级，均是大马经济获利的受益阶层”[③]。

（二）华人就业、收入与贫困率

正如前文分析的，随着20世纪70年代以来马来人大举进军工商领域，华人

① 姚楠：《马来亚华侨经济概况》，南京：南洋经济协进会1946年版，第35页。
② 前引，冷眼：《在国家经济发展中华人经济地位问题检讨》。
③ 前引，安焕然：《“反”的制衡与“反”的失落——大马社会与国家机关互动关系之探讨》。

在多个行业与职业的比例不断降低，华人就业面临激烈的竞争。尽管如此，就华人人口比例而言，即华人占人口比例从1957年的37.16%降低到2000年的26%，华人在不少行业和职业中，还保持着相当的优势。如行业就业，华人在批发零售、旅店、餐饮行业，继续占有几乎一半的比例；华人在建筑业，金融、保险、物业、公共汽车等行业的就业比例也远远超过人口比例，拥有约40%的比重；华人在政府部门的就业比例还大大增加，从1957年的10.8%增长到2000年的21.2%。在职业方面，华人在高收入、高知识行业，如行政人员、管理人员，或在人数比较多、收入比较高的行业，如商业人员中，华人占了几乎一半的就业比例，远远超过了华人所占的人口比例，而在人数比较多、收入比较低的行业，如农业劳动者中，华人的就业比例本来就不高，到2000年更只占11.6%（如表4-9所示）。

表4-9 华人就业的行业与职业结构（1957年、2000年）

占总就业比例；单位：%

行业	1957年	2000年	职业	1957年	2000年
农林牧渔业	24.9	11.5	专业技术人员	38.1	24.0
采矿业	69.0	16.6	教师、医护人员	36.0	17.3
制造业	72.6	28.1	行政人员、管理人员	62.3	47.8
建筑业	48.5	39.2	办事人员	46.2	30.0
电、煤、气、供水	25.0	9.0	商业人员	66.1	45.0
运输、仓储、通信	38.7	29.1	服务业人员	33.3	20.2
批发零售、旅店、餐饮	65.1	48.5	农业劳动者	24.3	11.6
金融、保险、物业、公共汽车	65.0	38.2	生产工人	55.7	35.8
政府部门	10.8	21.2	总计	35.7	29.2
其他服务业	51.9	—			
总计	37.5	—			

根据以下资料编制：Phang Hooi Eng. The Economic Role of the Chinese in Malaysia. Table 4-4, Table 4-6, In Ibid., Lee Kam Hing and Tan Chee-Beng eds. *The Chinese in Malaysia*. p.105, p.109; 前引，林水檬等编：《马来西亚华人史新编》（第二册），第332页。1957年数据只指西马，2000年数据指全国。

总而言之，独立以来华人就业呈现如下一些趋向：一是华人在农业部门的就业比例越来越低；二是华人在第二产业的就业比例变化很大，但仍保持相应的比例；三是华人在第三产业的就业比例依然保持一定的优势。

华人在农业部门的就业比例越来越低的原因是：首先，华人一直以来聚居城市比较多，独立后受国家经济发展的影响进一步城市化。以西马华人为例，1970

年城市华人占西马城市人口总数的58.7%，1980年占50.3%，远远超过人口比例，而居住乡村的华人只占乡村人口总数的26.1%和23.3%。同一时期，华人本身城市化不断加强，城市华人从149.19万人增加到204.91万人，占华人总数比例也从47.6%增到53%。在州别方面，华人多数居住在经济发达的西海岸地区，如霹雳、柔佛、雪兰莪、槟榔屿以及直辖市吉隆坡等，而以农业经济为主的东海岸的玻璃市、丁加奴和吉兰丹等州的华人则很少。[①] 到1991年，虽然华人占全国总人口的27.5%，但是占城镇人口的40.8%，仅占乡村人口的13.6%。[②] 其次，马来人保留地制度和马来西亚政府的农村垦荒计划等忽视华人利益，限制了华人向农业发展，农村华人无地缺地状况十分严重，不少华人新村居民，特别是受过教育的年青一代，只好弃农从商，不少还投奔城市，另谋发展。而且，随着社会经济的发展，华人新村也逐渐发展为以某一城镇为中心的华人社区，原来纯粹以农业为生的村民，逐渐转变为从事多种行业的新村居民。再次，独立后，经济日趋多元化，就业领域广阔，收入少、工作辛苦的农工对华人子弟已慢慢失去吸引力，愿意当农工的华人并不多，即使是在华资种植园，工人也以印度人或其他外籍劳工居多，这与其他华人行业同族就业的状况很不同。

华人在第二产业的就业比例降幅最大。制造业就业比例下降，与20世纪70年代开始实施《工业协调法》，规定制造业企业雇工的土著比例有直接关系。采矿业就业减少，则与华人锡矿工人急剧减少有关。1957年华人矿工仍有2.8万人，占华人就业总数的10%，但到1967年华人矿工仅剩下1万多人，只占华人就业总数的2%。[③] 之后，华人矿工的人数更少了。其原因很多，如战后马来西亚锡源枯竭，锡业不景气；政府把矿区划为马来人保留地，华人不易取得新矿地；矿业机械化程度日高；其他就业领域宽广，等等。70年代以来马来西亚迅速发展的石油和天然气行业，机械化程度比较高，收入不错，雇用的工人主要是油井坐落地区的东马和西马东海岸的土著，华人很少能在这些新兴且收入较高的部门就业。

华人在第三产业的就业比例依然占有优势。如华人在商业部门的就业，依然占有一半左右的比重。其原因，一方面是马来人对商业的进入着重于农村农产品销售系统；另一方面，城镇商业特别是遍布全国大小城镇每个角落的零售店，很

---

① 1970/1980 Population and Housing Census of Malaysia. 转引自前引，林水檺、骆静山编：《马来西亚华人史》，第454页。

② Chan Kok Eng and Tey Nai Peng. Demographic Processes and Changes. In Ibid., Lee Kam Hing and Tan Chee-Beng eds. *The Chinese in Malaysia*. p. 78.

③ Donald R. Snodgrass. *Inequality and Economic Development in Malaysia*. Kuala Lumpur, New York: Oxford University Press, 1980. p. 38.

多是雇用几个店员的小本经营，虽然很困难，但也有顽强的生命力。华人在第三产业占优势的还有行政管理人员，文职人员和专业技术人士的比例也不算低。华人在这些行业就业的绝对人数从1957年的5.6万增加到1980年的23万和2000年的74.37万，占华人就业总数的比例也从1957年的10%上升到1980年的15%和2000年的28%。[①] 在全国专业服务领域，虽然因为政府对马来人专业人才的扶持，华人所占比例逐渐下降，但到1990年，华人专业人士仍占总数的59.3%，1999年仍保有53.9%。由于马来西亚专业服务领域的扩大，华人专业人士的绝对人数也从1990年的16 144人增加到1999年的28 565人。截至1999年，在会计师、绘测师及工程师三个领域，华裔依然占有较大的比例优势，即超过50%。[②] 另据会计师协会副主席余守谦的资料，2001年，全国有1 600名会计师，其中15%～20%是土著，其他是华裔及印裔。[③] 华人在第三产业就业占有优势有主观因素，也有客观因素。主观上，战后华人普遍重视教育，不仅送子女到本国学校就读，有条件的还纷纷送子女到国外深造，培养出大批学有专长的华人子弟；客观上，战后马来西亚经济迅速发展和多元化，新行业、新公司不断涌现，华文学校扩大发展等，也为华人子弟到该领域就职提供了条件。

由于华人经济发展一直保有相应的空间，华人在高收入、高知识行业的就业依然保持一定的优势。尽管华人与马来人等其他族群的收入距离逐渐拉近，但华人的家庭月收入依然是三大族群中最高的，马来人、华人、印度人的家庭月收入，1970年依次为172马元、394马元和304马元，2004年依次为2 711马元、4 437马元和3 443马元。[④] 2004年，华人家庭月收入是马来人的1.64倍。

由于整体收入比较高，华人的贫困率也一直是三大族群中最低的。根据1970年马来西亚的户口普查，有26%的华人人口被列在贫困线以下，比马来社会64.8%的贫困率低得多。[⑤] 到2004年，华人的贫困率降到0.6%，低于平均数的5.7%，更远远低于马来人的8.3%。[⑥]

① Phang Hooi Eng. The Economic Role of the Chinese in Malaysia. In Ibid. , Lee Kam Hing and Tan Chee-Beng eds. *The Chinese in Malaysia*. p. 105, p. 109.

② 前引，《〈第三经济展望纲领〉拟机制提高土著专业人士比例》。

③ 《土著会计师增加　各族享经济蛋糕》，（马来西亚）《南洋商报》2001年4月5日。

④ Phang Hooi Eng. The Economic Role of the Chinese in Malaysia. Table 4 - 7. In Ibid. , Lee Kam Hing and Tan Chee-Beng eds. *The Chinese in Malaysia*. p. 112；（新加坡）《联合早报》网站，http://www.zaobao.com，2006年11月28日。

⑤ 前引，山下彰著，汪慕恒译：《马来西亚新国家发展政策的概要与各种课题》。

⑥ 《较第八计划多67%　115亿建廉屋组屋》，（马来西亚）南洋网，http://www.nanyang.com/，2006年4月1日。

二、华文教育发展

马来西亚华文教育早已存在，独立后也一直拥有合法地位，虽然历尽艰辛，但仍然持续发展。经过20世纪五六十年代的小学改制、中学改制，六七十年代华文独立中学的衰退与逐渐复兴，以及60年代以来长期不懈地申办高等院校等历程，目前终于建成了从小学到中学再到大专的完整的华文教育体系。华文教育不仅在马华文化教育中，而且在马来西亚教育中，均占有不容忽视的地位。

（一）华文小学

独立后，尽管华小数量有所减少，但到2006年依然保有1 288所，其中4所是1999年大选后由政府增建的，占全国公立小学总数5 774所的22.3%；在读学生也从1970年的43.97万人增加到63.61万人，占全国学生总数229.88万人的27.67%（如表4－10所示）。大部分华裔子弟进入华小就读，近年还有近6万马来人、印度人等非华人子弟到华小接受教育。[①]

表4－10　华小学校和学生数量（1970—2006年）

年份	华小（所）	学生（人）
1970	1 346	439 681
1980	1 312	581 696
1990	1 290	581 082
2000	1 284	622 820
2006	1 288	636 124
1970—2006	－58	＋196 443

根据马来西亚董总资讯局资料编制，参见（马来西亚）董教总网站，http://www.djz.edu.my/，2006年11月3日。

华小是纳入国家教育体系的正规公办小学，由于它以华文为教学媒介，区别于以马来文（国语）为教学媒介的国民小学而称之为国民型小学。华小的日常经费由政府负责，建设发展经费也有一部分由政府拨款，华小毕业生可直接升上政府办的国民中学，也可以到华文独立中学就读。华文是华小授课和行政的主要

① 林明华：《他们为什么选择华小?》，（马来西亚）星洲互动网站，http://www.sinchew-i.com/，2005年9月1日。

教学媒介，除了国文科和英文科外，其他各个科目都以华文进行教学和考试。另外，华小还可以教授多种以华文书写的课本，包括华文、人文与环境及道德教育等。华小考试以华文为教学媒介，但须符合教育部规定的考试要求。为了能更全面地捍卫及发展华文小学，董教总于1994年成立“董教总全国发展华文小学工作委员会”，专门协调和促进华文小学的各项工作。

（二）华文独立中学

据统计，从20世纪70年代开始，马来西亚就一直拥有60所独中，除了玻璃市、丁加奴和彭亨三州外，其他各州都有华文独中，其中37所在西马，23所在东马。独中是独立于国家教育体系之外的中学，经费主要靠华人社会自筹。由于经费短缺和生源紧张等原因，独中一度陷入低潮，70年代初华社掀起独中复兴运动后，独中再度发展兴旺，1994年独中学生几乎达到6万人，后略有减少，到2005年，独中学生为5.34万人（如表4－11所示）。

表4－11　全国60所华文独中学生统计表（1978—2005年）

年份	1978	1983	1986	1994	1998	2000	2002	2004	2005
人数	35 930	45 890	49 567	59 773	54 002	53 258	54 048	53 005	53 402

根据董教总全国华文独中工委会资讯局2005年6月统计资料编制，载董总：《马来西亚华文教育》（半年刊）2005年第3期。

独中大部分是完全中学，不论初中、高中都要学习华、巫、英三种语文，每周各占8~9个课时。除此之外，独中的课程和一般中学的课程差不多，初中包括数学、科学、地理、历史、美术、道德和生活技能等；高中包括高级数学、化学、物理及生物学等。在教材方面，独中采用的是董教总全国华文独中工委会所编纂的初、高中统一课本，授课媒介以华文为主，但也有的用英文授课，学生参加由董教总主办的华文统一考试（会考），文凭得到十多个国家数百所学校承认。除此之外，部分独中毕业生还参加马来西亚政府主办的以马来文答题的高中统考，以及英联邦国家统一的英文高中统考。除了一般的中学教育外，近十年来，有条件的独中也开办技职教育班，如电工、家具木工、机械、汽车维修、纺织等，设有工科的学校已达20所，而商科几乎普及各校。[①] 为了加强管理，董教总于1973年成立董教总全国华文独中工委会，专理独中事务。独中工委会先后

① 教总：《马来西亚华文独立中学》，（马来西亚）董教总网站，http://www.djz.edu.my/，2006年1月6日。

成立独中发展基金委员会、行政部、考试局、课程局、师资训练局、技职教育局、体育局、辅导推展局、出版局及资讯局等职能机构，管理独中的各项工作。

（三）华文高等院校

建立一个从小学、中学到大专的完整华文教育体系是董教总和马来西亚华社的奋斗目标。20 世纪 60 年代末期，董教总发起创办华文独立大学没有成功。经过数十年不懈的努力和争取，政府终于在 90 年代批准设立三所民办华文高等学府，分别是南方学院、新纪元学院、韩江学院。

（1）南方学院：由宽柔中学董事会发起创办，申办过程一波三折。1990 年创立，1991 年招生开学，是马来西亚华人社会创立的第一所华文高等学府。有数千名学生，主要是华裔子弟。学校规定学生须修两种语文，不懂华文的要修华文。2004 年设有六个科系，文理工商兼备，包括中文系、商学系、英文系、电脑系、电子工程系、马来文学系；另设华人族群与文化研究所、马华文学馆及建教合作暨推广教育中心，积极推动学术研究和社会服务。①

（2）新纪元学院：由董教总教育中心（非营利）有限公司创办，坐落于雪兰莪加影县。董教总教育中心（非营利）有限公司成立于 1994 年 3 月 24 日，其宗旨与目标是致力于创办一所大专院校，以发展民族母语教育，建立一个从小学、中学到大专院校的完善的母语教育体系。新纪元学院于 1997 年 5 月获准开办，1998 年 3 月招收第一批学生共 148 人，到 2002 年在校学生已增至1 000 人。② 创办新纪元学院的目的是培养一批热爱国家、热心族群文化的华裔子弟，特别强调培养大批将来能从事华文教育工作的华裔子弟。到 2004 年，新纪元学院已开办了中国语言文学系、资讯工艺系、商学系、社会研究系及美术与设计系五个科系。新纪元学院将华文列为各个科系的必修科。

（3）韩江学院：坐落于槟城，前身为韩江新闻传播学院，1999 年 7 月获准注册开办。主要学系有大众传媒系、中文系、多媒体设计系、商业管理系、电脑资讯系、电子工程系等。③

尽管上述各级学校在华文教学媒介或华文课程设置上存有差别，但均显现出浓厚的中华文化氛围。这些学校的学生和教师绝大多数是华人，华语因而成为学校的主要行政用语和交际用语，学校的华文报刊及各种华文图书资料也很多，学校还经常进行以儒家学说为核心的具有中华文化特色的伦理道德教育，经常和华

---

① 教总：《南方学院》，（马来西亚）董教总网站，http://www.djz.edu.my/，2006 年 1 月 6 日。
② 教总：《董教总新纪元学院》，（马来西亚）董教总网站，http://www.djz.edu.my/，2006 年 1 月 6 日。
③ 教总：《韩江学院》，（马来西亚）董教总网站，http://www.djz.edu.my/，2006 年 1 月 6 日。

人社团共同开展各种华族传统文化活动，并获得华人社会各阶层人士的鼎力资助。

除了上述华文学校之外，马来西亚还有主要培养马来西亚华人子弟的华人教育，即数十所由原来的华文中学发展起来的国民中学，以及由马华公会创办的拉曼学院和拉曼大学，前者教学媒介主要是马来文，后者则主要是英语。尽管教学媒介不同，但这些学校在培养华人子弟方面还是起了很大的作用。

三、华人文化与宗教

尽管马来西亚政府一直试图推行文化与宗教的马来化，20 世纪 70 年代后出台的国家文化政策也强调马来文化与伊斯兰教在国家文化中的核心地位，在实际操作中也对华族文化活动加以某些限制，但总的来说，独立以来华人文化与宗教的发展还是比较自由的。

（一）华文报刊

华文报刊是马来西亚最重要的华文传媒。其他涉及华文的传媒还有马来西亚广播电台第五台和丽的商台等。

华人从 20 世纪初就开始创办各种华文报刊，经营时好时坏。60 年代初，销量最大的《南洋商报》和《星洲日报》，日销售量也不过 3 万 ~ 4 万份。后来，随着华人政治意识的加强、华文教育的勃发、港台商人的增加、中马关系的密切，人们对华文资讯获取的需求日益迫切，华文报刊销量逐渐增加，华文报刊出版已成为年均数亿元营业额的重要行业。

据统计，20 世纪 90 年代初，全马共有华文日报 20 多种和其他多种华文报刊。其中西马有日报 7 家，分别是《光华日报》、《南洋商报》、《星洲日报》、《中国报》、《通报》、《新明日报》、《建国日报》等。当时西马定期出版的其他华文报刊还有《新生活报》、《华商报》、《大众报》、《新潮》、《妇女》、《商海》、《工商世界》、《风彩》、《先生》、《玻璃门》等 10 多种。同期，东马的沙捞越有华文日报 8 家，分别是《诗华日报》、《沙捞越晚报》、《马来西亚日报》、《世界邮报》、《国际时报》、《砂华日报》、《人民论坛报》、《美里日报》。定期出版的报刊有《新华周刊》和《国际周刊》等。沙巴有《亚洲时报》、《华侨日报》、《山打根日报》、《自由日报》、《斗湖日报》、《沙巴时报》等华文日报 6 家。

这些华文报刊以华文为载体，报道华人社会以及马来西亚的各种新闻和信息，并迎合不同阶层读者的需求，兼顾工商、学术、体育、文艺及娱乐等各个领域的信息，内容丰富多彩，不少还设有文学副刊或地方专辑，定期彩印，十分吸引人，读者人数与日俱增。据统计，1990年马来西亚各语文报纸读者人数分别是：华文报纸227万、英文报纸151万、马来文报纸305万；华文报纸读者占读者总数683万的33%[①]，约占华人人口的一半。90年代以来，随着中文经济价值的提高、国内外华语人士交流的增加，马来西亚华文报纸的发行量和读者人数不断增加，1994年西马主要华文报纸日发行量分别是：《星洲日报》21万、《南洋商报》19.2万、《中国报》13.3万、《光华日报》6.8万。[②]《南洋商报》和《星洲日报》两份大报的读者除了马来西亚的华人外，还包括中国本土民众和亚太乃至世界各国的华侨华人，具有相当影响。

（二）其他华族文化活动

马来西亚华人的文化活动中，规模和影响较大的应为每年由华人社团主办的华人文化节。华人文化节源于1983年，作为对“国家文化政策”的反应之一，当时全国15个华团领导机构主催召开了全国华团文化大会。为了促进马华文化的发展，大会成立了全国华团文化工作委员会，从1984年起协调和带动各州中华大会堂或华团总会（当时称联总）轮流承办华人文化节。从此，一年一度有领导、有组织的华人文化节成为马来西亚华人社会的重要文化活动。在各主办社团的领导下，华人文化节通过举办具有中华特色的文艺表演、展览、比赛、讲座、座谈、研讨会等形式宣传华人文化。华人文化节一个活动接着一个活动展开，一般断断续续地持续一个多月甚至更长的时间，影响之大不言而喻。

马华文学的发展也相当引人注目。马华文学是指由马来西亚华人以华文创作的文学作品。早在“二战”前，马来亚的报刊便发表了不少马华文学作品。马华文学创作在战后一度繁荣，1948年马来西亚进入紧急状态后逐渐陷入低潮，到70年代再开始慢慢复兴，80年代后期特别是进入90年代，则呈现出空前的繁荣。据统计，1986—1995年10年期间，年均有50部各种体裁的马华文学作品出版，包括评论、小说、杂文、散文、诗歌、小品、译作等，[③]与华族人数相比，几乎是每万人一部，比例相当高。为了促进马华文学的发展，华人社团做了许多工作，如成立马来西亚华人写作协会、开辟各种发表园地、设立出版基金、举行马华文学节、举办华文写作训练班等。

除此之外，华人社会的文化活动还有很多，包括各级华人社团邀请国内外学者主讲的中华文化思想讲座系列，各华团、各机构举办的华文书法工作营，各种

① 薛君度、曹云华主编：《战后东南亚华人社会变迁》，北京：中国华侨出版社1999年版，第71页。
② 前引，林水檺、何启良、何国忠、赖观福编：《马来西亚华人史新编》（第三册），第187页。
③ 前引，薛君度、曹云华主编：《战后东南亚华人社会变迁》，第72页。

形式的生活营、座谈会、交流会、展览会、竞赛，以及各级华团组织或华人自发进行的民俗活动，如舞龙狮、耍大旗、武术表演、杂技表演、象棋比赛、珠算比赛、春节庙会、贴春联、挂灯笼、踩高跷、提灯游行、花车游行等，多姿多彩。

（三）华人宗教

虽然马来西亚是一个以穆斯林占人口多数的国家，2001 年“9·11”事件发生后，政府甚至宣布马来西亚是一个伊斯兰教国，但和中东地区严格的伊斯兰教国不一样，马来西亚宪法规定宗教信仰自由，人们可以公开举行各种宗教仪式。华人可以继续信仰自己传统的宗教，如佛教等，也可以信仰其他宗教，如基督教等，还可以皈依马来人信奉的伊斯兰教。据 1970 年和 1980 年人口统计，1970 年和 1980 年信奉佛教和儒教的人口分别占全马人口的 26% 和 29%，占西马人口的 28% 和 32%。[①] 2000 年人口统计资料显示，马来西亚人口中，信奉伊斯兰教的最多，占 60.4%，而信奉佛教的占 19.2%，儒教、道教等占 2.6%，基督教占 9.1%，印度教占 6.3%。[②] 信奉佛教、儒教、道教的绝大多数是华人，据 1980 年人口统计，信仰佛教、儒教、道教的华人占华人总数的 94%，其次是基督教，占 3%，华人信仰其他宗教的不到 1%，其中皈依伊斯兰教的有 7 000 多人，仅占华人总数的 0.2%。后来，信仰基督教和伊斯兰教的人数有所增加，据 1991 年人口普查统计，华人信仰伊斯兰教的比例提升到 0.4%，信仰基督教的提升到 7.8%，其他信仰所占比例变化不大（如表 4－12 所示）。

表 4－12　马来西亚华人宗教信仰构成（1980 年、1991 年）

宗教	1980 年 占华人比例（%）	1991 年 占华人比例（%）
伊斯兰教	0.2	0.4
基督教	3.0	7.8
兴都教	0.1	0.2
佛教	56.0	68.3
儒教、道教等	38.0	20.2
部落及通俗宗教	0.2	0.1

① 1970/1980 Population and Housing Census of Malaysia. 转引自前引，林水檺、骆静山编：《马来西亚华人史》，第 462 页。

② Population and Housing Census 2000. 转引自马来西亚统计局网站，http://www.statistics.gov.my/，2004 年 11 月 15 日。

（续上表）

宗教	1980 年	1991 年
	占华人比例（%）	占华人比例（%）
其他	0.2	0.3
无宗教信仰者	1.6	3.0（包括不知道）

根据以下资料编制：1970/1980 Population and Housing Census of Malaysia，1991 Population Census of Malaysia，转引自前引，林水檺、骆静山编：《马来西亚华人史》，第 471 页；前引，林水檺、何启良、何国忠、赖观福编：《马来西亚华人史新编》（第三册），第 422 页。1980 年数据指西马，1991 年数据指全国。

马来西亚华人一直信奉佛教等传统宗教。战前，受中国革命和新文化运动的影响，宗教信仰有所淡化。马来亚独立后，由于华人社会处于一个急剧变化的环境中，许多人感到彷徨与不安，想借宗教求得精神寄托，华人宗教于是逐渐复兴。其中，佛教是最多华人信奉的传统宗教，信徒占华人人口比例从 1980 年的 56% 提升到 1991 年的 68.3%。

由于宗教政策相对宽松自由，马来西亚不仅拥有众多的华人佛教徒，华人佛教组织的活动也相当活跃。

马来西亚华人于 1959 年成立马来亚佛教总会（后改名为马来西亚佛教总会），该会是以出家人为主，并以各地的佛堂和神庙为主干的一个组织，80 年代有团体会员 300 多个，代表了 10 多万名佛教徒，个人会员 1 万多名，其中僧侣有 100 多名。[①] 佛教总会拥有自己的佛总大厦、佛学院，出版刊物《无尽灯》。[②] 华人还在各地建立佛教青年会，并于 1970 年在马来亚大学成立马来西亚佛教青年总会，到 1980 年该组织已拥有全国各地的佛青组织等团体会员 81 个，代表了大约 2.5 万名年轻的佛教徒。[③] 佛青总会也建有一座永久性的佛青训练中心，出版中、英文版的《佛教文摘》。

马来西亚佛教组织充分利用马来西亚的宗教自由政策开展各种宗教、文化和公益活动，如举办全国佛学常识比赛、全国佛曲歌唱比赛、全国民间舞蹈比赛、高级佛学研修班、大专学生弘法课程、佛青训练营、佛教教育研讨会、佛学班教师研讨会，组织佛教学生联谊会、受训教师联谊会及设立马来文佛经翻译局，主催捐血运动、捐眼角膜运动、反吸毒运动等，并成功申请获准列卫塞节（后改称佛陀日）为全国公共假期；由马佛总和马佛青总会联合成立全国佛学考试委员

① 前引，林水檺、骆静山编：《马来西亚华人史》，第 436 页。

② 前引，林水檺、何启良、何国忠、赖观福编：《马来西亚华人史新编》（第三册），第 450 页。

③ 前引，林水檺、骆静山编：《马来西亚华人史》，第 437 页。

会，每年举行全国佛学考试；与基督教、兴都教及锡克教于1982年成立伊斯兰教以外的宗教咨询协会，以促进宗教谅解和维护宪法保障下的宗教自由权益等。在被称为“大马佛教青年运动”的以上一连串活动的推动下，马来西亚大专院校兴起一股学佛的风气，佛教也“从寺庙开始普及到会议厅、慈善机构，甚至逐渐走入社会的每一个领域”，深入“民心与民间”，[①] 华人传统宗教的影响不断扩大，佛教徒随之不断增加。

四、华人社会发展与族群关系

综上所述，尽管独立以来，特别是20世纪70—80年代，华人社会的经济与文教活动受到不少限制和冲击，但还是有比较大的发展空间，这对改善马华两族关系，促进华人与马来人和睦共处，有着积极的意义。

（一）经济发展与影响

首先是经济发展。令人诟病的新经济政策固然有约束或冲击华人经济的一面，但20世纪70年代实施新经济政策以来，国家经济的迅速发展给华人带来的实惠，也是客观存在的。

马来西亚当地一些学者认为，华人社群虽然没有从过去政府的亲土著经济政策中受惠太多，但是当水涨船高时，他们的经济利益也因此得到正面的好处。[②] 在新经济政策推行期间，由于马来人控制的政府需要继续推行市场导向政策以促进经济发展，马来西亚人的资产阶级和中产阶级并没有减少，华人中产阶级事实上已经扩大。[③] 20世纪70年代以来，马来西亚政府成功降低失业率，一般华人劳工阶层的生活也有相当保障。据统计，马来西亚1970年的失业率，马来人是8%，华人也有7.4%，印度人更高达11%，但1975年和1980年，全国失业率分别下降到7%和5.3%。另外，“近几年来我国经济跃升，即使是马来官僚资本家把控的国家机关，为了扩大其利益及国家总体经济的发展，也渐而对华人中小企业主表示相当的‘友好’”。至于华人大企业家，更是通过与马来官僚资产阶级所主控的国家机关进行结合，即“阿里巴巴”模式，而成为马来西亚经济获

① 前引，林水檺、何启良、何国忠、赖观福编：《马来西亚华人史新编》（第三册），第451页。

② 何启良：《选举后的政局分析》，（马来西亚）《南洋商报》1995年5月14日。

③ Abdul Rahman Embong. The Culture and Practice of Pluralism in Postcolonial Malaysia. In Ibid. , Robert W. Hefnered. *The Politics of Multiculturalism*: *Pluralism and Citizenship in Malaysia*, *Singapore*, *and Indonesia*. p. 61.

利的受益阶层。[①] 70 年代以来马来西亚华人企业集团的迅速发展，与此不无关系，“国阵政府执政长达四十多年，华商利益集团都和它有密切关系，甚至可以说，甚少有马来西亚华人财团可以不依靠国阵而保持经济特权和垄断地位”[②]。也就是说，马来西亚华人几乎所有阶层都不同程度地享受到国家经济发展的成果，华人经济继续随着国家经济的发展而发展。因此，虽然新经济政策使华人经济发展面临激烈的竞争，传统的经济发展空间也有所收缩，但正如前文所分析的，华人经济发展依然走在马来人等其他族群的前面，从整体上显示了华人依然获得较高的经济发展成就，依然是收入最高的族群，拥有较高的经济地位和生活水平，这就在很大程度上保证了华人当前以及近期的生存发展。

2006 年夏天，笔者曾对在中国留学的海外大专学生进行过问卷调查，收回有效问卷 64 份，其中 47 份是来自马来西亚的大专学生所填写，调查不一定很准确，但可以作为参考。

在“您所认识的华人中，失业的人多吗?”的问题中，共有 6 个选择，包括“A. 很多；B. 不多；C. 有一些，很少；D. 看经济形势而定；E. 有些人偶尔失业，但很快找到工作；F. 有些人挑三拣四，找不到合适的工作”。调查者填 B 的有 20 人，填 C 的有 9 人，填 D 的有 13 人，填 A 的只有 1 人，填 E 的有 3 人，填 F 的有 1 人。很显然，华人很少长期失业。有工作，就意味着有生活来源、有生活保障，如果得到一份好的工作，还可以保有较高的生活质量。

在“您认为您的家庭在居住国属于哪一个社会阶层?”的问题中，一共有 6 个选择，包括“A. 上层；B. 上、中层之间；C. 中层；D. 中、下层之间；E. 下层；F. 不清楚”。调查者填 C 的最多，有 26 人，占 55.32%；填 B 的为 8 人，占 17.02%；填 D 的为 10 人，占 21.27%；填 F 的有 3 人，占 6.38%；没有人填 A 和 E。也就是说，70% 以上的华人子弟认为自己的家庭处于中层及以上的地位。考虑到来华留学的华人子弟并不是华人最富有的阶层，华人总体上对自己经济地位的感觉是相当不错的。这种感觉对华人与马来人的关系会产生积极的影响，因为自我身份的认定和对之的满意程度是族群关系重要的主观性指标之一。一些人尽管实际上处于社会低层，但可能自认“中产阶级”并具有相对较高的满意度，那么他们挑起和加入社会冲突的可能性就会减低。[③]

在“如果您是学生，您认为您毕业后在居住国最有可能谋求到以下哪些职业?”的问题中，一共有 9 个选择，包括“A. 农民；B. 受雇低级员工；C. 受雇

① 前引，安焕然：《“反”的制衡与“反”的失落——大马社会与国家机关互动关系之探讨》。事实上，20 世纪 80 年代中期经济衰退后，马来西亚大多数年份的失业率都基本维持在 4% 以下。

② 前引，何启良：《九十年代后期动荡中的马来西亚华人社会》。

③ 前引，马戎编著：《民族社会学：社会学的族群关系研究》，第 233 页。

公司管理科技层；D. 当专业人士；E. 自己创业当老板；F. 大企业董事、经理；G. 政府公务员；H. 从政当议员；I. 其他”。调查者填E的最多，有20人，占42.55%；填D的居二，有15人，占31.91%；填C的有6人，占12.76%；填F的不多，只有2人；还有填B的2人，填G和H的各1人。没有人填A，而通过分析问卷可以发现，他们的祖父有15人是农民，他们的父亲也有4人是农民，还有当渔夫的。也就是说，85%以上的华人子弟觉得自己以后可以成为中产阶级，包括旧中产阶级和新中产阶级，对前途还比较乐观。这个调查结果显示，对华人而言，马来西亚社会流动，特别是职业的流动，一定程度上还是自由的。

调查结果显示，马来西亚华人大体上能安居乐业，对本身经济地位的感觉还不错，对未来发展也比较乐观。一位马来西亚华人青年指出，一个大专或以上学历的青年人，只要勤奋工作，储蓄节约，五年后要成家、买房子、买汽车都不会太困难，若其父母能稍加“补贴”，自己创业或与朋友合股联营当个小老板也是司空见惯的现象。一个温馨、舒适、有保障的小康之家就是大马中产阶级的典型写照。①

（二）文教发展与影响

华人文化与教育的发展，对马华两族关系的影响也非常大。马来西亚是中国境外唯一建立了完整的华文教育体系的国家，与东南亚其他国家更为艰难曲折的华文教育发展历程，以及许多国家华文教育目前的形式（如华文取得正式的外文地位，作为公立学校的外语课讲授，每周2～4节，或大量华文业余补习班，以及若干注册开办的私立华文学校）相比，马来西亚华文教育的规模和层次都要大得多和高得多，特别是1 000多所华文小学被纳入国家教育体系，得到国家财政的支持，这在其他国家是完全没有的。因此，和其他国家的华人相比，马来西亚华人享受的母语教育权利显然更多。对此，华人社会也给予肯定，早在20世纪90年代初，前马来西亚教总主席沈慕羽就承认，“如今全马有1 290间华小，60间独中，还有在茁长中的董教总教育中心，小学生60万人，中学生6万人。到过马来西亚的人都非常羡慕，尤其是在没有华校的印尼的朋友说：大马的华人最幸福！说真的，除中国大陆、港澳台之外，最完整的华文教育要算马来西亚了”②。除了华文教育，马来西亚的华文报刊、华族民俗以及华族传统宗教都得到了很大的发展。

① 前引，丘光耀：《第三条道路：马来西亚华人政治选择批判》，第35页。
② 前引，陆庭谕主编：《沈慕羽言论集》（下册），第75页。

“在马来西亚，教育不仅仅是地位流动的阶梯，也是族群意识的一种表达。”① “语言和传统文化都是民族的常备特征。由于少数民族文化最容易为主流文化所淹没，因此这些族体对自身文化的处境更为敏感，极力张扬自身文化的自觉性也更高，在他们提出争取平等权利的各项要求中，对语言和传统文化的保护与尊重总是主要内容之一。”② 尽管要付出长期不懈的努力，马来西亚华文教育、华文报刊、华族民俗以及华族传统宗教的发展，还是表明华人可以比较自由地保留自己的民族特性。和其他很多国家的华人相比，马来西亚华人实际上处于一个相对包容和相对开放的多元社会中，强烈的族群自尊得到了一定程度的满足。事实上，正是遍及各地的华文学校，触目可及的华文报刊和华文招牌，以及不绝于耳的华语、华曲，让许多人直观地感受到马来西亚族群之间的和睦融洽，感受到族群政策的相对宽松。

华人经济与华人文化教育发展的结果，显示华人的不少需要得到了一定的满足。人类的需要有多方面，包括物质需要与精神需要、生存需要与发展需要等等。所谓满足需要的程度是指个人、社会集团与社会实现其生存和发展的条件所达到的水平或状态。从心理学角度看，需要是人们的一种特殊心理状态。但是，需要并不是一个纯粹的主观范畴。马克思主义认为，需要本身并不取决于个人的思想意识和心理感觉，而是取决于自然的、社会的、历史的、经济的和文化的客观条件。因此，人类所提出的需要并不是主观随意的，而是具有一定的客观确定性。同样，满足需要的程度也是一个具有一定确定性的可以量度的范畴。③ 马来西亚华人的需要得到了一定满足的论断来自于客观的比较，主要是经济上与本国马来人相比，经济和文教方面与其他国家华人相比而言。马来西亚当地学者指出：“他们（华人）会觉得在马来西亚生活其实还相当不错。他们也有很强的归属感。特别是当他们和其他散居在本区其他地方的华族相比，他们更会自觉境况还很不错。”④

由于不少基本的需要得到了一定的满足，特别是20世纪90年代政府调整华人政策以来，华人对自己的生存发展处境的满意度逐渐增加，并对马来人政府的态度，逐渐从过去的抗拒为主、合作为辅，转变为合作为主、抗拒为辅，马华两族关系也日益和睦融洽。当地华人指出，“当人们的需要得到满足，他们持异议

① 前引，王国璋：《反思五一三》。

② 王希恩：《“族性及族性张扬”——当代世界民族现象和民族过程试解》，《世界民族》2005年第4期。

③ 前引，郑杭生等主编：《社会学概论新修》，第77页。

④ 《马华裔学者认为马印华人确实被边缘化》，（新加坡）《联合早报》网站，http://www.zaobao.com/，2006年10月9日。

与反抗的理由就被消除"[①]。另一位华人学者认为，经济增长和市场扩大，新中产阶级的成长，影响人们的价值观和实践，即"发展至上"，不再强调族群划分，而强调发展与增长，引导消费主义，而远离政治，特别是远离对国家的抨击，发展主义在近年对国阵的支持上起了重要的作用。[②] 马来西亚华人分析 1995 年大选华人对国阵的大力支持时，也一再表明华人处境的改善对华人与政府关系的影响。"为什么非马来人 90 年代会支持政府，特别是商人和中产阶级？主要是 70—90 年代马来西亚经济迅速发展，为商人和中产阶级提供了不少发展机会。充分就业，连外劳也占很大比例，低阶级的马来西亚人，包括非马来人，也享有较高水平的生活。"[③]"本届的大选（指 1995 年大选），华人票之游转，即可看出其中关系之奥妙。而以华人为主的反对党似乎也顿失其'反'的话语及'反'的基础。又或许在经济喜悦中，我们的'公民'的确不需要什么'反'！"[④] 新加坡国立大学何启良博士也指出，代表华人社团的马来西亚中华大会堂总会（简称"华总"）的政治诉求已经完全失去了 80 年代全国十五华团的激情和执著，逐渐走向妥协和被动的道路。这次的政治和经济动荡，华总的立场反映出多年来被"协统"的结果，它的领导层是绝对支持国阵政府的。[⑤]

不仅是经济地位，华人传统文化的发展，特别是 20 世纪 90 年代以来的发展，也使华社内部的忧患意识呈现出逐渐消解的趋向。当地华人指出，虽然有人认为《1996 年教育法令》是更为严峻的法令，而"宏愿学校计划"也可能导致华小变质，但近来这些呼吁似乎未能引起太大的反响及共鸣。而呼吁也近乎陷入词穷的窘境。只图社会经济的"稳定"发展，内部协商政策的"相对奏效"，政治糖果的派送及"开放"政策的收编策略，均使华社逐渐自我消解了以往的那股悲壮而亢奋的忧患意识。[⑥]

综上所述，虽然政府扶植马来人的主旨始终不变，马来人在政治、经济和教育上均占据主要地位，华人的公民地位始终比不上马来人，华人的各种权益，特别是在政治、经济、文化、教育领域的公平权利仍然受到侵蚀，但是，正如马来

---

① 前引，丘光耀：《第三条道路——马来西亚华人政治选择批判》，第 27 页。

② Abdul Rahman Embong. The Culture and Practice of Pluralism in Postcolonial Malaysia. In Ibid., Robert W. Hefnered. *The Politics of Multiculturalism: Pluralism and Citizenship in Malaysia, Singapore, and Indonesia*. p. 62.

③ Francis Loh Kok Wah. Where Has (Ethnic) Politics Gone: The Case of the Bn-Non-Malay Politicians and Political Parties. In Ibid., Robert W. Hefnered. *The Politics of Multiculturalism: Pluralism and Citizenship in Malaysia, Singapore, and Indonesia*. pp. 186 - 187.

④ 前引，安焕然：《"反"的制衡与"反"的失落——大马社会与国家机关互动关系之探讨》。

⑤ 前引，何启良：《九十年代后期动荡中的马来西亚华人社会》。

⑥ 安焕然：《华教运动与华教素质》，（马来西亚）《人文杂志》2000 年第 2 期。

西亚华人自己总结的，“唯一令华人欣慰的是，相比于其他多元族群的国家，华人仍然觉得自己是幸运的。他们仍然能够在经济领域作相当程度的发挥，在文化上维持相当程度的草根性传承。独立30多年的经验使华人毫无困难地接受并且适应这样的游戏规则”①。由于马来西亚华人的经济发展和本族群的族群特性得到相当程度的保障，2001年，马来西亚获得了首届国际少数民族和谐奖项，以表扬其维护少数民族权利及维持和平与和谐。世界少数民族联盟召集人朱利斯洒利接受马新社访问时说，马来西亚各族享有政治权利，任何合法公民都能竞选任何职位，不会面对种族或宗教歧视。他表示，作为遵守联合国宪章的维护少数民族权利的国家，马来西亚获得该奖问心无愧。他还说：“在我访问期间，我发现实际情况比所听说的更好。”②

虽然上述说法与现实有些距离，但正是因为享有相应的一些权利以及经济、文教得以持续发展，使马来西亚华人对马来人政府和自己的境遇都还能接受。这既是华人拥护马来人政府的基础，也是马来西亚马华两大族群关系与印尼等国相比较为融洽的主要原因之一。

① 前引，林水檺、何启良、何国忠、赖观福编：《马来西亚华人史新编》（第三册），第75页。

② 前引，《少数民族和谐奖　大马又获一荣誉》。朱利斯洒利曾任5届巴基斯坦国会议员，两次被提名诺贝尔和平奖。

第五章　影响、比较与展望

由于各种因素的影响，和其他国家比较，马来西亚的马华两族关系比较和谐。虽然这种“和谐”特指很少暴力冲突、和平共处的相对和谐，马华两大族群的主要矛盾实际上并没有解决，政府的族群政策也只是达到一个可以接受的平衡点，离公平正义还差得很远，但无论如何，相对和谐的族群关系对马来西亚社会发展还是产生了相当积极的作用。马来西亚当地学者曾撰文指出，作为一个多元族群的国家，马来西亚的成就让国人引以为豪，除了1969年的“5·13”族群暴力冲突以外，人民大体能够和平相处，从经济成长、政治稳定而言，在发展中国家里头可算佼佼者。[①] 确实如此，尽管马来西亚马华两大族群数十年不乏各种各样的矛盾与冲突，包括经济矛盾与冲突、政治矛盾与冲突、文化矛盾与冲突、宗教矛盾与冲突，政府的族群政策也存在不少问题，马来西亚马华两大族群对自己的处境都有各种各样的不满，但两大族群都非常珍惜来之不易的和平与稳定，在两大族群的共同努力下，两族广大人民基本能和平共处，除了“5·13”族群暴力冲突外，彼此之间的矛盾与冲突主要停留在辩论、口角、诉讼、集会、示威等层次，没有上升到武力袭击或社会暴乱的极端形式，这就大大减轻了两族之间在各个领域的矛盾与冲突的破坏力，从而使马来西亚得以较稳定持续地发展。

第一节　族群关系与马来西亚社会发展

一、政治长期稳定

与其他多元族群国家比较，与其他发展中国家相比，政治稳定是马来西亚社会发展的一个最大的特点。

① 前引，何国忠：《马来西亚华人：身份认同、文化与族群政治》，第1页。

（一）族群政党联盟连续执政 50 多年

马来西亚是发展中国家中最早实行议会民主选举的国家，朝野政党在五年一度全国大选中的斗争一直非常激烈。

尽管马来西亚的议会选举存在不少问题，如选区划分不公、政治资源悬殊等，但由于实行差额选举，而且严格执行一人一票的投票原则，一票之差都可能决定候选人的落败或者胜出。为了争取选民的支持，每次大选，各个政党都会动用一切资源，遍用政治竞选的所有方式来宣传自己，攻击对手，包括课题辩论、传媒骂战、集会演讲、游行示威以及发放各种竞选资料，组织竞选团队深入选民家庭进行动员，选举期间发放张贴的资料海报，堪称铺天盖地。大选前夕，朝野阵营几乎都是连续不断地在各个选区召开政治讲座，上至政党主席、政府部长，下至基层党员和助选人员，无不频频出动拉票，甚至采取“人盯人”战术，夜以继日地与选民直接交往，进行宣传，各施各法，无所不用其极。加上选前准备，选后总结，平时的抨击与反击，马来西亚朝野政治斗争数十年来都没有停止过，不时呈现异常激烈的政治态势。

马来西亚从独立到 2004 年共举行了 11 届全国大选，每一届大选，朝野政党都展开了激烈的角逐，大选结果也因社会、经济、政治乃至外交的不同形势而产生不同的结果，朝野政党成绩起落不定。尽管以巫统为首的执政联盟受到反对党的激烈挑战，面临一次又一次的严峻考验，然而，与其他实行议会民主制度的多元族群发展中国家经常出现政党交替执政，甚至发生社会运动推翻政府，以及发生军事政变的情况不同，马来西亚自独立以来，一直都是以巫统为首的族群政党联盟执政，1974 年以前是巫统、马华公会和国大党三党联盟执政，之后是以巫统为首的由马华公会等十多个政党组成的政党联盟——国民阵线执政。族群执政联盟不但自始至终拥有政权，而且，除了 1969 年大选，在 11 届全国大选中，以巫统为首的族群政党联盟都赢得 2/3 以上的国会席位组织强势政府。以巫统为首的政党联盟至今已经连续执政超过半个世纪，这在实行议会选举制的国家中，无论是发展中国家还是发达国家，都是绝无仅有的。数十年的连续执政，使马来西亚一直享有“政治稳定”的美誉。

（二）华人选民与政治稳定

以巫统为首的执政联盟能连续执政，自然和巫统对马来人的极力扶持，得到广大马来人的支持有关，但华人选民的背向对政党联盟执政地位的影响，也不容忽视。

早期，不少华人将选票投给华人反对党，以致马来西亚一直流行“马来人在朝，华人在野”的说法。[①] 1969 年大选中执政联盟失利，以及国阵在 1990 年大选再度受挫，都与华人选民支持华人反对党有直接关系。但随着经济的迅速发展，特别是马来西亚政府 20 世纪 90 年代初对华人实施的“小开放政策”，国阵最终赢得广大华人的大力支持，“华人对国阵政府的亲善态度，显然给予重视，因此回应。在大选竞选期间，中华工商联合会和堂联竟破例发表声明呼吁华人选民支持国阵”[②]。结果，在 1995 年 4 月举行的第九届全国大选中，国阵取得有史以来的巨大胜利，赢得 192 个国会议席中的 161 席和 394 个州议席中的 338 席，得票率高达 63%。它不仅继续获得马来人的支持，还获得华人的支持，华人选民不论是来自城市还是乡村，都明显改变了过去数十年来以种族情绪为依归的投票模式，把票改投给执政党。[③] 除了吉兰丹和沙巴，国阵在其他各州的选情只能用“狂胜”两字来形容。[④] 国阵执政地位至此空前巩固，几乎是不可挑战的，国阵领袖的威望如日中天，得到包括华人在内的各族人民的广泛支持，部分华人认为“反对党要攻破国阵的 2/3 国会控制权以起制衡的作用，变成了遥不可及的政治神话”[⑤]。当时马来西亚社会稳定，经济蓬勃，马华两族关系也显得特别融洽。

如果说早期巫统因为得到马来人的全力支持，华人的选票对政府还不是非常重要的话，那么 1999 年大选华人选民的支持对马来西亚政局的稳定，特别是对以巫统为首政党联盟的执政地位则起了关键的作用。1998 年，因受亚洲金融危机的影响，马来西亚国内形势空前动荡，同年 5 月印尼苏哈托倒台对马来西亚造成很大冲击，政坛已经开始暗流汹涌。同年 9 月发生前副首相暨巫统署理主席安华突然被罢黜的“安华事件”后，国内便很快爆发声势浩大的“政改运动”。一向以政治稳定著称的马来西亚连续发生游行示威、警民对抗等史无前例的持续骚动，人们对政府的抨击异常猛烈，要求“马哈蒂尔下台”的呼声和“还政于民”的口号此起彼落。以巫统为首的执政党联盟——国民阵线顿时陷入严重的政治危机。当时有评论认为，大马人民会抛弃国民阵线，马来西亚将像印尼那样改朝换代，马哈蒂尔也将像苏哈托那样被政治运动所推翻。[⑥]

① 前引，廖小健：《世纪之交：马来西亚》，第 28 页。

② 前引，林水檺、何启良、何国忠、赖观福编：《马来西亚华人史新编》（第二册），第 110 页。

③ 前引，丘光耀：《从“民族认同”到“国族认同”》。

④ 前引，策略资讯研究中心政治分析组编：《巫统的困境：第十届大选分析》，第 1 页。

⑤ 张达果：《从 1995 年大选的现象谈起》，（马来西亚）《资料与研究》1995 年第 16 期。

⑥ 安华是马来西亚前副首相暨巫统署理主席，也是呼声最高的马哈蒂尔的接班人。但 1998 年 9 月初，马来西亚政府和巫统却突然罢黜安华在政府和巫统党内的所有职务，并对其加以逮捕、审讯和判处徒刑，该事件在国内引发声势浩大的政治改革运动，在国外引起了对马来西亚政治和司法制度的抨击浪潮。有关“安华事件”和 1999 年大选的详细情况，可参阅前引，廖小健：《世纪之交：马来西亚》；前引，策略资讯研究中心政治分析组编：《巫统的困境：第十届大选分析》；Francis Loh Kok Wah，Johan Saravanamuttu eds. *New Politics in Malaysia*. Singapore：Institute of Southeast Asian Studies，2003.

在执政联盟中，巫统一直是核心和支柱，除了1974年全国政党大联盟外（当年伊斯兰党也加入了执政联盟），历届大选巫统所获国会议席均占执政联盟的50%以上，马华印三党联盟时期（1955—1969年）占的比例高达60%～70%，1969年因为马华公会选举失利，巫统所得席位甚至占联盟席位的77%，其他执政党要获选议席，不时也必须依靠巫统的影响和支持。因此，个别巫统领袖曾认为，巫统可以单独执政，却因不“贪权”而跟各族分享权力，[①] 根本无须理会其他政党。1971年1月，当时的副首相兼巫统第二号人物伊斯迈医生曾表示，“如果马华公会及印度国大党继续‘不死不活’，缺乏生气，那么巫统唯一的途径是与这一两个联盟的伙伴拆伙”[②]。

巫统之所以能在历届大选中屡屡获胜且在执政联盟中占据核心地位，完全是因为马来选民对它的全力支持。巫统一般可获得70%以上的马来选票，即使是1990年面对46精神党的挑战，也仍能得到60%以上的马来选票。因此，巫统创始人拿督翁早期高呼的口号“巫统就是马来人，马来人就是巫统”[③]，几乎成为马来西亚政治发展的定律，一直为马来人，甚至非马来人接受。

然而，政治斗争变幻莫测，“安华事件”及其引发的“政改运动”，导致马来人严重分裂。当时，由于安华夫人领导的公正党和马来人反对党伊斯兰党分散巫统选票的作用，巫统传统马来人选票大量流失，从约70%降到50%甚至以下。[④] 1999年大选，巫统不少候选人，包括多个部长，在马来选区连连失败，巫统所得席位也从1995年的88席减至72席，整整减少了16席。国民阵线要争取多数席位执政，华人选票成了关键，是届大选，华人选民选票占西马选票的34.2%和全国选票的33.1%，左右着60多个国会议席的成绩，其中华人选民占多数的选区有31席，混合选区有30席。[⑤] 为了争取华人选票，马来西亚政府及时在大选前对华文教育作出多项承诺，并为华人经济发展提供更多的便利。结果，华人选民像1995年大选那样，再次一边倒地支持国阵。不仅华人执政党候选人捷报频传，华人反对党候选人纷纷败落，巫统派出的马来人候选人在马华混合选区中，也获得大多数华人选民的支持。尽管是次大选中支持巫统的传统马来选票严重流失，巫统席位大大减少，国阵所得席位比1995年少了14席，但在华人选民的支持下，在华人政党继续赢得席位的支持下（马华公会28席，民政党

---

① 前引，策略资讯研究中心政治分析组编：《巫统的困境：第十届大选分析》，第21页。

② 前引，谢诗坚：《马来西亚华人政治思潮演变》，第176页。

③ 前引，策略资讯研究中心政治分析组编：《巫统的困境：第十届大选分析》，第21页。

④ 关于支持巫统的马来选票比例有多种说法，巫统认为仍有50%～60%，反对党则认为不到45%，甚至降到30%，从大选成绩及巫统候选人在大多数马来选区失利的情况分析，支持巫统的马来选票应在50%以下。

⑤ 前引，策略资讯研究中心政治分析组编：《巫统的困境：第十届大选分析》，第8、9页。

7 席），国阵仍然赢得 193 个国会议席的 148 席，① 实现了该党继续控制国会 2/3 绝对多数席位组织强势政府的预期目标，马哈蒂尔也再度以多数党领袖身份蝉联首相（如表 5－1 所示）。

表 5－1　巫统在执政联盟和全国席位的比例（1959—2004 年）

单位：席、%

年份	巫统	联盟/国阵	巫统比例	总席位	巫统比例
1959	52	74	70.3	104	50.0
1964	59	89	66.3	144	41.0
1969	51	66	77.3	144	35.4
1974	61	135	45.2	154	39.6
1978	69	131	52.7	154	44.8
1982	70	132	53.0	154	45.5
1986	83	148	56.1	177	46.9
1990	71	127	55.9	180	39.4
1995	88	162	54.3	192	45.8
1999	72	148	48.6	193	37.3
2004	109	198	55.1	219	49.8

根据以下资料编制：前引，何启良：《政治动员与官僚参与——大马华人政治论述》，第 48、63 页；（马来西亚）《南洋商报》1995 年 4 月 28 日、1999 年 12 月 1 日资料；（马来西亚）《星洲日报》2004 年 3 月 25 日资料。

1999 年大选显示出华人选票的威力，令国阵政府对华人的政治作用刮目相看。大选后，马来西亚当地有评论指出，巫统一向以马来民族捍卫者自居。可是，在 1999 年大选中，它在马来人集中的地区被打得落花流水，输掉所有马来选民超过 90% 的选区。在所有马来选民超过 66% 的选区内，总得票比替阵低，巫统候选人的胜利无疑是依靠非马来人的选票。对于一个长期推行不利于非马来人文化教育发展政策，并时常讥讽马华无法为国阵争取到华人选票的政党，到头来却要依靠以华人为主的非马来票而生存，无疑是一大讽刺。在国阵成员党的 148 席中，巫统只占 72 席，有史以来第一次不及一半。假设马华跟其他国阵成员党同声同气，是可以在一夜之间让巫统成为反对党的。② 2000 年，时任巫统副主席暨国防部长纳吉表示，包

① 前引，策略资讯研究中心政治分析组编：《巫统的困境：第十届大选分析》，第 10 页。
② 前引，策略资讯研究中心政治分析组编：《巫统的困境：第十届大选分析》，第 20、21 页。

括华裔等非马来人大力支持国阵，是协助国阵成功维护江山的主要因素。① 时任马华公会副会长暨房屋及地方政府部长黄家定也指出，“华人在 1995 年及 1999 年大选中变得举足轻重，使目前国阵还有 2/3 或 3/4 的执政权，但令人感到担心的是，华人在下次大选只要‘反对’一下，政权可能变色”②。很难想象，在金融危机爆发后，在经济和政治局势都异常动荡的情况下，马来西亚的“政权变色”将导致一种什么样的局面。

由此可见，政府对华人政策的调整，马华两大族群关系的改善，有效地提升了华人对政府的信心，影响着华人选民的背向，促进了马来西亚政治的稳定。在经济和政治非常动荡的情况下，马来西亚并没有发生类似印尼的“社会运动”和菲律宾的“人民运动”推翻政府的局面，民选的国阵政府依然合法有效地管理着国家，为经济迅速复苏和社会稳定发展提供了坚实的政治基础，避免了像马来西亚的邻国，如印度尼西亚和菲律宾两国那样，在金融危机爆发后，政权几度易手，局势异常动荡，经济迟迟才得以恢复。

当然，政权交替并不一定是件坏事，如果有相应的民主基础，政党竞争执政经常可以成为推动社会发展的动力，但在发展中国家，在非常动荡的经济形势下，能维护政局的稳定，对社会发展应该是比较有利的。1999 年马来西亚大选后国内政治更为稳定、经济持续发展。特别是 2004 年大选，国阵赢得了比 1995 年更大的选举胜利，得票率高达 63.8%，获得全部 219 席中的 198 席，即 90.4% 的国会议席，比 1999 年大选多了整整 50 席。③ 这一选举结果表明，金融危机爆发后备受攻击的国民阵线政府，在一段时期内，依然是促进马来西亚政治稳定和经济发展的较佳选择。

二、经济持续发展

（一）经济发展概况

历史上，马来亚以自给自足的自然经济为主要经济形态，由于部分地区处于国际交通线上，原始商品生产和对外贸易比较活跃。18 世纪后期英国殖民者入侵，马来亚经济被逐步纳入资本主义世界经济体系，自然经济逐渐解体。随着 19 世纪中叶锡矿藏的发现和 20 世纪推广橡胶种植的成功，马来亚开始以锡、胶

① 前引，廖小健：《世纪之交：马来西亚》，第 273 页。

② 前引，廖小健：《世纪之交：马来西亚》，第 273 页。

③ 陈华之：《控制国会 90% 以上议席　阿都拉缔国阵新猷》，（马来西亚）《南洋商报》2004 年 3 月 22 日。

生产的单一经济参与殖民地经济的分工，成为世界最大的锡、胶生产和出口国。“二战”前，锡年产量最高达 8 万吨，占世界锡产量的一半以上，橡胶种植面积也曾占世界总种植面积的 1/2 强，年产胶达 40 多万吨。20 世纪 30 年代爆发世界经济危机后，锡、胶生产国际组织的限产规定，曾打击了马来亚锡、胶业的发展。第二次世界大战日军入侵，马来亚的锡、胶生产更受到严重的破坏，胶林被毁，矿场被弃，直到战后才得到恢复。其间，其他行业虽有所发展，但马来亚锡、胶生产和出口的单一殖民地经济的性质始终未变。制造业只有一些原料加工业、消费工业和机械修理业。除了被外资控制的工厂稍具规模外，大部分企业都是资金短缺、技术落后的小企业，且主要集中在西马西海岸的港口城市。

1955 年自治和 1957 年独立以后，马来西亚取得了掌握和发展经济的必要条件。1956—2005 年，马来西亚先后实施了十个五年计划（两个马来亚五年计划和八个马来西亚五年计划）。历次五年计划的主要目标都是改变经济结构，开发土地、自然与人力资源，建设并改善基础设施，提高人民物质生活水平和缩小国民收入差距等。同时，根据经济发展的具体需要，每个五年计划都有不同的侧重点，并逐渐形成了多元化的经济发展战略：发展制造业，逐步实现工业化，以带动全国经济的发展；改善农田基本建设，重视农业多种经营，争取粮食自给；实现出口商品多样化，增加外贸收入；发展知识经济，促进专业服务业发展等。

除了五年计划，政府还根据马来西亚社会经济发展的现状和特殊需要，先后推出一些特殊经济发展政策和中长期发展计划，如《第一个远景计划纲要（1971—1990 年）》（这也是马来西亚实施新经济政策时期）、《第二个远景计划纲要（1991—2000 年）》、《第三个远景计划纲要（2001—2010 年）》和《2020 年宏愿计划（1991—2020 年）》等。虽然各个计划涉及的年限和强调的重点不尽相同，但共同的目标都是保持经济高增长，增强马来西亚经济的竞争力，建立一个进步、繁荣、团结、公正的国家。《2020 年宏愿计划（1991—2020 年）》是最重要的经济计划之一，其总目标是到 2020 年将马来西亚建设成一个工业化先进国家。为了实现“2020 年宏愿”经济发展目标，政府提出一系列经济发展策略，如继续依靠私人界争取经济增长，减少政府在经济和商业方面的干预；继续推进国营企业私营化；实现制造业多元化；促进出口；吸引外国投资；重视人力资源发展；发展科技和资讯等。① “2020 年宏愿”为马来西亚人民指引了通向先进工业国的道路，赢得举国上下的欢迎和支持，至今仍是政府推动经济发展的主要战略。

---

① 前引，马哈蒂尔著，陈亚才等译：《马来西亚：迈向前路（2020 年宏愿）》（Malaysia：The Way Forward，Vision 2020）。

（二）族群关系与社会经济

独立以来，马来西亚经济发展经受了不少严峻的考验。1957 年马来西亚独立后不久，就面临高失业率的挑战，1962 年各族群平均失业率为 6% 左右，到 1970 年马来人的失业率已增加到 8%，华人约 7.4%，印度人更高达 11%[①]。进入 80 年代，由于世界经济衰退及原料产品出口价格下跌的影响，马来西亚经济发展起伏很大，1985 年经济负增长（-1%），1986 年也仅为 1.2% 的低增长水平。对马来西亚冲击最大的是 1997 年 7 月肇起泰铢下跌的亚洲金融危机，马元汇率和股市价格突然全面大幅度下跌，并引发一连串的疯狂抛售、企业倒闭、工人失业、物价飞涨，经济状况一片混乱。马来西亚经济受到独立以来最沉重的打击，成为当时东亚五大重灾国之一，持续高增长的经济发展势头骤然停止，1998 年出现 -7.6% 的严重衰退。[②]

庆幸的是，由于马来西亚政治比较稳定，特别是马来人和华人两大族群的和平共处，为经济发展提供了一个稳定有利的社会环境，马来西亚政府没有像其他发展中国家政府那样，经常为应对国内的族群冲突或社会动乱而疲于奔命，反而是可以比较专注于发展经济，提出并推行比较符合本国国情的经济政策，进而取得比较好的经济效果。由于马来西亚能比较有效地协调族群矛盾与族群利益，马来人和华人两大族群基本能够和平相处，各得其所，各尽其力，在各个经济领域为国家经济发展作出自己的贡献。

华人对国家经济发展的重要作用，一直得到政府和其他族群人民的肯定。虽然受到各种不平等待遇，但由于生活相对还过得去，大多数华人基本能安居乐业，与政府和其他族群一起和衷共济，在经营获取自己生活来源的同时，也为国家经济作出了重大贡献。例如对制造业发展的贡献，1970 年以前马来西亚政府对工商业的发展基本没有投入，当时的工商业发展，特别是替代进口工业的发展，几乎全部依赖华人，1954 年西马共有制造业企业 5 000 家左右，其中 85% 为华人经营。到 1968 年，西马 9 013 家制造业企业中，除了 545 家为外资拥有外，其余的 8 468 家均为民族资本拥有，且绝大部分为华人资本拥有。[③] 70 年代后，马来人开始广泛地进入工商领域，但由于资金与经验的不足，往往需要和华人合作，华人在马来西亚制造业中继续发挥着不可替代的重要作用，绝大部分中小企

---

① 前引，安焕然：《“反”的制衡与“反”的失落——大马社会与国家机关互动关系之探讨》。

② 有关经济数据可参阅《大马远景策划纲要》、《大马成为先进国的参考资料》［（马来西亚）经济平台网站，http://www.mytrade.com.my，2005 年 12 月 26 日］等，以下不再一一列注。

③ V. V. Bhanoji Rao. *Development Pattern and Policy* (1947 - 1971). Singapore: Singapore University Press, 1980. pp. 100 - 101.

业和大部分制造业大企业，都是华人拥有。又如商业，华人商业包括批发商、零售店，以及各类行贩，在马来西亚各地，特别是大小城镇，华人商铺比比皆是，它们自始至终是马来西亚各族人民日常生活中不可缺少的一环。再如农业，虽然华人从事农业的人数不多，且受马来人保留地制度的限制，但华人还是拥有不少种植园，种植橡胶、水果、椰子、胡椒、蔬菜和茶叶等农作物，在马来西亚商品农业领域中占据一席之地。其他诸如外贸、旅游业、金融保险、房地产、运输业、建筑业等，华人投资和就业都占有相当的比重，对马来西亚经济的贡献不容置疑。马来西亚前首相马哈蒂尔曾明确表示，"如果我们不把非马来人对国家经济作出的贡献算进去，马来西亚将不会比其中一些非洲的发展中国家好到哪里去"①。

马来人对经济发展的贡献同样功不可没。首先是对农业发展的贡献，在马来西亚经济中，农业自始至终都是非常重要的经济部门，在马来西亚的 GDP 和就业中一直占据举足轻重的地位，1970 年占 GDP 的 29% 和就业的 53.5%，后来虽然比重逐渐降低，但到 2000 年依然占 GDP 的 8.7% 和就业的 15.2%，仍然是社会稳定的重要因素。在马来人的努力下，国家农业发展总的来说比较稳定，特别是 1971—1990 年，年增长率达 4.4%，就是在这个时期，广大马来农民配合政府的农业多元化策略，在维持橡胶大国的同时，再把马来西亚推上棕油大国的地位，至今棕油的生产和出口仍然是马来西亚财富的主要来源之一。马来人对工商业和服务业的贡献也与日俱增，特别是 20 世纪 70 年代以来，马来人在政府的扶持下开始涉足工商业和服务业，马来人企业和员工在工商业和服务业中正发挥着越来越重要的作用。

（三）独立以来马来西亚的经济发展成就

在上述有利因素的影响下，独立以来马来西亚的经济发展总的来说相当顺利，取得令人瞩目的成绩。

1. 建立了适合本国国情的多元化经济结构

独立前，马来西亚在英国的殖民统治下，为了满足殖民者掠夺原料和销售商品的需要，经济以种植业和采矿业为主，制造业则非常落后。独立后，马来西亚大力改造旧的经济结构，采取各种措施推动各经济部门，特别是制造业的发展，有效地改变了以锡、胶生产和出口为主的单一殖民地经济结构，建立了较适合本国国情的多元化经济体系。

在马来西亚经济结构中，变化较大的首先是制造业，它在国内生产总值中的

---

① 《马哈迪畅谈马来人的新困境》，（马来西亚）《南洋商报》2002 年 7 月 30 日。

比重从 1960 年的 9% 上升到 1970 年的 13.7% 和 1987 年的 22.5%，跃居首位，2000 年再升至 33.4%。经过替代进口、出口导向和综合发展三个阶段，制造业门类明显增多，从替代进口工业时期的纺织、服装、食品及日用品等消费工业，发展到出口导向工业时期的电子电器、石油化工、车辆装配等行业。1981 年以后，马来西亚制造业在原有的基础上加快发展国产车辆、钢铁、水泥等重工业，以及橡胶、木材加工业等资源工业。进入 90 年代，马来西亚开始自己制造飞机。其次是农林渔业，它在国内生产总值中的比重已从 1960 年的 38% 下降到 1970 年的 29% 和 1987 年的 21.9%，从首位退居第二位，2000 年再降到 8.7%。农产品的种植方面，油棕后来居上，可可、胡椒种植的发展也很快，以橡胶种植为主的单一农业结构已转变为以橡胶、油棕为主，大米、可可、椰子和胡椒为辅的多元农业结构。矿业采掘业的比重 1970 年为 13.7%，2000 年为 6.6%，传统的锡生产在矿业中所占比重已微不足道，石油和天然气早已成为矿业采掘业的支柱。建筑业变化不大，一直在 3% ~4% 浮动。2000 年，其他经济部门所占比重分别是电力、煤气和水 3%，零售和批发、酒店和餐馆 13.58%，运输、储备和通信 6.5%，金融、保险、房地产和商业服务 11.37%，其他服务 6.4% 和政府服务 6.7%，这些也统称为服务业。由此可见，马来西亚的经济结构已从独立前以锡、胶生产和出口为主的单一殖民地经济结构，转变为以服务业、制造业、农林渔业为支柱，矿业、建筑业为辅的多元化结构（如表 5 -2 所示）。经济结构的多元与合理，大大促进了马来西亚的产品增值，为马来西亚在世界经济竞争博弈中赢取更多的资源提供了条件，进而有效地促进了马来西亚经济迅速发展。

表 5 -2　马来西亚经济结构变化（1970—2000 年）

单位：%

年份 经济部门	1970	1990	2000
农林渔业	29.0	18.7	8.7
采矿业	13.7	9.7	6.6
制造业	13.9	27.0	33.4
建筑业	3.8	3.5	3.3
服务业	36.2	42.3	52.4

根据以下资料编制：OPP1 - OPP2 Sectoral Targets and Achievements，（马来西亚）经济平台网站，http：//www.mytrade.com.my，2005 年 12 月 26 日。

2. 经济保持高速增长，经济实力大大提高

马来西亚经济年均增长率，20 世纪 60 年代为 6.5%，高于中等收入国家平

均值的6%和中上等收入国家平均值的6.4%；70年代年均增长率为7.8%，同期中等收入国家和中上等收入国家的平均值却下降到5.8%。尽管80年代中期马来西亚出现经济衰退和低增长，但年均增长率仍达5.98%，也比东盟国家平均5.2%的发展水平高。1988—1997年，马来西亚经济持续高速发展，增长速度远远超过其他国家，被誉为经济发展中的奇迹，被认为是呼之欲出的亚洲第五条小龙。受1997年金融危机的影响，马来西亚1998年出现了-7.6%的严重的经济衰退，但1999年便开始复苏，2000年再度出现高增长。尽管遭到金融危机的冲击，但是1999—2000年马来西亚经济年均增长率仍达到计划指标的7%（如表5-3所示）。

表5-3 马来西亚经济增长率（1988—2005年）

单位：%

1988年	1989年	1990年	1991年	1992年	1993年	1994年	1995年	1996年
8.9	8.7	9.8	8.7	8.0	8.5	9.2	9.4	8.6
1997年	1998年	1999年	2000年	2001年	2002年	2003年	2004年	2005年
7.8	-7.6	5.6	8.9	0.4	4.2	5.5	7.2	5.2

根据以下资料编制：OPP1-OPP2 Sectoral Targets and Achievements，（马来西亚）经济平台网站，http：//www.mytrade.com.my，2005年12月26日；《马来西亚主要经济指标》，（中国）商务部网站，http：//www.mofcom.gov.cn/，2006年6月12日。

经济持续高增长使马来西亚经济实力大大增强，国内生产总值从1966年的96.23亿马元增加到2005年的4 952.4亿马元，40年增幅超过50倍；国民生产总值从1966年的93.44亿马元增加到2000年的3 121.52亿马元，35年增长了32倍多，人均国民收入也从1966年的960马元增加到2000年的13 418马元，增长了13倍多，而2005年的国民生产总值再增加到4 713.31亿马元，人均国民收入为18 039马元，按当年3.8马元：1美元的汇率，约为4 747美元。① 马来西亚的人均国民收入属于上中等收入国家水平，在东南亚诸国中仅次于文莱和新加坡，排名第三。马来西亚的综合国力也随着经济发展而不断提高。有关经济组织于20世纪90年代初公布的报告，就经济增长、对外贸易、政府和技术等九项指标进行评估，在34个国家和地区中，马来西亚名列第四，仅次于新加坡、中国

① 参见Gross Domestic Product and Gross National Income at Current and Constant Prices Malaysia［（马来西亚）经济平台网站，http://www.mytrade.com.my，2006年12月26日］、《马来西亚主要经济指标年度表（2000—2007）》（中国商务部网站，http://countryreport.mofcom.gov.cn/，2006年12月26日）等资料，以下不再一一列注。

台湾和中国香港。

3. 有效地降低各族群贫困率

在经济高速发展的同时，马来西亚长期保持高就业率、低通胀率的良好纪录。20 世纪 70 年代以来，除了个别年份，马来西亚失业率基本在 3.1% ~3.5% 徘徊，通胀率也大体控制在 5% 以下的安全线之内。结果，人民从经济发展中得到真正实惠，收入大大增加，平均家庭月收入从 1970 年的 264 马元提升到 2004 年的 3 530 马元（如表 5 -4 所示），增长了 12 倍多，人们的物质生活明显改善。

表 5 -4　马来西亚各族群的家庭月收入（1970—2004 年）

单位：马元

年份	1970	1975	1984	1987	1990	1995	1997	2004
家庭月收入	264	693	1 095	1 074	1 169	2 008	2 607	3 530

根据 Phang Hooi Eng. The Economic Role of the Chinese in Malaysia. Table 4 - 7，In Ibid. ,*The Chinese in Malaysia*. p. 112 等资料编制。2004 年是三族平均数，当年家庭月收入马来人为 2 711 马元、华人为 4 437 马元、印度人为 3 443 马元，三族总数为 10 591 马元，平均数为 3 530 马元。

随着收入的增加，马来西亚 20 世纪 70 年代推出的“消除贫困”策略获得很大的成效，全国贫困率不断降低；到 2004 年，全国贫困率降到 5.7%，比例相当低；到 2010 年，全国贫困率降到 2.8%（如表 5 -5 所示），着重帮助核心贫困户。对发展中国家而言，这确实是了不起的成就。

表 5 -5　马来西亚各族群贫困率（1970—2010 年）

单位：%

年份	全国	西马	马来人	华人	印度人	城市	乡村	绝对贫困
1970	—	49.3	64.8	26.0	39.2	21.3	58.7	—
1990	17.1	15.0	23.8	5.5	8.0	7.5	21.8	4.0（13.71 万户）
1999	7.5	—	12.4	1.2	3.5	3.3	14.8	1.4（6.41 万户）
2004	5.7	—	8.3	0.6	2.7	2.5	11.9	—
2010	2.8	—	—	—	—	—	—	—

根据“马来西亚第一远景计划（1971—1990 年）”、“马来西亚第二远景计划（1991—2000 年）”及（马来西亚）《南洋商报》等资料编制。

马来西亚的经济持续发展，不仅拉近了族群之间经济发展的距离，还给人们带来了真正的实惠，马华两大族群人民因此非常珍惜族群和谐与社会稳定的局面，并为维持和促进这一局面而不断努力。政治稳定与经济发展使不少马来西亚公民，包括华人，对马来西亚的政治制度、经济制度以及政府的治国能力抱有信心，因而支持有利于维持和促进族群和谐的执政联盟。执政联盟因得到人民的支持而组建强势政府，保持政治稳定和施政连续，进而可以较有效地促进经济发展，保持社会稳定。政府因为取得政治和经济发展的成绩而继续得到两族人民的支持。如此周而复始，马来西亚两族关系的相对和谐，实际上已经与社会稳定、经济发展形成了一个积极互动的良性循环，并给共生共存的两大族群带来了比较正面的影响。马来西亚两大族群之所以矛盾冲突不断的同时又能和平共处，就是因为和睦相处能带来积极的社会影响，给广大平民百姓带来实实在在的利益。

三、马中关系日趋密切

1949 年 10 月新中国成立时，马来亚仍处于英国殖民统治之下，还谈不上设定本国的独立对华政策。1957 年独立后，马来亚长期实施一边倒、亲西方的外交政策，在国防、外交甚至经济发展上，对英国等西方国家相当依赖，与社会主义国家接触甚少，马中两国一直未能正式建交，两国的联系主要是通过第三国转口的小规模民间贸易。进入 70 年代，马来西亚政府倡导和奉行和平、中立与不结盟的外交政策，加强了与西方以外的国家，包括与中国的联系和合作地。1974 年 5 月，中马终于正式建交，两国关系从此翻开了新的一页。

（一）马来西亚不断调整对华政策

中马建交后首十年，马来西亚与中国的关系不算特别密切，在两国的对外贸易中所占份额微乎其微。从 20 世纪 80 年代中期起，马来西亚开始比较关注与中国的经贸合作。1985 年 11 月，马来西亚前首相马哈蒂尔首度率团访问中国，有关贸易、投资和海、空运输的多项协定也陆续签署，如 1988 年马来西亚废除了自 1971 年起实施的《中国货入口准证制度》，不再对进口的中国货物另收关税外的佣金；同年 4 月，两国签订《中马双边贸易协定》，确认协约双方就有关贸易关税给予受惠国待遇，规定对两国进口对方的若干产品实行不同程度的减税；同年 11 月，两国签订《鼓励及保护投资协定》，为双方相互投资提供了法律保障。

进入 20 世纪 90 年代，马来西亚更是大幅度调整对华政策，努力寻求和积极促进与中国在经济和政治多个领域的密切合作，对华“非常积极和友好”成为 90 年代以来马来西亚对华政策的基本特征。这一时期，马来西亚对华政策的调整主要表现在如下两个方面：

首先是加强政治往来和在国际事务中对中国的支持。

马来西亚前首相马哈蒂尔于1981年上台，前几年集中力量与前宗主国英国争夺对马来西亚锡、胶生产和出口的控制权，直到1985年马来西亚遭遇经济衰退，才促使他首度访华。进入20世纪90年代，马哈蒂尔六度访华，几乎每隔两年就到中国一次，不仅是马来西亚首相中访华最频密的一位，也是该时期世界各国访华次数最多的国家领导人之一，马哈蒂尔由此成为中国人民广为人知的老朋友。20世纪90年代以来，马来西亚政府各类代表团赴华的更是数不胜数，仅2002年一年，两国副部长以上官员互访便高达100人次。

在国际事务中，马来西亚也是最早旗帜鲜明地表示支持中国，强调中国对世界有巨大影响的国家之一。例如，面对中国崛起引发的“中国威胁论”，马哈蒂尔率先多次发表谈话加以批驳，并认为中国经济发展将为各国提供机遇，是亚洲振兴的希望。早在1994年5月，他在北京发表演说时就指出：“面对一个富裕和强大的中国，东南亚不应该感到担忧。东南亚应该对一个富裕的中国表示欢迎。它们将通过贸易和经济交往而共享财富。”“随着中国现代化和经济发展的实现，进步的车轮将会整整转动一圈，在世界文明的长河中，亚洲将至少能够重新占据它应该占据的地位。”① 在马哈蒂尔倡导建立的“东亚经济核心”中，美国等西方国家被排除在外，中国则是理所当然的成员；为了促进东盟与中国的合作，马来西亚力主邀请中国参加1994年在吉隆坡举行的东盟地区论坛。金融危机爆发后，马来西亚一方面拒绝国际货币基金组织的援助，另一方面则呼吁中国等亚洲大国牵头建立亚洲货币基金，并希望中国在改革国际金融结构和构建更公平的国际经济新秩序上发挥更重要的作用。马哈蒂尔对中国在稳定区域政治和经济上所发挥的作用特别赞赏，他在1999年曾表示，在区域关系方面，东盟国家非常重视中国的支持力量，以及它在东盟对话伙伴国及亚洲区域论坛所扮演的角色。他强调，全球必须接受中国最终必成为最有影响力国家的事实。②

其次是不断拓展与华的合作领域，扫清双边交流合作的各种障碍。

在20世纪80年代双边经贸发展的基础上，90年代以来，马来西亚再与中国签署了多项双边协定和备忘录，包括1992年的《资讯谅解备忘录》、《科技合作协定》，1993年的《体育合作协定》，1997年的《教育谅解备忘录》和1999年的《中华人民共和国政府和马来西亚政府关于未来双边合作框架的联合声明》等等。两国之间的合作，从经贸扩大到科技、教育、司法、国防和国际合作等几

① 北京外国语大学中国马来语教学中心编：《马来西亚总理马哈蒂尔演讲集》，北京：世界知识出版社1999年版，第26页。

② 唐世平等主编：《冷战后近邻国家对华政策研究》，北京：世界知识出版社2005年版，第134页。

乎所有领域，例如，1999 年 5 月签署的《中华人民共和国政府和马来西亚政府关于未来双边合作框架的联合声明》提出，早已展开的经贸合作仍是未来两国合作的重要领域，起步较晚的教育合作和科技合作也将进一步加强，两国计划未来开展协调与合作的新领域则有国防合作，以及司法协助、防止跨国犯罪、信息通信、医学卫生、环保等各个领域。该联合声明对两国未来在国际上的合作也给予了充分的重视，重申了两国关系发展的原则，如“一个中国”、“互不干涉内政”、“平等互利”等，并强调采取全面、经常和制度化的接触与互访等措施来促进两国全方位的合作。①

为了扫清马中交流与合作的主要障碍，马来西亚政府采取了各种积极措施。如逐步放宽两国人民出入马来西亚国境的政策。一开始，大马政府仅允许华商到中国广州一地参加交易会，后来慢慢允许华商到广州以外的其他地区做生意，但探亲访友的华人仍须 65 岁以上才能成行，连学者到中国大陆参加学术会议，也需经内政部批准。有关限制到 1990 年终于全部取消，马来西亚人（包括华人）到中国，或到其他社会主义国家，只需按到其他国家访问那样办签证便可。1993 年 9 月，马来西亚内阁会议还决定废除来往中国旅行社的特别注册条件，从此，任何曾向旅游部注册的旅行社均可获准办理中马观光团，而过去，仅有小部分向内政部注册的旅行社才可获准办理。中国公民入马的条件也逐步放宽，1994 年 3 月，马哈蒂尔特别训令移民厅，以更开明的态度处理社会主义国家，特别是中国公民申请前往马来西亚投资、探亲以及旅游的入境签证。

（二）华人因素与对华政策调整

促进马来西亚政府调整对华政策的原因有很多，如开拓中国市场满足国内经济发展对海外市场的强烈需求。马来西亚经济极大依赖外需，21 世纪前后的出口总值占国内生产总值的比重已超过 100%，制造业发展也主要依靠外资。马来西亚政府希望通过调整对华政策，与中国建立更密切的经贸合作关系，扩大对华贸易，为马来西亚出口商品寻找更大的市场；希望吸引中国的资金以满足国内经济发展对外资流入的需求；希望扩大与中国的旅游合作，乃至教育合作，为国民经济发展提供新的动力。又如争取中国的支持与合作，以抗衡和防范美国等西方国家利用冷战后国际政治结构的深刻变化，侵蚀马来西亚等发展中国家的经济和政治利益。马来西亚曾猛烈抨击美国打着“贸易自由化和投资自由化”的旗号打开各国市场的企图，指出美国等西方国家趁 1997 年金融危机侵蚀印度尼西亚、

① 《中华人民共和国政府和马来西亚政府关于未来双边合作框架的联合声明》，中国外交部网站，http://www.fmprc.gov.cn，2004 年 8 月 16 日。

泰国等国家的经政主权，干预马来西亚内政，对此中国方面曾作出积极响应。90年代以来，中国除了积极推动两国经贸合作外，在反对强权政治、共同维护发展中国家权益，在人权与民主标准、发展中国家贸易和投资自由化、改革国际金融体系等问题上，都与马来西亚达成许多共识，并保持良好的协调与配合。

此外，寻求华人支持以巩固国阵政权，也是促进马来西亚调整对华政策的重要因素之一。

马来西亚是中国境外仅次于新加坡的华人占当地人口比例最高的国家，华人所占人口比例虽然从20世纪50年代的1/3逐渐降到21世纪初的1/4，但人数仍然众多，达五六百万，选民人数也众多，在五年一度的全国大选中，始终是朝野政党竞相争夺的重要票源之一。

早期，由于巫统一直得到马来选民的全力支持，历届大选都获得40%以上的国会议席，并以此成为政党联盟国民阵线执政地位的强力保证，巫统及其领袖对华人选票并不特别重视。但20世纪80年代以来，形势逐渐发生了很大的变化。马来西亚政局，特别是巫统党内的斗争比以往任何时候都更为激烈，马来人出现分裂，并直接威胁到马哈蒂尔本人和国阵政府的政治地位。第一次激烈党争是贸工部长东姑·拉沙里向马哈蒂尔挑战，1987年4月的巫统党主席选举，马哈蒂尔仅以微弱的43票多数保住主席职位①。之后，巫统被宣布为非法而取缔，原巫统党员分裂为以马哈蒂尔为首的新巫统（后来仍按习惯称新巫统为巫统）和以东姑·拉沙里为首的46精神党。1990年全国大选，在46精神党与华人反对党和马来人反对党联盟的共同挑战下，巫统所获席位和得票率均为历届大选最低，国阵还失去了吉兰丹州政权。第二次激烈党争的导火索是1998年9月初发生的"安华事件"，前副首相暨巫统署理主席安华的突然被罢黜，引发了声势浩大的"政改运动"，反对党再度结盟，要求"马哈蒂尔下台"的呼声此起彼落，不少原来支持巫统的马来人转而站到反对党阵营，以至于1999年大选前有评论认为，马来西亚会像印度尼西亚那样改朝换代，马哈蒂尔也会像苏哈托那样被赶下台，马来西亚政局一度异常动荡。

当马来人分裂从党内扩展到普通民众，巫统的社会基础发生动摇，马来人选票已经不足以保证巫统绝对的执政地位时，以巫统为首的国阵政府对争取华人选票给予了充分的重视。除了在国内大幅度地调整华人政策，如20世纪90年代初的"小开放政策"和1997年金融危机爆发后的一连串经济和教育政策外，还通

① 黛安·K. 莫齐：《马哈蒂尔在马来西亚的复苏》（原载《当代史》1990年第89卷第545期），载《南洋资料译丛》（季刊）1990年第3期，第41页。当时选举巫统党主席，马哈蒂尔和东姑·拉沙里分别获得761票和718票。

过对华友好政策争取华人的支持，满足华人开展对华经贸合作的各种需求。如80年代中期以来，逐步放宽马来西亚国民到中国的限制，1988年中马签订的双边贸易和投资等经贸协定，都很大程度上满足了马来西亚华人到中国访问、旅游、投资、经商的各种需求。从90年代开始，马来西亚政府一改过去批评和阻止华商向中国投资的做法，反而从各方面对华商投资中国予以种种鼓励和支持。1991年马来西亚财政部预算案宣布为所批准的海外投资提供两项奖励：①从任何所批准的海外投资计划中赚得并汇回马来西亚的收入，将减免50%的所得税，由免税收入中付出的股息也豁免所得税，此项减免从投资公司开张营业并赚到盈利起计为期5年；②海外投资计划在营业前的多种开销，如市场调查费用等，亦可以从所得税中扣除。对于议论较多的华人投资中国问题，政府态度也非常明确，早在1993年5月14日，马来西亚时任内政部政务次长黄家定就指出，马来西亚政府完全没有质疑投资中国的华商对国家的效忠，内政部也认为，目前华商到中国投资并没有引起任何问题，政府鼓励商家到国外，包括中国开拓市场，进军国际。[①] 正是为了鼓励华人与中国开展经贸合作，马来西亚历届首相每次访华都率领大批华人企业家随往，并鼓励商家利用特有优势到中国做生意，马来西亚前首相马哈蒂尔曾说："我们应当利用和发挥我们的社会优势去中国做生意，例如我们掌握多种语文，像华语和华文及华人方言，就是我们的有利条件。"[②]

在两国的努力下，磋商多时的《教育谅解备忘录》最终于1997年6月20日正式签署。由于马中教育合作曾长期受种族问题和族群语文问题的困扰，《教育谅解备忘录》的签署被马来西亚内外评论视为政府华文教育政策放宽的重要标志之一，得到华人社会的普遍欢迎。1994年启动的中马两国互设银行分行谈判，到2000年也最终落实重开，当年12月中国银行在吉隆坡开设分行，马来亚银行则在上海浦东开设分行。中马两国在对方国家互设银行分行，实际上为马来西亚华商到中国投资与经商提供了汇兑融资等多种便利，也得到华人商界的充分肯定。[③]

① 前引，廖小健：《战后各国华侨华人政策》，第64页。华商是中马经贸合作的主要参加者，20世纪90年代以前不少华人到中国都必须先经过内政部批准。

② 《工商世界》编辑部编：《颜清文：中国今后必定强大，吁中国政府制止货币投机》，（马来西亚）《工商世界》1993年第8期。

③ 中国银行1939年分别在吉隆坡、槟城、怡保及芙蓉设立4间分行，1965年因马国银行法令的限制而停盘。有关复办中国银行的商讨过程自1994年8月便开始，经过3个阶段即国家原则、修改大马银行法令及对等条件后，才正式落实。重新在大马恢复营业的中国银行是在2000年7月25日获大马国家银行批准营业，执照是在2000年8月1日生效，2000年12月恢复营业。马来亚银行在中国上海浦东的分行也在2000年12月28日开始试业，3月30日正式开幕营业。

（三）中马关系发展

在两国政府和人民的积极努力下，中马关系发展非常顺利，高层互访日趋频密，20 世纪 90 年代以来中马两国关系发展进一步加快，双边合作从较单一的贸易往来逐步转向多个领域的合作，双边贸易、投资、旅游、教育等多个方面都取得令人瞩目的迅速发展。

（1）双边贸易。中马建交后双边贸易发展顺利，20 世纪 90 年代以来的发展势头尤为迅猛。根据中马两国政府的统计数据，双边贸易总额从 1975 年的 1. 597 9 亿美元提升到 1990 年的 5. 996 5 亿美元，即增长 2. 75 倍。到 2002 年，双边贸易总额高达 142. 7 亿美元，比 1990 年增长了 22 倍多，年均增长 30% ~40% 。2004 年、2005 年和 2007 年，中马贸易更是连续登上 200 亿、300 亿和 400 亿美元以上的台阶。2007 年中马贸易额为 343. 8 亿美元，中国成为马来西亚第四大贸易伙伴，同时也是马来西亚第四大出口市场与第二大进口来源地。随着对华出口的增加，对华出口在马来西亚出口总额的比例已从 1991 年的不足 2% 上升到 1994 年的 3. 3% 、2002 年的 6. 5% 和 2007 年的 8. 8% 。①

（2）双边投资。据统计，1984—1990 年马来西亚对华实际投资总额为 240 万美元，而单 1991 年一年就投资 196 万美元，1994 年对华投资更突破 2 亿美元，投资最多的为 1996 年的 4. 5 亿美元。2002 年投资 3. 68 亿美元，比 1991 年的 196 万美元增长 186. 8 倍，截至 2004 年底，马来西亚对华实际投资项目有 3 000 多个，合同投资金额为 84. 6 亿美元，实际使用金额为 34. 7 亿美元，是仅次于新加坡的东盟对华直接投资的第二大国家。② 中国对马投资也持续增长，据 1988 年底统计，中国在马来西亚仅有两项投资联营计划，生产摩托车配件、自行车胎和瓷砖，投资额不足百万美元，而到 2002 年底，马来西亚政府已批准了数十个来自中国大陆的投资项目，总值超过 11 亿美元。在马来西亚最困难的 1998 年，马来西亚政府批准了来自中国大陆的 9 项投资共 3. 6 亿马元，1998—2002 年马来西亚政府批准的中国大陆投资共为 40 项 33. 84 亿马元（按 3. 80 马元：1 美元汇率，即 8. 91 亿美元）③。这对求资若渴的马来西亚，特别是 1997 年金融危机打击下的马来西亚可谓雪中送炭。

（3）双边旅游。自从马来西亚放宽中马两国人民的出入境政策后，马来西亚赴华人员与日俱增，并一直是中国旅游市场的主要外来客源之一。根据中国公

---

① 据中国商务部网站以及马来西亚政府贸易和工业部网站统计数据。

② 《截至 2004 年底亚洲国家对华直接投资累计数据》，中国商务部网站，http://yzs. mofcom. gov. cn/，2005 年 4 月 7 日。

③ 据马来西亚政府贸易和工业部网站统计数据。

安部的资料，1993 年马来西亚来华人数为 16.8 亿人次，在海外客源国中排名第六；1996 年为 29.8 亿人次，超过新加坡的 28.6 亿人次，紧接日本、韩国、俄罗斯、美国之后，成为中国第五大海外客源国；2001 年马来西亚赴华人数高达 46.86 亿人次，占当年来华外国人总数的 4.2%，继续保持中国第五大海外客源国的地位①。旅马中国大陆旅客也从 90 年代初的数万人次增加到 1998 年的 15.9 万人次和 2000 年的 41 万人次，2002 年更创下了 55.7 万人次的高纪录②。中国大陆客源已成为马来西亚旅游外汇收入的主要来源之一。2003 年初"SARS"肆虐，马来西亚旅游业的复苏对中国游客更是仰赖有加，当年来自中国大陆的游客虽然有所减少，但也有 35 万人次。

（4）教育与其他方面的合作。中马教育合作自 1997 年签署《教育谅解备忘录》后也开始起步，马来西亚政府每年都安排大批学生到中国留学，至 2002 年 5 月止，到中国留学的马来西亚学生已有 600 多名。中国学生到马来西亚留学的也不断增多，并一度成为马来西亚外国留学生的主要来源，仅 2004 年一年，到马来西亚留学的中国学生就有 8 707 人，占同年马来西亚外国留学生人数 25 939 人的 33.57%，比当年马来西亚外国留学生主要来源地如印度尼西亚（4 443 人）、孟加拉（1 421 人）及巴基斯坦（1 250 人）的留学生多得多，到 2005 年 8 月，在马来西亚政府或私立大学深造的中国留学生已达 21 452 名。③《教育谅解备忘录》2003 年到期后，两国经过磋商，已于 2005 年 12 月 15 日续签了新的《教育合作谅解备忘录》，其内容包括交换学术人员、师资、专家及学生，提供奖学金让学生到两国高等学府深造，鼓励在马来西亚推行中文教学和在中国推行马来语教学等，以进一步推动两国教育合作。④ 其他诸如工程、劳务、国防、科技、艺术、交通、金融、体育方面的双边合作，以及各种形式的民间交流，都获得了不同程度的发展。如 2005 年 12 月 15 日中国温家宝总理访问马来西亚，两国发表《中华人民共和国和马来西亚联合公报》，双方承诺努力推进能源领域的合作，马来西亚在该声明中还表示欢迎中方参与马六甲海峡安全合作。⑤

综上所述，中马建交以来，特别是 20 世纪 90 年代以来，马来西亚在包括华

---

① 《中国旅游年鉴》编辑部编：《中国旅游年鉴》，北京：中国旅游出版社 1998 年版，第 321 页；2002 年版，第 413 页。

② （马来西亚）南洋网，http://www.nanyang.com/，2004 年 5 月 23 日。

③ 《加强教育交流　教长明年访华》，（马来西亚）南洋网，http://www.nanyang.com/，2005 年 12 月 1 日。

④ 《提供奖学金承认学术资格　马中签署教育备忘录》，（马来西亚）南洋网，http://www.nanyang.com/，2005 年 12 月 15 日。

⑤ 《中华人民共和国和马来西亚联合公报》，中国外交部网站，http://www.fmprc.gov.cn/chn/wjb/，2005 年 12 月 15 日。

人因素等国内外各种经济和政治因素的影响下，对中国采取了非常积极友好的政策，在经济和政治等多个领域努力寻求并积极促进与中国在各方面的密切合作。其对华政策的调整，得到中国方面的积极回应和互动，取得非常良好的效果，马中两国的良性互动使两国关系保持着十多年热度不减的“蜜月期”，达到了令人满意的“双赢”局面。实施对华友好政策，促进中马政治经济关系，无疑有利于推动马来西亚经济发展，提高马来西亚的国际影响。另外，中国因素虽然不是华人选票投向的决定因素，但中国因素对抚慰华人情绪、满足华人愿望、争取华人支持、维持政治稳定与社会稳定确实起到了不容忽视的作用。与中国在种族和文化上的固有联系，以及华人企业家较多参与中马经贸合作的现实，均使马来西亚华人希望政府推行对华友好政策，能为自己到中国发展提供更多的条件和机遇，并通过各种形式表示欢迎和支持。1974 年马中建交和 1985 年马哈蒂尔首度访华，都曾为国阵赢得 1974 年和 1986 年大选提供了有利条件。1990 年大选国阵失利，但 1995 年却以史无前例的高支持率赢得大选，当时华人选民一边倒地支持国阵，除了因为政府推出“小开放政策”，也应与马哈蒂尔频频访华，马中两国关系进入“蜜月期”有直接关系。1999 年大选，华人再度一边倒地支持国阵，其中，金融危机后中马两国在国际活动的互相配合与支持，1999 年 5 月中马两国签署《中华人民共和国政府和马来西亚政府关于未来双边合作框架的联合声明》，同年 8 月马哈蒂尔访华，以及时任中国总理朱镕基在同年 11 月即大选前夕的对马访问，对华人选民的背向无疑也产生了相当明显的积极效应。

马来西亚媒体曾称 20 世纪 90 年代初的中马关系处于“蜜月期”，进入 21 世纪初，中马关系仍被马来西亚当地舆论认为处于“蜜月期”，并以“水乳交融”来形容。在国际风云急剧变幻之际，中马关系历经长时期仍热度不减地如处“蜜月期”确实难能可贵。华人因素是马来西亚调整对华政策的重要因素之一，而中马关系的日趋密切也有效地提升了华人对政府的向心力，在亚洲金融危机等特定时期维护了社会的稳定，实际上达到了积极的良性互动。

第二节　马来西亚与印度尼西亚族群关系比较

马来西亚和印度尼西亚两国的华人与当地族群的关系有很多相同之处：两国都是海外华人最多的国家，马来西亚有近 600 万华人，印度尼西亚有 700 多万华人；殖民统治时期的“分而治之”政策，均使两国的华人与当地族群在居住地域和从事行业上有明显划分，形成隔膜；两国当地族群的经济都比华人经济落后，经济矛盾一直是族群矛盾的焦点；两国当地族群主要信奉伊斯兰教，华人则主要信奉佛教等其他宗教，同样存在着宗教信仰的区分。不同的是，马来西亚的族群区分比印度尼西亚更明显，族群摩擦也比印度尼西亚更频繁，族群矛盾有时甚至显得更尖锐。印尼华人曾被迫放弃在公共场合使用本族的语言、文字、姓氏、宗教仪式，马来西亚马华两族则一直保持自己的文字、宗教以及其他民族特性，马来西亚还尊伊斯兰教为国教；印尼人认为华人控制印尼经济，马来人则认为本族在华族的竞争下面临种族灭绝的危机，马来人将有可能沦落为美国的印第安人。然而，1948 年独立后数十年间，印度尼西亚几乎没有停止过排华，大大小小的排华暴力骚动层出不穷，1998 年5 月的排华暴乱更是引起了国际社会的高度关注和严厉谴责；而马来西亚除了 1969 年的“5・13”事件外，基本没有严重的马华族群冲突，即使是受亚洲金融危机影响，局势异常动荡之际，也始终没有出现类似印度尼西亚那样激烈的排华暴乱。个中原因，很值得研究。

除了两国大小悬殊、两国族群经济发展等重要原因外，笔者认为，还可以考量如下一些因素。

一、两国当地族群的安全感不同

由于政治和经济地位的不同，马来西亚马来人比印度尼西亚原住民抱有更强的安全感。

马来人一直持有很强烈的族群优越感。殖民统治时期，英国殖民者为了取得马来封建贵族的合作，曾与马来各邦苏丹订立协定，承认马来人是当地的主人，承认并维护马来人在政治、经济和文教等各方面的特权。“朝中有人好办事”，独立以后马来人在政治结构中的优势地位，特别是对国家政权的全面掌控，使马来人得到的保护更为全面，特权地位也得到进一步提升。

Devanesan Nesiah 博士曾指出，除了经济收入比华人低之外，马来人没有受到任何苦难，没有像美国黑人和印度低等种姓阶层那样遭遇过歧视和压迫，马来人不会为自己的身份觉得丢人，反而很为自己的土著身份而感到自豪。[①] 大多数马来人一直认为自己是马来西亚当然的主人，比华人有着更优越的法律地位，他们对政治地位比自己低的华人，没有太多的妒忌。马来人在政治分层中的优越地位，很大程度上平衡了因经济落后引起的失落感，政治地位的主观感觉有效地降低了他们挑起或者加入针对另一大族群的激烈挑衅的可能性，因为“自我身份的认定和对之的满意程度是非常重要的主观性指标之一。有时一些人尽管实际上处

① Devanesan Nesiah. *Discrimination with Reason? The Policy of Reservations in the United States, India, and Malay*. New Delhi: Oxford University Press, 2000. p. 96.

于社会低层，但可能自认‘中产阶级’并具有相对较高的满意度，那么他们挑起和加入社会冲突的可能性就会减低”①。即使是经济落后的问题，随着政府推行马来人经济优先政策，马来人经济由此已经大有起色，加上马来西亚经济发展比印度尼西亚顺利，国民收入总体比印度尼西亚高，在政府强有力的保护和推出的各种具体的经济优惠下，生活较有保障的马来人也没有必要直接攻击和抢掠华人。不少多元族群国家独立后都是最大族群掌握政权，而且最大族群又往往都是经济落后群体，而像马来西亚政府对占人口大多数的族群实施如此全面的优惠政策且取得明显效果的，却非常少。

印度尼西亚的情况明显不同。第二次世界大战前，统治印度尼西亚的荷兰殖民者实施“分而治之”的政策，将印度尼西亚的居民按不同人等赋予不同的法律地位，其中，欧洲人居上层，华人处中层，底层的是原住民。与原住民适用当地法律和法庭审判诉讼不同，华人与欧洲人一样可采用荷兰法律并在荷兰人的法庭进行民事诉讼和审判（这也是认为华人地位比原住民高的主要法律依据）。②经济上，华人不仅可从事各种中介业、工商业，部分上层华人还通过承包税收和垄断专卖获得巨利，经济发展明显优于原住民。为了转移反殖民斗争的目标，印尼殖民当局还不时散布华人掠夺原住民利益的谣言，把殖民制度下原住民的贫困归咎于华人。结果，华人比原住民优越的法律地位和经济地位引起了原住民的妒忌和强烈不满，不少印尼人把华人看成是继荷兰人之后抢走印尼原住民财富的剥削者，在印尼人民的最大敌人荷兰殖民者被赶跑后，华人便成为印尼民族主义斗争指向的主要目标之一，战后印度尼西亚汹涌澎湃的民族主义运动，遂转化为强烈的排华情绪。

印度尼西亚独立后，不少政要和种族极端分子从自己的政治需要出发，继续不断散布“华人剥削印尼人”、“华人控制印尼经济”的观点，③连印尼总统也持类似看法，苏加诺早在1959年就认为：“中国人对印尼经济生活的控制是一个必须解决的严重问题。”④苏哈托在1967年5月接见记者时也指出，“华人不过占印尼总人口的3%，但他们却掌握和操纵了全国资产的70%左右”⑤。印尼经济的相对落后和贫富悬殊的异常突出，使上述观点颇有市场，并形成根深蒂固的严重偏见。另外，尽管印度尼西亚和其他多族群国家一样，是人数最多的印尼原住民

① 前引，马戎编著：《民族社会学：社会学的族群关系研究》，第233页。
② 前引，巴素著，郭湘章译：《东南亚之华侨》（下册），第751页。
③ 前引，黄昆章：《印尼华侨华人史（1950至2004年）》，第30~32页。
④ 中国新闻社编：《印尼排华问题和印尼情况》，北京：中国新闻社1959年版，第23页。
⑤ 李国卿著，郭梁、金永勋译：《华侨资本的形成和发展》，香港：香港社会科学出版社2000年版，第172页。

掌握政权，也实施了一些扶持原住民经济的政策，但由于族群构成和政治制度不同，印度尼西亚扶持原住民经济的政策成效有限，加上印尼经济发展水平低于马来西亚，不少印尼原住民依然比较贫困，生活缺乏保障。原住民对政府的保护不力非常失望，在忧虑自己经济弱势地位的同时，对占人口极少数的富裕华人充满愤恨，印华族群间的不满和仇恨由此与日俱增，并成为原住民通过暴力发泄怨恨，多次毁坏和抢掠华人财物的直接动因。

二、两国政府的华人政策不同

马来西亚和印度尼西亚的华人政策明显不同，印尼政府的华人政策要比马来西亚政府的华人政策严厉得多。

影响最大的是国籍归化政策。印尼政府的国籍归化政策比马来西亚严厉得多。战后初年，刚宣布独立的印尼政府，为了获得华侨的支持以抗击荷兰人，对华侨采取较宽松的国籍政策。根据 1946 年颁布的《印度尼西亚共和国公民法与居民法》以及政府当局的有关解释，国籍法采取出生地和被动制原则，规定在印尼出生或非印尼出生的，连续在印尼居住 5 年，已满 21 岁或已婚的非原住民后裔，如在规定期限内（1946 年 4 月 10 日至 1951 年 12 月 27 日）不表示拒绝加入印尼国籍，就被认为选择了印尼籍。① 由于选择外国国籍在当时是一件新鲜事，加上战后中国四强之一的地位及新中国成立等因素，海外华侨以自己是中国人而自豪，不少人仍愿意保留中国籍。据 1954 年估计，当时印度尼西亚约 300 万华侨中，被动入籍的约有 90 万人，保留中国籍的还有 210 万人，占当时华侨华人总数的 70%。② 然而，随着荷兰殖民势力退出和排华情绪的增长，因为担心太多华侨轻而易举地取得印尼国籍而影响原住民的利益，印尼政府从 1958 年起就实施严格的国籍法，规定归化入籍者需年满 18 岁和懂印尼语，还要求入籍者在印尼出生或在印尼连续居住 10 年，懂印尼历史和有固定职业。1958 年国籍法还从被动制转为主动制，规定归化者须申请获准才能入籍。③ 由于条件比以前严格，加上手续烦琐，耗费巨大，华侨入籍非常困难，到 1965 年，拥有中国国籍的华侨仍有 113 万左右，约占华侨华人总数的 1/3。④ 直到 80 年代初，为了有效地解

① 前引，暨南大学东南亚研究所、广州华侨研究会编著：《战后东南亚国家的华侨华人政策》，第 6、7页。

② 前引，黄昆章：《印尼华侨华人史（1950 至 2004 年）》，第 22 页。

③ 廖建裕：《现阶段的印尼华族研究》，新加坡：新加坡教育出版社 1978 年版，附录一，第 137 ~ 139 页。

④ 前引，暨南大学东南亚研究所、广州华侨研究会编著：《战后东南亚国家的华侨华人政策》，第 10 页。

决国内外侨问题，促进经济、政治以及对华关系的发展，印尼政府开始改变国籍政策，欢迎华侨入籍，绝大多数华侨才逐渐解决归化入籍问题。在战后数十年阻挠华侨入籍的同时，印尼政府视当地华侨为外国人，并对以华侨为主的外侨采取了一系列严厉的管制措施，如严格外侨登记手续，提高外侨的各种税额，限制外侨的居留地点和旅行范围等。长期对华侨经济的限制与打击和对华侨学校的取缔等基本都是以当地华侨是外国人为出发点，并以此作为制定政策的基本依据。

主要是由于殖民政策和独立进程的不同，马来西亚华侨转化为当地公民的道路要顺利和短得多。独立前，早在1946年初，英国殖民政府在公布《马来亚联邦计划》白皮书时，便提出了非马来人（主要是华人）公民权的概念，并提出出生地原则和5年居住期等较宽松的条件。虽然该白皮书因马来人的强烈抗议而被摒弃，且1948年马来亚联合邦成立后华人成为马来人公民的条件要严格得多，但接纳华人成为当地公民已是大势所趋，申请成为公民的条件也不断放宽，到1953年6月，联合邦的公民人数为413.9万人，其中华人成为当地公民的有115.7万人，约占当地华人的一半①。1957年马来西亚独立，华人还争取到公民权的出生地原则和更宽松的归化入籍条件，到1958年，再有100万华人登记成为公民②。也就是说，绝大部分华侨在1957年独立后不久就拥有当地国籍，成为马来西亚公民，可以合法地进行大部分公民活动，比印尼华侨整体成为印尼公民整整早了30年。由于1957年独立以来几乎没有华侨，马来西亚也不存在剥夺华侨利益或驱赶华侨的情况。

经济方面，1948年独立伊始，印尼政府便将当地人口分为原住民与非原住民（主要是华侨华人）两大类，并颁布了一系列法令限制和排斥华侨华人经济的发展。如限制华侨经营进出口贸易等各种传统行业，加强对华人各类企业的管制，要求华人向原住民转让股权或企业，甚至没收部分华人企业。禁止外侨在县级以下农村经营零售业的《印度尼西亚共和国总统1959年第10号法令》颁布实施后，被强行逼迁和接管的华侨零售店达8万多家，数十万华侨顿失生活凭持，流离失所，苦不堪言③。马来西亚政府的《工业协调法》也在一定程度上限制和打击了华人大企业，但占华人企业90%以上的中小企业基本不受影响，而且该法令只要求大企业在股权和雇工分配上执行族群限额的规定，没有像印尼那样对华人实施职业限制，接管甚至没收华人的店铺资财。因此，马来西亚华人基本可以保有赖以生存的传统职业、产业。像印尼华人那样，因经济的排斥打击而生计

① 前引，林水檺、何启良、何国忠、赖观福编：《马来西亚华人史新编》（第二册），第54页。

② 前引，马华公会五十周年党庆纪念特刊编委会编：《为国为民——马华公会五十周年党庆纪念特刊》，第123页。

③ 前引，暨南大学东南亚研究所、广州华侨研究会编著：《战后东南亚国家的华侨华人政策》，第24页。

无着、流离失所，甚至家破人亡的情况，在马来西亚基本没有出现过。

印度尼西亚的其他政策也非常严厉。1965 年以前，印尼政府对华侨学校、华文报纸、华侨社团都进行了不同程度的限制。1965 年“9・30”事件后，政府则强行关闭或接管所有华侨学校，关闭所有华文报刊和大部分华侨社团，禁止使用中文和举行华族民俗庆典，并要求华人改印尼名字，皈依伊斯兰教，中华文化在印尼几乎销声匿迹。马来西亚政府也限制华文教育，推行教育马来化，但与印尼政府不同，华文教育在马来西亚一直可以合法存在，还得以建立从小学到中学直至大学的较完整的华文教育体系，华文小学还被纳入国家教育体系，作为公立小学获得政府财政的一定支持，这在中国境外是绝无仅有的。对于华文报刊、华人社团、姓氏、风俗习惯和宗教信仰，马来西亚政府基本不予干预，中华文化在马来西亚随处可见。

华人在总人口中所占的比例，是影响当地政府华人政策的主要原因。印尼华人占全国人口的比例一直没有超过3%，影响有限，无论是印尼政府还是不少印尼人，都有意无意地忽视了华人的权益和感受。两国政府对华人的不同政策，直接影响着当地族群对华人的态度。印尼政府早期阻挠华侨入籍的政策，使不少原住民认为华人都是外国人，潜意识里拒绝华人，进而认为华人在印度尼西亚享有的一切都是不合法的，都是对原住民利益的掠夺。印尼政府对华人长期的排斥和打击，不仅使族群矛盾和冲突频繁激烈，积怨日深，也使部分原住民认为华人是可以任意歧视和侵犯的，一遇到局势动荡或民族骚动，便肆意地拿华人来出气。而马来西亚政府相对宽松的华人政策，不仅使马来西亚华人比印尼华人拥有更多的权益，更重要的是使马来人潜意识里接纳华人为马来西亚的成员，所以才特别担心被人数众多的华人淹没。也因为如此，马来人一再宣示马来西亚是马来人的国家，一再强调华人是外来移民，认为他们得到公民权必须有附加条件，要求确认华人与马来人地位的区别。在承认华人是当地公民的前提下，只要不影响马来人的特权，华人享有的多项社会权利在一般情况下是可以接受的，族群间的矛盾和冲突因而远远没有印度尼西亚激烈。

三、马来西亚拥有缓和族群冲突的政治机制

马来西亚独立 50 多年，虽然马来人在政治上占有绝对优势，但由于华人人口众多和代议选举制度的影响，华人在当地政治始终占有一席之地。华人政党一直得以合法存在和发展，且有自己的执政党和反对党，如马华公会、民政党、民主行动党等，历届政府都有 4 ~6 位华人部长和多位华人副部长、次长，在国会则有数十位代表朝野各党的华人议员。这些华人政党、华人政府官员和华人议员

不仅以各种不同的方式争取华人的权益，对政府行政施加一定的影响，还能及时反映族群关系发展的动向，发出预警，从而在很大程度上有效地维系了族群间的和谐。

其中，华人执政党在政府和马来人与华人矛盾之间的协调和缓冲作用尤其突出。华人政党参与执政，为马华两族之间的沟通和磋商提供了最大的方便，政府得以及时了解华族情况，并据此制定比较有效的措施，因此两族间的纷争和矛盾不少在激化之前就得到解决或缓和。更重要的是，大多数华人把最大的华人执政党——马华公会看成是华人社会在政府的代表，对政府的很多不满遂转化为对马华公会的不满，如关于新经济政策、华文教育等论题的大大小小的争论，马华公会都会成为众矢之的，政府和马来人反而很多时候避开了与华社的正面激烈冲突。有时候马华公会的态度转变，也可以成为政府衡量华人社会对政府政策承受力的尺度。如果马华公会对政府政策是支持的，则表明有关政策还没有冲破华人心理承受的底线，不需要改变或仅部分改变就可以。如果连马华公会都表示异议，那就表明有关政策是根本无法接受的，必须迅速修正，不然很可能导致社会动乱。如 1987 年，政府派出大批不谙华文的人员担任华文小学行政高级职务的做法，不仅引致华人社团和华人反对党的抗议，也引起马华公会的反对，华人朝野政党和主要社团甚至联合行动进行抵制，两族剑拔弩张，形势异常紧张。政府开始态度非常强硬，但最终作出让步，修订有关方案，才使骚动得以平息，不至于演变为大规模的族群冲突。

相比之下，印尼华人对当地政治的影响则弱得多。印尼华人也曾积极参与当地政治，早在 1918 年便有土生华人参加荷殖政府的国民参议会，到 1938 年，在荷印各级议会中，华人议员已达 228 名，占全体议员总数的 9.1%。[①] 苏加诺政府时期，华人参政依然比较活跃，先后有陈宝源、萧玉灿等多位华人担任内阁部长，另外还有不少华人国会议员。当时，华人也建立了自己的政治组织，其中较有影响的是 1954 年成立的以萧玉灿为代表的印尼国籍协商会，据称，1965 年该会及其下属机构会员曾增至 50 万人。[②] 不过，该组织和其他所有华人政党一样，在 1965 年“9・30”事件后被解散。“9・30”事件后，政府不仅禁止华人开展政治活动，也拒绝华人参与政事，从 1965 年到 1998 年数十年间，没有一个华人进入内阁，1998 年后先后有一两位华人入阁，但势单力薄，影响有限。多年来华人议员也是寥寥无几，华人对印尼政治和政府几乎没有影响。由于基本没有华

① 梁康生、蔡仁龙、李国梁、郑炳山主编：《华侨历史论丛》（第七辑），福州：福建华侨历史学会 1991 年版，第 20 页。

② 前引，梁康生、蔡仁龙、李国梁、郑炳山主编：《华侨历史论丛》（第七辑），第 26 页。

人参政议政，没有华人执政党作为缓冲，也没有族群间的有效沟通渠道和对族群冲突的预警与防范机制，印尼原住民与华人的冲突往往是直接正面地突然发生，根本没有预警、防范或回旋的余地，结果族群矛盾迅速激化，形势很快就无法控制。

四、两国的政治与经济局势不同

综观独立以来数十年，马来西亚的政治、经济局势一直比印度尼西亚稳定。

印度尼西亚局势曾长期动荡不安。1945 年印度尼西亚宣布独立后不久，荷兰殖民者便卷土重来，与独立政府军事对峙长达四年，战争的惨烈不言而喻。荷兰殖民者于 1950 年退出印度尼西亚后，印尼地方军队先后发起多起叛乱，1958 年，叛军甚至成立“印尼共和国革命政府”，与中央政府对抗，国家面临分裂的危机。1965 年 9 月 30 日，由一批亲左派军官发动的政变失败后，印尼军方展开了对印尼共产党的大清洗，涉者数十万，举国震动。

非常时期自然会采取非常措施，局势不稳必然伴随着社会秩序的极端混乱。期间，印尼地方军事当局颁布和实施了不少战时极端措施，印尼暴徒趁乱抢夺华人财产和残杀华人的大小事件也不断发生，遂形成大规模的排华浪潮。如 1947 年和 1948 年在抗击荷兰殖民军的两次“警卫行动”中，印尼军队实行“焦土政策”，撤退时部分暴徒便乘机焚烧华侨的房屋，抢掠他们的财产，强迫他们迁离居所。据不完全统计，1945 年 9 月至 1949 年 9 月独立战争时期，印尼华侨共死伤 3 500 人，失踪 1 631 人，财产损失计荷币 5.3 亿盾。① 在反击 1958 年叛乱的过程中，西爪哇一些地方军事当局颁布了从农村地区迁走所有华侨的指令，先后出动大批军警强迫华侨迁离家园，并强行封闭华侨房屋、征用华侨学校，逮捕、殴打、虐待抗命华侨，数十万华侨由是流离失所，境况极其悲惨。“9·30”事件爆发后，在军方的支持、纵容甚至直接参与下，印度尼西亚各地再度掀起排华高潮，被捣毁、劫掠和焚烧的华人商店、住宅不计其数，所有侨校均被接管或封闭，不少华侨华人在动乱中被杀。

1967 年以后，苏哈托政府着手恢复正常的社会秩序，逮捕镇压排华的暴徒，大规模的排华浪潮基本没有发生，但由于印尼族群矛盾尖锐，阶级对抗激烈，以及排华言论的流行和排华惯性思维的影响，大大小小的排华事件仍频频发生，几乎每年都有一两起大小不一的排华流血事件。进入 90 年代，排华事件呈愈演愈

---

① 华侨志编纂委员会编：《印尼华侨志》，台北：华侨志编纂委员会 1961 年版，第 53 页。

烈之势，据不完全统计，1994 年有 8 起，1995 年有 16 起，1996 年达到 27 起。[1] 1994 年 4 月，因棉兰罢工潮引发的排华暴动就持续了数天，1 名华商被杀害，数十名华人受伤，200 多家华人工厂、店铺被抢被毁，52 家工厂停业，财产损失高达 16 亿盾。[2]

相比之下，马来西亚的局势就稳定得多。马来西亚是通过和平的方式赢得独立的，1957 年独立后，既没有出现独立政府与殖民军队的长期对峙，也没有出现军人发动的叛乱与政变，1957 年至今，一直都是由以马来人政党巫统为首的政党联盟执政，政局稳定遐迩闻名，排华暴动失去必要的社会环境和导因。因此，虽然马华两族不时出现矛盾和摩擦，有时还表现出水火不容的态势，但除了 1969 年 5 月出现过较大的族群流血冲突事件外，马华两族之间的矛盾冲突大多数是通过和平的方式来解决的。

印度尼西亚 1998 年 5 月发生排华暴动时的印尼局势同样比马来西亚混乱。当时，虽然两国都是受金融危机打击的重灾国，但印尼的情况却严重得多。如货币贬值，印尼盾贬值超过 80%，马令吉贬值 33%；通胀，印度尼西亚是东南亚通胀率最高的国家，1998 年全年通胀率约 80%，部分必需品的物价飙升数倍，马来西亚全年通胀率不到 5%；经济衰退，印尼的经济从 1997 年增长 4.6% 骤降到 1998 年衰退 14%，马来西亚则从增长 7.8% 降到衰退 7.6%；失业人数，印尼失业人数高达 2 000 万，收入在贫困线以下者增至 8 000 万，分别占总人口的 10% 和 40% 左右，马来西亚的失业人数约为 44 万，占总人口的 2%。[3] 由此可以看出，金融危机对两国人民的打击程度明显不同。对印尼许多人来说，金融危机威胁着生存，如何才能活下去是他们必须面对的问题；而对马来西亚大多数人而言，金融危机带来的更多的是生活指数高和低的问题。在这种情况下，印尼人民比马来西亚人民更容易“揭竿而起”，掀起广泛的社会运动。事实上，正是因为政府取消燃油等多项价格补贴，引发物价扶摇飙升，人们忍无可忍，才最终爆发推翻苏哈托的社会运动。排华暴徒则借社会秩序的动荡和混乱，煽动和掀起了令人发指的排华暴动。1999 年 5 月，即 1998 年 5 月排华暴动一周年，印尼《从业之声报》公布了雅加达地方政府调查结果：1998 年 5 月排华暴动的财产损失为 10 亿美元，遭抢劫、破坏和焚烧的财物包括 2 479 间商住楼、1 647 间商店、40 座购物中心、13 个市场、24 间餐厅、11 间旅馆、1 026 间住宅、383 间私营办公室、65 间银行、1 119 辆汽车、821 辆摩托车。此外，在社会骚乱中，造成 288

① 廖小健：《马来西亚、印度尼西亚民族关系比较》，《世界民族》2004 年第 1 期。

② 前引，黄昆章：《印尼华侨华人史（1950 至 2004 年）》，第 239、240 页。

③ 前引，廖小健：《马来西亚、印度尼西亚民族关系比较》；温北炎、郑一省：《后苏哈托时代的印度尼西亚》，北京：世界知识出版社 2006 年版，第 103 ~ 105 页。

人死亡，50 多名妇女被强奸。另据国家联合调查委员会的调查，此次暴乱受强暴妇女有 85 人。①

通过上述马印族群关系的比较研究，笔者认为，不同的文化与宗教确实是导致族群矛盾与冲突的重要因素，但除了文化、宗教等因素之外，族群冲突的背后往往还有着更为深刻的政治、历史和经济根源。如果处理得当，文化与宗教不同的族群完全可以相处得更好一些，并非一定会发生激烈冲突甚至刀戎相向。事实上，1957 年独立以来，马来西亚马华两族虽然仍保持着鲜明的族群特色，但在政治、经济和文化等领域的交流融合却与日俱增，政治上建立了多元族群的政党联盟，提出了不少关乎全民利益的政治主张；经济上，两族合作不断发展，并逐渐从国内共同经营发展到携手走出国门；文化上，两族子弟同校读书比比皆是，两族人民共同欢庆各族佳节已成惯例，至于标示各自不同宗教文化特征的教堂、寺庙更是遍及城镇乡村。正如马来西亚一位马来人领袖曾经指出，穆斯林通过自己的行动证明，他们能够与非穆斯林一道生活和工作，建设一个统一的、进步的国家。② 反过来，拥有相同的文化和宗教，却可能因各种政治和经济原因而引发矛盾，如马来西亚最大的执政党巫统和最大的反对党伊斯兰党，其党员都是马来人穆斯林，但两党却彼此视为劲敌；同样地，印尼的亚齐分裂运动，印尼国内的伊斯兰教激进组织，一直令印尼中央政府头疼不已。马来西亚学者谢爱萍对东南亚族群冲突的历史因素进行分析后，也曾撰文指出，东南亚各国的种族事件自有其历史因素，不是文化上的差异所造成。③

塞缪尔·亨廷顿提出的“文明冲突论”为我们探讨族群矛盾提供了一个新的思路，不同的文化与宗教确实是导致族群矛盾与冲突的重要原因。但在正视文明和宗教信仰差异对族群关系的重要影响的同时，我们也应防止无限度地夸大文明和宗教信仰差异的冲击，不然就有可能掩盖导致族群矛盾的政治和经济根源，这不仅不能根除族群冲突，反而为所谓的“高文明优等族群”打压“低文明劣等族群”提供理论依据，对族群冲突起到火上加油的负面作用。“9·11”事件以来，以美国为首的西方国家的“反恐战争”之所以收效甚微，甚至引起伊斯兰社会的诸多谴责和共愤，原因之一就在于这些发达国家只会极力“妖魔化”伊斯兰教，而没有致力于解决伊斯兰社会反美思潮的经济根源。当然，宗教与族群问题，由于各种政治、经济、社会、历史因素的影响而显得异常复杂，因之产生的矛盾，不是短时间能消融殆尽的，即使是马来西亚的族群关系也只能称之为

---

① 前引，温北炎、郑一省：《后苏哈托时代的印度尼西亚》，第 235 页。

② 前引，北京外国语大学中国马来语教学中心编：《马来西亚总理马哈蒂尔演讲集》，第 78、79 页。

③ 谢爱萍：《东南亚华人的认同与种族关系》，见林水檺、傅孙中编：《东南亚文化冲突与整合》（国际学术研讨会论文集），吉隆坡：华总—德麟文化基金、马大中文系毕业生协会 1999 年版，第 376 页。

"相对和谐"，任何诱因都可能引发大大小小的摩擦，要维护不同文明族群关系的和谐，仍需要各族群及其政治代表理性务实地积极应对与谨慎协调。

第三节　2003 年以来的族群关系

马来西亚前首相马哈蒂尔自 1981 年 6 月出任巫统主席，同年 7 月担任政府首相，到 2003 年 10 月退位，在位 20 多年之久，1981—2003 年也因之被称为马哈蒂尔时代。马哈蒂尔时代不仅在马来西亚社会发展史上占据重要地位，马哈蒂尔政府对马来西亚族群关系的发展变化也有着非常重大的影响，评价可以说是毁誉参半，褒贬不一。马哈蒂尔按计划于 2003 年 10 月引退后，阿都拉·巴达维出任马来西亚第五任首相，马来西亚进入了一个新的发展时期。2003 年 10 月以来，由于国内外形势的变化，以及领袖风格和领导策略的差异，马来西亚的政治、经济以及外交关系都出现了不少变化，马来西亚的华人政策也发生了明显的变化。如何估计这些变化的实质及其对当地华人社会的影响？这对了解马来西亚华人的生存条件，展望近期马来西亚族群关系的发展变化，都至关重要。

一、华人政策的发展与变化

阿都拉生于马来西亚槟城，毕业于马来亚大学伊斯兰教研究系，曾先后担任首相署不管部长、首相署部长、教育部长、国防部长、外交部长等政府职务，出任三届巫统副主席，1998 年 9 月马来西亚前副首相安华被罢黜后，阿都拉在 1999 年初被马哈蒂尔委与政府副首相、内政部长和巫统署理主席的重任，2002 年 6 月再被马哈蒂尔指定为接班人，并按计划在 2003 年 10 月后正式接班成为马来西亚首相。与马来西亚前三任首相来自显赫王族，或与马哈蒂尔来自平民家庭不同，阿都拉来自严格伊斯兰教育背景的家庭，他的父亲及祖父都是马来西亚著名的伊斯兰教宗教司，他自己本人则拥有伊斯兰教研究学位。阿都拉在华人占多数的槟城出生成长，经常和当地华人近距离接触，使他能讲不少北马腔的福建话，为他了解马来西亚华人心声、协调当地族群关系提供了一定的便利。

正如当地华人普遍期待的那样，与前首相马哈蒂尔的强悍作风相比，作为伊斯兰温和派的阿都拉首相，对华人的态度明显较为平易近人，就任伊始，便致力于促进族群之间的沟通与和谐，并逐渐放宽多项华人政策。

（一）促进和谐

早在2003年10月正式继任之前，阿都拉就表示，作为一位来自宗教背景家庭以及被赋予责任领导国家的首相人选，须彰显良好伊斯兰教徒宽容对待所有宗教及种族背景的人民的形象。他说："我须以身作则，树立榜样，以取信于人。这不仅反映在形象而已，也显示在我的行动及谈话。"①

阿都拉上任后不久，就明确宣称他是一个全民的首相，而不是单一种族的首相。② 在2004年8月30日的首次国庆讲话中，他还特别强调，马来西亚的所有人民都是平等的，没有任何人可以自称比其他人更像马来西亚人。他呼吁马来西亚全体国民不要自我矮化、自我边缘化，应不分种族和宗教，共同成为这片国土的主人。③

阿都拉把促进族群和谐作为首要任务，经常敦促各族人民对其他宗教与族群保持宽容态度，并为促进族群和谐采取了多种措施。例如，马来人领袖都有在本族节日打开门户款待宾客的传统，2004年11月14日，阿都拉首相破天荒地与所有内阁部长联合举办开斋节聚餐会，与全国人民共同庆祝佳节。聚会吸引了近20万各族人民集体赴会，不少华团代表、华人企业家、华人反对党领袖出席了宴会。房屋及地方政府部长兼马华总会长黄家定对这种方式给予肯定，他说："我们仿如一家人，大家不分背景、信仰地齐聚一堂，这将会进一步提升和促进国民团结。"④ 阿都拉首相以各族和谐为执政基石的做法，也得到时任反对党民主行动党主席加巴星的高度赞扬。

阿都拉出任首相后促进族群和谐的措施还有：①2004年12月中旬，内阁批准设立"国民交融研究学院"，致力培训推动政府睦邻计划的领袖，帮助学员掌握促进各族交融的各种技能。首相署透露，到该学院学习，当前只颁发学习证书，但将来计划把证书提升到文凭甚至学位资格。⑤ ②计划在马来西亚国立和私立大专学院增设一门促进族群之间相互了解的必修科目"马来西亚的族群关系"，大专生必须在此科考试及格才可毕业。高等教育部长沙菲益表示，政府增设该课程的目的是解决大专学院的种族分化问题。⑥ 根据一些学者和媒体的调

---

① 《首次谈论接任首相后治国理念　阿都拉坚持中庸路线》，（马来西亚）《南洋商报》2002年9月5日。

② 罗汉洲：《不要矮化他人》，（马来西亚）《南洋商报》2004年9月8日。

③ 《勉励各族勿自我矮化　大马人民一律平等》，（马来西亚）《南洋商报》2004年8月30日。

④ 《破天荒聚餐会》，（马来西亚）《南洋商报》2004年11月15日。

⑤ 《内阁准设"国民交融研究学院"培训睦邻计划领袖》，（马来西亚）《南洋商报》2004年12月17日。

⑥ 《高等教育部长：种族关系必修科及格大专生才可以毕业》，（马来西亚）《南洋商报》2004年7月19日。

查，在马来西亚大专学院里，各族学生都生活在各自的圈子里，依附于本族背景的团体组织。③重新推动自己出任教育部长时曾设定的“学生交融计划”。2004年10月，教育部成立了以教育部副部长韩春锦为首的学生交融计划委员会，在国内鉴定31个地点的相关学校，从2005年新学年开始实施“学生交融计划”。即由马华的有关地区国会议员与教育部配合，共同推动特定地区附近的马、华、印三大族群学校举办各类课外活动，如生活营、运动会、球类、越野赛跑、舞蹈、大扫除等活动，让各族学生一起参与。[①]“学生交融计划”于1986年提出，目的是在不涉及各族群学校的宗教、学术、媒介语、课程及行政的情况下，鼓励各族学生通过参与联合举办的活动，增加彼此间的沟通。但该计划在20世纪90年代被“宏愿学校计划”所取代，后者因以实现国语（马来语）作为各族群学校共同媒介语为最终目的而遭到华社的强烈反对，并要求以“学生交融计划”取而代之。

（二）调整华人政策

自2003年10月正式上任以来，阿都拉政府对华人的诸多政策进行了调整，主要表现在经济和文教领域。

1. 经济领域

首先最大的变化是各州政府修改马来保留地法令，把马来保留地抵押给非马来人发展。保留地制度始于英国殖民统治时期，马来西亚独立后继续保留这一制度，即各州划分一部分土地为马来人保留地，禁止非马来人涉足或开发该类土地。这项法律不仅限制了华人在农业领域的发展，也造成了国土资源的极大浪费，长期引起华人的诟病。2004年8月，马来西亚国家土地理事会第60次会议通过决议，允许把马来保留地租借给非马来人发展，时间可长达60年，目的是使马来保留地发展为商业用途和让土地增值，但同时也确保有关土地仍然由马来人所拥有。[②] 该法令的修订为华人参与土地开发提供了较大的空间。

其次是对华人经济影响较大的新村发展计划。2005年2月，政府宣布接纳由首相署经济策划组委任咨询公司费时两年在全国各新村展开全面调查后完成的“全国新村发展大蓝图报告书”。该报告书提出了31项发展新村的策略与建议，其中包括新村的地契年限划一延长至60年或99年；政府为新村居民提供更多的服务、培训和援助；规划新村发展和加大投入兴建各种基建设施等。[③] 20世纪50

---

① 韩美凤：《韩春锦：三源流学校同办活动　马华推动学生交融》，（马来西亚）《南洋商报》2004年10月23日。

② 《政府允许马来保留地抵押给非马来人发展》，（新加坡）《联合早报》2004年8月21日。

③ 《新村发展大蓝图31项策略》，（马来西亚）《南洋商报》2005年2月25日。

年代紧急状态时期建立起来的452个新村，当时还有450个，共125.6万多人，其中华人占83%，即104.2万人，[1] 约占2005年全马约600万华人的1/6，政府推行的新村发展大蓝图，无疑有助于众多新村华人居民今后的发展。

再次是华人义山税收政策的确定。2004年12月财政部公布的《马来西亚非营利公众义山税务政策》，宣布从2004财政年开始，国内所有非营利的公众义山管理组织，凡用作义山发展的收入，将一律免缴所得税。根据华团所接到的义山名单，全国共有373个华社义山组织。[2] 华人义山历来是华人和马来人纷争的焦点，过去不断出现侵吞义山土地的纠纷，2004年8月，因政府税收局开始采取法律行动追讨部分义山所欠的所得税，华社义山组织无不忧心忡忡。通过这一法令，使困扰华社几十年的义山所得税问题基本尘埃落定。

2. 文教领域

首先是国民学校华文教育政策的变化。2005年4月，阿都拉首相巡视教育部时，提出在国民学校教授华文及淡米尔文，以使国民学校成为全民的首选的建议。[3] 随后，教育部开始着手准备，决定从2006年起，在各族混合比例较高的地区的国民学校中，推行这项逐渐普及教导华文及淡米尔文的计划，并由教育部副部长韩春锦全权负责国小中文师资的招聘事宜。

其次是有关微型华小的存留问题。根据马来西亚教育部的规定，学生人数少于150人的学校称“微型学校”。截至2002年1月的统计，全国共有500多家微型华小，占华小总数的近40%；在这些微型华小中，有些华小学生不足10人。马哈蒂尔时代的教育部官员曾多次表示要关闭这类特小型的华小，华人为此深感忧虑，因为政府历来反对增建华小，关一家就少一家。但在华社的力争下，阿都拉首相上任后不久，就明确表示不会关闭学生人数少于10人的15家微型华小。[4] 华社暂时可以松一口气。

再次是有关部门采取了一些较为开明的语文政策。如新闻部计划从中国大陆与香港地区购买更多华语电视节目在当地播放，以提升马来西亚人民的华语水平；马新社推出中文新闻服务，以更有效地向国内外中文读者传达政府资讯与政策；文化、艺术及文物部计划把儒家思想价值观纳入已推介的“礼仪社会”运动的精神纲领，再把纲领译成各种语文，让其他种族学习；吉隆坡警察训练中心计划在新一届警长训练课程中，增加华文和阿拉伯文课程，等等。

---

① 《年轻人迁移城市发展　新村人口下降》，（马来西亚）《南洋商报》2005年2月24日。

② 《黄燕燕：今年起凡用作本身发展　义山收入免缴税》，（马来西亚）《南洋商报》2004年12月20日。

③ 《师资问题半年解决　国小新学年教华文》，（马来西亚）《南洋商报》2005年5月14日。

④ 《黄家定：首相接受马华建议　不关微型华小》，（马来西亚）《南洋商报》2004年1月9日。

二、族群政策的延续与继承

上述华人政策的调整，显示了阿都拉政府政策的开明和宽松，并有助于营造族群和谐的融洽氛围，对当地华人的生存和发展无疑将产生比较正面的影响，阿都拉首相也由此受到广大华人的拥戴。不过，在不少关乎马来人和华人根本地位的原则和政策上，阿都拉政府政策的变化显然不大。

其中最引人关注的是马来人特权的问题。阿都拉首相同样坚持“社会契约”，即马来人和华人两大族群拥有不同的法律地位，他多次表示不会废除马来人特权。2004 年 7 月，他为 2004 年亚洲媒体峰会主持开幕式，发表主题为“多元宗教、多元种族与多元社会的挑战”的演讲时表示，“社会契约”是根据各个族群、联邦政府及州政府的协商精神所产生的，马来人愿意让华人及印裔移民享有公民权，而反过来他们也答应让马来人享有经济上的特权。即使是今天，任何一方都不应该违背有关契约及当时制定的条件。① 2006 年 11 月，他在巫统代表大会上发表主席政策演词时，再次强调不会更改“社会契约”，他说：“社会契约是一个非常全面、详细及平衡各族利益的契约；任何人若提出过分或不合理的要求，是可轻易破坏这个平衡局面的。”“如果要更改，或欲持续提出疑问，会破坏稳定和和谐。我们绝不允许这样的事情发生，否则我们会面临灾祸。任何一方不可以此考验政府坚定的立场。”②

独立半个世纪以来，“社会契约”精神一直是以马来人为首的马来西亚政府维护马来人特权的法律武器，马哈蒂尔时代如此，阿都拉时代看来也同样如此。其理由，根据阿都拉的说法，是因为马来人还比其他族群落后，而马来人在社会经济与其他族群地位平等是国家和平与稳定的重要因素。因此，“我们必须继续拟定方针，提升马来族群地位，以壮大这个族群的力量，让他们建立起自信、拥有高深学识，成为一个以绩效和表现来赢取敬重的优秀马来民族，从而应付全球化挑战”③。和前任一样，阿都拉也认为，马来人不可能永远拥有特权，到马来人经济能力加强，可以自力更生后，就要永远放弃“拐杖”（特权）。④ 阿都拉也强调应提高马来人的竞争力。阿都拉认为，过去扶助马来人只注重数量，今后则应强调提高马来人的素质，让马来人拥有扎实的知识及技能，以塑造具有竞争能

① 《阿都拉敦促马国人宽容对待各宗教种族》，（新加坡）《联合早报》2004 年 8 月 6 日。

② 《阿都拉：平衡各族利益　社会契约绝不更改》，（马来西亚）南洋网，http：//www. nanyang. com/，2006 年 11 月 15 日。

③ 《阿都拉：社经地位与他族平等　马来人会更宽容》，（马来西亚）《南洋商报》2004 年 9 月 23 日。

④ 《首相：无意长久扶助土著商人　整合经济不分种族》，（马来西亚）《南洋商报》2004 年 7 月 9 日。

力的马来族群。他说："我们不能只提供鱼给马来人，而必须协助他们获取渔网和船只，还有指南针和地图，让他们有能力面对惊涛骇浪。"①

与阿都拉政府继续维持马来人特权的大原则相一致，2004 年 9 月，在巫青团、妇女组与女青团等巫统三大组织联合代表大会上，副首相兼巫统署理主席纳吉以及三大组织的领袖均表示，鉴于马来人在收入、数码、科学和工艺的掌握、股权、产业拥有权方面仍比其他族群落后，应重申和持续推行 20 世纪 70—90 年代实施的扶持马来人经济的新经济政策。②

如何维持马来人的地位或优势？2005 年 5 月，阿都拉首相出席巫统 59 周年庆典时强调，马来人必须继续掌控政治力量，以保障马来民族的前途。如果马来人失去政治力量，他们将失去权力，并且无法与其他人竞争。③ 因此，阿都拉政府并不打算改变首相及副首相职位一贯由马来人出任的惯例，但他重申，将沿用与国阵成员党分享政权的方案，因为分享政权在马国这个多元族群的社会是促进国民团结的最好方案。阿都拉表示，在国阵的政权分享政策下，政府将继续扩大让少数族群参与国家及州政府层面事务的范围。④

和前任一样，阿都拉首相也认为马来西亚是一个伊斯兰教国。在是否需要修宪以确认马来西亚的伊斯兰教国性质的问题上，阿都拉表示，联邦宪法及现有伊斯兰教式的国家治理方式，已显示马来西亚是一个伊斯兰教国家，因此，不需要修改宪法加以强调。⑤ 2001 年 9 月前首相马哈蒂尔突然宣布马来西亚是伊斯兰教国，曾引起轩然大波。阿都拉对这一国家宗教性质的再度确认，说明马来西亚宪法的有关条文，以及马哈蒂尔时代开始推行的伊斯兰化措施，都不会有太大的改变，宗教因素依然会对马来西亚族群关系产生重大的影响。令华人宽慰的是，阿都拉首相承诺将奉行开明温和的伊斯兰教路线，而不像反对党伊斯兰党那样走保守和极端的路线。他还提出根据马来西亚的多元族群社会模式，建立与时俱进的现代伊斯兰教社会的理念，鼓励伊斯兰教徒求取进步及改善地位，同时表示不会剥夺任何一方的利益。⑥

在教育方面，和前政府一样，阿都拉政府继续鼓励各民族学习母语，赋予华文教育合法地位，并承诺将继续资助华小。同样地，阿都拉政府继续执行教育向

---

① 《阿都拉谈"拐杖文化"直道出土著矛盾心理》，（马来西亚）《南洋商报》2004 年 9 月 23 日。

② 《希山：马来人不必感歉疚　新经济政策须续推行》，（马来西亚）《南洋商报》2004 年 9 月 22 日；陈玉英：《延续新经济政策　马来人弃拐杖重生》，（马来西亚）《南洋商报》2004 年 9 月 22 日。

③ 《阿都拉：领袖是创造出来的》，（新加坡）《联合早报》2005 年 5 月 12 日。

④ 《阿都拉：人民拥护政权分享政策　不设非土著副首相》，（马来西亚）《南洋商报》2004 年 7 月 12 日。

⑤ 《阿都拉：马国已是回教国不必修宪法强调》，（新加坡）《联合早报》2004 年 7 月 16 日。

⑥ 《阿都拉：马绝不会变成极端回教国》，（新加坡）《联合早报》2005 年 5 月 9 日。

马来人倾斜的政策；继续实施招生升学的“绩效制”和“固打制”；继续实施遭华社强烈反对的将数理教学媒介语从母语改为英语的“英语教数理”计划。专为培养马来人高级工程技术人才而设立的玛拉工艺大学，也不准备向其他族群学生开放。按照高教部长沙菲益的说法，联邦宪法清楚阐明，玛拉工艺大学是特别为土著生设立的，谁都不能质疑此特权。①

如何估计阿都拉政府华人政策的变化与延续？总的来说，发生变化的主要是施政的风格和各种具体措施，如更亲民，与华社进行更多的沟通，提出了一些对华文教育和华人经济发展较为开明的措施等；不变的是阿都拉政府基本继承了马来西亚历史形成的族群关系框架，以及前几任政府设定的处理族群问题的一些主要原则，如马来人特权、伊斯兰教国、扶持马来人经济、族群政权分享制、华文教育合法地位等。这意味着尽管阿都拉政府为马来西亚华人社会的生存和发展提供了更为宽松的环境，但马来西亚华人和马来人不同的法律地位基本没有改变，长期困扰华人社会的诸多难题仍然没有得到解决。华人与马来人地位的不平等，及其必然导致社会资源分配的各种问题，依然是引发马华两族矛盾与摩擦的主要根源，族群矛盾将继续影响着马华两族关系，并对马来西亚社会产生重大的影响。

三、“308”政治海啸

（一）“308”大选（第十二届全国大选）

所谓“308”政治海啸指的是2008年3月8日大选出现的政局突变。马来西亚虽然是较早实行议会选举制的多元族群发展中国家，政治斗争和族群争议均非常激烈，但1957年建国以来的历届大选，以巫统为首的政党联盟（联盟/国阵）都赢得绝对多数的国会议席，2004年第十一届大选所获席位甚至超过90%。然而，在2008年3月8日举行的第十二届全国大选中，国阵席位却比上届的198席少了58席，仅占222个国会议席的140席，即63.06%的比重，失去了数十年以来保持的占2/3国会议席的强势地位；在州议席选举中，国阵也比上届的453席少了146席，占505个州议席的307席，即60.79%的比重，不但没有收复反对党早已控制的吉兰丹州的政权，还丢失了槟城、雪兰莪、霹雳和吉打四个州的政权。反对党的国、州议席则分别是82席和196席，比上届大幅增加了62席和

① 《玛拉工艺为土著特设》，（马来西亚）《南洋商报》2004年12月2日。

145 席，且控制了五个州的政权。[①] 是届大选被当地评论称为“政治大海啸”，不仅因为该国政治版图因之发生巨变，影响深远，还因为选举结果出乎意料。

2008 年 2 月 14 日正式宣布大选前，国阵政府虽然面临物价高涨、肃贪不力、治安恶化、种族矛盾加深、2007 年示威冲击等各种挑战，首相阿都拉的民调支持度也从 2004 年 11 月的 91% 下滑至 2007 年 12 月的 61%，[②] 但总的来说，并没有出现引致巨变的特大爆发点，如经济严重衰退或社会极度动荡等；部分选民有不满情绪，但也还没到达“爆发的临界点”[③]，比起执政联盟曾遭受较大挫折的 1969 年、1990 年和 1999 年大选，2008 年大选前的形势要相对平静。

政治上，大选前朝野力量对比非常悬殊，执政联盟国民阵线拥有 198 个即 90% 以上的国会议席，且控制了除吉兰丹州外的全国 12 个州的政权[④]。国阵最大的政党——马来人的巫统拥有党员 340 万，占全国人口 2 700 多万的 13%，占 1 600 多万马来人的 21%；第二大执政党——华人的马华公会也拥有近 100 万党员，占全国人口的 4%，占 600 万华人的 17%。加上其他各党党员，国阵党员有 400 多万，占马来西亚 900 多万选民的近一半。反对党方面，由于政治目标差别较大，人民公正党、民主行动党和伊斯兰党三大反对党一直没有建立长期稳定的联盟，三党仅拥有 20 个国会议席，吉兰丹州是反对党控制的唯一州政权，但在 45 个州议席中国阵拥有 22 席，反对党仅以微弱的 1 席优势执政，地位岌岌可危。反对党党员人数没有确切披露数字，大选前估计应在 100 万左右，比国阵少得多。

经济上，2003 年阿都拉政府掌政以来，马来西亚经济一直平稳发展，2004 年经济增长高达 7.1%，2005 年和 2006 年略低，但也分别增长 5.2% 和 5.9%，2007 年经济增长再上 6.3%，高于政府和民间机构的预测。由于经济平稳发展，马来西亚贫困率持续下降，失业率也继续维持 3.1% ~3.5% 的低水平。政府的“九五大马计划（2006—2010 年）”和大选前两年连续推出的“柔南经济特区”等几大经济特区发展计划得到普遍欢迎，2008 年首季制造业投资总额激增 248%，达 226 亿令吉。物价确实上涨，但通胀压力比其他邻国轻得多，有关统计显示，越南 4 月份的通胀率升至 21.4%，印尼 5 月份的消费价格上升了 10.4%。马来西亚的通胀率 2007 年约为 2%，2008 年第一季度按年仅增长

---

① 《马国政治风云突变》，（新加坡）《联合早报》网站，http://www.zaobao.com，2008 年 3 月 10 日。

② 谭慧华：《该是评估阿都拉的时候了》，（马来西亚）独立新闻在线网，http://www.merdekareview.com/，2008 年 2 月 20 日。

③ 前引，杨建成：《马来西亚华人的困境：西马来西亚华巫政治关系之探讨（1957—1978）》，第 214 页。作者以此语形容 1969 年大选前夕的政治气氛。

④ 陈华之：《控制国会 90% 以上议席　阿都拉缔国阵新猷》，（马来西亚）《南洋商报》2004 年 3 月 22 日。

2.6%，3月份同比也仅增长2.8%。

面对各种社会问题，政府也采取了不少措施。如针对人们对警察行为的不满，政府在2004年成立警察皇家委员会；针对贪污的指责，2007年底将全国商业罪案局总监南利尤索夫告上法庭，这也是历来被控贪污最高警衔的警官；针对舆论“林甘短片”披露的司法丑闻，2007年底设立皇家调查委员会；据2007年12月的调查，将近一半的受访者满意政府解决社会问题的努力，其中有的人表示非常满意。[①] 同样地，和往届大选一样，执政的国阵拥有各种选举优势，如庞大的选举资源和有利的选区倾斜，以及种族政治架构下进行种族政治动员的便利，等等。

在争取华印选民方面，国阵一如既往地采用“发糖果”方式，密集答应华人和印度人长期争取的多项要求。如给各级华校发放拨款，同意增建6所华小和搬迁13所华小，同意2008年维持小六检定试数理科双语出题，拨款修葺隆雪中华大会堂，给霹雳州的数百名农民发耕地地契；列印度人的大宝森节为吉隆坡和布城的公共假期，拨款修建淡小，承认国大党创办的亚洲医药、科学与科技大学医学系，等等。据估计，大选前的短短两个月里，政府给华社及印度社群的拨款总数高达1.3亿令吉。[②] 上述种种，都是历届大选争取华印两族选民屡试不爽的绝招。

因此，和自然海啸一样，2008年3月8日的这场政治海啸没有明显的预兆。大选前，尽管不少政治评论，以及马来西亚的朝野政党，包括最大执政党巫统本身，都估计到国阵的席位和支持率会有所减少，但几乎没有谁能够预测，国阵的2/3强势地位将会动摇。国阵领袖也承认将面对更多的考验，但“确认应处理的课题已获得妥善处理”，表示有信心赢得2/3多数，并从伊斯兰党手中重夺吉兰丹州政权。[③] 正是基于对形势比较乐观的判断，政府提前宣布大选，并慷慨地提供了长达13天的竞选期，2月24日提名，3月8日投票[④]。反对党对否决国阵的国会优势也没有把握，投票前一天，马来人反对党——伊斯兰党领袖聂阿兹还“有感于党面临功败垂成、彷徨无助”而流泪。[⑤] 按照常规分析，一般认为国阵

① 前引，谭慧华：《该是评估阿都拉的时候了》。

② 《国阵拨款华印社群　不到两月破1亿令吉》，（新加坡）《联合早报》网站，http://www.zaobao.com/，2008年2月20日。

③ 《阿都拉：严肃看待所有问题　国阵视大选为最大挑战》，（新加坡）《联合早报》网站，http://www.zaobao.com/，2008年2月15日。

④ 这也是1982年以来大选竞选期最长的一届，比最短的2004年的8天多了整整5天，1999年大选竞选期也仅为10天。

⑤ 赖宝珠：《聂阿兹“滴泪定江山”》，（新加坡）《联合早报》网站，http://www.zaobao.com/，2008年3月10日。

可以拿到80%的席位，远远超出2/3的底线。然而，大选结果却出乎意料：马来西亚在没有严重经济衰退或极度社会动荡的情况下，却引发政治海啸，出现政局突变。“执政党最终会输得这么惨，在野各反对党则会赢得这么多，对此，大家都感觉意外和惊愕。如果就选民大举背弃国阵而言，大选的结果更像是一次火山的爆发。”①

（二）族群关系与“308”大选

导致“308”政治海啸和国阵大选失利的原因有很多，如物价上涨，治安恶化，贪污严重，贫富悬殊，族群矛盾尖锐，族群分治架构失败，民心思变，多元政治战胜族群政治，国阵内部矛盾爆发；又如“安华效应”，反对党竞选策略的成功，网络政治动员的巨大威力，等等。其中，族群矛盾应是最重要的原因之一。

是届大选最先抗拒国阵的是印度人。印度人是马来西亚第三大族群，约占全国人口的7%。虽然马来西亚经济持续高速发展，但印度人主要从事园丘种植等工作，大部分居住在卫生教育、基本建设都比较落后的乡村，生活相对贫困。尽管如此，印度人一直是国阵的忠实支持者，之前的三届大选，国阵成员印度国大党竞选的国州议席均100%获胜。② 从2006年开始，一些地方政府借口违章建筑，拆除了数十座印度庙，特别是2007年10月底，拆除了一座百年印度庙，并逮捕十多名试图阻止拆庙的印度教徒，③ 才最终激起印度人的强烈不满。2007年11月25日，在印度教徒权益委员会（简称“印权会”）号召下，马来西亚爆发了独立50年以来的首次印度教徒大示威，上万印度人顶着警察的催泪弹及水炮上街示威，警方援引内安法令扣留五名印权会领袖，并一度逮捕提控不少示威者。④ 2008年2月16日，印权会再发起名为“玫瑰运动”的示威。包括妇女和儿童在内的数百名印度教徒拿着玫瑰花在吉隆坡市中心独立广场示威，警方再次逮捕了135名示威者。⑤ 印度人的示威虽然没有升级，但政府的强硬态度显然激起了印度选民的强烈不满，印度选民与执政联盟国阵的关系异常紧张，对国阵的

---

① 前引，《马国政治风云突变》。

② 张明光：《印度选民吹反风　爆发万人大示威　国大党可能连累国阵》，（新加坡）《联合早报》网站，http://www.zaobao.com/，2008年2月24日。印度人执政党——国大党1995年和1999年竞选7个国会议席和15个州议席，2004年竞选9个国会议席和19个州议席，均获全胜。

③ 《百年印度庙被拆　冲淡马国屠妖节气氛》，（新加坡）《联合早报》2007年11月9日。

④ 前引，张明光：《印度选民吹反风　爆发万人大示威　国大党可能连累国阵》。

⑤ 《吉隆坡印族又上街示威　警发射催泪弹水炮驱散　百余人被捕》，（新加坡）《联合早报》2008年2月17日。

支持率从 2007 年 10 月的 80% 下降到 2008 年 2 月的 30%。[①] 印权会领袖呼吁国内所有印度人在大选中对国阵还以颜色，“把选票投给在野党，无论是人民公正党、民主行动党还是回教党”[②]。即使在大选前，马来西亚都普遍认为印裔选民会大量投向反对党。

华人紧跟其后。为了提高华人的法律地位和争取各种公民权益，特别是改变政府长期奉行的马来人特权与新经济政策，华社曾进行了长期不懈的努力和抗争，并在多次大选中选择支持反对党。不过，20 世纪 90 年代政府推行“小开放政策”以来，华人选民对国阵的态度已从抗拒逐渐走向合作，并在 1995 年、1999 年和 2004 年三届大选中给国阵以全力支持。然而，华人选民的支持却没有赢得相应的回报。2004 年获得大选的巨大胜利后，一些巫统领袖再度声称，即使没有国阵，巫统也可以单独执政[③]，他们在国会和巫统代表大会上发表各种偏激的种族性言论，巫青团长希山慕丁还连续三年在巫统大会上高举马来剑[④]。期间，各种种族课题层出不穷，马华两族围绕“种族输赢论”、“槟城马来人边缘化”、“华人被邻国系统边缘化”、“土著股权报告”、“马来西亚是‘伊斯兰教国’还是‘世俗国’”，以及一连串宗教纠纷，展开了激烈的争论。例如，在 2006 年 11 月召开的巫统代表大会上，与会的巫统代表就新经济政策、马来人边缘化、马来人议程、马来人特权、华人公民地位等论题发表了各种言论，部分与会代表宣称巫统就是马来人，马来人就是巫统，巫统将永远为马来人议程而奋斗[⑤]。他们提出各种建议，不仅要求继续实施扶持马来人经济的新经济政策，还进一步要求把土著股权目标从目前的 30% 提升到 70%，要求政府强迫私人企业让土著出任 30% 的高职[⑥]。有些代表极力渲染马来人边缘化课题，如“若不改善，也许 10 年后马来人在槟州只剩墓碑”[⑦]。不一而足，言论异常激烈且极具煽动性。按华人反对党——民主行动党秘书长林冠英的说法，巫统大会已制造一种火药味浓厚的政治气候[⑧]，反对党甚至针对巫统代表的极端言论专门到警局报了案。巫统代表的言论当时通过多家电视台现场直播后，引起了华人普遍的不安和

① 《票源本可靠　马袖强列 5 黑区　印裔反风　民政不妙》，（马来西亚）《东方日报》网站，http://www.orientaldaily.com.my/，2008 年 2 月 3 日。

② 陈慧思：《镇压献花者造成无可弥补伤害　兴都权利吁印裔全面投在野党》，（马来西亚）独立新闻在线网，http://www.merdekareview.com/，2008 年 2 月 16 日。

③ 《马国大选国阵面对严峻考验》，（新加坡）《联合早报》2008 年 2 月 27 日。

④ 林友顺：《挥别马哈迪时代的大选》，《亚洲周刊》2008 年第 22 卷第 8 期。

⑤ 郑丁贤：《巫统大会又来了》，（马来西亚）《星洲日报》2006 年 11 月 8 日。

⑥ 前引，《黄燕燕：强制 30% 高职给土著无法应付全球化竞争》。

⑦ 许国伟：《没有政治家，只有政棍!》，（马来西亚）《南洋商报》2006 年 11 月 15 日。

⑧ 《火药味浓不应默许》，（马来西亚）《南洋商报》2006 年 11 月 18 日。

强烈的不满，纷纷发表言论予以驳斥，马华族群对抗情绪高涨，似乎到了一触即发的危险边缘，以至于西方报章如《国际先驱论坛报》显著报道：马来西亚种族及宗教关系紧张，已达到令人担忧的地步[①]。时任首相阿都拉在2006年12月25日发表的圣诞节献词中也承认，国内的种族关系仍然脆弱，呼吁各族人民努力化解分歧，求同存异。[②]华人本来就一直对自己的身份地位不能释怀，2004年以来的各种族群课题纷争更引起华人选民的普遍不安与不满。2007年底以来印度人的遭遇与抗争，再次凸显了非马来人的困境与无助，华人选民的抵触情绪骤然升高，不少人最终选择利用选票加以宣泄与抗议。是届大选，华人选民占全国选民30%左右，华人选民占多数的议席有30多个，并在许多族群混合选区扮演着关键少数的角色。华人选民的流失无疑对国阵是一个很大的打击。反对党在槟城、霹雳、雪兰莪和吉隆坡等华人选民众多选区取得压倒性胜利，华人选民的支持起了决定性的作用。

是届大选，不少马来人也转而支持在野党。作为最大的族群，马来选民的投向在大选中一直具有决定性的意义。这不仅因为马来人选区占多数，还因为“巫统就是马来人，马来人就是巫统”，[③]“只要马来族群不思变，国阵的执政地位几乎难以撼动”[④]。成立于1946年的马来人执政党巫统，因高调捍卫马来人特权而被视为马来人的政治代表，一直得到广大马来选民的高度信赖和倾力支持，巫统及以其为首的政党联盟也因此在历届大选中屡屡获胜且组建强势政府。政府的马来人优先政策不仅对华人是极不公平的，也给马来人和国家经济带来不少消极影响，其中一个最大的消极影响就是助长了马来人对政府的依赖心态，把政府当作拐杖，以致推行新经济政策数十年，马来人的经营能力始终没有很大提高，既缺乏竞争力，也难以解决马来人面对的各种经济问题；另外，由于社会资源的分配主要以族群为依据，而不是主要遵循市场经济的原则，导致出现很多灰色地带，助长了一定范围的权力寻租和贪污腐化，凡此种种，逐渐引起马来人的诸多不满，要求改变现状的要求日渐强烈。1998—2001年，在“安华事件”引发的“政改运动”的推动下，大批马来选民曾一度转向支持反对党。之后，马来人寄望于阿都拉，但政府近四年的表现，各种社会弊端和民生课题，特别是燃油价格的上涨引起不少选民，特别是城镇马来中产阶级等有车一族的不满，重新激起了马来人的变革要求，并发起两次请愿示威，即2007年9月底由律师公会发起、2 000多名律师参加的游行请愿和2007年11月10日由“净选盟”发起、约3万

① 利亮时：《马国五一三事件会否重演?》，（新加坡）《联合早报》2006年11月28日。
② 《圣诞节献词　阿都拉吁各族化解分歧》，（新加坡）《联合早报》2006年12月25日。
③ 前引，策略资讯研究中心政治分析组编：《巫统的困境：第十届大选分析》，第21页。
④ 利亮时：《国阵与马来西亚来届大选》，（新加坡）《联合早报》2008年1月16日。

人参加的集会游行。后者也是1998年“政改运动”以来最大规模的反政府示威，不过两次游行的群众在递交请愿书后都陆续解散。2007年11月底的印度人示威，特别是随后发生的警民冲突、逮捕审讯等一连串事件，以及印度选民日益增长的反国阵情绪，连续不断地刺激着人们的神经，加上马来人反对党主导的各种课题争议，“安华效应”，网络传媒为政治动员提供的便利等，使马来人对政府的各种不满迅速升温。

过去，印度人始终是国阵的忠实支持者，华人和马来人则有所选择。1990年大选，马华两族反对党曾结盟对抗国阵，并一度获得不少马来和华人选民的响应，但马来选民担心会动摇马来政治主导权，最终还是选择支持巫统。1999年大选，马来人掀起反政府的政治改革运动，华人却担心局势动乱而全力支持国阵。国阵因而度过两次政治危机。2008年大选，却是三大族群共同反戈，国阵便再也无法招架了。结果，以印度人大示威为标志的民族矛盾和国阵面临的各种挑战与不利因素集中在一起互相作用和共同发酵，再经反对党一连串竞选策略的推动和激发，最终掀起了三大种族的全面反风，导致马来西亚的政治大海啸。大选后有评论假设，国阵政府在2007年拆除印度庙后，如对印裔族群给予优厚安抚，可能就不会演变为排山倒海的众叛亲离。[①]

不过，令人欣慰的是，尽管出现“308”政治海啸，但马来西亚华人与马来人两大族群并没有像1969年5月大选那样发生种族暴力冲突；尽管2008年3月大选后马来西亚的政治形势异常反复，族群关系一度相当紧张，但和过去40年一样，大选后一年的马来西亚依然保持着社会秩序的稳定有序。这在实行民主选举制度的发展中国家是非常少有的，与邻国如泰国2008—2009年的示威乱局、菲律宾政治选举的血腥暴力相比[②]，马来西亚政治选举的“非暴力”尤其难得。

第四节　马华两族关系展望

华人与马来人两大族群的关系在很大程度上取决于马来人主导的政府的族群政策和影响族群政策的内外因素。2008年3月大选后，主要反对党——人民公正党、民主行动党和伊斯兰党组建了政党联盟民主联盟（简称“民联”），并先后赢得多场补选的胜利，但反对党领袖安华提出的“916”夺权计划没有实现，国

① 吕罗拔：《马国大选：巫统惨败的震撼》，（新加坡）《联合早报》2008年3月10日。

② 2009年11月，为了打击政治竞选对手，近百名荷枪实弹的武装分子在菲律宾南部棉兰老岛上的马京达瑙省劫持和杀害了数十名人质。

阵依然掌握中央政权，在下届大选之前，国阵政府的政策将继续影响马华两族关系的发展。经历“308”政治海啸后，为了与反对党争夺非马来人的支持，争取下届大选的胜利，估计马来西亚政府会考虑修订马来人优先政策及其他一些社会政策，但不会完全取消对马来人的特殊扶持，政府也会继续实施较宽松的华人政策，让华人像过去那样享有多项合法权益。

一、继续实施扶持马来人的政策

马来西亚政府将继续扶持马来人的原因，除了巫统领袖一再强调的马来人落后需要扶持、不能违背“社会契约”、打破平衡会导致社会动乱等理由之外，笔者认为，最重要的还是巫统作为马来人政党和马来人特权捍卫者的基本定位。正如阿都拉首相在2006年11月巫统年会上所表示的“巫统必须团结一致和继续捍卫马来人的利益，这是该党从过去至今一直在扮演的角色”①，马来人过去是，至今仍然是巫统的政治基础，巫统和马来人的关系就像水和源的关系，失去马来人的支持，巫统将成无源之水而枯竭。反对赋予非马来人平等公民权，是巫统于1946年成立的主要原因，维持马来人特权，也是巫统长期以来锲而不舍维护的目标。在“巫统就是马来人，马来人就是巫统”的政治理念指导下，即使在马来人发生分裂，巫统需要华人支持的1999年大选，巫统也没有放弃这一目标，在2008年“308”政治海啸国阵政府遭受重大挑战，华印选民出现大规模转向后，巫统迫切需要争取马来选民支持，维持固有的政治基础，以巫统为首的中央政府更不可能明确放弃“马来人特殊地位”捍卫者的地位。“308”大选后，为了争取马来人的支持，部分巫统领袖还特别强调维护马来人权益的立场，并卷入“华人寄居论”、“马来人主权”等课题争论。

另外，“马来人特殊地位”与马来人优先政策实施了数十年，要改变非常困难。社会学家认为，社会设置一经形成，便具有历史惯性。尤其是当这种社会设置的各种规范被内化到群体成员思想意识中，成为他们习惯的、不言而喻的行为的时候，设置的惯性实际上本身就表现为一种对设置的维护。针对一个特定群体的优惠政策在执行了一段时期之后，都会形成一个惯性，形成一种习惯的观念和期待，从而使该族群的成员们把优惠政策视作自己当然的基本权利。想取消它，就有可能带来非常激烈的反弹。② 马来西亚的情况大体如此，马来人特殊地位不仅列入宪法，还实施了半个世纪，实际上已经制度化，成为一项社会设置；而且

① 《首相：捍卫马来人利益　政府顾及非巫裔感受》，（马来西亚）《南洋商报》2006年11月12日。
② 前引，郑杭生等主编：《社会学概论新修》，第343、510、517页。

这是由宪法及其他法律、规章、条例等明文规定的“有形社会设置”或“正式的社会设置”，具有更高的强制性和稳固性。此外，马来人在独立前就享有各种特权，独立后50年，马来人继续且长期享有特权，使“马来人理应拥有特权”的观念已经内化到马来人的思想意识中，不少人已经把享有的特殊地位看作是基本的权利。任何对这一特殊地位提出的质疑，都会遭到猛烈的回击。甚至还有些激进分子认为政府所给的优惠还不够，不断通过数不清的议案向政府施加压力，提出更高的优惠要求，如要求把土著股权目标由目前设定的30%提高到70%，建议政府强迫私人企业让土著出任30%的高职，等等。① 在这种情况下，以马来人为首的政府能维持原来的优惠目标，拒绝更高的优惠要求，就已经颇费心思，如果提出取消马来人特权，很可能会被认为是背叛马来人。2002年时任首相马哈蒂尔在谈论马来人的新困境时曾无奈地指出：“我们有少部分拥有足够的自信想要将拐杖逐步丢掉的马来人。不过，他们只占很小的比例。这些有自信的马来人的人数不会在短时期内增加。他们普遍被认为是马来族的背叛者。”② 他认为：“在这个多元种族社会里，这是一个很敏感的课题，如果我急欲行事，我会面对顽抗，最后不会成功。”③ 马哈蒂尔在位22年，意欲改变且面对顽抗，就算未来的领导人有改革的念头，也没有力量去推行，因为族群内部的力量将会进行反制。④ 2009年3月，候任首相纳吉在接受《金融时报》访问时也说，他会让一些领域如服务业更开放，但是他不能停止对马来人有利的经济政策。“在人民（马来人）做好准备之前，我们不能作出太激进的改革。”⑤ 因此，就目前马来西亚的族群政治构成的情况而言，马来西亚政府近期是不可能取消马来人特权这个社会设置的。

再有是马来人“拐杖文化”的影响。政府对马来人的长期扶持，还产生了一个当权者意想不到的后果，即形成了马来人对政府的依赖心理，把政府扶持作为自己的拐杖，也就是马来人领袖经常提及的“拐杖文化”。马来人领袖一直担心这种“拐杖文化”最终将弱化马来民族。前首相马哈蒂尔认为，今天他们可以依赖保护他们的马来人特权。不过，这种做法总是削弱用者的能力。要自强不息及保护自己，这种特权必须被摒弃。如果继续依赖特权，马来人将持续软弱无能。⑥ 软弱无能的后果无疑是严重的，马哈蒂尔表示，独立以来令他最感到痛心

① 前引：《黄燕燕：强制30%高职给土著无法应付全球化竞争》。
② 《马哈迪畅谈马来人的新困境》，（马来西亚）《南洋商报》2002年7月30日。
③ 《调整马来人特权　马哈迪进退两难》，（马来西亚）《南洋商报》2002年7月30日。
④ 利亮时：《马国的国族主义VS多元主义》，（新加坡）《联合早报》2006年11月2日。
⑤ 《纳吉：月底接任首相　马种族经济政策不会大改变》，（新加坡）《联合早报》2009年1月13日。
⑥ 前引，《马哈迪畅谈马来人的新困境》。

的是马来民族仍然贫穷，无法自强。他担心，当2020年马来西亚达到先进国目标时，马来民族在这片富饶的国土上，反而会沦为贫困的次等甚至三等公民。[①]也就是说，依赖心理成为提高马来人竞争力的阻力，没有竞争力，则很难与其他族群竞争；无法与其他族群竞争，马来人经济的落后就很难彻底改变，那就需要继续扶持，如此一来，恶性循环，马来人特权就更难取消了。

马华两族的根本矛盾在于两族法律地位不平等，以及由此必然引起的各种行政偏差和各种大大小小的族群矛盾与冲突。马来西亚政府继续实施马来人优先政策，马来人继续拥有特权，意味着在可预见的一段时期内，马华两族的矛盾与摩擦不可能完全消除，即使有变化，也只是程度强弱和规模大小不同而已。

二、继续实施较宽松的华人政策

尽管马来西亚政府一再强调不会放弃对马来人的特别扶持，但同时也表示要照顾其他族群的利益。2006年11月巫统大会期间，时任首相暨巫统主席阿都拉很明确地指出，尽管政府须照顾经济地位仍比他人落后的马来人，不过，政府在捍卫马来人权益之际，不会忽视非马来人的感受和意愿。[②] 2009年4月接任的马来西亚第六任首相暨巫统主席纳吉也宣称建立“全民马来西亚”，“以民为先”，表示没有族群会被边缘化，“我们必须接触到马来西亚所有地区——所有多元的社区，在宣导国家宣言及朝向追求国家议程的同时，我们绝不遗忘任何一人。我们必须在这一片土地的每一个角落，播下友善及谅解的种子，促使马来西亚全民皆可继续享有丰收繁荣的果实”[③]。他曾表示将调整新经济政策，即新经济政策不只是用来协助低层马来人，贫苦的非马来人同样必须得到照顾。[④] 也就是说，在维护马来人特殊权益的前提下，马来西亚政府将继续实施较宽松的华人政策，照顾华人的利益。

政府继续实施较宽松的华人政策的原因，除了要与反对党争夺华人选民支持的政治考虑外，还与过去数十年马来西亚实施宽松的华人政策或修订调整华人政策的原因大体一样，即“社会契约”和宪法保护，华人在全国人口的比例高，华人为维护和争取本族群的合法权益所作出的长期不懈的努力与抗争，华人经济

① 《马哈迪：维护学术水平　大学土著学额不增》，（马来西亚）《南洋商报》2001年6月30日。
② 前引，《首相：捍卫马来人利益　政府顾及非巫裔感受》。
③ Prime Minister's Address on Assuming Office as 6th Prime Minister of Malaysia, by Dato' Sri Mohd Najib Bin Tun Haji Aboul Razak, Perdana Menteri Malaysia. 马来西亚首相署网站，http://www.pmo.gov.my/dokumenattached/FirstAddress.Pdf，2009年4月3日。
④ 《避免让“巫统土著”得益　纳吉拟调整新经济政策》，（新加坡）《联合早报》2009年3月23日。

在国家经济发展中不可替代的重要地位，华人的政治组织和社会组织的力量与影响，等等。

另外，实施较宽松的华人政策，如政权分享、华文教育合法化、族群社会开放政策等，除了受到法律保护外，也同样有一个社会设置的制度化和历史惯性作用，不仅华人习惯了这一社会设置，马来人也接受了这一社会设置。而且，20世纪70—80年代对华人采取严厉政策对国家经济和族群关系的负面影响，以及90年代以来政府施行较宽松的华人政策所带来的积极效应，均有目共睹。马来西亚的两大族群实际上是一个利益共同体，两族关系是一种共生共存、相互依存的关系，有着不少共同的政治和经济利益，对一方的过度限制很可能影响另一方的利益。过分打击华人，不仅会引起矛盾和激烈冲突，而且会打击马来西亚经济发展，甚至削弱以巫统为首的执政党的地位。这些都会影响马来人本身的经济利益和政治地位，最好的办法是达至双赢。施政作风极其务实灵活的马来人领袖，懂得从中吸取经验教训，从本族和国家的利益出发，继续推行对华人的宽松政策。

再有，国内外的形势发展也为政府实施宽松的华人政策提供了条件。马来西亚目前的形势和20世纪70年代初完全不同。政治上，马来人无论是人口或政权掌握都占绝对优势，华人的政治背向固然可以对政治产生重大的影响，却不可能改变马来人主导政权的现实，即使在“308”大选后，被反对党控制的几个州政权，除了槟城仍像过去一样为华人政党主导外，其他州政权如吉打、吉兰丹、霹雳和雪兰莪都是由马来人出任政府首长。因此，在技术层面对华人实施更为宽松的政策，不会对马来人造成威胁。经济上，20世纪推行新经济政策以来，马来人经济状况已有了显著的改善，族群间的贫富差距已大大缩小，经济差异造成的矛盾远远没有以前那么尖锐，牢牢掌控政权的马来人政党可以采取循序渐进较温和的政策扶持马来人经济，而不必像“5·13”事件爆发之初那么激进，需要采取暴风骤雨式的方式。而且，马来人经济发展到今天，不单单要追求财富等数量的提升，更重要的是追求经营能力等质量的提升，这也需要华人的帮助。文化上，马来西亚存在的华文教育，以及各种华人的文化宗教特色，虽然与一些马来人领袖所追求的单元文化政策或文化教育的马来化大相径庭，却凸显出马来西亚多元文化的特征，成为马来西亚族群和谐与社会稳定的标志，成为马来西亚吸引外国游客和外国资本的有利条件，并有力地促进了马来西亚与中国经贸关系的发展。90年代以来的国际形势也有了很大的变化。随着冷战结束，全球化时代的到来，意识形态矛盾淡化，经济竞争加剧，经济发展严重依赖外部世界的马来西亚面临的经济挑战更为严峻，特别是2008年全球金融危机引发的全球经济衰退，使马来西亚经济发展面临的考验日趋严峻，国家经济要发展，必须充分调动全国各族群的积极性，争取各个族群的支持合作，特别是要得到华人的大力支持。

两族交融与合作的程度越来越深，也是重要原因之一。独立以来，两大族群虽然有不少区分与矛盾，但交融与合作也明显增加。除了在执政联盟中，华人的马华公会、民政党与马来人的巫统有数十年的合作外，两族在经济上的合作也越来越广泛，马来西亚的大企业几乎都是两族资本互相参股，很少有纯粹单一族群资本的企业。在中小企业中，随着马来人进入各个经济领域，不少华人中小企业都雇用了马来人员工，马华两族互为同事的比比皆是。笔者赴马调查时发现，华人老板雇用马来人员工的企业非常多，如在马来西亚霹雳太平华人开办的酒店里，就有不少彬彬有礼的马来人侍者；在太平红树林附近华人开办的炭窑，炭工几乎清一色都是马来人。吉隆坡一位从事运输业的华人企业家对笔者说，他不少货物都是委托马来人司机运输，他觉得马来人诚实可靠，是非常好的经营合作伙伴。两族在国营或私营机构工作的管理人员和专业人士互为同事的就更多了，“独立后的马来西亚，已经出现了新的中产阶级，他们在经济、政治、社会、文化、宗教等领域发挥作用，成了族群间交往的桥梁”①。在文化教育方面，两族大多数子弟共同在马来西亚的国立大学、中学接受教育，随着中国经济持续发展，华文经济价值的不断提高，不少马来人子弟还争相到华文小学甚至华文独立中学学习，马来西亚的马来人党政要员，无不以能说几句华语，念几段中国古诗，或写几个中国毛笔字为时尚。一般来说，马华两族中小学生的关系还不错。笔者访马期间曾与多个华小、国小和国中的一些华裔学生座谈，据他们反映，华裔子弟对马来人女生戴头巾早已习以为常，马华两族学生在学校相处基本没有什么隔阂，他们互相交朋友，课间一起玩耍，课外也会互相拜访，节日也经常互相致贺，由于马来人在吃的方面有些禁忌，华裔学生到马来人同学家拜访的比马来人学生到华裔同学家拜访的多。其他族际交融还有：随着城市化，华人和马来人比邻而居越来越多；一些华人信奉马来人所信奉的伊斯兰教，遇到困难彼此扶持，等等。如2006年1月到2007年1月，在柔佛、彭亨、马六甲、森美兰、丁加奴和吉兰丹六州发生的大水灾中，两族人民并没有受当时政坛族群课题的影响，彼此不分种族，互相扶持和互伸援手，捐款捐物，雪中送炭的实例比比皆是，令人感动。许多慈善机构救助灾民都不分彼此。一位马六甲华人指出，在人溺己溺的大灾难发生时，你伸出的救援之手，是不会区分种族、宗教和文化背景的。②

---

① Abdul Rahman Embong. The Culture and Practice of Pluralism in Postcolonial Malaysia. In Ibid., Robert W. Hefnered. *The Politics of Multiculturalism: Pluralism and Citizenship in Malaysia, Singapore and Indonesia*. p. 61.

② 《救助灾民不分彼此》，（马来西亚）《南洋商报》2006年12月27日。

马华两族越来越广泛的交融与合作，使马来西亚绝大多数华人和马来人都非常珍惜彼此共存和谐的局面。两族人民的和睦相处，由此成为马来西亚数十年保持社会相对稳定的根本原因，继续实施较宽松的华人政策，符合马来西亚国情和民意。

政府继续实施较宽松的华人政策，无疑可以为华人社会的生存发展提供一个较为宽松的环境，有利于华人社会的发展，也有利于促进华人与马来人的和睦相处。但必须指出，至今政府实施宽松的华人政策，只是一种功能性的调整，目前还不可能改变马来西亚族群地位的结构性矛盾，因此，马来西亚华人政策在协调马华两族矛盾的某些效果以及达到的一定程度的利益平衡，暂时不能改变马华两族不平等地位的实质，马华两族法律地位的区分始终是扎在华人心头的刺，并继续成为引发两大族群矛盾与冲突的源头。理性协调族群关系，防范族群暴力冲突，维持社会稳定发展，始终是马来西亚政府面对的重大任务。

三、近期两族关系展望

多元族群国家中的族群关系，一般有三种情况：

第一种是族群地位基本平等，族群之间的关系和谐友好。即各个族群的社会地位基本平等，政治、经济、文化与社会发展很少差异或达到彼此满意的平衡，在政治、经济、文化、社会发展的大环境中，族群意识在族群之间互相联系、合作与交融中逐渐淡化，并建立比较和谐的族群关系。

第二种是族群地位不完全平等，族群之间存在矛盾与冲突，但基本能和平共处。即各个族群的社会地位存在一定程度的不平等，政治、经济、文化与社会发展存在差异，存在较强的族群意识和较多的族群矛盾，但在政府和人民的努力下，这些国家的族群利益分配达到一定平衡，族群冲突基本停留在和平论争层面，族群之间基本上能和睦共处。

第三种是族群地位不平等，族群之间存在尖锐的矛盾与激烈的冲突。即各个族群的社会地位非常不平等，政治、经济、文化与社会发展存在很大差异，存在较强的族群意识和较尖锐的族群矛盾，在政治、经济、宗教等各种因素以及外部势力相互影响下，族群意识日益强化，族群矛盾日益尖锐，并容易引发失控、血腥的族群暴力冲突。

根据马来西亚族群政策的走向，笔者认为，马来西亚华人与马来人关系的近期发展，基本属于上述第二种情况，即族群地位不完全平等，族群之间存在矛盾与冲突，但基本能和平共处。马来人主导的马来西亚政府将继续赋予土著各种特权，华人和马来人不同的法律地位将继续存在，两族的矛盾与冲突不可避免。但是，马来人主导的政府在维护马来人特殊权益的前提下，将继续放宽华人政策，如维持政权分享制度，继续给予华族文化与教育合法地位。政府在主要扶持马来人经济的同时，也让华人拥有相应的经济发展空间，2008 年“308”政治海啸后，华人不但像过去那样拥有一个相对宽松的发展环境，发展空间还有所扩大。两族之间的利益得到一定的整合并达到一定的平衡，两族交流融合逐渐扩大，社会发展相对稳定。

结　语

一、对马来西亚族群关系的基本评价

由于资源的稀缺性和获取资源能力的差异，社会资源分配不可能完全公平，各族群的差别、矛盾与冲突几乎是不可避免的，人们所能做的是尽可能地迈向公平和达致和谐，尽可能地化解矛盾与冲突，防止发生重大族群暴力冲突，减少族群矛盾对社会发展的负面影响，让社会稳定有序地持续发展，让国民基本能安居乐业。

因此，中国一些学者认为，无论从政府、学术界还是社会民众等不同视角出发，古今中外任何一个多元族群的政治实体，都面临着如何处理这个政治实体内部不同族群的法律地位和基本权利的问题，面临着如何看待存在于族群之间的各种结构差异的问题，面临着如何认识族群的存在与发展以及今后如何引导族际关系的发展方向等一系列重要问题。如果一个国家的族群关系处理得好，这个国家就可以通过内部的积极整合来不断加强全体公民的凝聚力，从而降低社会管理与运行的成本，提高社会组织和经济组织的效率，在经济上变得强大和昌盛。在这个政治、经济、文化全面良性发展的社会中，所有族群将分享经济发展和国家强大所带来的成果，尽管在各种利益的分配上不可能达到绝对均等，但在一定意义上，所有族群都将是这个博弈过程中的“赢家”。如果一个国家内部的族际关系处理得不好，这个国家将会由于内部矛盾的恶性发展而导致社会离心力不断增强，用于维持社会治安的财力、人力、物力即社会成本就会明显提高，这将增加政府开支和民众的税收负担。如果族群矛盾恶化为公开的政治冲突和分裂运动，那将会使整个社会分崩离析，并有可能导致内战以及引发外敌入侵，国家就会急剧衰弱甚至四分五裂，在战火中本国的经济基础和各项设施都将遭到破坏，这个国家的所有族群将饱尝政治分裂和经济衰败所带来的苦果，在这一过程中，可以说这个国家的所有族群最终都是“输家”。①

马来西亚的马华两族关系，实际上是介于两者之间。

---

① 前引，马戎编著：《民族社会学：社会学的族群关系研究》，第147页。

马来西亚的马来人和华人两大族群在语言文教、宗教信仰、风俗习惯、谋生手段、经济收入乃至居住地域均不相同，在战前英国殖民政府分而治之政策下，马华两族一直是互相隔绝的两个社会。“二战”期间，在日本军政府的刻意安排和挑拨下，马华两族似乎被分成“镇压”与“被镇压”、“反抗”与“被反抗”的两大族群，经济利益冲突也日益尖锐，彼此从互相隔离转为直接对抗，战争结束初期，还演变为一连串的仇杀事件。战后，在重返马来亚的英国殖民者主导的政宪改革中，马华两大族群遂进入政治、经济、文教等各个领域的全面交锋，彼此之间的不满和恐慌与日俱增，族群矛盾进一步激化。独立以来，马华两族在政治、经济、教育、文化与宗教等领域的区分与距离有所改变，族际融合有所增加，但族群之间的不少结构差异依然存在，而这些差异导致的各族群之间的矛盾也始终存在。因此，和其他多元族群国家一样，这个国家一直面临着如何处理不同族群的法律地位和基本权利的问题，如何处理族群之间的各种结构差异的问题，以及如何引导族际关系向有利于社会稳定的方向发展等一系列重要问题，并为之付出了很大的社会成本。

相对于其他一些多元族群国家，马来西亚的族群矛盾特别尖锐，不仅有多元族群国家通常面临的族群之间在宗教信仰、语言文教、居住地域、经济状况等方面的差异，还存在其他国家很少有的不同族群公民地位的结构性不平等，及其必然带来的行政偏差和资源分配明显不公，随之引发的诸多矛盾，以及马来西亚长期实行比较完全意义上的议会民主选举制度，及随之而至的政党政治和激烈族群政治斗争。这些因素交织在一起，使得马来西亚的族群差异和矛盾随处可见，族群纷争课题连绵不断，族群关系不时呈现异常紧张的态势，有时几乎濒临发生族群激烈冲突的极危险的临界点。

然而，在大多数多元族群国家族群暴力冲突不断、民不聊生，世界范围的族群冲突、宗教冲突愈演愈烈的形势中，马来西亚尖锐的族群矛盾却没有导致频繁的族群暴力冲突与社会动乱，反之，还以政治稳定和经济持续发展著称，被国际社会推崇为“族群和谐”的典范。虽然马来西亚的群族关系还不能称之为完全意义上的和谐，但在族群矛盾非常尖锐的情况下，仍能保持数十年的和平与稳定，说明这个国家对族群关系的处理，相对其他一些国家而言，还是比较有成效的。族群矛盾和族群纷争的非暴力性，使它们对社会发展的破坏力大大减小，各族群的正常生活秩序基本得以维持，这就在一定程度上提高了各族群维护社会稳定和参与社会发展的积极性，社会管理与运行的成本便有所降低，马来西亚的政治因而得以长期保持稳定，经济得以持续高速发展，占马来西亚大部分人口的马来人和华人两大族群，在一定意义上，也不同程度地享受到了社会稳定发展带来的成果。尽管马来西亚各族群在资源分享方面还远远谈不上公平，但相对于其他一些多元族群国家，因族群矛盾的恶性发展而导致社会动乱与经济衰败，甚至走向族群战争和国家分裂的局面，马来西亚两大族群可以称之为族群利益博弈的赢家。虽然两族得到的社会资源与份额不尽相同，甚至并不公平，但两族彼此都能一直保有比较稳定的生存与发展空间，族群关系由此相对和谐，社会发展由此相对稳定。马来西亚国民包括大部分华人和马来人都十分珍惜来之不易的和谐与稳定。

二、平衡与稳定

马来西亚是如何在各种族群矛盾交织和冲突的情况下，得以比较有效地处理族群关系，防止族群暴力，从而在一定程度上减轻族群矛盾与族群冲突的破坏力，促进社会比较有序稳定地持续发展的？

马华两大族群基本的生存发展需要得到一定的满足，是马来西亚能防止族群暴力，在一定程度上减轻族群矛盾与族群冲突的破坏力，促进社会稳定发展的主要原因。作为最大族群的马来人，虽然经济发展仍然比华人落后，但两族之间的经济差距已明显缩小，马来人与华人的教育发展几乎处于同等层次，马来人子弟接受高等教育的机会更多。由于占有政治优势，马来人也拥有比其他族群更畅通的“社会流动”渠道，因而对自身未来的发展持有较强的安全感，这使得马来人没有必要为自己的权益诉诸暴力，很多问题都可以交由政府按照程序处理。另一大族群华人，虽然政府扶植马来人的主旨始终不变，马来人享有种种特权，但华人还是拥有经济发展的相应空间，并在国家经济持续发展中得到真正的实惠，华人的总体经济生活水平仍然是马来西亚三大族群中最高的。另外，华人也拥有比其他国家华人更多的政治权利，华人社会特有的华文教育、华文报刊、华族民俗，以及华族传统宗教都得以继续存在和发展。马来西亚当地华人指出：“反观马国的非巫族，新经济政策虽然对他们造成一些负面的影响，但是能够换得政局的稳定、种族的和谐，也是他们乐意接受的原因。况且他们在各领域仍取得不俗的成就。”[①] 很显然，马来西亚在协调族群利益上达到了一定的平衡，而族群利益的一定平衡在某种程度上减轻了两大族群彼此之间的不满，化解了族群的暴力倾向或抗拒情绪，从而使马来西亚在各种族群矛盾交织和冲突的情况下，能继续维持社会有序稳定发展。

社会稳定的关键在于平衡，为什么马来西亚族群利益能够达到一定的平衡？这是马来西亚两大族群之间各种各样大大小小的利益平衡的结果，其中族群利益

① 前引，利亮时：《马国五一三事件会否重演?》。

与全民利益的平衡尤为重要。族群利益与全民利益是否达到平衡，或是否达到社会稳定所需要的平衡，主要取决于政府政策，也在很大程度上取决于拥有决策权的政府首脑，取决于他们的平衡政策与协调能力。

按照马来西亚族群政党执政联盟的制度安排，马来人政党巫统主席自动成为国阵主席和政府首相，巫统署理主席自动成为国阵副主席和政府副首相，所以，马来西亚国家领袖具有双重身份，即既是马来人的政治领袖，也是国家领袖。马来西亚的族群构成和族群政治决定了巫统领袖首先是马来人的政治领袖，他必须代表马来人的利益。同时，政府首脑的职务要求他对全国人民负责，履行政府职能，维护全体人民的利益，其中包括为全体人民提供稳定有序的生活环境，提高人民的经济福利，尊重公民的基本权利等。

尽管出任政府首相和副首相的马来人领袖几乎都曾经是激进的族群主义者，但出任政府首脑后，他们从维护马来人利益和维护国家利益的考量出发，都特别灵活务实。他们都力图处理好本身两种角色的关系，尽量平衡族群领袖与国家领袖的角色冲突，尽量平衡族群利益与全民利益，并从马来人的长远利益出发，根据国家局势发展的需要，尽可能较为理性和务实地对待华人等非马来人，在一定范围内赋予各个族群一定的权利。如巫统第二任主席、独立之父东姑·拉赫曼，他是在巫统反对拿督翁开放巫统吸收其他族群成员的浪潮中，于 1951 年被推出担任巫统主席的，但他 1955 年担任政府首相后，为了发展经济，却实施对华人较宽松的经济政策，让华人在经济领域较自由地发展。又如当政最久的前首相马哈蒂尔，1969 年“5·13”事件爆发后，他曾猛烈地抨击东姑·拉赫曼的华人经济政策，要求政府采取强有力的措施扶持马来人经济，他所撰写的《马来人的困境》一书，直接推动新经济政策的出台，新经济政策设定的族群股权比例目标一直影响至今。但当他出任首相后，为了发展经济，也为了获得华人的政治支持，他不但逐步调整华人经济政策，还在 20 世纪 90 年代初推出“小开放政策”，从经济、文化、教育等方面全面放宽马来西亚华人政策。

出于族群利益与全民利益平衡的考虑，马来西亚政府在扶持马来人经济的问题上，侧重于做大经济蛋糕以兼顾马华两族经济利益，而不是通过直接剥夺华人利益来扩大马来人的财富。例如，新经济政策的第二个马来西亚五年计划书（1971—1975 年）明确指出，新经济政策的“重组社会”将不会剥夺任何人的权利、特权、入息、职业或机会，宣布“扩展机会乃新经济政策之精义”。第三个马来西亚五年计划书（1976—1980 年）也强调：“非土著马来西亚人之公司股权增长将不受阻，在第二个马来西亚计划下，他们的股权增长率为十五点一巴仙，由一九七五至九零年，预算每年增加十五点五巴仙，使非土著马来西亚人到一九九零年时拥有经济权的四十巴仙，虽然他们的增长率比土著缓慢，但他们仍有相当的机会去增加他们的股权，他们可以购买新股至四十巴仙。”马来西亚华人认为，新经济政策和马来西亚计划书已对非土著马来西亚人（主要指华人和印度人）之权益作出明确之保证。新经济政策所规定之华人经济地位，乃合情合理者，若有不公平现象之产生，非政策之过，乃执行时所产生之偏差使然。[①] 1991年推出的“新国家发展计划（1991—2000年）”强调让所有的马来西亚公民均能公平地享受到经济增长的利益，减少社会与经济的不平等与不均衡。[②] 2001年颁布的《第三经济展望纲领报告书（2001—2010年）》，政府虽然表示要采取措施使土著拥有权比率增加到30%，但也再度强调，政府不会通过压制华裔令土著取得经济成长，政府将做大经济蛋糕，按人口比例重新分配财富。[③] 马来西亚前首相马哈蒂尔指出，新经济政策的焦点是把马来人牵引到国家经济命脉的主流。这个概念并非要剥夺或重新分配其他族群的财富，而是要做大经济蛋糕，增加马来人的财富，使他们分得更大块的蛋糕，目的是“提升”而不是“下降”，其他族群亦可从增长的经济中获益。尽管华人的财富比重缩小，但华人的绝对财富却随之增加。[④] 2006年11月，巫统主席暨政府首相阿都拉在巫统代表大会上再次表明，尽管政府须照顾地位仍比他人落后的马来人，不过，政府在捍卫马来人权益之际，不会忽视非马来人的感受和意愿。[⑤]

毫无疑问，政策理念的平衡与具体实践的平衡有很大的距离，但起码设定了一个准则和框架，限制了行政偏差的无限扩大，部分马来人提出的关于提高马来人在经济和教育领域比例的强烈要求，也在马来人政治领袖平衡族群利益与全民利益，谋求社会稳定的治国理念下，多次遭到拒绝，从而保证了华人等非马来人的政治、经济和文化教育的基本权利，保证华人等非马来人在一定程度上分享到社会经济发展的蛋糕。

有评论认为，有效做大和分享蛋糕，是现代政治智慧和执政能力的重要表现之一。如果只关心分享而不是做大，那很快就会坐吃山空；同时，如果手里有一个蛋糕，却不能较好地与他人分享，那么分配的不合理必定阻碍蛋糕继续做大。这也就要求成功的“蛋糕管理”，首先要有比较合理的分配原则，即至少要保证每个成员的最基本权益，从民主角度讲，就包括了物权产权、言论自由和选举权利等。在此基础之上，应该在法制原则下放开竞争，使得不同的能力水平、追求方向和发明创新都各有合理的发挥渠道，拥有合理份额以及成果归宿。如果一个

① 前引，冷眼：《在国家经济发展中华人经济地位问题检讨》。

② 前引，山下彰著，汪慕恒译：《马来西亚新国家发展政策的概要与各种课题》。

③ 前引，《〈第三经济展望纲领〉华裔99年企业股权占有率减至37.9%》。

④ 前引，马哈迪·默哈末：《亚洲新契机》，第12、53页。

⑤ 前引，《首相：捍卫马来人利益　政府顾及非巫裔感受》。

蛋糕在份额分配上不甚合理均衡，大小分布太极端，就是一个畸形的蛋糕，不太可能拥有恒久的竞争力和增长力，因为其普通的小份额过于孱弱了。[①] 马来西亚持续的经济增长展示了该国及其政府做大蛋糕的能力，马来西亚的蛋糕分配也一定程度上保证了国内各个族群每个成员的最基本权益，尽管在份额分配上不完全合理均衡，但蛋糕分配的大小分布还不算太极端，还没有超出两大族群的心理承受范围。

另外，必须指出，促进马来西亚族群利益与全民利益的平衡，并不完全是由于马来人领袖的主观意愿，更多的是客观形势使然。由于马来西亚马华两大族群人口比重相当，马来西亚实行议会选举，特别是马来西亚两大族群共生共存、相互依存的关系，若过分打击华人等其他族群，不仅会引起矛盾和激烈冲突，而且会打击马来西亚的经济发展，甚至会削弱以巫统为首的执政党的地位，最终将影响马来人本身的经济利益和政治地位。正是为了避免出现这些后果，马来人领袖才会比较理性务实地谋求族群利益的平衡。另外，马来西亚华人争取平等权益的长期不懈的斗争，对政府政策的制定影响特别大。独立初期马来西亚政府实施较宽松的华人政策，以及1957年独立以来数十年政府对华人政策的逐次修订，几乎都是华人社会积极抗争的结果。马来人领袖的政治智慧主要表现为能比较务实理性地审时度势，进而采取了比较符合马来西亚国情的政策，促进了族群利益分配的平衡和社会发展的稳定。就这点意义而言，华人社会的抗争是从另一个角度促进马来西亚族群利益平衡与社会稳定发展的不可或缺的重要因素之一。由此可见，华人对马来西亚社会稳定同样作出了重大的贡献。这些重大贡献，不仅表现在广大华人与马来人不断增进的沟通与合作上，表现在华人对马来西亚政治稳定和经济发展付出的各种努力上，也表现在华人对社会不平衡的监督和纠正等方面。

三、族群问题的复杂性

要特别强调的是，马来西亚的族群利益只是达到相对的平衡，马来西亚的社会稳定特指和其他一些国家相比，马来西亚主要族群基本能和平共处，很少族群暴力和社会动乱，但并不等于马来西亚没有族群矛盾，更不等于马来西亚族群问题不再影响社会发展。

有中国学者将社会运行和发展状态分为良性运行和协调发展、中性运行和模

---

① 伟达：《民主的“蛋糕”》，（新加坡）《联合早报》2007年1月17日。作者在美国从事国际文化和战略研究与咨询。

糊发展，以及恶性运行和畸形发展三种类型。所谓社会的良性运行和协调发展，是指特定社会的经济、政治和思想文化三大系统之间以及各系统内不同部分、不同层次之间的相互促进，而社会障碍、失调等因素被控制在最小的限度和最小的范围之内。这是社会运行和发展的理想模式。所谓社会的中性运行和模糊发展，是指社会运行有障碍，发展不甚平衡，包含较多较明显的不协调因素，但它们还未危害、破坏社会的常态运行。因此，社会的中性运行也可称作有障碍的常态运行。所谓社会的恶性运行和畸形发展，是指社会运行发生严重障碍、离轨、失控。[①] 马来西亚的社会发展大多数时期属于中性运行和模糊发展。

社会运行与发展状态三种类型的界限并不是非常清晰，也不是永恒不变的，尤其是社会的中性运行和模糊发展类型，不确定性特别突出，“这是一种良性运行和恶性运行之间、协调发展和畸形发展之间的中间状态，是一种不稳定状况；它有可能向前者（良性运行和协调发展）进化，也有可能向后者（恶性运行和畸形发展）退化”[②]。马来西亚 1969 年的“5·13”事件可视为社会从中性运行和模糊发展向后转移的典型事例。庆幸的是马来西亚社会发展已逐渐回到中性运行和模糊发展的状态，并积极争取迈向更进一步的良性运行和协调发展。

虽然马来西亚曾一定程度地化解了族群矛盾与冲突，促进了社会整合和稳定发展，但族群矛盾始终是马来西亚社会发展最不协调的因素之一。事实上，尽管马来西亚很少发生族群暴力，社会得以比较稳定地发展，并获得令人称羡的经济成就，人民生活水平也明显提高，但无论是马来人还是华人，迄今对本身的处境都还不太满意，有些人甚至是强烈不满。马来人不满，是因为独立已经 50 年，马来人经济依然比华人等其他族群落后，一些人质疑政府对马来人保护不力，抨击政府的华人政策，要求政府采取更强有力的措施，扶持马来人在经济等各个领域的发展。华人则不满马来人长期拥有特权，要求享有同等的公民权利。由于政治的弱势地位，华人对未来发展特别忧心忡忡，担心拥有政治优势的马来人若将来再拥有经济优势，将导致族群间新的不平衡。马来西亚族群之间始终存在的结构差异，不仅在过去导致了马来西亚非常尖锐的族群矛盾，也决定了马华两族的矛盾在未来的很长一段时期内还将继续存在。2006 年末，马来西亚前副首相慕沙希旦接受马来西亚《星洲日报》专访时就表示：“让我们对自己坦白，在多元种族社会中，种族敏感和情绪问题不可能完全消弭，即使独立了 100 年也将如此。”[③] 缓和族群矛盾，促进社会稳定，需要马华两族人民的共同努力，正如当

① 前引，郑杭生等主编：《社会学概论新修》，第 6、7 页。

② 前引，郑杭生等主编：《社会学概论新修》，第 6 页。

③ 《种族情绪不会全消弭》，（马来西亚）《星洲日报》2006 年 12 月 31 日。

地华人早前指出的："马来西亚种族冲突潜力很大，为了不使整个社会制度崩溃，双方仍然保持适度的合作及妥协。"①

马来西亚族群间结构差异所导致的不满情绪，以及主要族群对政府的不满情绪日积月累，根深蒂固，并随着国内政治与经济形势的变化而起伏不定，时强时弱，随时都有可能影响马华两族关系，进而影响马来西亚的社会发展，就如2008年的"308"政治海啸一样。未来马来西亚社会到底是向良性运行发展还是向恶性运行发展，是处于常态稳定运行还是转向离轨失控状态，很大程度上取决于马来西亚政府和各族群人民的共同努力，取决于对社会发展具有重大影响的马华两族关系的发展与演变。马来西亚社会发展所面临的族群问题挑战依然非常严峻且任重而道远。

通过马来西亚整合族群矛盾促进社会稳定发展的案例分析，笔者认为，由于资源的稀缺性和获取资源能力的差异，资源分配很难达到完全的公正与公平，因此，各族群各阶层的差别、矛盾与冲突几乎是不可避免的，但如果能采取比较符合社会发展需求的策略，积极寻求一个各民族各阶层能够接受的利益平衡点，就有可能在一定程度上减轻族群矛盾与族群冲突的破坏力，从而促进社会和谐或相对和谐，促进社会比较有序稳定地持续发展。

笔者还认为，多元族群国家的族群关系是非常复杂而且具有许多的不确定性，族群之间并不是完全的二元对立，也不是完全的二元同一，更多的情况下是对立之中孕育同一，合作之间包含分歧，对立分歧与同一合作的程度因各种因素的影响而随时发生转化，可能出现对立多同一少，也可能出现同一多对立少，族群关系也随之起伏不定，时张时弛，并决定着社会发展是处于良性、中性还是恶性的运行状态。2008年"308"大选前后马来西亚族群关系的发展变化充分证明族群关系会因各种因素的影响而随时发生转化。族群关系的复杂性和不确定性既为多元族群国家处理族群问题提供了很大的空间，也使族群关系的发展充满了变数，因此，处理族群矛盾和社会矛盾都必须非常谨慎、理性与务实。

① 前引，陈祖排：《大马种族关系概况》，第78页。

参考文献

一、政要言论、文件决议、资料汇编、回忆访问等

[1] 马哈迪医生著，叶钟铃译：《马来人的困境》，吉隆坡：皇冠出版社 1981 年版。

[2] 马哈迪·默哈末：《亚洲新契机》，吉隆坡：立腾出版有限公司 2001 年版。

[3] 北京外国语大学中国马来语教学中心编：《马来西亚总理马哈蒂尔演讲集》，北京：世界知识出版社 1999 年版。

[4] 马哈蒂尔著，陈亚才等译：《马来西亚：迈向前路（2020 年宏愿）》（1991 年 2 月在马来西亚商业理事会成立典礼上的演讲），见曾庆豹：《与 2020 共舞：新马来人思潮与文化霸权》，吉隆坡：华社资料研究中心 1996 年版。

[5] 马哈蒂尔著，刘务实译：《巫统为塑造新马来人而奋斗》（1991 年 11 月在巫统党代表大会上的演讲），见曾庆豹：《与 2020 共舞：新马来人思潮与文化霸权》，吉隆坡：华社资料研究中心 1996 年版。

[6]《马哈迪畅谈马来人的新困境》，（马来西亚）《南洋商报》2002 年 7 月 30 日。

[7]《提升斗争价值》（阿都拉·巴达维首相访问录），《马来西亚周日刊》2006 年 11 月 11 日，转引自《亚非动态与研究》2006 年第 12 期。

[8] 拿督斯里林良实医生言论选辑编委会编：《林良实言论选辑：为国为民》，吉隆坡：马华中央宣传局 1995 年版。

[9] 黄家定：《马来西亚多元族群的政治——在厦门大学的演讲》，《南洋问题研究》2006 年第 2 期。

[10] 马华公会四十五周年党庆纪念特刊编委会编：《万众一心——马华公会四十五周年党庆纪念特刊》，吉隆坡：马来西亚马华公会 1994 年版。

[11] 马华公会五十周年党庆纪念特刊编委会编：《为国为民——马华公会五十周年党庆纪念特刊》，吉隆坡：马来西亚马华公会 1999 年版。

[12] 马华妇女组二十周年纪念特刊编辑委员会编：《继往开来：马华妇女组二十周年纪念特刊》，吉隆坡：马华妇女组 1995 年版。

[13] 文运企业社会研究小组编：《认识回教党》，雪兰莪：文运企业 1999

年版。

［14］马来西亚民政运动中央组织局编：《马来西亚民政运动》，槟城：马来西亚民政运动中央组织局 1999 年版。

［15］陈剑虹编：《马来亚劳工党文献汇编》，吉隆坡：马来亚劳工党党史工作委员会 2000 年版。

［16］策略资讯研究中心政治分析组编：《巫统的困境：第十届大选分析》，吉隆坡：策略资讯研究中心 2000 年版。

［17］华社资料研究中心编：《论华团人士参政》，吉隆坡：马来西亚雪兰莪中华大会堂 1990 年版。

［18］潘永强、魏月萍主编：《华人政治思潮》，吉隆坡：大将事业社 2003 年版。

［19］潘永强：《马华政治散论：2000—2004 年政治时评》，吉隆坡：燧人氏事业有限公司 2005 年版。

［20］陆庭谕主编：《沈慕羽言论集》（上、下册），吉隆坡：马来西亚华校教师会总会 1998 年版。

［21］马来西亚华校董事联合会总会出版组编：《董总三十年》（上、中、下册），吉隆坡：马来西亚华校董事联合会总会 1987 年版。

［22］钟伟前主编：《董总 50 年特刊（1954—2004）》，吉隆坡：马来西亚华校董事联合会总会 2004 年版。

［23］董教总全国华文独中工委会资讯局编：《今日独中》（一、二、三册），吉隆坡：马来西亚华校董事联合会总会 1991 年版。

［24］华社资料研究中心编：《检讨马来西亚教育》，吉隆坡：马来西亚雪兰莪中华大会堂 1990 年版。

［25］马来西亚华校教师会总会编：《马来西亚华校教师会总会董教总全国发展华小工委会一九九七年工作报告书》，吉隆坡：马来西亚华校教师会总会 1997 年版。

［26］陆庭谕：《京华风雨，鹿鸣呦呦》（共 3 辑），吉隆坡：东方企业有限公司 2005 年版。

［27］郭洙镇、许子根、江真诚：《郭洙镇、许子根、江真诚联合声明》，（马来西亚）《资料与研究》1997 年第 29 期。

［28］教总：《华小校舍问题与维修概况调查》，（马来西亚）教总网站，http://www.ucstam.djz.edu.my/，2006 年 11 月 2 日。

［29］教总：《2006 年度教总会员代表大会提案参考资料》，（马来西亚）教总网站，http://www.ucstam.djz.edu.my/，2006 年 11 月 2 日。

[30]《马来西亚华人社团大选诉求》，（马来西亚）《南洋商报》1999 年 8 月 17 日。

[31] 戴小华：《当代马华文存》（共 10 册），吉隆坡：马来西亚华人文化协会 2001 年版。

[32] 会所落成及 91 周年纪念特刊小组编：《隆雪中华工商总会大厦落成暨 91 周年纪念特刊》，吉隆坡：吉隆坡暨雪兰莪中华工商总会 1995 年版。

[33] 姚新光主编：《马来西亚华人文化节资料集》，吉隆坡：华总—全国华团文化咨询委员会 2001 年版。

[34]《星马通鉴》编辑部编：《星马通鉴》，新加坡：星加坡世界书局有限公司 1959 年版。

[35]《马中教育合作备忘录全文》，（马来西亚）《资料与研究》1997 年第 28 期。

[36] 万家安：《与历史对话：左翼运动史论集》，雪兰莪：当代本土史料研究室 2005 年版。

[37] 吴益婷：《印尼华人错在哪里》（专访国会下议院副议长翁诗杰和国际公平世界运动主席詹德拉·慕斯达化），（马来西亚）《资料与研究》1998 年第 34 期。

[38] 叶汉伦、张文慧：《大专华文教育的局限与前景座谈会》，（马来西亚）《人文杂志》2000 年第 2 期。

[39] 叶瑞生：《公务员，你们认为呢——专访民事雇员职工总会秘书斯哇·苏巴马廉》，（马来西亚）《资料与研究》1996 年第 23 期。

[40]《别叫大专生太沉重》（马大华文学会调查问卷），（马来西亚）《南洋商报》2001 年 1 月 4 日。

[41]《各族交融问题不大》（马大华文学会调查问卷），（马来西亚）《南洋商报》2001 年 1 月 6 日。

[42]《北方大学调查显示马各族关系不断改善》，（新加坡）《联合早报》2004 年 5 月 4 日。

[43] 1970/1980 Population and Housing Census of Malaysia. 见林水檺、骆静山编：《马来西亚华人史》，吉隆坡：马来西亚留台校友会联合总会 1984 年版。

[44] Education and Social Characteristics of the Population, Population and Housing Census 2000. 马来西亚统计局网站，http://www. statistics. gov. my/，2006 年 8 月 12 日。

[45] 北京大学法律系宪法教研室编译：《东南亚国家联盟宪法》，北京：商务印书馆 1979 年版。

[46] 新加坡联合早报编：《李光耀 40 年政论选》，新加坡：现代出版社

1994 年版。

[47] 李光耀：《李光耀回忆录（1923—1965）》，北京：外交出版社 1998 年版。

[48] 李光耀：《李光耀回忆录（1965—2000）》，台北：世界书局 2000 年版。

[49] Hashim Makaruddin ed. *Globalisation and the New Realities: Selected Speeches of Dr. Mahathir Mohamad, Prime Minister of Malaysia*. Subang Jaya, Selangor Darul Ehsan, Malaysia: Pelanduk Publications, 2002.

[50] Hashim Makaruddin ed. *Reflections on ASEAN: Selected Speeches of Dr. Mahathir Mohamad, Prime Minister of Malaysia*. Subang Jaya, Selangor Darul Ehsan, Malaysia: Pelanduk Publications (M) Sdn. Bhd, 2004.

[51] Prime Minister's Address on Assuming Office as 6th Prime Minister of Malaysia, by Dato' Sri Mohd Najib Bin Tun Haji Abdul Razak, Perdana Menteri Malaysia. 马来西亚首相署网站，http://www.pmo.gov.my/dokumenattached/FirstAddress.Pdf，2009 年 3 月 4 日。

[52] Malaysian Chinese Association ed. *The Future of Malaysian Chinese*. Kuala Lumpur: Malaysian Chinese Association, 1988.

[53] R. K. Jaine ed. *China and Malaysia* 1949 - 1983. India, New Delhi: Radiant Publishers, 1984.

二、中文论著

[1] 颜清湟，粟明鲜等译：《新马华人社会史》，北京：中国华侨出版社 1991 年版。

[2] 林水檺、骆静山编：《马来西亚华人史》，吉隆坡：马来西亚留台校友会联合总会 1984 年版。

[3] 林水檺、何启良、何国忠、赖观福编：《马来西亚华人史新编》（共 3 册），吉隆坡：马来西亚中华大会堂总会 1998 年版。

[4] 崔贵强：《新马华人国家认同的转向（1945—1959）》，厦门：厦门大学出版社 1989 年版。

[5] 谢诗坚：《马来西亚华人政治思潮演变》，槟城：友达企业有限公司 1984 年版。

[6] 谢诗坚：《巫统政治风暴》，槟城：中央纸业有限公司 1999 年版。

[7] 何启良：《当代大马华人政治省思》，吉隆坡：华社资料研究中心 1994 年版。

［8］何启良：《政治动员与官僚参与——大马华人政治论述》，吉隆坡：华社资料研究中心 1995 年版。

［9］郭仁德：《敦陈祯禄传》，吉隆坡：马来西亚华人文化协会 1996 年版。

［10］郭仁德：《劳工党血泪二十年》，吉隆坡：马来西亚华人文化协会 1991 年版。

［11］马来亚劳工党党史工委会编著，朱齐英执笔：《马来亚劳工党斗争史（1952 年—1972 年）》，吉隆坡：马来亚劳工党党史工委会 2001 年版。

［12］吴清德：《马来西亚的种族政治》，吉隆坡：远东出版有限公司 1989 年版。

［13］祝家华：《解构政治神话：大马两线制政治的评析（1985—1992）》，吉隆坡：华社资料研究中心 1994 年版。

［14］丘光耀：《第三条道路：马来西亚华人政治选择批判》，雪兰莪：地球村网络有限公司 1997 年版。

［15］曾庆豹：《与 2020 共舞：新马来人思潮与文化霸权》，吉隆坡：华社资料研究中心 1996 年版。

［16］再奴汀·迈汀，邬拜德剌译：《马哈迪的另一面》，吉隆坡：Utusan Publications & Distributors Sdn Bhd 1995 年版。

［17］林廷辉、宋婉莹：《华人社会观察》，吉隆坡：十方出版社 1999 年版。

［18］林廷辉、宋婉莹：《马来西亚华人新村五十年》，吉隆坡：华社资料研究中心 2000 年版。

［19］柯嘉逊：《马来西亚华教奋斗史》，吉隆坡：马来西亚雪兰莪中华大会堂 1991 年版。

［20］郑良树：《马来西亚华文教育发展史》（共四分册），吉隆坡：马来西亚华校教师会总会 1998 年、1999 年、2001 年、2003 年版。

［21］林开忠：《建构中的“华人文化”：族群属性、国家与华教运动》，吉隆坡：华社资料研究中心 1999 年版。

［22］何国忠：《马来西亚华人：身份认同、文化与族群政治》，吉隆坡：华社资料研究中心 2002 年版。

［23］张文光：《三角关系：大马宗教自由法律浅析》，吉隆坡：马来西亚雪兰莪中华大会堂 1990 年版。

［24］李灵窗：《马来西亚华人延伸、独有及融合的中华文化》，福州：海峡文艺出版社 2004 年版。

［25］饶向东：《马来西亚华族人口问题研究》，诗巫：沙捞越华族文化协会 2005 年版。

［26］骆静山编：《马来西亚华人问题论丛》，玻璃市州广东公会奖助学金委员会 1983 年版。

［27］戴小华、柯金德主编：《马华文学七十年的回顾与前瞻》，吉隆坡：马来西亚华文作家协会 1991 年版。

［28］林水檺、傅孙中编：《东南亚文化冲突与整合》（国际学术研讨会论文集），吉隆坡：华总—德麟文化基金、马大中文系毕业生协会 1999 年版。

［29］刘磐石、赖观福、吕仗义编：《马来西亚华人思想兴革大会论文集》，吉隆坡：马来西亚中华大会堂总会 1998 年版。

［30］李元瑾主编：《新马华人传统与现代的对话》，新加坡：南洋理工大学中华语言文化中心、新加坡亚洲研究学会、南洋大学毕业生协会 2002 年版。

［31］何启良主编：《匡政与流变：马来西亚华人历史与人物（政治篇）》，台北：中央研究院 2001 年版。

［32］何国忠主编：《承袭与抉择：马来西亚华人历史与人物（文化篇）》，台北：中央研究院 2001 年版。

［33］林水檺主编：《创业与护根：马来西亚华人历史与人物（儒商篇）》，台北：中央研究院 2001 年版。

［34］陈春德、傅孙中主编：《马来西亚华人创业传》，吉隆坡：马来西亚中华大会堂总会 1998 年版。

［35］柯嘉逊主编，黄进发、江兴国译：《马来西亚少数民族母语教育》（1997 年 11 月“马来西亚少数民族母语教育研讨会”论文集），吉隆坡：董教总教育中心 2003 年版。

［36］理查德·温斯泰德著，姚梓良译：《马来亚史》，北京：商务印书馆 1958 年版。

［37］理查德·温斯泰德著，姚梓良译：《马来亚史》（上、下册），北京：商务印书馆 1974 年版。

［38］杨建成：《西马来西亚华巫政治关系之研究（1957—1975）》，台北：国立政治大学 1976 年版。

［39］杨建成：《马来西亚华人的困境：西马来西亚华巫政治关系之探讨（1957—1978）》，台北：文史哲出版社 1982 年版。

［40］林若雩：《马哈迪主政下的马来西亚：国家与社会关系（1981—2001）》，台北：韦伯文化事业出版社 2001 年版。

［41］古鸿廷：《东南亚华侨的认同问题（马来亚篇）》，台北：联经出版事业公司 1994 年版。

［42］刘文荣：《马来西亚华人经济地位之演变》，台北：世华经济出版社

1988 年版。

［43］陈伟之编著：《台商在东南亚投资的种族暨经贸关系：以马来西亚调查为例》，台北：文笙书局股份有限公司 1999 年版。

［44］叶玉贤：《语言政策与教育：马来西亚与新加坡之比较》，台北：前卫出版社 2002 年版。

［45］李亦园：《一个移殖的市镇：马来亚华人市镇生活的调查研究》，台北：中央研究院民族学研究所 1970 年版。

［46］巴素著，张奕善译注：《近代马来亚华人》，台北：台湾商务印书馆 1972 年版。

［47］巴素著，郭湘章译：《东南亚之华侨》（上、下册），台北：国立编译馆 1974 年版。

［48］D. G . E. 霍尔著，中山大学东南亚历史研究所译：《东南亚史》（上、下册），北京：商务印书馆 1982 年版。

［49］李恩涵：《东南亚华人史》，台北：五南图书出版公司 2003 年版。

［50］顾长永：《东南亚政府与政治》，台北：五南图书出版公司 1996 年版。

［51］李国卿著，郭梁、金永勋译：《华侨资本的形成和发展》，香港：香港社会科学出版社 2000 年版。

［52］黄枝连：《东南亚华族社会发展论》，上海：上海社会科学院出版社 1992 年版。

［53］林远辉、张应龙：《新加坡马来西亚华侨史》，广州：广东高等教育出版社 1991 年版。

［54］黄露夏：《马来西亚的华人》，福州：福建人民出版社 1999 年版。

［55］韩方明：《华人与马来西亚现代化进程》，北京：商务印书馆 2002 年版。

［56］陈晓律等：《马来西亚——多元文化中的民主与权威》，成都：四川人民出版社 2000 年版。

［57］姚楠：《马来亚华侨经济概况》，南京：南洋经济协进会 1946 年版。

［58］石沧金：《马来西亚华人社团史研究》，北京：中国华侨出版社 2005 年版。

［59］朱振明主编：《当代马来西亚》，成都：四川人民出版社 1995 年版。

［60］徐成龙、钟子祺、魏华林编著：《马来西亚》，上海：上海辞书出版社 1982 年版。

［61］廖小健：《世纪之交：马来西亚》，北京：世界知识出版社 2002 年版。

［62］廖小健：《战后各国华侨华人政策》，广州：暨南大学出版社 1995

年版。

［63］陈衍德：《对抗、适应与融合：东南亚的民族主义与族际关系》，长沙：岳麓书社 2004 年版。

［64］温广益主编：《“二战”后东南亚华侨华人史》，广州：中山大学出版社 2000 年版。

［65］暨南大学东南亚研究所、广州华侨研究会编著：《战后东南亚国家的华侨华人政策》，广州：暨南大学出版社 1989 年版。

［66］韦红：《东南亚五国民族问题研究》，北京：民族出版社 2003 年版。

［67］张锡镇：《当代东南亚政治》，南宁：广西人民出版社 1995 年版。

［68］张锡镇：《东南亚政府与政治》，台北：扬智文化事业股份有限公司 1999 年版。

［69］曹云华、许梅、邓仕超：《东南亚华人的政治参与》，北京：中国华侨出版社 2004 年版。

［70］广州新马侨友会编：《马来亚人民抗日军》，香港：见证出版公司 1992 年版。

［71］庄国土：《华侨华人与中国的关系》，广州：广东高等教育出版社 2001 年版。

［72］郭梁：《东南亚华侨华人经济简史》，北京：经济科学出版社 1998 年版。

［73］黄滋生、温北炎主编：《战后东南亚华人经济》，广州：广东人民出版社 1999 年版。

［74］李宏阶主编：《华侨华人经济新论》，福州：福建人民出版社 2002 年版。

［75］周聿峨：《东南亚华文教育》，广州：暨南大学出版社 1995 年版。

［76］曹云华：《变异与保持：东南亚华人的文化适应》，北京：中国华侨出版社 2001 年版。

［77］段立生、黄云静、范若兰等：《东南亚宗教论集》，曼谷：泰国曼谷大通出版社 2002 年版。

［78］廖小健、刘权、温北炎、庄礼伟：《全球化时代的华人经济》，北京：中国华侨出版社 2003 年版。

［79］庄国土等：《二战以后东南亚华族社会地位的变化》，厦门：厦门大学出版社 2003 年版。

［80］薛君度、曹云华主编：《战后东南亚华人社会变迁》，北京：中国华侨出版社 1999 年版。

[81] 曾少聪：《漂泊与根植：当代东南亚华人族群关系研究》，北京：中国社会科学出版社 2004 年版。

[82] 梁英明：《战后东南亚华人社会变化研究》，北京：昆仑出版社 2001 年版。

[83] 丘立本：《从世界看华人》，香港：南岛出版社 2000 年版。

[84] 李明欢：《当代海外华人社团研究》，厦门：厦门大学出版社 1995 年版。

[85] 吴前进：《国家关系中的华侨华人和华族》，北京：新华出版社 2003 年版。

[86] 塞缪尔·亨廷顿著，周琪等译：《文明的冲突与世界秩序的重建》，北京：新华出版社 2002 年版。

[87] 马戎编著：《民族社会学：社会学的族群关系研究》，北京：北京大学出版社 2004 年版。

[88] 郑杭生等主编：《社会学概论新修》，北京：中国人民大学出版社 2003 年版。

[89] 周平：《民族政治学》，北京：高等教育出版社 2003 年版。

[90] 梁守德、洪银娴：《国际政治学理论》，北京：北京大学出版社 2000 年版。

[91] 郑楚宣等编著：《政治学基本理论》，广州：广东人民出版社 2001 年版。

[92] 景天魁等：《社会公正理论与政策》，北京：社会科学文献出版社 2004 年版。

三、外文论著

[1] K. J. Ratnam . *Communalism and the Political Process in Malaya* . Singapore : University of Singapore, 1965.

[2] R. K. Vasil . *Ethnic Politics in Malaysia*. New Delhi: Radiant Publishers, 1980.

[3] Edmund Terence Gomez ed. *The State of Malaysia: Ethnicity, Equity and Reform*. London, New York: Routledge Curzon, 2004.

[4] Anthonys, K. Shome. *Malay Political Leadership* . London: Routledge Curzon, 2002.

[5] R. S. Milne and Diane K. Mauzy. *Malaysian Politics under Mahathir*. London, New York: Routledge Curzon, 1999.

[6] Lee Kam Hing and Tan Chee-Beng eds. *The Chinese in Malaysia*. Slangor Darul Ehsan: Oxford University Press, 2000.

[7] Cheah Boon Kheng. *Malaysia: The Making of A Nation*. Singapore: Institute of Southeast Asian Studies, 2002.

[8] Laurence K. L. Siaw. *Chinese Society in Rural Malaysia*. Kuala Lumpur: Oxford University Press, 1983.

[9] Judith Stranch. *Chinese Village Politics in the Malaysian State*. Cambridge: Harvard University Press, 1981.

[10] Yap Sin Tian. *The Chinese Schools of Malaysia towards the Year* 2000. Kuala Lumpur: United Chinese School Committees Association of Malaysian, 1992.

[11] Indira Ramanathan. *China and the Ethnic Chinese in Malaysia and Indonesia*, 1949 – 1992. New Delhi: Radiant Publishers, 1994.

[12] Moha Asri Abdullah. *Small and Medium Enterprises in Malaysia: Policy Issues and Challenges*. England: Ashgate Publishing Ltd.; USA: Ashgate Publishing Company, 1999.

[13] Kua Kia Soong. *Malaysian Political Myths*. Kuala Lumpur: The Resource and Research Centre, Selangor Chinese Assembly Hall, 1986.

[14] Ding Choo Ming and Ooi Kee eds. *Colloquium on Chinese Studies of the Malay World: A Comparative Approach*. Bangi: Universiti Kebangsaan Malaysia, 2003.

[15] In Won Hwang. *Personalized Politics: The Malaysian State under Mahathir*. Singapore: Institute of Southeast Asian Studies, 2003.

[16] Francis Loh Kok Wah and Johan Saravanamuttu eds. *New Politics in Malaysia*. Singapore: Institute of Southeast Asian Studies, 2003.

[17] Virginia Hooker and Norani Othman eds. *Malaysia: Islam, Society and Politics*. Singapore: Institute of Southeast Asian Studies, 2003.

[18] Abdul Rahman Embong. *State-led Modernization and the New Middle Class in Malaysia*. New York: Palgrave, 2002.

[19] Khoo Boo Teik. *Beyond Mahathir Malaysian Politics and Its Discontents*. London, New York: Zed Book Ltd, 2003.

[20] Vidhu Verma. *Malaysia, State and Civil Society in Transition*. Boulder, Colo: Lynne Rienner, 2002.

[21] Heng Pek Koon. *Chinese Politics in Malaysia*. Singapore: Oxford University Press, 1988.

[22] Gordon P. Means. *Malaysian Politics*. London: Hodder and Stoughton, 1976.

[23] Patricia Sloane. *Islam, Modernity, and Entrepreneurship among the Malays*. New York: St. Martin's Press, 1999.

[24] Tham Seong Chee. *Malays and Modernization: A Sociological Interpretation.* Singapore: Singapore University Press, 1983.

[25] Chung Kek Yoong. *Mahathir Administration: Leadership and Change in a Multiracial Society.* Selangor, Malaysia: Pelanduk Publications, 1987.

[26] Wu Xiao'an. *Chinese Business in the Making of Malay State, 1982 – 1941, Kedah and Penang.* London, New York: Routledge Curzon, 2003.

[27] Barbara Watson Andaya, Leonard Y. Andaya. *A History of Malaysia.* London: The Macmillan Press Ltd., 1982.

[28] James V. Jesudason. *Ethnicity and the Economy the State, Chinese Business, and Multinationals in Malaysia.* Singapore, New York: Oxford University Press, 1989.

[29] Joel S. Kahn ed. *Southeast Asian Identities: Culture and the Politics of Representation in Indonesia, Malaysia, Singapore and Thailand*. Singapore: Institute of Southeast Asian Studies, 1998.

[30] Ludwig H. Schatzl ed., translated by Verna Freeman. *Growth and Spatial Equity in West Malaysia.* Singapore: Institute of Southeast Asian Studies, 1988.

[31] Susan E. Ackerman, Raymond L. M. Lee. *Heaven in Transition: Non-Muslim Religious Innovation and Ethnic Identity in Malaysia.* Honolulu: University of Hawaii Press, 1988.

[32] J. M. Gullick. *Indigenous Political Systems of Western Malaya.* London, Atlantic Highlands, N. J.: Athlone Press, 1988.

[33] Wan Hashim. *Peasants under Peripheral Capitalism.* Bangi: Universiti Kebangsaan Malaysia, 1988.

[34] Raymond Lee ed. *Ethnicity and Ethnic Relations in Malaysia*. Detroit, Mich., USA: Center for Southeast Asian Studies, Northern Illinois University, 1986.

[35] Victor Purcell. *Malaya: Communist, or Free?* Stanford: Stanford University Press, 1954.

[36] Jean DeBernardi. *Rites of Belonging: Memory, Modernity, and Identity in A Malaysian Chinese Community.* Stanford: Stanford University Press, 2004.

[37] Ariel Heryanto and Sumit K. Mandal eds. *Challenging Authoritarianism in Southeast Asia: Comparing Indonesia and Malaysia.* London, New York: Routledge Curzon, 2003.

[38] Khoo, Boo Teik. *Managing Ethnic Relations in Post-crisis Malaysia and Indonesia: Lessons from the New Economic Policy?* Geneva: United Nations Research Institute for Social Development, 2004.

[39] Ramon V. Navaratnam. *Malaysia's Economic Sustainability: Confronting New Challenges Amidst Global Realities*. Subang Jaya, Selangor Darul Ehsan, Malaysia: Pelanduk Publications, 2002.

[40] Michael G. Peletz. *Islamic Modern: Religious Courts and Cultural Politics in Malaysia*. Princeton: Princeton University Press, 2002.

[41] Tan Chee-Beng. *Chinese Minority in A Malay State: The Case of Terengganu in Malaysia*. Singapore: Eastern Universities Press, 2002.

[42] Meredith Weiss and Saliha Hassan eds. *Social Movements in Malaysia: From Moral Communities to NGOs*. London, New York: Routledge Curzon, 2002.

[43] Michael Yeoh ed. *21st Century Malaysia: Challenges and Strategies in Attaining Vision 2020*. London: ASEAN Academic Press, 2002.

[44] Colin Barlow ed. *Modern Malaysia in the Global Economy: Political and Social Change into the 21st Century*. Cheltenham, U. K.; Northampton, M. A.: Edward Elgar, 2001.

[45] John Hilley. *Malaysia: Mahathirism, Hegemony, and the New Opposition*. London, New York: Zed Books, 2001.

[46] Peter Searle. *The Riddle of Malaysian Capitalism: Rent-seekers or Real Capitalists?* Honolulu: Asian Studies Association of Australia in Association with Allen & Unwin and University of Hawaii Press, 1999.

[47] Syed Farid Alatas. *Democracy and Authoritarianism in Indonesia and Malaysia: The Rise of the Post-colonial State*. New York: St. Martin's Press, 1997.

[48] Hussin Mutalib. *Islam in Malaysia: From Revivalism to Islamic State?* Singapore: Singapore University Press, 1993.

[49] Alasdair Bowie. *Crossing the Industrial Divide: State, Society, and the Politics of Economic Transformation in Malaysia*. New York: Columbia University Press, 1991.

[50] Khong Kim Hoong. *Malaysia's General Election 1990: Continuity, Change, and Ethnic Politics*. Pasir Panjang: Institute of Southeast Asian Studies, 1991.

[51] Just Faaland, J. R. Parkinson, Rais Saniman. *Growth and Ethnic Inequality: Malaysia's New Economic Policy*. New York: St. Martin's Press, 1990.

[52] Hussin Mutalib. *Islam and Ethnicity in Malay Politics*. Singapore, New York: Oxford University Press, 1990.

[53] Richard Mead. *Malaysia's National Language Policy and the Legal System*. New Haven, Conn: Yale University Southeast Asian Studies, 1988.

[54] Tunku Abdul Rahman Putra. *Contemporary Issues in Malaysian Politics*. Petaling Jaya, Selangor, Malaysia: Pelanduk Publications, 1984.

[55] Chin Ung-Ho. *Chinese Politics in Sarawak: A Study of the Sarawak United People's Party*. Kuala Lumpur, New York: Oxford University Press, 1996.

[56] Colin Barlow and Francis Loh Kok Wah eds. *Malaysian Economics and Politics in the New Century*. Northampton, M. A. : Edward Elgar Pub. , 2003.

[57] Cheah Boon Kheng. *Red Star over Malaya: Resistance and Social Conflict during and after the Japanese Occupation of Malaya*. Singapore: Singapore University Press, 2003.

[58] Ramon V. Navaratnam. *Winds of Change: Malaysia's Economic Transition from Dr. Mahathir Mohamad to Abdullah Ahmad Badawi*. Subang Jaya, Selangor Darul Ehsan, Malaysia: Pelanduk Publications, 2004.

[59] Goh Cheng Teik. *The May Thirteenth Incident and Democracy in Malaysia*. Kuala Lumpur: Oxford University Press, 1971.

[60] Alfred W. Mccoy ed. *Southeast Asia under Japanese Occupation*. New Haven: Yale University Southeast Asia Studies, 1980.

[61] Khong Kim Hoong. *British Rule and the Struggle for Independence in Malaya, 1945 – 1957*. Pittsburgh: University of Pittsburgh, 1975.

[62] Norton Ginsburg, Chester F. , Roberts. J. R. *Malaya*. Washington: University of Washington, 1958.

[63] Karl Von Vorys. *Democracy without Consensus: Communalism and Political Stability in Malaysia*. Princeton, N. J. : Princeton University Press, 1975.

[64] Anthony S. K. Shome. *Malay Political Leadership*. London: Routledge Curzon, 2002.

[65] Donald R. Snodgrass. *Inequality and Economic Development in Malaysia*. Kuala Lumpur, New York: Oxford University Press, 1980.

[66] Fujio Hara. *Malayan Chinese and China: Conversion in Identity Consciousness, 1945 – 1957*. Singapore: Singapore University Press, 2003.

[67] Richard Winstedt. *The Malays: A Cultural History*. Singapore: Graham Brash Ltd. , 1981.

[68] Joel S. Kahn ed. *Southeast Asian Identities: Culture and the Politics of Representation in Indonesia, Malaysia, Singapore and Thailand*. Singapore, London: Institute of Southeast Asian Studies, 1998.

[69] Robert W. Hefner ed. *The Politics of Multiculturalism: Pluralism and Citizenship in Malaysia, Singapore, and Indonesia*. Honolulu: University of Hawaii Press, 2001.

[70] Yu Chunghsun ed. *Ethnic Chinese: Their Economy, Politics and Culture*. Tokyo: The Japan Times Ltd. , 2000.

后 记

“研究马来西亚问题”是1985年笔者到暨南大学东南亚研究所工作的时候，时任东南亚研究所所长翁锡辉教授安排笔者研究的方向，因为当时研究所一位专门研究马来西亚问题的老师刚刚退休，而笔者的学位论文正好涉及马来西亚问题。这一安排就是25年。虽然后来笔者先后调到本校的华侨华人研究所和华侨华人研究院工作，但“马来西亚”始终是笔者关注的重点，孜孜以求，至今乐此不疲。

本书构思撰写的过程中，得到了不少师长、同事以及朋友们的帮助与支持，笔者一直心存感激，在此谨表示由衷的谢意。笔者参考了不少著作、论文和各类资料，在此也向相关作者和编者致谢。本书得到教育部社科基金后期项目的研究资助，以及暨南大学“211项目”的出版资助，在此一并致以诚挚谢意。

本书有关马来西亚华人与马来人关系的研究，是笔者长期关注马来西亚问题的一点思考，虽然不是很成熟，但也算是一个总结。由于笔者水平所限，本书不可避免存在不足，文责自负，欢迎批评指正。

廖小健
2012年7月于广州